张幼文 黄仁伟 等著

2011

中国国际地位报告

China's International Status Report 2011

China

人民出版社

目　　录

Contents

表、图、大事记索引

表索引

图索引

大事记索引

导论　战略升级：
参与全球治理承担大国责任

起始于 2008 年美国的一场金融危机严重冲击了整个世界经济，直至 2010 年年末依然无法确信世界何时能从危机中完全走出。这场危机严重冲击了世界经济增长，也极大改变了世界经济格局。在世界共同抵御这场危机中，中国发挥了特殊作用，国际地位发生了全面的、跨越式的和历史性的提升。中国国际经济地位提升的内涵是广义的，不仅包括自身实力的显著增强，而且包括作为一个负责任大国在全球治理中作用的提高。一个从对外开放中发展起来的新兴大国，以新的发展战略提升自己并在国际事务中发挥更为积极作用已经成为一个新的主题。

一、中国的国际经济地位提升的内涵

中国经济在这场危机中的特殊表现，证明了中国在当代世界经济中的重要性。中国国际经济地位提升的内涵首先表现在以下几个规模性方面：

第一，宏观总量地位。自 2010 年第二季度起，中国的 GDP 总量超过了日本，自此在经济规模上位列世界第二，这是整体国力提升的基础性标志。中国在世界经济中相对规模继续呈显著上升趋势。由于目前经济规模中国与美国之比约为 1∶3，中国年均 GDP 经济增长率将长期高于美国 6 到 7 个百分点，再考虑到人民币汇率呈上升趋势，因而十多年后中国在经济总规模上赶上和超过美国成为世界第一的趋势已经十分明显。

第二，增长拉动地位。危机发生以来，在世界经济整体不景气乃至负增长的局势下，中国依然保持了 10% 左右的高增长率。2009 年在世界经济整体负增长 1.3% 的情况下，中国为世界经济整体增长贡献了正的 0.6 个百分点，超过了新兴经济体整体正 1.1 个百分点的一半，为世界经济增长做出了决定性的贡献，成为世界经济增长的最重要拉动力。

第三，生产贸易地位。中国强大的生产制造能力成为世界一般消费品的主要供给者，同时通过迅速扩大的进口成为世界各国的重要市场。2009 年中国制造业产值达到世界总量的 17%，超过了美国的 16%，取代了美国保持了 100 多年的最大制造国地位。在整体贸易扩大中进口规模迅速扩大形成了对其他国家生产的拉动作用。2009 年中国进出口贸易总额占世界的 8.87%，仅次于美国的 10.69%；其中出口达到世界总量的 9.75%，超过了美国的 8.58%，位于世界第一。在 2000 年至 2009 年十年中，中国在世界出口增量中的贡献为 15.86%，超过了位居第二位美国的 4.58%；在世界进口增量中的贡献为 13.18%，超过了位居第二位美国的 5.82%。尽管中国有巨额贸易顺差，但顺差完全来自于加工贸易，自 1996 年以来，加工贸易出口一直占总出口的一半以上，一般贸易还是逆差。加工贸易与一般贸易对各国的意义是不一样的。在加工贸易中外国厂商通过中国的廉价劳动力实现了加工产品的低生产成本而获得市场，低成本加工使这些国家的零部件生产价值最终得以实现。因此加工贸易是中国对委托加工国家零部件生产拉动的方式，也是与这些国家合作向世界提供低成本产品的方式。中国巨大的出口实际上是委托加工企业国家的出口，其中只有劳动力增值部分是中国的。

第四，资本流动地位。自从中国实行对外开放以来，外资持续流入中国，在全球金融危机情况下也不变化。相反 2010 年中国实际使用外资金额首次突破了 1000 亿美元，达到了 1057.4 亿美元，比上年增长了 17.4%，仅次于美国，居世界第二。当年全球外国直接投资持续低迷，为 1.12 万亿美元，仅比 2009 年增长 1%。巨大的持续增强的吸收外资能力是为世界各国资本提供投资机会的关键条件。一方面，中国的投资环境不断改善，政策优惠与经济社会配套能力持续提高；另一方面，中国的国内市场高度开放，迅速扩大，外资利用中国市场获得了良好的效益。在金融危机的情况下，中国的高增长继续创造了巨大的投资空间，吸收了巨量国际资本流入。

中国国际经济地位的提升是规模性的——各种规模意义上的排名被一再刷新；同时也是功能性的——中国对世界经济的运行结构和发展方式的影响日益增强。这也是金融危机后世界经济发生的最重大变化之一。在功能性意义上，中国国际地位的提升表现在以下几个方面：

第一，货币的国际地位。人民币汇率水平已经多年来成为国际经济的焦点问题。对中国来说这是一种外部压力。然而从形成这一压力的原因来看，这也是中国社会生产率显著上升的表现。为追求经济整体的持续稳定发展，中国需要保持汇率稳定。保持基本稳定的同时逐步升值并非是应对外部压力的一种被动选择，而是体现了中国社会生产率相对于世界其他国家上升更快的要求，完全符合汇率决定原理，有利于消除汇率扭曲。排除短期动态的市场因素，货币汇率的上升是一国经济更高运行效率的反映，同时一国经济的国际地位又集中体现在其货币的国际地位上。人民币汇率成为世界经济中的一个重要因素，体现的是中国经济的国际影响力。人民币的国际化趋势是中国国际经济地位上升的一个缩影，特别是发展现阶段的一个特点。人民币走向国际化将使中国经济在一个更高的相关度上影响世界经济。目前人民币还没有国际化，其国际影响力还不能与其他大国完全可兑换货币相比，国际计价、流通与储备功能还十分有限，但是人民币在国际经济中的重要性和影响力的日益增大却是一个显著的现象。从发展趋势看，人民币在国际贸易、投资等广泛领域中使用的逐步扩大将会在更深层次上形成中国经济对世界经济的影响。汇率影响下的贸易与投资体现的是国际经济关系，生产的全球再布局和分工的深化还将继续，发达国家不可避免地还会有调整的痛苦，然而这同时也意味着发达国家消费者的巨大利益和企业在中国的投资机会。人民币汇率的汇率变动与国际化水平将日益成为中国经济国际影响力的一个缩影。

第二，投资与金融地位。金融危机发生以来，中国的对外投资快速发展，在数量与规模上显著扩大，进入了许多国家的资源开发领域。随着中国制造业能力的快速成长，向外转移趋势已经开始形成。跨国并购将在中国对外投资中具有重要地位，从而也将影响相关国家的产业发展。中国的资金实力已经使其成为国际投资中的一个重要竞争者。当然，目前的海外并购主要集中在资源能源产业，对外投资主要是低端制造业的延伸。从提升产业结构和国际分工地位上讲，通过并购获得先进技术，使中国产业向上游延伸将是海外并购的发展方向，这将有利于中国更好地用好积累资金，发挥以往发展成果的作用。这也将使开放型经济走向新的更高阶段。在金融意义上，巨大的外汇储备使中国成为美国国债的大买家，同时也是世界大银行的重要资金来源。人们更多关注中国在美国国债市场上的举动是其价格的影响，却忽略了一个更基本的问题：中国是美国的一个重要资金供给者，中国的贸易顺差和储备扩大等经济特征对美国经济的运行有着重要关联和积极意义。国际社会指责了中国的贸易顺差，也无端地担心中国对美国国债市场的影响，却不能看到中国经济对美国经济的积极作用。中国金融业的对外开放正在持续推进，中国金融业的发展将成为世界金融业的一个新增长点，为各国资金和金融服务机构所追逐，进入中国金融业成为许多国际金融机构的发展目标。当然，中国的投资与金融地位还处于发展的初期，处于上升阶段，无论是在产业技术意义上的投资能力还是在金融服务业的竞争力上，发达国家仍具有绝对的优势地位。

第三，实体经济的基础性地位。这场危机起源于次贷，表面上看是一种金融产品风险的爆发，而本质上却反映了美国经济的一个严重问题，即衍生金融产品过度膨胀导致风险累积，而监管却严重不相适应，是美国经济向非生产性结构畸形发展所产生的必然后果。然而，与生产消费直接联系的实体经济毕竟是经济发展的基础。实体经济巨大的发展空间使中国不仅在抵御危机中加大了基础建设及一些产业的发展力度，而且以此为世界经济的稳定做出了贡献。在中国的发展战略上，已经高度重视服务业发展与高新技术产业发展，这将使中国的实体经济地位进一步巩固。无论是中国的内需市场还是世界绝大部分国家的发展需求，都对实体经济的发展构成了有利条件，增强了实体经济的基础地位。美国等发达国家的金融业只有为各国的实体经济服务，特别是为新兴经济体的实体经济发展服务才能分享后者的发展利益。

第四，世界事务的决策大国地位。在世界经济运行机制的形成与变化中中国的影响力日益提升。在应对这场危机中世界出现了 G20 即 20 国集团，共同协商国际重大事务，而许多世界舆论则更多认为 G20 主要是中美两国，G20 的核心是 G2。这就把中国推入了世界经济乃至更广泛事务的决策中心地位。中国进入世界经济的决策中心是一个历史性的变化。对中国来说，这场危机是一个历史转折点。当然我们也清醒地看到，决策大国的地位也意味着承担更大的国际责任。国际社会普遍认为：G2 地位凸显使中国

3

与美国同时被赋予某种世界责任。中美两个经济发展的发动机必须合作，并成为 20 国集团的引擎。没有 G2 的强劲发展，20 国集团就将会令人失望。决策大国的地位给了中国新的机遇，也构成了新的挑战。作为机遇，中国能够在自身发展取得成就的基础上为世界的发展做出更大的贡献，但是中国的发展水平还很低，经济结构水平和人均收入水平都极大地约束了承担更多国际事务的能力。在诸如低碳经济发展减排问题上甚至还难以承担与其他国家同样的义务。

第五，发展模式的制度地位。世界各国采取不同的经济发展模式，构成了世界经济体制的多样性。长期以来，虽然在比较经济学理论上承认发展导向型模式是世界各种体制中的一种，甚至肯定了其积极面，但基本经济理论仍然坚持市场的主导作用和私有制，政府在经济发展中的积极作用不但在理论上被否定，而且在诸如 WTO 等国际规则中被排斥。然而，危机发生以后中国经济的杰出表现恰恰与发展导向型的体制模式相关，正是政府积极有效的作用使中国经济抵御了这场危机的冲击并为世界做出了贡献。中国成功抵御危机的事实证明，不但经过改革形成的以市场配置资源的体制有积极的作用，而且政府在规划、引导经济发展中的作用同样是重要的。政府强有力且有效的宏观调控是中国成功抵御这场危机的关键因素，也是中国过去 30 多年成功发展的重要原因之一，突出地体现了发展导向型市场经济模式的价值。政府在经济运行中扮演不同角色体现了世界各国不同经济制度的重要差别。过去，一些西方学者强调所谓完全市场经济的"华盛顿共识"并以此对中国体制进行批评。然而，这场危机爆发以后，美国政府开始大规模干预经济，政府动用巨额资金救市，向银行注资并拥有股份，还考虑关停大企业。美联储向银行提供担保，银行国有化问题也提了上来，特别是对金融业的干预和监管日益加深。在某种意义上可以说，"华盛顿共识"在美国本土发生了动摇。美国不再有底气向他国的经济制度选择发号施令。与此相反，人们又重新思考中国模式的积极意义和"北京共识"的价值，特别是在保持高速增长和应对危机中的作用。中国的成功发展及国际地位的提升也将使中国模式对世界其他国家产生正面影响。

中国国际地位在功能性意义上的提升使中国的发展不仅惠及中国，而且惠及世界。

二、金融危机的影响与中国发展的外部环境

金融危机对世界是一场灾难，对中国也绝非是一次幸运，尽管正确的应对战略使中国成功应对了冲击，甚至抓住了特殊的发展机遇，但也对中国当前与未来几年的发展提出了新的挑战。2011 年是中国"十二五"规划的第一年，这一规划的核心是加快转变经济发展方式，开创科学发展新局面的重要历史时期。从对外经济关系上讲，进一步提高对外开放水平也将实现一系列新的目标和任务。然而危机导致外部发展环境扑朔迷离，充满着不确定性。危机依然深刻地影响着世界经济的发展，给中国发展战略的新目标提出了挑战。

第一，世界未完全走出危机成为中国不利增长的环境。尽管世界经济整体上增长率逐步回升，但是，对于增长率水平却普遍不乐观，不仅认为复苏乏力，而且认为还有可能出现二次探底，或进入一次新的衰退。外部环境的这种不利性对中国在宏观上产生困难，必须高度关注世界经济走势以能及时做出政策调整。要实现发展方式的转型，产业升级与技术创新，中国必须维持较高的经济增长率，同时防止通货膨胀。然而今天的世界却是，发达国家增长乏力，私人投资不振，政府政策空间已经消失，而新兴经济体却又普遍经济过热。欧洲国家的主权债务危机继续扩散，虽然近期爆发可能性不大，但其影响持久，严重约束了这些国家的经济运行，增大了不确定性。新兴经济体可能因为要防止经济过热而采用紧缩政策，这将导致其增长率的大幅度下滑，从而带来中国外部市场的动荡。

中国开放型经济增长模式在很大程度上依赖于外部市场，各国特别是发达国家的经济增长是中国经济的重要拉动力。与危机发生后的前两年相比，虽然世界经济在整体增长上逐步回升，但是外部需求恢复有限，这就在很大程度上限制了中国经济的外部拉动力。扩大内需政策是中国应对危机的基本对策，取得了巨大的成功。但是，这一政策主要是通过政府扩大开支来实现的，在抵御危机中经济结构的内在变化有限。而且，扩大政府开支的政策不可能长期持续，只有国民经济内在结构的变化才具有持续的拉动力。因此，在外部市场依然不振的情况下中国能否尽快形成可持续的内需结构就成了一个重大问题。

扩大内需作为一项重大的政策选择，为中国抵御金融危机的冲击发挥了重要作用。从长期来看协调外部市场与国内市场在增长中的作用，也是发展战略的一个重要方面。中国这样一个大国不能长期依靠贸易顺差来拉动经济。但是，发展方式转变的战略取向又要求我们注重产业升级与技术创新，而不是规模扩张。这就表明应对危机的、扩大内需的短期政策与发展方式转变的长期战略之间存在着直接的矛盾：既要实施规模扩张性政策以保持增长速度，又要推进结构进步性政策以转变发展方式。这场危机对我国发展方式的转变带来了新的困难，而发达国家依然不能走出危机也就增加了中国转变发展方式的难度。

第二，输入型通货膨胀压力约束了扩大内需战略，影响了投资与消费的增长。当前世界各国的总体形势出现了显著的差异：一方面，发达国家经济继续低迷萎缩，仍然需要强化扩张性政策激励增长，美国的定量宽松货币政策就是代表；另一方面，新兴经济体则普遍过热，出现了通货膨胀的压力。对于中国来说，发达国家采取的刺激性政策可能形成输入型通货膨胀的压力。中国既要增加投资和消费，通过扩大内需来补发达国家萎缩的市场，又要防止发达国家采取扩张性政策导致通货膨胀压力的传入，这就导致了扩大内需政策的难度。外部通货膨胀压力的传入增大了中国防通胀的难度，从而影响了健康稳定的经济增长，损害了转变经济发展方式的条件。与此同时，在经历了几年的下降以后，国际市场大宗商品价格已经回升，石油、农产品和金属价格的上升将增加中国的进口成本，并通过成本直接影响国内价格水平。

以美国为代表的发达国家从自身的需要出发继续实行扩张性的经济刺激政策，是当前世界经济中发达国家与新兴经济体之间的主要矛盾。新兴经济体当前的主要问题是经济过热，需要采用的是紧缩政策而不是扩张政策。同其他新兴经济体一样，在以扩张性政策应对金融危机以后，当前中国经济的主要矛盾已经由防止衰退转变为防止通货膨胀，连续多次加息正是这一变化需要的反映。但是，防范通货膨胀的外部环境却不容乐观。发达国家因依然不能走出衰退，继续采用扩张性的宏观经济政策刺激经济。由于私人投资不振，美国的定量宽松货币政策不但不能刺激增长，而且还会增大通货膨胀的压力，对世界其他国家产生不利影响。新兴经济体国家的价格水平从另一个侧面构成了向中国输入型通货膨胀的压力。输入型通货膨胀的压力大大增加了中国抗击通胀的难度，更损害了加速经济发展方式转变的条件。

第三，贸易保护主义抬头限制了外部市场对增长的贡献率。危机发生以来，世界许多国家为维护本国利益开始增大对市场的保护力度，贸易保护主义的抬头曾经是许多次经济危机中伴随的一个现象，也成为这次危机中的一个重要现象。国际贸易总量在 2009 年大幅度下降以后，2010 年快速回升。但是由于发达国家经济增长前景不佳，贸易战、货币战的气氛依然浓厚，国际贸易回升的势头能否在 2011 年得到继续仍然堪忧。

国际市场环境在危机后发生的这一新变化对出口依存度已经很高的中国十分不利。危机发生以来，以所谓反倾销反补贴的名义抵制外国商品的诉讼频频发生。中国作为近年来迅速上升的出口大国，特别是因为大量产品是通过跨国公司投资转移到中国生产的，中国低成本生产形成强大的竞争力，又集中在天天与消费者见面的日用生活品上，导致人们更多把本国产品市场的缩小和失业的增加与中国出口联系在一起，对中国搞贸易保护似乎更有了依据，更符合某些人的政治需要。危机导致了国际贸易的巨大波动，发展前景也依然不确定。

出口增长是中国经济在过去三十多年中快速发展的一个重要因素，近十年来外贸顺差对 GDP 之比，低年份在 1.55%，高年份达到 7.74%。正因为这样，危机发生以后中国的一个重要战略就是扩大内需。但是，几年来，中国的经济结构并没有发生根本性的变化，仍然高度依赖于贸易出口，因而必须对外部环境的变化做出更为积极的战略调整，从更广意义上形成国内投资与结构进步对增长的拉动，减少对出口的依赖，特别是减少对加工贸易的依赖，扩大一般贸易在总出口中的比重。在国家战略层面必须充分吸取日本的教训。日本经济曾经高度依赖出口拉动。但是 20 世纪 80 年代的日元升值外部市场变动大大缩小了出口的这种拉动作用，国民经济结构调整长期困难，直到今天经济依然严重不振，在零增长上徘徊，国际经济地位明显下降。

发达国家对中国市场的依赖将使中国增大进口。这场危机开始以来，中国以对世界负责的大国理念，积极扩大进口。特别是随着外汇储备持续增加、人民币升值、进口能力提升、扩大进口已经成为中国经济的一个重要新现象。与此形成显著对照的是，发达国家由于经济继续萎缩，国内市场不振，对中国市场的依赖度日益提高。中国进口已经成为这些国家经济复苏中的一个重要动力。然而，对于中国来说，虽然总的购买力持续上升，市场不断扩大，但扩大内需战略仍然是抵御危机的一个基本战略。在一定的总需求下，增加进口与扩大内需之间是存在着矛盾的。从转变经济增长方式上来说，国内许多产业需要产品创新、结构升级，而创新能否实现又取决于市场，从这个意义上讲，进口往往因为产品新颖也增加了国内创新的难度。在发达国家市场收缩的情况下，新兴经济体之间的出口竞争会加剧，因为这些国家大部分都以出口依靠发达国家为主要特征。结构调整是中国"十二五"的一大任务，同样也是发达国家的一大主题。但是，发达国家严重缺乏财政资金的状况使之难以推进这一战略需要，美国定量宽松货币政策空间有限，欧洲主权债务危机严重，日本已经长期低迷不振，这一切都限制了大规模研发与基础设施投入的可能，从而限制了结构调整的可能。发达国家调整结构与进口需求的减弱，使新兴经济体增大了困难，既要扩大内需市场，又要压缩过剩生产能力争取新兴产业发展空间，因此，就外部环境而言，结构调整动力不足，中国的结构调整将只能更多地依靠内部市场和国内资金。

当然，从中国自身发展的需要看，也应当增加进口。一方面是不应长期保持贸易顺差使外汇资源闲置，另一方面也应当充分利用靠廉价劳动力创造的外汇为国民经济结构进步与技术创新服务。从危机的角度看扩大进口也是中国对世界负责，与各国共同应对危机的方式。扩大进口的战略将是中国对外经济关系中的一个重要战略转型。但是，任何事物都有两面性。进口的扩大无论在新型产品上，还是在创新技术上都可能形成对国内的竞争压力，影响国内结构进步与自主创新。因此中国应当正确运用进口能力和实施扩大进口战略，使进口的扩大更好地为国内发展战略的升级服务。

第四，国际经济多种因素不断变化的不确定性对中国的政策选择增加了难度。

这场危机导致了国际市场大宗商品价格的剧烈波动。对于中国这样一个经济高速增长，特别是制造业迅速扩大的国家来说，石油与主要原材料等大宗商品价格的波动对国内影响极大，严重冲击了生产成本与产品的价格关系，导致了整体经济的不确定性。

发达国家资金短缺会改变国际资本流向并对中国产生不利影响，对于长期依靠引进外资拉动经济增长的发展模式来说是一个重大的变数。近十年来，实际利用外资对GDP之比低年份在 1.76%，高年份达到 3.63%。国际资本的减少对中国经济增长影响相当明显。

危机发生以来，国际直接投资明显下降，世界呈现了发达国家资本短缺，而新兴经济体却资本充裕的新现象。一方面，新兴经济体由于表现强劲，发达国家的资本大量流入；另一方面，又由于其资金充裕大量流出。危机后中国获得一个新机遇，通过跨国并购实现"走出去"。人民币汇率的升值将推动这一进程。但是另一方面我们也要看到，国内发展方式的转型，特别是中西部地区实现协调平衡的发展需要大量资金投入。除了政府规划之外，企业是投资的主力。与此同时我们也看到，由于近年来国内物价上涨，工资水平必须提升，企业经营的各项成本在持续增加。这一过程正在使中国过去依靠廉价劳动力实现的国际产业向中国转移的格局发生变化，一些沿海地区的外资企业把企业转移到东南亚其他国家。虽然我们也希望简单加工出口的发展模式获得提升，这是转变经济发展方式的一个重要方面，但是如果还未形成廉价劳动力之外的其他优势实现发展，那么就可能因资本外流带来经济的不利波动。

在发达国家减少对外投资的同时，还出现了中国沿海地区企业向东南亚周边国家转移的趋势。这是中国劳动力成本快速提高、人民币升值趋势日益明显的结果。当然也有一部分企业向内地转移，形成了中国生产制造或加工出口的新增长极。但是，在劳动力成本上升和人民币汇率升值影响下，中国优势的下降会在很大程度上改变中国已经形成的开放型经济的发展模式，而一个新的模式却还有待探索。自主创新和结构升级战略能否具有较强的出口竞争力，重新构建出口对经济的拉动，仍然有待深入探索。

人民币汇率升值的影响将是广泛的。不仅进出口关系将发生变化，而且资本流出入的关系也将发生重大变化。这将全面影响经济发展的结构。经济结构调整要求汇率升值只能是渐进的，基本稳定逐步升值有利于消化结构调整中的困难和震荡，但发达国家对人民币快速升值的要求却相当强烈。再加上国际主要货币汇率的严重波动，都将加大中国对外经济的不确定性。从中国出口企业的实际情况看，许多企业赢利水平有限，主要依靠廉价劳动力与政策优惠。随着劳动力成本的急剧上升和政策空间的缩小，人民币升值对其出口的影响将是决定性的。出口企业无法承受这一变化对中国经济带来的影响将是广泛的。汇率升值走向导致进口增大、出口减少。人民币汇率的升值压力已经是持续了多年的问题，中国的策略是维持基本稳定逐步升值。但是，由于发达国家依然不能走出危机，对中国贸易顺差的关注仍然最终转变为对人民币升值的压力。30 多年来，出口特别是加工贸易出口构成了中国高速增长的重要来源，减少贸易顺差将从根本上改变中国对外经济关系格局，但国内市场的宏观经济结构即内需规模并没有为此做好准备，这将构成中国对外经济中的一个重要因素。升值是一个基本的长期的趋势，在新的一年中也会继续。但是，巨额贸易顺差是中国的整体格局，在微观上许多出口企业却利润有限，国内物价上涨导致的经营成本上升更增加了其压力，汇率升值对其十分敏感。

三、参与全球治理：中国国际地位提升的新主题

在抵御这场金融危机冲击中，中国以积极有效的应对战略既减轻了危机对本国经济的影响，也为整个世界做出了贡献，中国的作用得到了世界的普遍认可，国际地位得到了显著的提升。从这场危机中，国际社会不仅看到了中国经济的实力与活力，而且看到了中国作为一个负责任大国的形象。人们日益发现，这场危机将成为一个历史转折点，形成了中国国际地位继续提升的新主题，也开启了中国作为一个负责任大国在国际政治经济格局中发挥作用的新的历史阶段。

30 多年来中国国际地位的持续快速提升，一方面是在"和平与发展"这一关于时代的科学判断指导下坚持正确外交战略的成果，另一方面也是由改革开放带来的经济发展巨大成就的结果。如前所述，中国不仅在各种经济规模意义上不断走向世界前列，而

且在各种功能意义上对世界经济产生着积极影响。

作为一个负责任的大国，中国的目标并不只限于自身的发展以解决本国民众脱贫致富和实现960万平方公里土地上的繁荣昌盛。中国要在世界与人类的共同事务中发挥作用，这是中国在发展新阶段上的主题，也是未来国际地位进一步提高的主要内容和实现路径。在未来的发展道路上，中国无疑将继续积极推进本国的社会经济发展，从而国际政治经济地位持续提升。但是一个重要的历史性的变化是全球治理问题已经被提了出来，作为一个有着深厚文化传统和宽阔国际视野的开放型大国，中国不可能回避这一问题。中国的发展从实现自身发展延伸到实现世界的共同发展。

在新中国成立60年中，中国通过发展援助帮助了一些落后国家的发展，也在许多重大国际事务中发挥了建设性的作用。但是由于国力所限，援助在数量上是有限的；经济的封闭性也限制了发展对其他国家的积极影响。中国的外交政策在维护世界和平、推动国际合作中也发挥了重要作用，但是由于时代不同，国际事务的主题也不同，一个大国所能起的作用是与当时的国际格局和主要矛盾相联系的。

重要的是，今天世界的发展已经提出了一系列新的主题，国际合作有了新的内容与新的目标，为应对世界发展中新问题的"全球治理"已经被严峻地提了出来并获得了广泛的认可。以国际合作实现全球治理成为国际社会的共识。在世界进入这样一个新的历史阶段的时刻，大国的责任和所能发挥的作用已与以往明显不同。"和平与发展"为"全球治理"创造了重要条件和强烈需求。这一历史性的变化恰恰发生于中国国际地位取得了持续30年的提升之后，中国以负责任大国的作用参与和推动全球治理，既有了前30年发展的基础，又有了世界新发展的需要。

全球治理要回答的是一系列人类社会共同面临的重大问题。如控制排放应对全球气候变暖问题，防止环境污染与生态破坏问题，全球金融货币制度如何防范金融危机问题，缩小全球发展不平衡问题，应对极端宗教主义、毒品走私、跨国犯罪、恐怖主义威胁等等。毫无疑问，这些问题的有效解决关系全人类的生存，是世界各国的共同利益。这些问题只有在各国的合作特别是大国发挥积极作用下才能找到解决的办法。

在参与全球治理过程中，中国的国际地位将得到新的提高，一方面是因为中国自身在减少排放等问题上所做出的努力对世界具有重要意义，另一方面也将因为在推动制度与机制创建中中国将发挥重要的建设性的作用。

作为一个新兴经济体，许多地区和许多领域的发展水平还具有一般发展中国家的基本特征，中国参与全球治理将更能直接反映广大发展中国家的利益和诉求。与其他新兴经济体一样，中国的发展日益紧密地与世界的发展联系在一起。这就决定了承担国际责任也就是优化发展国际环境的需要，这是新兴经济体国家的共同要求。现行的国际体制及其各项规则是由发达国家主导在过去半个多世纪中形成的，在许多方面不适合发展中国家的发展和新兴经济体的崛起。世界贸易组织新议题的谈判，国际货币基金组织的改革等，都体现了在新的历史条件下国际规则应与时俱进的要求。全球治理不可能回避世界变化后对现行规则提出的变革要求。本次金融危机发生以来国际社会在全球治理上的一些进步正体现了世界经济格局的历史性变化，如发展中国家和转型经济体在世界银行的投票权的增加，国际货币基金组织份额的调整，2012 年之前发达国家将向新兴经济体和发展中国家转移 6% 的份额和 2 个 IMF 理事席位，中国和韩国在 IMF 中的地位将提升。相信这些积极的变化以后还会继续。

中国在新阶段上的发展与对国际事务的积极参与紧密地联系在一起。大国的责任与大国的发展路径、发展模式是一致的。作为一个依然低收入的发展中国家和作为一个近年来整体经济规模迅速提升的新兴经济体，中国能够代表广大发展中国家和新兴经济体的要求，促进国际经济体制朝着更加合理的方向发展，为所有发展中国家、新兴经济体也为自己开辟更宽广的和可持续的发展道路。

必须指出，今天的全球治理与以往的国际对话谈判不同，其核心不是一种利益的交换和平衡，而是共同应对与解决人类社会所共同面对的，其中有些关系整个人类生存的问题而不是不同类型国家的发展问题。因而共同利益居于更重要的地位。作为一个负责任大国，中国需要从人类社会的共同利益和可持续发展出发，进行国际合作，推进全球治理规则的形成。自身发展需要和人类社会共同利益之间的一致性，是负责任大国在参与全球治理中的一个基本原则。

抓住机遇，应对挑战，是过去 30 多年中国发展的一条基本经验。过去 30 多年的挑战是世界各国的发展竞争，综合国力的竞争从而是是否被开除"球籍"的问题，而机遇则是和平与发展的时代特征，国际市场开放与资本流动等发展条件的机遇。今天"我国发展仍处于可以大有作为的重要战略机遇期"①。今天的中国同样面对着新的挑战和新的机遇，这就是在综合国力提升后的战略性挑战和在国际事务中发挥积极作用的战略性机遇。

积极参与全球治理是中国不可回避的战略选择。中国国际地位的提升既为国人带来了巨大的自豪，也不可避免地在国际社会产生强烈的反响，伴随着国际上战略性的压力。这种战略性压力就是对一个规模不断扩大、实力持续增强的中国将会对世界各国产生什么样影响的关切。人们不仅看到中国巨大市场给各国提供的机会，优质廉价的商品给各国带来的福利，而且看到中国在迅速提升实力的基础上在国际社会所发挥的积极作用。国际社会开始体会到，重大的国际问题没有中国的参与是没有意义的；全球性问题很难由美国或中国单独或在不合作下解决。国际社会对中国在国际事务中发挥积极作用有着很高的期待。

解决自身发展中的问题与参与全球治理也是一致的。中国自身依然有着严峻的发展任务，目前面对的是一个大矛盾：作为一个经济总量排名世界第二，不少指标甚至世界第一的中国，所采用的却依然是发展中国家的发展模式与政策体系，大量生产出口低端产品，短期内无法改变高消耗格局，这使国际社会难以承受。作为一个负责任大国，首

---

① 中国共产党第十七届中央委员会第五次全体会议公报，《人民日报》2010 年 10 月 19 日。

先需要致力于改变自身的这一局面。中国需要通过自身发展模式的优化使自己的发展与世界更加和谐，最大限度地减少摩擦与矛盾。中国整体规模巨大，而人均收入很低，地区发展差距显著；整体上是一个崛起中的新兴经济体。因此，如何在国际事务中承担与国力和发展水平相称的义务，发挥大国的作用，往往存在着较大的矛盾。中国需要在发展方式的创新中寻找新的发展空间。

第一章 中国奇迹：
持续高速增长拉动全球经济

2010 年是中国"十一五"规划收尾之年，同时也是全球金融危机爆发以来世界经济开始全面回升的一年。2010 年，中国经济继续保持强劲增长势头，按可比价格计算，中国 GDP 同比增长 10.3%，在世界主要经济体中位居前列，对世界经济的拉动作用十分突出。国际经济力量对比继续发生深刻变化，特别是中国 2010 年 GDP 按平均汇率折算达到 58791 亿美元，超过日本 4000 多亿美元，成为仅次于美国的世界第二大经济体，这是中国国际经济地位进一步提升和世界经济结构发生新变化的标志性事件，引起国际广泛关注。与此同时，中国成为世界第二大经济体对于仍然处在发展中的新中国来说，在带来胜利喜悦之际，也带来了压力，崛起中的中国须学会清醒应对成长压力。

一、中国成为世界经济增长的重要引擎

2008 年全球金融危机爆发以来，中国应对比较得当，虽受一定影响，但冲击相对较小，对全球经济增长的拉动作用进一步凸显。

1. 中国经济增长势头依然强劲

"十一五"时期，中国经济保持平稳较快增长，GDP 年均实际增长 11.2%，比"十五"时期年均增速快了 1.4 个百分点，是改革开放以来最快的时期之一。[①] 与世界主要经济体相比（见表 1-1），中国经济增长优势明显。过去 5 年，中国 GDP 年均增速比世界经济年均增速高出 7.6 个百分点，比新兴和发展中经济体也高出了 4.7 个百分点。在金融危机冲击最严重的 2009 年，全球经济出现了 0.6% 的收缩，发达经济体整体出现了较大幅度的负增长，新兴和发展中经济体的增长速度也出现了大幅下滑。中国、印度等新兴经济体有效抵御了危机的冲击，仍实现了较大幅度的增长，对于推动全球经济复苏做出了较大贡献。相对于 2009 年而言，2010 年全球经济增速出现较大幅度

---

① 中国统计局：《新发展　新跨越　新篇章——"十一五"经济社会发展成就系列报告之一》，见 http://www.stats.gov.cn/tjfx/ztfx/sywcj/t20110301_ 402706119.htm。

的反弹，各主要经济体的增速都有明显回升，中国、印度、巴西等新兴经济体的高速增长对全球经济的反弹起了明显的拉动作用。

表1-1 2006—2010年全球主要经济体GDP实际增长率比较 （单位：%）

经济体 ＼ 年份	2006	2007	2008	2009	2010	2006—2010
世界	5.2	5.3	2.8	−0.6	5.0	3.6
发达经济体	3.0	2.7	0.2	−3.4	3.0	1.1
新兴和发展中经济体	8.2	8.7	6.0	2.6	7.1	6.5
美国	2.7	1.9	0.4	−2.6	2.8	1.0
欧元区	3.0	2.9	0.5	−4.1	1.8	0.8
日本	2.0	2.4	−1.2	−6.3	4.3	0.2
中国	12.7	14.2	9.6	9.2	10.3	11.2
印度	9.7	9.9	6.4	5.7	9.7	8.3
巴西	4.0	6.1	5.1	−0.6	7.5	4.4
俄罗斯	8.2	8.5	5.2	−7.9	3.7	3.5

资料来源：IMF: World Economic Outlook(October 2010) & World Economic Outlook Update(January 2011), http://www.imf.org/external/ns/cs.aspx?id=29。

从季度GDP实际增速走势看（见图1-1），中国从2008年第一季度的11.3%持续下降到2009年第一季度的6.6%，然后开始持续反弹，2010年第一季度到达一个相对高点，为11.9%，此后又略有回落。美国、日本、德国2008年第一季度的GDP实际增速十分接近，此后基本季度基本都出现了大幅下滑，最低增速分别达到了−4.1%、−10.3%和−6.8%，最近这一年则都出现了明显回升。

2. 中国经济总量不断超越

从2010年第二季度两国的GDP数据公布后，中国经济总量超越日本成为全球第二大经济体的话题就引起了关注与讨论。我们注意到，由于季节性因素，中国第四季度GDP一般要占到全年的30%以上，所以其实以单季GDP来衡量，中国2008年第四季度和2009年第四季度的GDP都曾超过日本（见图1-2）。不过只有到了2010年第二季度开始，中国的单季GDP才连续三个季度超越日本，2010年全年四个季度GDP总计超越日本4183.7亿美元，真正跃升为仅次于美国的世界第二大经济体。①

2010年，中国的经济总量也第一次跨上了5万亿美元的新台阶，此前只有美国和日本的经济总量分别于1988年和2009年突破了5万亿美元。中国的GDP自从1972年

---

① 经中国国家统计局初步核算，2010年中国GDP为397983亿元，按年平均汇率折算为58791亿美元。日本内阁府统计委员会2011年3月10日发布的GDP二次速报数据显示，2010年日本GDP为4791791亿日元，根据年平均汇率折算为54607.3亿美元。

（单位：%）

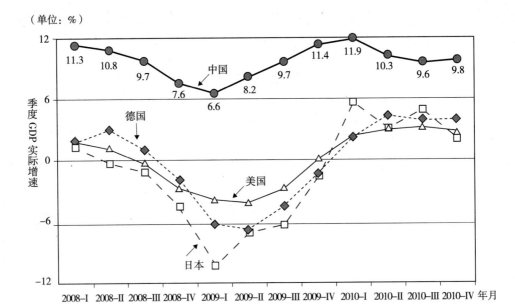

图1-1　2008—2010 年中国、美国、日本、德国季度 GDP 实际增速走势

资料来源：各国统计部门发布的季度 GDP 最新数据报告，转引自 http://hi. baidu. com/notheal/blog。

（单位：亿美元）

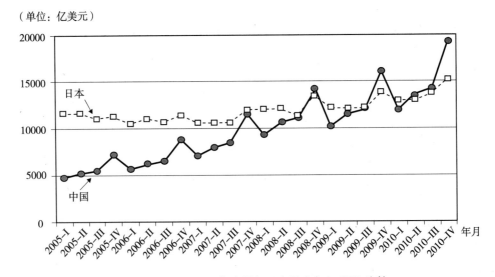

图1-2　2005—2010 年中国与日本季度名义 GDP 比较

资料来源：中国国家统计局，2011 年 1 月 24 日；
　　　　　日本内阁府统计委员会，2011 年 2 月 14 日，转引自 http://hi. baidu. com/notheal/blog。

超过 1000 亿美元之后，经过了 16 年的平稳较快发展，到 1998 年才跨过 1 万亿美元大关。自此之后，中国经济总量走上了持续攀升与跨越的历程，2005 年突破 2 万亿美元，2007 年突破 3 万亿美元，2008 年突破 4 万亿美元，2010 年突破 5 万亿美元（见图 1-3）。我们注意到，从 1 万亿美元到 2 万亿美元，美国、日本和中国都是花了 7 年时间。

不过，从 2 万亿到 3 万亿、3 万亿到 4 万亿以及 4 万亿到 5 万亿美元，中国的跨越速度则明显加快，比美国、日本都大大提前。以从 1 万亿美元到 5 万亿美元所花的总时间来看，美国是 18 年（1970 年到 1988 年），日本是 16 年（1979 年到 1995 年），而中国只用了 12 年（1998 年到 2010 年）。由此，中国也大大缩小了与主要发达国家在经济规模上的差距，特别是近十年来中国 GDP 的世界排位不断上升，2000 年超过意大利居世界第六位，2005 年超过法国居世界第五位，2006 年超过英国居世界第四位，2007 年超过德国居世界第三位，2010 年超过日本跃居第二位。

（单位：万亿美元）

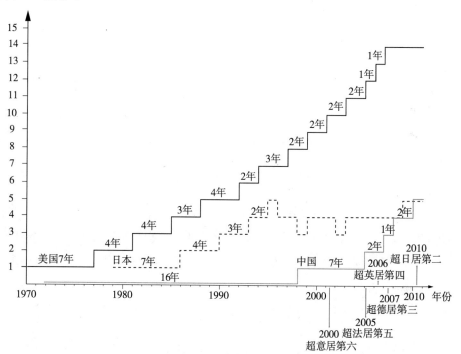

图 1 - 3　中国经济总量的攀升与超越之路

资料来源：World Bank, WDI 2011; IMF, WEO(October 2010)；2010 年数据来源于各国最新发布的 GDP 核算数据。

中国经济总量在全球经济总量中的份额也大幅提升（见图 1-4）。中国 GDP 占世界总量的比重先降后升，1960 年为 4.6%，1987 年曾一度跌至 1.6%，此后呈持续上升趋势，2010 年达到了 9.5%。美国 GDP 占世界总量的比重则从 1960 年的 38.7% 下降到了 2010 年的 23.7%，除 1980—1985 年和 1995—2001 年有过两次较大幅度的回升外，美国 GDP 占世界总量的比重总体呈不断下滑趋势。[①]

---

①　2010 年美国和中国现价 GDP 占全球 GDP 的份额为估计值，是根据 IMF 对 2010 年全球 GDP 的预计数以及美国、中国统计部门公布的本国 2010 年 GDP 初步核算数来计算得到的。

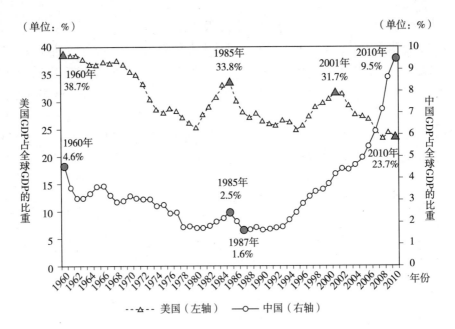

图 1-4 1960—2010 年中国和美国现价 GDP 占世界总量的比重

资料来源：World Bank: World Development Indicators(2011)，http://data. worldbank.org;

IMF: World Economic Outlook Update(January 2011)，http://www. imf. org/etternal/ns/cs. aspx? id=29。

我们还可以对比看一下全球三大经济体以购买力平价衡量的 GDP（PPP GDP）占全球份额的长期走势（见图1-5）。根据世界银行和 IMF 对全球主要经济体购买力平价的计算、评估与预测，1980 年以来，中国 PPP GDP 占全球份额不断上升，而且在最近

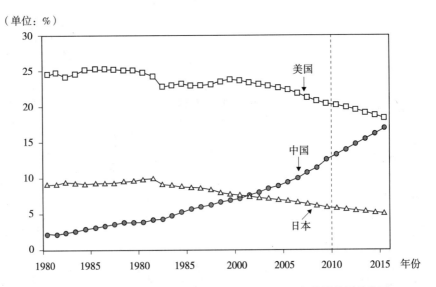

图 1-5 1980—2015 年中国、美国和日本 PPP GDP 占世界总量的比重

资料来源：IMF, World Economic Outlook(October 2010)。

十年有上升趋势，而日本所占比重在 1991 年达到了 10% 的相对高点后就开始持续下降，美国则是在 20 世纪 90 年代有所回升后，从 1999 年开始不断下降。以 PPP GDP 所占份额算，中国在 2001 年就已超越日本，当时中国 PPP GDP 占全球总额的 7.58%，而日本所占份额为 7.48%，当时美国 PPP GDP 所占比重以 23.37% 高居全球第一。根据 IMF 估计，2010 年中国 PPP GDP 所占份额为 13.27%、日本为 5.83%、美国为 20.22%。与 2001 年相比，中国的比重大幅上升了 75%，日本下降了 22%，美国下降了 13.5%。根据 IMF 推算，未来 5 年中国 PPP GDP 份额还将在 2010 年基础上再上升三成左右，2015 年将达到 16.96%，而美国、日本可能都会比 2010 年再下降一成左右，2015 年分别下降到 18.36%、5.15%。

3. 中国对世界经济增长的拉动作用

中国经济长期保持高速增长，对世界经济的增量贡献不断增大，近年来已经成为拉动世界经济增长的重要引擎。

1978 年，中国对世界经济增长的拉动仅为 0.1 个百分点，而同期美国对世界经济增长的拉动达到 1.7 个百分点，日本为 0.8 个百分点，欧元区国家为 0.7 个百分点。此后，中国对世界经济增长的拉动稳中有升，2007 年一度提升到 0.72 个百分点，高于所有国家位居第一，2008 年和 2009 年也分别达到了 0.54 和 0.56 个百分点，继续保持世界第一的位置。2010 年，各国经济都有所回升，全球经济增长 5.0%，其中中国贡献了 0.76 个百分点。

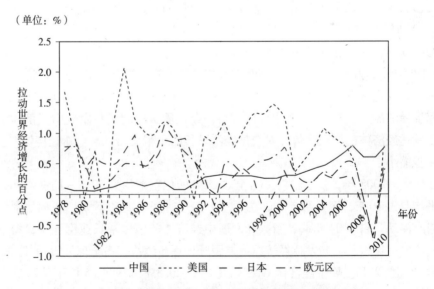

（单位：%）

图 1-6 1978—2010 年主要经济体对世界经济增长的拉动率

资料来源：根据世界银行 World Development Indicators（2011）中的各国 GDP（2000 年不变价）数据以及 IMF World Economic Outlook Update（January 2011）的各国 GDP 实际增长率数据计算。

从图 1–6 还可以看出，20 世纪 80 年代，世界经济增长主要由美、欧、日三大引擎拉动，1980—1989 年对世界经济增长的拉动幅度分别为 0.89、0.48 和 0.60 个百分点，而中国仅为 0.13 个百分点。到了 20 世纪 90 年代，日本的拉动作用明显减弱，世界经济主要由美欧两大引擎拉动，中国的拉动作用有所提升，1990—1999 年美国、欧元区对世界经济增长的拉动幅度分别为 0.92 和 0.44 个百分点，日本下降到 0.25 个百分点，中国上升到 0.25 个百分点。进入 21 世纪后，中国对世界经济的拉动已超过欧、日，与美国一起逐步成为世界经济增长的主要引擎，2000—2010 年中国对世界经济增长的拉动幅度平均达到了 0.51 个百分点，仅略低于美国（0.59），而比欧元区高出 0.24 个百分点，比日本高出 0.36 个百分点。特别是在 2007 年美国次贷危机爆发后，中国成为了世界经济增长最主要的引擎，2007—2010 年平均拉动世界经济增长 0.65 个百分点。2009 年，由于美、欧、日三大经济体均出现较大幅度的负增长（分别为 -2.6%、-4.1% 和 -6.3%），各把世界经济下拉了 0.7 个百分点左右，导致世界经济出现第二次世界大战以来首次负增长（-0.6%）。而中国经济则保持了 9.1% 的高速增长，把世界经济向上拉了 0.56 个百分点，另外印度也保持了 7.66% 的高速增长，拉动世界经济 0.11 个百分点，中、印等新兴经济体在危机中的良好表现大大减缓了世界经济的衰退幅度。

4. 国际经济力量对比变化的整体态势

我们还应注意到，随着中国等一批新兴经济体的快速增长，以及在全球金融危机的冲击与影响下，整个世界经济的力量对比和基本结构也在发生重大变化。

（1）新兴和发展中经济体与发达经济体的整体差距明显缩小

2010 年，在中国（10.3%）、印度（9.7%）、巴西（7.5%）等新兴经济体快速增长的拉动下，新兴和发展中经济体整体实现了 7.1% 的较高增长水平，同期发达经济体的 GDP 增长率为 3.0%，全球 GDP 增长率为 5.0%。2007 年以来，在这次全球金融危机爆发、深化和复苏的整个过程中，新兴和发展中经济体都表现出了较好的应对危机和快速反弹的能力。从图 1–7 中可以看出，金融危机后新兴和发展中经济体继续保持相对于发达经济体的增长优势，对全球经济增长的贡献突出，与发达经济体的整体差距则进一步缩小。

1980—2003 年，发达经济体占全球 GDP 的比重平均为 80%，而新兴和发展中经济体平均只占 20%，而且两者占比在这二十多年时间里变动不大，基本是围绕平均线上下略有浮动。自 2004 年起，新兴和发展中经济体的整体增长速度加快，特别是金砖国家经济的高速增长，与发达经济体的差距开始逐步缩小，占全球 GDP 的比重大幅提升。2003 年，新兴和发展中经济体 GDP 占比仅为 20.3%，2004 年上升到 21.5%，2006 年达到了 26%，2008 年进一步上升到 31%，2010 年达到 33.5% 左右，IMF 预计 2015 年该比重将达到 40% 左右。若以购买力平价（PPP）衡量，新兴和发展中经济体在全球经济总量中的份额会更突出一些，2009 年占全球 GDP（PPP）的 46.2%，2010 年估计为 47.1%，而该比重在 1980 年时仅为 30.6%。IMF 预计，以购买力平价衡量，2013 年新

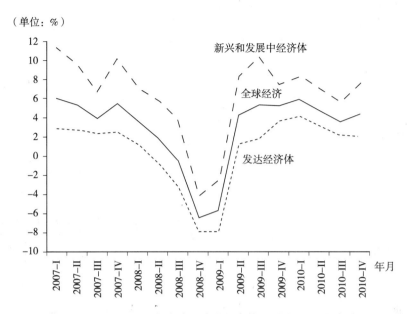

（单位：%）

图 1-7　2007—2010 年全球经济增长走势（季度 GDP 折年率）

资料来源：IMF, World Economic Outlook Update(January 2011)。

兴和发展中经济体的经济总量就将超过发达经济体。① 总体上看，经过最近这十年的发展，世界经济的总量结构和动力结构确实是发生了前所未有的变化。这种变化仍在继续，其深远影响在未来一段时间里将不断显现。

（2）金砖国家（BRICs）与七国集团（G7）的总量对比

我们可以再看一下主要的发达经济体与主要的新兴经济体之间的力量对比变化情况，这里以七国集团（G7）和金砖四国（BRICs）作为比较对象，这 11 个经济体都是世界主要经济大国。②

从 1990 年到 2010 年，全球 GDP 总额从 21.8 万亿美元增长到 62 万亿美元，增长了 1.83 倍；G7 的 GDP 总额从 14.5 万亿美元增长到了 31.9 万亿美元，增长了 1.2 倍；BRICs 的 GDP 总额从 1.65 万亿美元增长到了 11.1 万亿美元，大幅增长了 5.73 倍。尽管 BRICs 的 GDP 规模还远远小于 G7，但增长速度很快，在全球经济总量中的份额也不断提升，而 G7 所占份额则呈不断下降趋势。1990 年，在全球 GDP 总量中，G7 所占比重高达 66.2%，BRICs 所占比重仅为 7.6%。到 2010 年，G7 所占比重下降到了

---

① 数据来源：IMF, World Economic Outlook Database, October 2010, http://www. imf. org/external/pubs/ft/weo/2010/02/weodata/index. aspx。

② 根据世界银行《世界发展指标（WDI）》数据库，2009 年全球共有 12 个国家的 GDP 超过 1 万亿美元，依次为美国、日本、中国、德国、法国、英国、意大利、巴西、西班牙、加拿大、俄罗斯和印度。其中，除西班牙外，其余 11 国正是 G7 和 BRICs 包括的 11 个国家。2009 年，这 11 国 GDP 合计占全球 GDP 总量的 68.8%，面积之和占全球总面积的 44.8%，人口之和占全球总人口的 52.5%。

51.4%，BRICs 所占比重则上升到了 17.8%（见图 1-8）。① 1990 年，BRICs 的 GDP 总额只有 G7 的 1/10 多一点，而到了 2010 年，BRICs 的 GDP 总额已占到了 G7 的 1/3 以上。

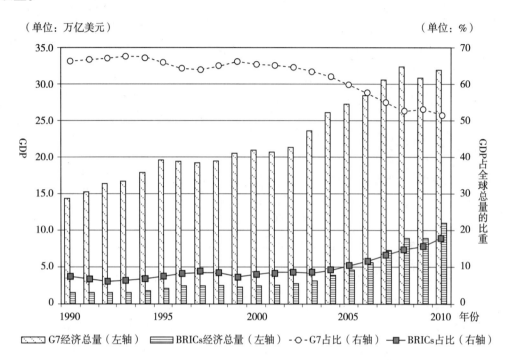

（单位：万亿美元）　　　　　　　　　　　　　　　　　　　　　　（单位：%）

□ G7经济总量（左轴）　 ▤ BRICs经济总量（左轴）　-○- G7占比（右轴）　-■- BRICs占比（右轴）

图 1-8　G7 和 BRICs 的 GDP 规模及占全球总量比重的走势分析

资料来源：World Bank, World Development Indicators 2011。

根据高盛公司的乐观估计，BRICs 在 GDP 总量上将于 2032 年左右超过 G7。高盛估计，以 2006 年不变价计算，2020 年，BRICs 的 GDP 将达到 20.3 万亿美元，G7 的 GDP 为 36.6 万亿美元，BRICs 为 G7 的 55% 左右；2030 年，BRICs 的 GDP 将达到 40.4 万亿美元，G7 的 GDP 则为 43.8 万亿美元，BRICs 达到 G7 的 92% 左右；2040 年 BRICs 的 GDP 将高达 74.7 万亿美元，而 G7 的 GDP 则为 53.7 万亿美元，BRICs 将达到 G7 的 1.4 倍；2050 年，BRICs 的 GDP 将达到 128.8 万亿美元，G7 的 GDP 为 66.1 万亿美元，BRICs 将达到 G7 的 1.95 倍。② 不管怎样，BRICs 在经济总量规模上正在不断缩小与 G7 的差距，其在全球经济中的地位和影响力也正在逐步上升。

（3）美国与中国在全球及发达或发展中经济体中的份额变化

从中美占全球 GDP 比重的走势上看（见图 1-4），最近十多年，中国占比上升速

① 2010 年 G7 和 BRICs 的 GDP 数据来自各国统计部门关于 2010 年 GDP 核算初步数据的有关统计报告，2010 年全球 GDP 总额参照 IMF《世界经济展望（2010 年 10 月）》数据库中的预测和估计值。

② Goldman Sachs Global Economics Group, BRICs and Beyond, 2007, Jim O' Neill and Anna Stupnytska, The Long-Term Outlook for the BRICs and N-11 Post Crisis, Global Economics Paper, No. 192, December 4, 2009.

度较快，逐步拉进了与美国的距离，2010 年已占到了美国的 40% 左右。据 IMF 预计，到 2015 年，中国 GDP 占比将可能继续提升至 12.2%，而美国则可能下降至 22%，中国占美国的份额将上升到 55% 左右。

另外，如图 1-9 所示，我们还可以发现，据 IMF 估计，2010—2015 年，美国 GDP 占全球 GDP 的比重将继续下降（分别为 23.6%、23.2%、22.9%、22.6%、22.3% 和 22.0%）的同时，美国 GDP 占发达经济体 GDP 的比重却可能有所提升（分别为 33.50%、35.53%、35.7%、35.9%、36.0% 和 36.2%），这表明美国经济在发达经济体中的表现是相对较好的。而中国的情况是，占全球 GDP 的比重和占新兴市场与发展中经济体的比重都将稳步上升，而且后者上升的势头要略大于前者，这表明中国在新兴和发展中经济体中仍具有增长优势。

（单位：%）

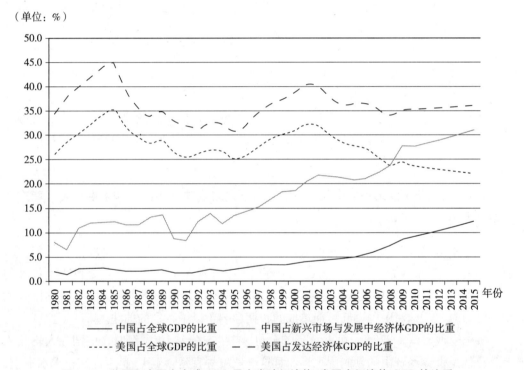

图 1-9 美国和中国占全球 GDP 及占发达经济体/发展中经济体 GDP 的比重

资料来源：IMF, World Economic Outlook(October, 2010)。

通过以上数据分析，2010 年中国延续了经济高速增长的良好势头，对全球经济增长起到了重要的拉动作用，中国经济总量再上一个新台阶，国际经济地位和国际经济影响力进一步提升。与此同时，在国际力量对比态势持续变化的推动下，全球经济格局正在发生深刻变化，中国国际经济地位的提升将不局限于通过增长拉动和增量贡献等方式来体现，还需要从功能、机制上进一步探究中国在参与全球治理等方面的能力与贡献。

二、经济规模超越日本再引全球热议

中国经济超过 30 年的持续高速增长，其积累效应在量和质两个方面，都于近几年得以快速呈现：在 2005 年经济总量（GDP）超过英国后，2007 年又超过德国，全球金融危机爆发后，2010 年则又快速超越日本，成为全球第二大经济体；这种超越过程，由于既是以中国经济的高速增长和巨大发展潜力为前提，同时，又是以经济全球化、中国的基本国情，以及当前的后危机时代全球经济复苏乏力为基本背景的，·因此，中国经济在总量规模上的跨越，在对全球影响力的质的方面似乎具有更加重要的意义。

从 2010 年下半年开始，随着各界对中国第二季度 GDP 将超过日本的预期逐步被证实，关于中国快速崛起可能带来的全球影响以及中国的未来发展等问题，即已引起全球的广泛关注。由于当代中国的崛起，不仅主要地表现在经济方面，同时还广泛涉及包括政治、军事、文化和发展道路等人类发展领域各个层面的问题，并已迅速影响和改变全球力量的各种均衡关系，因此，这种影响巨大而深远的大国崛起，在每一个对现存世界体系和格局可能造成影响的超越时点上，都会引发全球的广泛热议。[①] 随着中、日两国于 2011 年第一季度相继公布前一年的统计数据，证实中国 2010 年的经济总规模已正式超越日本，这种热议还在持续。

1. 中国崛起可能带来的中长期影响，特别是对全球文明结构和发展道路可能产生的重塑作用

由于中国的人口和经济规模巨大，而且，正如安格斯·麦迪森（2007 年，第 1 页）所指出的，"从很多方面看，中国是一个特例。中国现在是而且一直就是世界上最大的政治实体"，因此，当中国快速超越日本成为全球第二大经济体，并继续呈现出巨大的发展潜力时，全球对中国崛起可能造成的长期影响予以了特别的关注。

根据麦迪森（2007 年，第 1 页）的分析，"早在公元 10 世纪时，中国在人均收入上就已经是世界经济中的领先国家，而且这个地位一直延续至 15 世纪。在技术水平上，在对自然资源的开发利用上，以及在对辽阔疆域的管理能力上，中国都超过了欧洲。在此后的三个世纪中，欧洲才在人均收入、技术和科学能力上逐渐超过了中国。到了 19 世纪和 20 世纪的上半叶，当世界经济明显加速增长之际，中国却衰退了"。因此，从长期的、历史的和比较的角度观察，当代中国的加速崛起具有重要意义：一方面，由于

---

① 例如，安格斯·麦迪森（2007 年，第 1 页）认为，"今天的中国在世界经济中扮演着比以往远为重要的角色，而且它的重要性可能会进一步提高"；他强调，"有必要采用一种长期的、比较的方法来理解当代的中国"。麦迪森同时认为，过去在对经济增长过程及其决定因素的分析中，"一直以来注重于过去两个世纪资本主义的发展"。

中国经济只是在20世纪后半期改革开放之后才逐步融入当代世界经济体系的，因此，在外部世界看来，这种加速崛起就具有一种较强的外部冲击性；另一方面，当代中国的崛起过程，又是与近二三十年来全球经济和金融一体化的加速推进过程相互耦合和彼此促进的，因此，这种崛起过程也在重塑着全球经济体系，从这一角度看，中国崛起的影响又具有很强的内生性：它不仅使得中国在全球各种力量关系中的角色和定位得以重塑，还将广泛影响全球经济发展的战略格局和发展道路，并可能由此影响和改变全球文明结构的未来演变，开启人类发展的新纪元。为此，《印度时报》2010年12月26日发表题为《东方在新的文明冲突之中崛起》的评论文章认为："随着新世纪的卷轴逐步展开，四种相互竞争的文明将塑造历史。这轮新的文明之争可能会决定未来国家与地区之间的均衡格局"①；"中国的崛起将建立一股强大的、历史根源深远的儒家文明势力，其影响力将扩展至太平洋到非洲的广大地区。"2010年9月14日，美国《大西洋月刊》发表《龙与美国梦》的署名文章认为："在美国统治的世纪里，世界大国面对美国的冲击纷纷落马，从6个到3个，到2个，再到1个。现在，历史却停滞不前了，而且挂上了倒档，大国数量从1个变成2个，或许还会增加到3个或更多"；"中国的崛起将彻底挑战美国的理念——历史也许不只向一个方向发展"。2010年11月19日，香港《大公报》发表评论指出："欧洲'大矛盾'、美国'大失控'与中国'大文明'，这三个'大'不仅勾勒出三个世纪的三大发展方式的巨大差异，也体现出三大发展模式与三大文明类型的巨大区别，这就是欧洲'莱茵模式'、美国'盎格鲁—萨克逊模式'与中国'亚细亚综合模式'在生产方式、发展效率乃至文明类型上的巨大差异。这种差异决定了三种人群的差异，即欧洲贵族式慵懒，美国牛仔式狂放与中国农夫式谦勤。欧、美、中的差异可一言以蔽之：大文明差异。"文章同时认为："从大文明史观考虑发展模式，不难发现对新老模式的比较要注重整体实效，欧洲普遍出现主权债务危机，美国过度消费与虚拟经济遭遇历史性衰退，中国虽然弊端不少，但13亿人口大国在30年中能持续飞速发展并保持整体稳定，这在人类历史上是空前的；从大文明史观审视文明发展，不难感受到当今人类文明已发生了翻天覆地的巨大变化。这种变化提示我们，大量在20世纪通行或称为主流的观点、方法与行为，在当今都可能成为过时、守旧、僵化的东西或文明发展的羁绊，因为文明正在天翻地覆。"

2. 中国崛起与全球整体格局的变动和调整

2007年下半年以来，西方发达经济体仍深陷危机之中，难以顺利恢复危机后的经济常规增长，而中国却克服了危机带来的负面影响，经济仍保持着高速增长势头。当此

---

① 该文所指的四种文明，包括西方文明、中国的儒家文明、印度文明和伊斯兰文明。该文还引用了国际货币基金组织的相关预测：到2015年，亚洲（以中国、日本和印度为首）将占到全球国内生产总值的34%；到2030年，亚洲的国内生产总值将超过美国和欧洲的总和。该文认为，这种力量转移过程，不仅是当代全球经济实力均衡的转变，事实上更是一种对18世纪后半叶当时全球力量对比原状的恢复。

之际，美国《华盛顿邮报》网站于 2010 年 2 月 25 日对该报与美国广播公司联合开展的一项民意调查进行了报道，题为《民调显示人们担心美国影响力在中国兴起之际式微》。根据该调查，"当被问及本世纪更多的会是'美国世纪'还是'中国世纪'时，在经济方面美国人的回答基本持平（41% 的人选中国，40% 的人选美国），而在世界事务方面，被调查者则更倾向于中国（43% 的人选中国，38% 的人选美国）。"2010 年 8 月份，当中、日两国分别公布第二季度的 GDP 数据后，阿根廷《民族报》发表评论认为："2001 年中国还是世界第七大经济体，在不到 10 年的时间里，中国凭借累计 261% 的经济增长率将德国、英国和法国甩在了后面，世界银行统计，中国将在 2020 年至 2030 年超越美国。尽管中国在世界地缘经济棋盘上的变化是象征性的，因为中国仍然是一个贫穷的国家，其人均收入（3678 美元）远远低于日本（39731 美元）和美国（42240 美元），但这个象征却意义重大，因为它意味着全球经济和政治平衡发生了决定性改变。"2010 年 8 月 21 日，美国《国际日报》发表《中国 GDP 超日，软实力超美或有希望》的评论文章认为："虽然与先进国家相比，中国的人均收入仍然是发展中国家，中国也以此作为对自己的定位，但不容忽略的是，由于经济总量的增加以及中产阶层家庭数量的增加，中国很快就会成为世界最重要的消费市场。如果有四成的家庭达到美国中产阶级的消费水平，中国就足以超越美国成为全球最重要的市场。美国在全球的软实力展现的一个重要因素是它的购买力，想卖东西给美国的国家，不得不按美国意志行事。一旦中国市场容量成为全球老大，软实力就将从西往东倾斜，这种状况还要多久，谁也说不准，但从中国已成为全球汽车市场第一看，说不久中国超越美国成为全球最重要的市场也是可能的。"新加坡《联合早报》则于 2010 年 8 月 23 日发表评论指出："尽管各界早有思想准备，但消息依然成为西方大报的要闻，有人将它解释为全球经济格局变化的里程碑；也有报道指出，这象征着国际政治与经济实力的转移，因为过去从没有发展中国家占据如此有影响力的位置，中国作为发展中国家的现实，凸显的是其继续成长的巨大潜力。"

2010 年 10 月 7 日，新加坡《海峡时报》发表文章评论道："中国发展迅速，取得了巨大成就，虽然中国面临的难题和矛盾显而易见，但几乎没有人怀疑中国会成为 21 世纪一个主导全球的'超级大国'"；"即使中国不会成为一个替代美国地位的超级大国，但是中国肯定会成为一个具有全球影响力的大国，因为中国有 13 亿人口，这样庞大的人口规模足以使任何不可能发生的事情变为可能"。2011 年 2 月 28 日，该报进一步发表评论文章认为："中国经济总量的回升，一方面意味着历史上东亚国际秩序重现的可能，另一方面也象征了全球战略格局的重大调整。这对人类历史的划时代意义自不待言。"亚洲四小龙"当年的成就，并无法改变大西洋两岸主导世界经济的现状；中国的持续崛起，却决定了世界经济中心向太平洋转移的宿命。华尔街引发的全球金融风暴，以及欧洲主权债务危机的延烧，进一步加快了这个历史变迁的步伐。"2010 年 12 月 25 日，美国斯坦福大学历史学教授、考古学家伊恩·莫里斯在《纽约时报》上发表题为《东方来了》的文章认为："在理查德·尼克松 1972 年对北京进行历史性访问时，美国工人的生产率是中国工人的 20 倍。中国当时在全球总产出中所占的比重仅为 5%，现在则升至 14%。中国如今已经成为世界第二大经济体（日本居第三位），而且还是全球二氧化碳最大排放国。世界运算速度最快的计算机属于中国。我们目前正在经历的财富、权力和声望的变化是自 200 年前工业革命将西欧推上全球主导地位以来最大的。推动东方崛起的这股力量恰恰就是当初推动西方崛起的那股力量：地理因素与经济和技术产生的互动。"2010 年 12 月 24 日，德国《法兰克福汇报》也发表了相关评论文章，认为"全球范围内的权力结构变化已经开始。金融危机加速权力向新兴工业国家转移。在工业国家，危机揭露了很长时间以来被国家央行廉价发行货币所掩盖的结构缺点。在美国、日本和欧洲，高额国家债务、负担沉重的福利体系和社会老龄化在长期内限制了经济增长潜力。东西方铁幕倒掉后的 20 年里，市场经济和全球化让数十亿人亲历了快速的经济发展，但眼下很多工业国家却受到富裕生活水平下降的冲击。西方民主国家因此非常不安，甚至显示出了迷失方向的特征"；"世界上爆发了经济体制之间的竞争。中华人民共和国首次把资本主义的经济体制和共产主义的威权统治结合起来，这种成功模式和盎格鲁—萨克逊式的金融资本主义市场经济以及欧洲和日本的社会市场经济形成竞争。"

3. 中国经济对亚洲和全球经济的引领与带动

中国身处亚洲，同时又是当今经济金融一体化时代的全球进出口大国。2010 年以来，虽然全球经济显示出逐步摆脱危机重新恢复增长的趋势，但全球有效需求不足和经济发展仍有着很大的不确定性等负面因素在一个较长的时期内都将持续存在。这种背景下，中国对亚洲和全球经济增长的引领和带动作用备受关注。2010 年 8 月 18 日，美联社引述相关分析人士的话说："我们现在所处的关键点是，中国正超越美国成为消费增长的引擎"；"中国对原料和其他产品的需求，提振了从澳大利亚到韩国以至非洲的经济。她使用全球一半以上的铁矿石，以及超过 40% 的钢铁、铝和煤。在人道层面，中国的崛起使亿万人民能够摆脱贫困，并将大批的学生和游客送到西方。从底特律汽车制造商到法国手袋生产商等等的西方企业，现在都专门为中国的客人设计产品。"同日，英国《金融时报》（FT）中文网发表社评指出："日本几乎是一声不吭地交出了位置。在中国更有底气宣称成为世界第二大经济体当日，日本公布了区区 0.1% 的第二季度增长数据。但中国既是竞争对手，也是合作伙伴：贸易将两个经济体连接在了一起。目前，中国是日本最大的出口市场和主要的进口来源。中国的增长令日本经济受益。"2010 年 11 月 2 日，彭博社援引瑞士银行的预测认为，即使中国的经济增速放慢，但未来 10 年中国对全球经济增长的贡献率可能仍将增加到平均 30%。2010 年 11 月 22 日，美国《华尔街日报》发表哈佛大学历史教授尼尔·弗格森的分析文章认为："中国工业化革命的规模和速度在世界上首屈一指。在 26 年的时间里，中国的 GDP 增长了 10 倍。英国在 1830 年后花了 70 年的时间才使 GDP 增长了 4 倍。"他认为："在某些方面，亚洲的世纪已经到来。中国在全球制造业中所占的比重即将超过美国，而中国在过去 10 年间赶上了德国和日本。中国最大的城市上海已经跃居世界大城市之首，孟买紧随其后；没有一个美国城市能与之匹敌。没有什么比隐隐迫近的美国财政危机更能明确地加速全球经济力量从西方向东方转移。"针对各界评论所指出的中国人均 GDP 仍然很低这一状况，弗格森认为："现在，中国的人均 GDP 是美国的 19%，而 30 年前改革开放刚开始时，仅为 4%。中国香港、日本和新加坡早在 1950 年就达到了这一水平。据世界大型企业联合会的统计，新加坡人均 GDP 目前比美国高 21%，中国香港大约与美国持平，日本和中国台湾比美国低 25%，韩国比美国低 36%。只有傻瓜才会打赌中国不会再未来几十年走上同样的发展道路。"2011 年 1 月 19 日，英国路透社公布的该社一项调查显示："尽管 2011 年亚洲迅速发展的经济体增速比去年略有减缓，但仍将引领全球增长，并远远超过富国参差不齐的复苏。对全球约 500 名经济学家的调查显示，今年中国的经济增速将继续排在全球主要经济体的首位。"2011 年 1 月 26 日，资诚全球联盟组织（PWC）在瑞士达沃斯世界经济论坛上也发布了其调查报告。根据其调查结果，全球 CEO 对亚洲新兴市场未来的发展特别有信心，高达 90% 的企业将在未来一年增加亚洲的营运规模，亚洲已经成为全球经济增长的新引擎。其中，39% 的受访者认为，未来经济成长最重要的国家是中国，比第二名的美国高出 18 个百分点，巴西（19%）和印度（18%）分别排名第三和第四位，中国的经济发展广受瞩目。对于中国长期内对全球经济的引领作用，2011 年 1 月 12 日英国《卫报》发表评论文章认为："世界过去的十年印有'中国制造'的烙印，未来的十年则迎来'属于中国'的时代。随着中国'十二五'规划的推进，发达国家对华出口也迎来了重大机遇"；"中国外汇储备总额持续增长，虽然中国购买海外资产和债券不是什么新闻，但得益于中国经济的发展，中国外汇储备的增长速度让中国对全球经济、财政和政治的影响力日益增强"。文章还认为："随着中国在 2011 年'十二五'规划的推进，对于像英国这样的发达经济体而言，将是一个重大的机遇，因为这些国家的高质量产品对华出口将得到增加，……，中国是最重要的增长引擎。"

4. 中国模式和中国的发展前景

由于中国经济所取得的巨大成功，近年来，关于中国模式和中国经济能否保持持续增长的问题也是外界关注的重要话题之一。2010 年中国经济规模超越日本，使这一话题继续成为各界关注的焦点。俄罗斯战略文化基金会网站 2010 年 9 月 30 日发文认为："中国的发展模式是一个综合体，它借鉴了其他国家的经验，并将之与本国国情相结合，其中有苏联的影子、新兴工业国家的成就、罗斯福新政的亮点；我们既能窥见德国和法国的社会福利模式，也能感受到北欧社会资本主义的影响。中国人将上述经验成功组合并加以总结归纳"；"中国是个地理条件复杂、各地经济发展水平参差不齐的大国。如今，它正在努力向世界展示一种新型的多元化发展模式。中国社会主义并非他国模式的盲目拷贝，而是人类社会众多成就的创造性集大成者。"2010 年 11 月 16 日，澳大利亚《悉尼先驱晨报》网站针对中国模式可能具有的影响力发表评论认为："中国崛起取得了如此辉煌的胜利，以至于现在受到考验的不是北京的体制，而是我们的体制。中国成为强有力的替代模式和一种挑战，甚至让西方国家以及我们有关民主自由怡然自得的想法相形见绌。"

　　由于中国一直以一种超常规的速度向前发展，因此，关于中国的未来发展前景的预期，一方面与中国自身能否保持经济高速增长有关，另一方面，从全球视角看，则经常与中美两国经济总量的相互比较相联系，或者说，总是与中国能否或何时将会超越美国相联系。当 2010 年中国毫无悬念地上升为全球第二大经济体时，这些主题又被广泛重提。2010 年 8 月 17 日，美国之音中文网发表评论文章认为："中国经济正式超越日本，成为仅次于美国的世界第二大经济体的消息有多重要？……，问题不在于中国的经济总量，而在于它能否或者如何保持这种高速增长势头。"2010 年 11 月 30 日美国"moneyshow"网站发表《中国的下一次飞跃》的文章认为："与华盛顿不同，北京在处理问题时并不被动。中国的第十二个五年计划就呼吁当局采取行动为国家发展注入新动力。北京正为其经济发展指明新的方向。该计划意图发展的中国支柱产业不再是钢铁、汽车等为主的基础重工业，取而代之的是创新为主的科技和效能升级，其中包括信息技术、能源节约及环境保护。中国同时还在推进能源、生物技术、高端设备制造、新材料及新能源车的发展。中国发展的重心正从重工业时代转移到 21 世纪的高科技时代。"新加坡《联合早报》2011 年 2 月 28 日的评论文章则认为："如果采取更长时段的角度审视，中国经济总量的持续壮大，其实还远未达到历史常态。按经济历史学界的估算，中国的经济总量在欧洲殖民者东来前，不但是东亚最大，一度更是世界第一位。平均而言，中国经济总量在十多个世纪以来，一直维持在全球经济总量的 1/5 左右。在前工业化时代，这当然是人均基数造成的效果。因此，中国经济发展超越日本，只不过是其回归传统地位征途上的一个阶段。就算实现了不少经济学者及分析机构所预测的那样，中国经济总量在本世纪中叶超越美国，也只是恢复其原有的历史地位而已。当然，过去的成就未必就是将来命运的保证，但以中国人口全球第一的规模，以及其至今所表现的发展潜力，经济总量最终成为第一的结果，也并非那么难以想象。"韩国韩联社 2011 年 1 月 11 日刊发了《中国或在 2018 年成为最大经济体》的报道，该报道援引全球性咨询与审计公司普华永道会计师事务所的研究报告认为，若考虑到两国生活标准的差异，以购买力评价衡量，中国最早将在 2018 年取代美国成为世界最大的经济体；若以市场汇率衡量，这种世界经济秩序的变动虽然比较缓慢，但同样是不可避免的，这样预计中国将在 2030 年取代美国成为世界第一大经济体。根据该报告的观点，中国若干年后能够成为世界头号经济体的重要原因之一，是其仍将是一个出口强国，而且，由于中国出口商在稳步走向高端市场，中国将越来越多地与外界在质量而非价格上展开竞争；随着中国实际工资的增长，对中外企业来说，中国国内市场也将变得越来越重要。该报道同时引用普华永道首席经济学家约翰·霍克斯沃思的话说："拥有大量人口的中印两国到 2050 年将重新占据主导地位。从许多方面讲，这是回归工业革命前的历史规范。18 世纪晚期和 19 世纪的工业革命导致全球经济力量从亚洲向美国和西欧转移，这种暂时的力量转移现如今又换了方向。"

三、中国的宏观经济运行与政策调控

中国国际地位的提升与经济增长速度有着密切的联系。维持稳定快速经济增长是提高中国国际地位的基本条件之一，而实现稳定快速经济增长又是宏观经济管理追求的主要目标。鉴于这一联系，在此，我们将对 2010 年中国宏观经济运行情况展开具体的分析。

1. "高开低走"的增长轨迹

2010 年中国经济增长呈现出"高开低走"的变化趋势。这一变化或多或少出乎人们的意料。人们之所以感到意外与以下两个因素有关：

其一，经济增长刚刚出现回暖迹象就重新面临下方调整的压力，这一结果偏离了年初的市场预期。如表 1－2 所示，受全球金融危机冲击的影响，2009 年第一季度，中国 GDP 同比增速下降至 6.5%。此后，在扩张性财政刺激计划和宽松货币政策的支持下，经济开始探底反弹，第二季度、第三季度和第四季度经济增长率依次上升到 7.4%、8.1% 和 9.1%。2010 年上半年，经济仍然维持了较高的增长速度，第一季度和第二季度的增长率分别达到 11.9% 和 11.1%，然而，第三、第四季度，中国经济再次面临下方调整的压力。从经济开始回暖到面临二次下方调整的时间仅仅相隔一年，这一变化出乎人们的意料。

表 1－2　2009—2010 年中国经济增长速度　　　　　　　　（单位：%）

	2009 年				2010 年			
	1 季度	1—2 季度	1—3 季度	1—4 季度	1 季度	1—2 季度	1—3 季度	1—4 季度
GDP	6.5	7.4	8.1	9.1	11.9	11.1	10.6	10.3
第一产业	3.5	3.8	4.0	4.2	3.8	3.6	4.0	4.3
第二产业	5.8	7.1	8.1	9.9	14.5	13.2	12.6	12.2
第三产业	7.7	8.3	9.1	9.3	10.2	9.6	9.5	9.5

资料来源：国家统计局官方网站数据库，http://www.stats.gov.cn/tjsj/。

2010 年下半年，中国经济增长速度出现下方调整受到多种因素的影响。首先，这一调整受到基数效应的影响，2009 年下半年中国经济明显加速，前一年同期基数的提高会降低本期的增长速度；其次，大型财政刺激计划的实施接近尾声，财政投资的减少削弱了经济增长的后劲；再次，反通货膨胀的紧缩性货币政策抑制了经济的扩张；另外，房地产调控政策降低了投资对经济的拉动作用；最后，人民币升值和工资的快速上升以及经济发展模式的调整减弱了外部需求对经济的拉动作用。

其二，中国高速经济增长的潜力明显下降，这一变化出乎人们的意料。鉴于2009年上半年的基数较低，经济增长率只有7.4%，因此，2010年上半年的高速经济增长在很大程度上属于恢复性增长。另外，2010年上半年的经济增长速度为11.1%，这一增长率接近21世纪头10年的长期增长速度。考虑到以上两个因素，2010年年初，许多人认为：2010上半年的经济增长速度不足以引发经济过热现象，尽管物价有所上升，但是不会超过3%的通货膨胀管理目标。但实际情况却出乎人们的预料，进入下半年，通货膨胀率不仅突破了3%的防线，而且延续了上涨的趋势。如果中国经济无法在保持物价稳定的前提下，继续维持以往的长期增长速度，那么这一事实意味着，受国内外经济环境变化的影响，中国经济增长的潜力出现了下降趋势。

经济增长与物价的关系在一定程度上反映一国人力资源和资本资源的可利用程度。如果一国的资源未得到充分的利用，通常会出现通货紧缩风险，这一状况意味着经济增长潜力未得到充分的利用，一部分资源处于闲置和浪费状态。反之，如果一国经济的实际增长速度超过了其增长潜力，这一状况通常会引起通货膨胀风险。而恶性通货膨胀会造成经济秩序的混乱，从而妨碍经济的正常发展。鉴于经济增长与物价的以上关系，一国经济的长期增长潜力是该国能够在维持物价稳定前提下实现的最高经济增长速度。依据这一标准进行判断，如果2010年的通货膨胀起因于经济过热，那么这一事实意味着中国长期增长轨迹出现了下方调整。

当前，有些人并不认同这一结论，这是因为通货膨胀受制于多种因素的影响。如果通货膨胀主要起因于结构性因素的影响，那么仅仅调整供给就可以缓解通货膨胀压力。比如，有一种观点认为当前的通货膨胀主要起因于农产品供给不足，因此增加农产品供给是消除通货膨胀的根本之策。鉴于这一情况，未必一定需要以降低经济增长速度作为消除通货膨胀的代价。这一观点也有一定的道理。但是，即便如此，考虑到以下两个因素，中国经济长期增长轨迹有可能出现下方调整压力。第一因素是：在过去10年中，房地产投资是支撑中国高速经济增长的重要动力之一，今后，随着房地产调控力度的加大，该投资对经济增长的推动作用会有所减弱。第二个因素是：经济发展方式的调整有可能降低外部需求对中国经济的拉动作用。以上两个因素有可能在一定程度上降低中国经济增长的潜力。

2. "低开高走"的通货膨胀

2010年中国物价的快速上升趋势也同样出乎人们的预料。2009年，从2月到10月，中国居民消费价格指数出现下降趋势。全年的变动幅度为-0.7%，这一状况意味着中国经济面临通货紧缩风险。然而，就在人们担心2010年中国经济是否能够摆脱通货紧缩风险之时，通货膨胀风险已经悄然而至。2010年1月，居民消费价格上升幅度为1.5%，此后，中国物价水平一路走高，到年中上升到3%左右，到11月一举突破5%的大关。

2010 年，与中国经济增长出现"高开低走"的局面相比，通货膨胀呈现出"低开高走"的反向变化过程。这一反向变化，一方面反映了物价对经济过热的滞后反应，另一方面，也表明在货币政策发生变化的情况下，物价的调整过程要滞后于生产的调整过程。2010 年中国经济增长的高峰出现在上半年，通货膨胀的高峰出现在下半年，而宏观经济调控政策对实体经济的影响出现在 2010 年下半年，对物价的影响有可能出现在 2011 年上半年。以上差异表明通货膨胀峰值的出现滞后于经济增长峰值的出现，而通货膨胀对调控政策的反应要滞后于经济增长速度对调控政策的反应。

从图 1－10 中，我们可以观察到以上变化与前两次通货膨胀有着相似之处。进入 21 世纪后，中国经济面临过三次通货膨胀风险的挑战。第一次是 2004 年，在此次通货膨胀中，经济扩张和物价的上升分别开始于 2003 年和 2004 年，经济扩张在先，物价上升在后。其宏观经济调整的一个重要特点是：2005 年以后，通货膨胀率明显回落，但是经济仍然维持了较高的增长速度。出现这一结果的一个重要原因是外部需求的大幅度增加支撑了经济增长，如图 1－10 所示，2005 年我国的经常收支顺差对 GDP 之比从头一年的 3.6% 上升到 7.1%，2006—2008 年该顺差维持在 10% 左右。顺差规模的扩大拔高了这一时期的经济增长速度。

（单位：%）

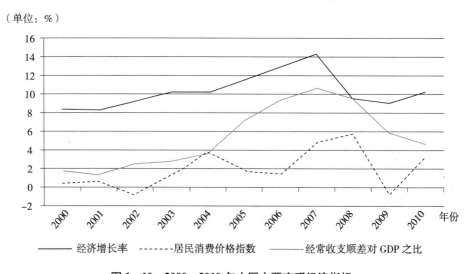

图 1－10　2000—2010 年中国主要宏观经济指标

资料来源：IMF 官方网站数据库。

第二轮通货膨胀出现在 2007 年和 2008 年。从经济扩张与物价变动的联系来看，与 2004 年的情况相同，经济的扩张早于物价的上升。2006 年的 GDP 增长率从头一年的 11.3% 上升到 12.7%，2007 年又进一步上升到 14.2%。2008 年，受紧缩性货币政策以及全球性金融危机的影响，GDP 增长率回落到 9.6%。与以上变化相对应，2007 年我国的居民消费价格的涨幅从头一年的 1.5% 上升到 4.8%，2008 年又进一步上升到 5.9%，2009 年出现了 -0.7% 的通货紧缩。与 2004 年的通货膨胀相比，2007 年和 2008 年的通货膨胀有以下两个明显的差异：其一，2004 年的通货膨胀起因于生产资料价格的上涨，而 2007 年的通货膨胀起因于农产品价格的上涨；其二，2004 年的通货膨胀以货币供应量的明显增加为先导，而 2007 年的这一轮通货膨胀并没有以货币供应量的增加为先导。鉴于以上特点，与 2004 年的经济过热性通货膨胀相比，2007 年的通货膨胀更具有结构性通货膨胀的特征。

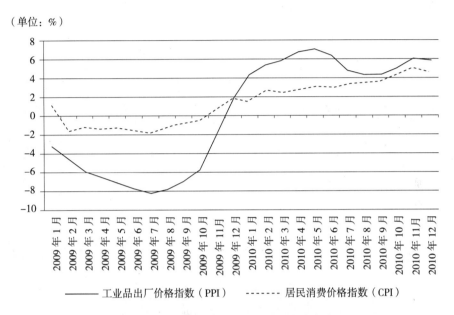

图 1－11 2009—2010 年中国物价的变动

资料来源：中国统计局官方网站数据库，http://www.stats.gov.cn/tjsj/。

第三轮通货膨胀出现在 2010 年。此次通货膨胀与前两轮通货膨胀的共同之处是：经济扩张同样先行于通货膨胀的出现。另外，就通货膨胀的结构来看，这一轮通货膨胀同时具备了前两轮通货膨胀的特征。一方面，与 2004 年的通货膨胀相同，这一轮通货膨胀伴随着生产资料价格的上升。图 1－11 数据显示，在这一轮通货膨胀中，工业品出厂价格指数的上升速度从 2010 年年初就高于居民消费价格指数，而引起前者上升的主要因素是生产资料价格的大幅度上涨。这一现象意味着积极的财政政策和宽松的货币政策引起了生产规模的过度扩张，而后者诱发了生产资料价格的上升。就这一点而言，这一轮通货膨胀具有经济过热性通货膨胀的特征。另一方面，从表 1－3 中我们可以看到，与 2007 年和 2008 年的通货膨胀相似，在这一轮通货膨胀中，食品价格引领了居民消费价格的上涨，从这一视点来看，这一轮通货膨胀又具备了结构性通货膨胀的特点。

表 1-3 2010 年居民消费价格的变动　　　　　　　（同比，单位：%）

	1月	2月	3月	4月	5月	6月	7月	8月	9月	10月	11月	12月
居民消费价格指数	1.5	2.7	2.4	2.8	3.1	2.9	3.3	3.5	3.6	4.4	5.1	4.6
一、食品	3.7	6.2	5.2	5.9	6.1	5.7	6.8	7.5	8.0	10.1	11.7	—
粮食	9.8	9.6	9.2	10.7	11.5	11.7	11.8	12.0	12.1	12.3	14.7	—
肉禽及其制品	-3.5	-1.6	-2.2	-1.8	0.8	1.8	4.1	5.4	5.4	6.8	9.9	—
蛋	6.2	8.7	5.7	1.8	0.2	2.2	7.5	9.6	9.9	10.5	17.6	—
水产品	3.9	8.8	6.3	5.5	5.6	6.5	7.6	8.5	10.9	11.1	11.9	—
鲜菜	17.1	25.5	18.5	24.9	21.3	14.6	22.3	19.2	18.0	31.0	21.3	—
鲜果	9.8	19.0	18.8	16.4	11.8	9.2	4.5	8.1	13.2	17.7	28.1	—
二、烟酒及用品	1.5	1.6	1.7	1.7	1.7	1.7	1.6	1.5	1.4	1.5	1.6	—
三、衣着	-0.4	-1.3	-1.1	-1.3	-1.2	-1.0	-0.8	-1.2	-1.5	-1.3	-0.7	—
四、家庭设备	-1.1	-0.8	-0.7	-0.5	-0.3	0.0	0.2	0.4	0.4	0.5	0.7	—
五、医疗保健	2.3	2.4	2.5	2.8	3.2	3.2	3.3	3.3	3.4	3.7	4.0	—
六、交通和通信	-0.5	0.1	0.0	0.0	0.1	-0.3	-0.7	-0.6	-0.7	-0.5	-0.7	—
七、娱乐教育文化	-1.2	0.8	0.3	0.4	0.6	0.9	1.1	1.2	1.2	0.9	0.6	—
八、居住	2.5	3.0	3.3	4.5	5.0	5.0	4.8	4.4	4.3	4.9	5.8	—

注：家庭设备、医疗保健和娱乐教育文化包括相关用品及服务；"—"为缺少相关数据。

资料来源：中国统计局官方网站数据库，http://www.stats.gov.cn/tjsj/。

除以上特点外，2010 年的通货膨胀在一定程度上还具有输入型通货膨胀的特点。从其国际背景来看，2009 年以来，以美国为首的发达国家纷纷采取了量化宽松货币政策，这一政策的直接后果是引起了全球流动性泛滥和通货膨胀风险的上升。而通货膨胀风险的上升又表现在以下两个方面：其一是石油、金属原材料和粮食等大宗商品价格的大幅度上涨。如图 1-12 所示，全球大宗商品价格，在经历了 2008 年的暴涨后，受全球性经济衰退的影响，2009 年出现了大幅度的下跌，然而，进入 2010 年后又再度出现暴涨的行情。2010 年全年，石油价格上升了 27.8%，非燃料类商品的价格上升了 23%。就非燃料类商品而言，其中黄金、白银、铜、锡等商品价格的涨幅接近或大幅度超过 30%，棉花、玉米、小麦和砂糖等农产品价格接近或大幅度超过 50%。国际大宗商品价格的上升通过成本途径和市场预期，推高了我国的物价水平。其二是发展中国家通货膨胀率的上升。

从图 1-13 中，我们可以看到，2008 年受全球大宗商品价格大幅度上涨的影响，发展中国家的通货膨胀率一度上升到 9.3%。2009 年在全球性金融危机发生后，回落到 5.2%，2010 年受量化宽松货币政策和大宗商品价格上涨的影响，发展中国家的通货膨胀率又上升到 6.3%。从对中国经济的影响来看，发达国家的量化宽松货币政策引起大量热钱流入中国，而热钱流入又通过货币供应量的增加助长了中国的通货膨胀。

通过以上分析，我们可以看到，2010 年中国经济面临的通货膨胀属于复合型通货

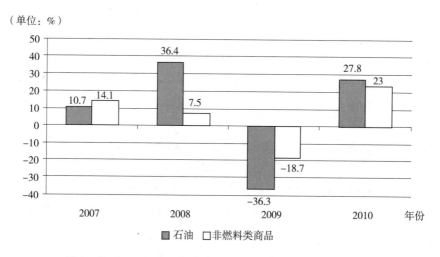

图 1-12 2007—2010 年全球大宗商品价格的变化（美元价格）

资料来源：IMF 官方网站数据库，http://www.imf.org。

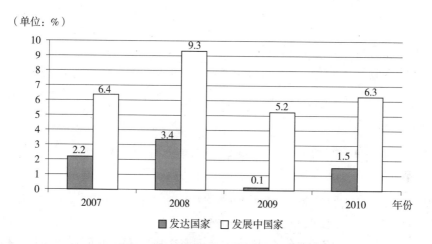

图 1-13 2007—2010 年全球消费者价格指数的变化

资料来源：IMF 官方网站数据库，http://www.imf.org。

膨胀。这一通货膨胀是经济过热型通货膨胀、结构型通货膨胀和输入型通货膨胀的复合体。通货膨胀的这一复杂性质不仅增加了采取对策的难度，而且也引起了人们对这一轮通货膨胀认识的争议。如前所述，判断一国经济是否过热的重要标准之一是物价的变化。如果物价出现了上升趋势，那么这一变化通常被视为经济出现了过热迹象。然而，并不是所有的通货膨胀都反映了经济过热现象。如结构性通货膨胀未必与经济过热存在着内在的联系，这类通货膨胀在开始阶段通常表现为食品和农产品等一部分商品的价格上涨，而经济过热型通货膨胀则表现为生产资料价格和综合物价的上升。在 2010 年的通货膨胀中，农产品价格、生产资料价格和综合物价都在不同程度上出现了上升趋势。基于这一现实，强调生产资料价格和综合物价变化的学者将其视为经济过热型通货膨胀，这些学者认为政府应该采取紧缩性货币政策。而强调食品价格和农产品价格变化的学者将其视为结构型通货膨胀，这些学者认为紧缩性货币政策的作用非常有限，而且会造成不必要的经济萎缩，因此主张政府通过供给层面的调整抑制农产品和食品价格的上升。以上两种观点都忽视了这次通货膨胀的复合型特点。就复合型通货膨胀而言，只有从需求和供给两个方面入手，才能有效控制物价的上涨，即通过货币紧缩政策抑制需求和通过生产结构调整增加农产品和食品的供给。

从我国政府采取的对策来看，政府采取了"需求调整"和"供给调整"双管齐下的调整策略。需求调整主要体现于紧缩性货币政策的实施。如前所述，2010 年上半年，中国经济增长速度明显出现了加快趋势，受这一变化的影响，为了抑制通货膨胀风险，人民银行从 2010 年年初起就已经开始采取给经济适度降温的措施，其具体做法是提高银行存款准备金率和控制金融机构的贷款规模。从大事记 1-1 中，我们可以看到，从 2010 年 1 月到 2011 年 2 月，人民银行连续八次提高存款准备金率，从 2010 年年初的 15.5% 提高到 2011 年 2 月的 19.5%。此外，从 2010 年 10 月 20 日到 2011 年 2 月 9 日，政府三次提高存贷款利率，经过三次调整，存款利率调至 3%，贷款利率调至 6.06%。另外，在供给调整方面，政府通过行政手段和市场手段，加强了对农产品和食品生产和流通的管理，并且强化了对价格的监管。

这些手段类似于前两轮通货膨胀的调控对策。在前两轮通货膨胀中，这些手段都获得了良好的效果，从以往的经验判断，我国的物价水平有望在 2011 年下半年出现回落趋势。

大事记 1-1   2010 年中国宏观经济调控政策

2010 年 1 月 18 日	央行上调人民币存款准备金率 0.5 个百分点，大银行调至 16%
2010 年 2 月 25 日	央行上调人民币存款准备金率 0.5 个百分点，大银行调至 16.5%
2010 年 5 月 10 日	央行上调人民币存款准备金率 0.5 个百分点，大银行调至 17%
2010 年 9 月 2 日	国务院发布《关于进一步促进蔬菜生产、保障市场供应和价格基本稳定的通知》
2010 年 10 月 13 日	央行对六家大银行上调存款准备金率 0.5 个百分点，调至 17.5%
2010 年 10 月 20 日	金融机构一年期存贷款基准利率分别上调 0.25 个百分点，存款调至 2.50%；贷款调至 5.56%；其他各档次存贷款基准利率据此相应调整
2010 年 11 月 16 日	央行上调人民币存款准备金率 0.5 个百分点，大银行调至 17.5%
2010 年 11 月 17 日和 20 日	国务院出台应对物价上涨的四项措施，即确保市场供应，完善补贴制度，增强调控针对性和加强监管，维护市场秩序。11 月 20 日，出台稳定物价的 16 项措施
2010 年 11 月 29 日	央行上调人民币存款准备金率 0.5 个百分点，大银行调至 18%
2010 年 12 月 3 日	中共中央政治局会议决定我国的宏观经济政策由此前的"积极的财政政策和适度宽松的货币政策"的组合转为"积极的财政政策和稳健的货币政策"的组合
2010 年 12 月 10 日	央行上调人民币存款准备金率 0.5 个百分点，大银行调至 18.5%

续表

2010 年 12 月 26 日	金融机构一年期存贷款基准利率分别上调 0.25 个百分点，存款调至 2.75%，贷款调至 5.81%，其他各档次存贷款基准利率相应调整
2010 年 12 月 10—12 日	中央经济工作会议提出以稳定物价和改善民生作为 2011 年中国宏观经济运行的主要方针
2011 年 1 月 20 日	央行上调人民币存款准备金率 0.5 个百分点，大银行调至 19%
2011 年 2 月 9 日	金融机构一年期存贷款基准利率分别上调 0.25 个百分点，存款调至 3%，贷款调至 6.06%，其他各档次存贷款基准利率相应调整
2011 年 2 月 9 日	为了保障农产品供应和保持物价水平的稳定，国务院出台稳定粮食生产的十项措施
2011 年 2 月 24 日	央行上调人民币存款准备金率 0.5 个百分点，大银行调至 19.5%

3. "居高不下"的房地产泡沫

2010 年中国宏观经济面临的最大挑战之一是房地产价格的调控。进入 21 世纪后，中国房地产价格一直维持了持续上涨趋势。这一趋势创造了中国房价"只涨不跌"和"永远都是最低价"的神话，而这一神话在 2009 年又创造出新一轮的房地产泡沫。国家统计局公布的数据显示，与 2008 年年底相比，2009 年年底的房屋销售价格同比上涨 7.8%。这一数据一经公布就引起了市场的广泛质疑。这是因为 2009 年全年我国商品房销售额增加了 75.5%，而以销售面积衡量的销售数量只增加了 42.1%，从这两个数据可以大体判断全国房价上升幅度大约为 20%—30%。另外，大城市房价的上升速度远远快于全国的平均上升速度。2010 年年初，英国《金融时报》（2010 年 1 月 6 日）在评价中国房价涨幅的一篇文章中，引用了英国莱坊房地产经纪公司的数据，该数据显示，2009 年 1—11 月，上海新房房价平均涨幅为 68%、北京为 66%、深圳为 51%。该文章指出尽管中国的房价在全球并不属于最高的房价，但是，相对于收入水平而言，中国房价属于全球最贵的房价。

进入 2010 年，房地产泡沫引起了社会的广泛关注，从个人层面来看，越来越多的居民开始意识到，随着房价的上涨，自己已经无法用一生的收入购买住房。从国家层面来看，房地产泡沫已经成为威胁经济和社会稳定的不利因素。在以上大背景下，2009 年年末中国政府拉开了房地产价格调控的序幕，进入 2010 年后，政府又进一步强化了房地产价格调控措施。中国政府之所以下决心阻止房地产泡沫进一步膨胀主要受以下因素的影响：

第一，消除房地产泡沫有助于实现中国经济的可持续增长。日本、美国和迪拜等国家的经验和教训表明，世界上没有只涨不跌的房地产泡沫，房地产泡沫一旦破灭，必然会给经济带来毁灭性打击。在房价高到不能再高的水平时，由市场主导的房价大崩溃必然会引起银行不良资产的激增，后者会引起金融系统的崩溃。从我国的现实情况来看，2009 年，与房地产相关的新增贷款额高达两万亿元左右，占新增本外币贷款的比重高达 21%。一旦房地产价格暴跌并引起经济的低迷，大量房产会资不抵债，大量购房者将会丧失偿还房贷的能力。在这种情况下，个人债务将转化为金融机构的不良资产，而银行不良资产又会转化为国家债务。鉴于以上危害，政府有必要出台调控政策，阻止房地产泡沫的膨胀。

一个非常有趣的现象是，房地产泡沫破灭的危害性也成为了一部分人反对房地产价格调控的理由。这部分人认为消除房地产价格泡沫会减少地方政府财政收入和降低房地产投资对经济增长的拉动作用，从而不利于保持高速稳定的经济增长。就短期效果而言，这一说法有一定的道理。然而，正是担心房地产调整对经济的不利影响，20 世纪 80 年代的日本和 21 世纪初期的美国政府对房地产泡沫采取了放任的态度，这种拖一天算一天的侥幸心理最终导致了金融危机的发生。另外，从对产业发展的长期影响来看，房地产价格的上涨会导致非贸易品对贸易品相对价格的上升，这一价格变化会导致我国的资源从贸易品生产部门转移到高利润的房地产部门，从而妨碍制造业的发展。另外，在收入一定的情况下，居民在购买住房上花费的收入越多，能够用于其他方面的支出就越少，这一状况意味着房地产泡沫有可能通过抑制非住房性需求，对经济增长产生不利影响。从以上几方面的情况来看，就长期效果而言，消除房地产泡沫的做法利大于弊。长痛不如短痛，早消除泡沫比晚消除泡沫可以避免未来付出更大的代价。

36

第二，消除房地产泡沫有助于改善中低收入阶层的福利水平，从而有助于维持社会稳定发展。房地产泡沫与通货膨胀的相同之处是：在收入一定的条件下，二者都会引起居民货币工资购买力的下降，进而引起实际收入的减少。这一影响意味着房地产泡沫会引起普通居民福利水平和生活质量的下降。正因为如此，老百姓对高房价充满了不满和忧虑。

人民银行公布的《2010 年第二季度全国城镇储户问卷调查综述》显示，72.5% 的居民认为当前房价水平"过高，难以接受"。通常，按照国际惯例来看，房价收入比的合理比值是 3—6。中国社会科学院在 2010 年 12 月发布的《经济蓝皮书》中指出：2010 年全国城镇居民的房价收入比是 8.76，明显超过了正常水平，随着房价的上涨，中国有 85% 的家庭无力购买住房。由此可见，房价已经超过了居民的经济承受能力。这一状况有可能滋生社会不满情绪。因此，从保持社会稳定这一视点来看，政府也有必要设法消除房地产泡沫。

第三，从实现资源有效利用的视点来看，中国也有必要消除房地产泡沫。随着房地产泡沫的形成，房地产市场出现了供给与需求脱节的现象，而且，只要不消除房地产泡沫，这一脱节现象就会越演越烈。一方面，从供给层面来看，一部分大城市已经出现了大批的高价空置房，据一些市场人士推测：我国有 5.87 亿平方米的空置公寓。另外，从需求层面来看，如前所述，我国有 85% 的家庭需要住房但却无力购买住房。以上状况意味着受高房价的影响，大量房地产资源处于闲置浪费状态。在当前状态下，实现住房供给和需求的结合，从而减少闲置住房的唯一有效办法是降低房价，让普通居民具备购买住房的能力。

　　另外，住房供给与需求的脱节不仅会造成资源的浪费，而且还会对宏观经济产生不利影响。如果住房价格居高不下，而市民又无力购买住房，那么住房有价无市的现象将会越演越烈。这一状况意味着住房面临有效需求缺失的困境，房地产业最终会因为需求不足而陷入低迷状态。在这一状况下，如果因为垄断或投机等原因，房地产市场无法通过价格调整实现自身供求的平衡，那么政府就有必要通过干预帮助其实现供求的平衡。在任何行业，政府都有正当的理由对垄断或投机行为进行必要的干预，只有这种干预才能维护市场机制的正常运行。

　　正是基于以上几方面理由，从2009年年底以来，我国政府推出了一系列调控房价和消除房地产泡沫的政策。这些政策反映了政府背水一战的决心。表1-4汇集了其中的一些主要措施。从这些措施的内容来看，进入2010年以后，这些措施的力度有逐步上升的趋势。对第二套住房首付的限制一般被视为调控政策的标志性内容。2010年1月10日出台的措施规定二套房贷的首付比例不得低于40%。在2010年4月17日出台的规定中，首付比例上调到50%，2011年1月26日，在国务院公布的八条楼市调控政策中，二套房贷首付提至60%。在房地产价格调控问题上，房产税一直被视为是重中之重的对策。2011年1月中央政府正式批准上海、重庆开始对部分个人住房征收房产税。这一政策的出台再次显示了政府准备消除房地产泡沫的决心。

表1-4　中国房地产调控的主要措施

2009年12月14日	国务院出台房地产调控的四大举措，即增加供给、抑制投机、加强监管、推进保障房建设
2010年1月10日	国务院发布《关于促进房地产市场平稳健康发展的通知》，出台11条措施，规定二套房贷的首付比例不得低于40%
2010年3月18日	国资委要求78家央企退出房地产业，限定16家央企经营房地产业务
2010年4月17日	国务院发布《关于坚决遏制部分城市房价过快上涨的通知》，规定购买第二套住房的首付比例不得低于50%
2010年11月15日	住房城乡建设部和国家外汇管理局发布《关于进一步规范境外机构和个人购房管理的通知》，规定境外个人在境内只能购买一套用于个人居住的住房
2011年1月26日	国务院公布八条楼市调控政策，二套房贷首付提至60%
2011年1月28日	经国务院批准，上海市和重庆市开始率先试点对部分个人住房征收房产税
2011年2月16日	北京市政府推出楼市调控"京15条"规定外地人购房需持有5年纳税证明且外地人不得购买第二套住房，本地居民最多只能购买两套住房。该调控政策被视为至今为止最严厉的措施

　　大事记1-2是我国70个大中城市房屋销售价格变动的数据。这一数据显示，尽管政府采取了高强度的调控政策，但是住房价格总体上仍处于"居高不下"的状态。就全年变动情况来看，房屋销售价格仍保持了上涨趋势，但是，上涨速度有所减缓。上半年月度同比上涨幅度基本上在10%以上，下半年下降到10%以下。2010年12月下降到

6.4%。从月度环比增速来看，1—4 月大体上在 1%—1.5% 左右，5—8 月基本上停止上涨，其中 6 月份出现 0.1% 的负增长，9—12 月，又重新恢复上涨趋势，上升幅度在 0.2%—0.5% 之内。

大事记 1—2　2010 年 70 个大中城市房屋销售价格的变动　　（单位:%）

| 月份 | 房屋销售价格指数 | | 其中 | | | |
| | | | 新建住宅价格指数 | | 二手住宅价格指数 | |
	同比	环比	同比	环比	同比	环比
1	9.5	1.3	11.3	1.7	8.0	0.9
2	10.7	0.9	13.0	1.3	8.5	0.4
3	11.7	1.1	14.2	1.2	9.5	1.3
4	12.8	1.4	15.4	1.4	10.5	1.7
5	12.4	0.2	15.1	0.4	9.2	-0.4
6	11.4	-0.1	14.1	0.0	7.7	-0.3
7	10.3	0.0	12.9	0.0	6.7	-0.1
8	9.3	0.0	11.7	0.0	6.2	0.1
9	9.1	0.5	11.3	0.5	6.2	0.5
10	8.6	0.2	10.6	0.3	5.9	0.1
11	7.7	0.3	9.3	0.4	5.6	0.3
12	6.4	0.3	7.6	0.3	5.0	0.5

资料来源：中国统计局官方网站数据库，http://www.stats.gov.cn/tjsj/。

从以上情况来看，中国的房地产调控已势在必行，政府已经下决心要消除房地产泡沫。但是，2010 年中国居高不下的房价行情表明房地产调控仍面临巨大的阻力，2011 年房价会如何变化将成为中国经济的核心议题之一。

四、中国国际地位提升后面临的新压力

2010 年中国经济总量首次超过日本，已成为世界第二大经济体。这是 2010 年中国经济发展中一件具有标志性的大事，也是中国经济发展的一个里程碑。2009 年，中国 GDP 为 4.9092 万亿美元，日本为 5.0675 万亿美元，中国比日本少 0.1583 万亿美元。2010 年 2 月 14 日，日本内阁府发布初步数据，2010 年全年的 GDP 为 5.47 万亿美元，比中国之前公布的 5.88 万亿美元少 4100 亿美元，中国 GDP 超日本正式成为世界第二大经济体，这也是 1968 年以来日本经济首次退居世界第三。

对于仍然处在发展中的中国来说，这是一个从未享有过的地位，在带来胜利的喜悦

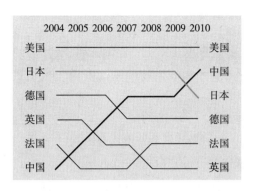

图 1 – 14　世界经济近年排名变化

资料来源：刘铮：《中国 2010 年 GDP 世界第二》，《法制晚报》2011 年 2 月 15 日。

之际，也给它带来了压力。这个压力可能有两个方面①：一是来自国际的压力；二是来自国内的压力。

1.　中国国际地位提升后的国际压力

从"怀疑中国"的戒备到"牵制中国"的意图，从气候谈判的初衷到货币战争的目的，中国外部发展环境的挑战在增多。概括起来主有四个方面值得我们重视和思考：

（1）"中国责任说"的舆论压力骤增

全球金融危机爆发后，特别是中国 GDP 总量首次超过日本后，关于"中国责任"的言论铺天盖地，不仅要中国更多地承担国际责任和义务的国际舆论让人匪夷所思，而且对"中国责任"说三道四也多了起来。如在全球气候变化问题上，一方面，发达国家需要加强同中国的广泛合作与协调；另一方面，发展中国家需要中国能够为发展中国家争取更多的发言权；与此同时，国际社会希望中国能够发挥更大的作用和影响。显然，在气候变化问题上中国的一举一动被世界所关注，同时中国也被推上了气候变化的前台。中国作为一个发展中大国，在应对气候变化中发挥应有的影响和作用这本来无可厚非，但对气候变化的"中国责任"问题，一些西方国家和政客以及媒体的说法却显得有些另类。近期，所谓"能源消费大国责任"、"碳排放大国责任"等一系列西方言论指向中国，强加给中国的"责任"似乎有了新的依据。国际能源署《世界能源展望 2010》内容的最新数据认为，2009 年中国消费了 22 亿 5200 万吨油当量的能源，美国消费了 21 亿 7000 万吨油当量，中国已超越美国，成为全球最大的能源消费国。国际能源署首席经济学家法提赫·比罗尔称：2009 年中国超过美国成为世界第一大能源消耗国。且无论国际能源署这一新的数据是否准确，依据是否充分，法提赫·比罗尔言外之意究竟想要解读的是什么？已然显而易见。国际能源署急于披露《世界能源展望 2010》

————————————

①　刘铮：《中国 2010 年 GDP 世界第二》，《法制晚报》2011 年 2 月 15 日。

中的敏感内容，以及法提赫·比罗尔的"中国超过美国成为第一大能源消费国"言论，两者无非是试图误导国际舆论，使中国在应对气候变化问题上陷于被动。由此可见，今后中国将更多地承受类似的国际舆论压力，在国际舆论的压力下中国也需要从自身的国家利益出发，对中国应尽的责任和强加的"中国责任"区别看待。从中国应尽什么样的国际责任和义务看，中国是一个发展中大国，自然要在消除贫困、应对全球气候变化等全球性挑战和治理方面体现一个大国的国际责任和义务，但如果强加给中国身上各种国际责任，要中国来承担，中国当然不会超出自身的能力去承担更多的国际责任和义务。

（2）对外经贸摩擦和冲突的压力渐增

对外经贸摩擦和冲突日益增多是当前中国对外经贸关系中最突出的问题。在对外贸易领域中，近年来中国越来越多地承受着贸易摩擦与争端的巨大压力，成为遭受反倾销和反补贴调查最多的世贸组织成员国。据世贸组织的数据显示[①]，截至 2010 年，中国已连续 16 年成为遭受反补贴调查最多的成员，全球约 35% 的反倾销、71% 的反补贴涉及中国。2010 年中国仍是贸易保护的重灾区，全年中国遭遇贸易摩擦 64 起，涉案金额约 70 亿美元。尤其值得密切注意的是中国 2010 年遭遇的贸易摩擦不仅来自美欧等发达经济体，也来自巴西、阿根廷以及印度等发展中国家，其中既有针对中国传统优势产业的，也有针对高新技术产业的。

在人民币汇率问题上，近年来美、欧等国频频向中国施压，在中美、中欧贸易争端和贸易谈判中人民币汇率成为双方争执的尖锐问题，人民币始终没有摆脱升值的压力。汇率政策属于一国内政，无论是从主权上来说还是从国际经济关系上来说这都是一个最基本的常识，别国本应无权干涉，但美、欧等国特别是美国却以贸易逆差为由肆意干涉人民币汇率，甚至将人民币汇率高度政治化，不断向中国施加压力。仅 2010 年，就形成了三次小高潮。

第一次：2010 年 3 月 15 日，100 多名美国国会议员致信奥巴马，要求美国政府把中国列为汇率操纵国，并对中国输美产品征收反补贴税。3 月 16 日，以舒默、格雷厄姆为代表的 10 余名议员，宣布开始起草有关汇率问题的新议案。此次大造声势，掀起游说风暴，目的是在提交国会的美国财政部报告（按照惯例为 4 月 15 日，但今年推迟至 7 月）中将中国列为"汇率操纵国"。但事实上，美国财政部《关于国际经济和汇率政策的半年度报告》并没有将中国列为"汇率操纵国"。由于内部经济发展的需要和来自国际经济形势的外部压力，6 月 19 日中国人民银行宣布重启汇改，并得到国际社会的积极回应与认可。而人民币兑美元中间汇率在重启汇改前一直保持在 6.827 左右，上下波幅很小；6 月 21 日以来的人民币汇率中间价双边波动明显增强。截至 7 月 23 日，25 个交易日人民币兑美元已经累计升值 0.72%。同时，市场对人民币升值预期明显降低。

---

① 参见王东：《贸易摩擦与争端下的国家利益博弈》，求是理论网，网址：http://www.qstheory.cn/hqwg/2010/201003/201002/t20100209_ 20844.htm。

　　第二次：美国 2010 年 11 月份面临中期大选，民主党由于在危机中未能有效扭转经济形势，有可能失去支持，而人民币汇率问题最容易调动美国民众情绪。因此，2010年 9 月 13 日，美国国会 93 名众议员联名签署信函，敦促民主党人采取行动，针对中国汇率政策采取强硬立场。15 日，美国众议院筹款委员会将就人民币汇率问题召开为期两天的听证会。16 日，美国财政部长盖特纳出席听证会并作证。针对来自国会和一些工会越来越大的压力，奥巴马政府改变了对人民币汇率较为谨慎的态度，公开对人民币"升值过慢"表示不满。这些对 9 月以来人民币的较快升值起到了推波助澜的作用。9月以来，人民币对美元中间价波动幅度加大，总体上人民币持续走强，14 日人民币对美元中间价再度上涨 131 个基点，达到 6.7378。连续第三日创 2005 年 7 月汇改以来的新高。这说明人民币汇率弹性加大的趋势。

　　第三次：2010 年 10 月 1 日，美国众议院通过《汇率改革促进公平贸易法案》，旨在对所谓低估本币汇率的国家征收特别关税，使备受瞩目的中美人民币汇率之争再度升级。欧盟 16 国于 10 月 5 日集体向中国施加压力，敦促人民币升值，指出人民币低汇率影响欧洲的经济复苏。这次施压对 10 月份人民币的升值在一定程度上起到了推动作用。10 月 15 日，人民币兑美元中间报价 6.6497 元，再度刷新汇改以来新高。

　　在国际经贸中，只要存在着国家间的经贸往来和保持着经贸关系，国家间的各种经贸摩擦与争端就不可避免，在经贸领域中的国家利益博弈也在情理之中。应该看到，随着经济全球化和全球经济一体化的发展，中国与美、欧等国间出现的经贸摩擦与争端问题是全球范围内许多国家普遍遇到的问题。特别是全球金融危机后，随着全球贸易保护主义倾向的抬头，中国自然成为一些国家和一部分人发泄对中国与其贸易不满情绪的对象。在其他国家看来，中国对外贸易竞争力的大幅度提高自然要影响本国经济，中国与其他国家的经贸摩擦与争端也会不断增多，虽然这是市场经济的结果，但会进一步加重全球范围保护主义的势力。

　　（3）中国能源和矿产资源安全压力

　　中国作为世界第二消费大国和最大的矿产品进口国，能源和矿产资源的消耗急剧增长，推动中国对能源和矿产资源的需求急剧增加，中国能源和矿产资源安全压力①日益严峻。

　　从中国石油安全状况看，中国石油蕴藏资源仅为 50 亿吨，不到全球人均水平的7%，自从 1993 年中国成为石油净进口国以来购买的国外石油与年俱增，2008 年中国原油进口量为 1.78 亿吨，成品油进口量为 3900 万吨，同比增加 9.6%，对外依存度为48.5%，2009 年，中国全年进口原油 2.0379 亿吨，在首次突破 2 亿吨的同时，原油对外依存度也首次超过了 50%。2010 年累计进口原油 2.39 亿吨，同比 2009 年增长

---

　　① 所谓能源和矿产资源安全，是一个国家在经济发展中获得所需能源和矿产资源的能力，保持经济的可持续和稳定发展，如果能源和矿产资源供给不能满足需求，或供给状况不稳定，将会导致能源和矿产资源的不安全。

17.5%，进口额达到 1351.51 亿美元，同比增幅 51.4%。国际上一般将 50% 看做原油对外依存度"警戒线"。

与此同时，中国对其他资源性产品的需求和依存度也在持续上升，并不亚于对石油的需求和依存度，同样存在着安全隐患。因此，从目前中国的能源和矿产资源安全形势看，随着经济的高速发展和人口的继续增长，面临着能源和矿产资源需求日益旺盛的压力和严峻挑战，减缓能源和矿产资源安全压力是当务之急，应对未来能源和矿产资源安全的严峻挑战需要相应的战略措施，否则难以保障中国经济的可持续发展。特别是，在对外能源和矿产资源需求方面，随着中国对外依赖度的持续加深，对外寻求能源和矿产资源面临的压力和挑战，不仅体现在稳定的来源安全方面，也面临着价格上涨的压力和挑战，能源和矿产资源价格的定价权和缺少发言权就显得格外重要了。目前，虽然中国是能源和矿产资源的消费大国也是进口大国，每年需要花费大量的外汇进口所需能源和矿产品，但在能源和矿产品价格上却没有定价权，在价格谈判桌上的发言权非常"微弱"，谈判常常处于被动地位，因此往往谈判和最终价格的确定对中国十分不利。既然中国无法避免对进口能源和矿产资源不断增加的依赖，就需要改变没有定价权和缺少发言权的状况，争取尽快确立中国在世界能源和矿产资源市场中定价权的地位，化解价格风险，降低对能源和矿产资源依赖的风险。

2. 中国国际地位提升后的国内压力

除了上述的国际压力外，中国经济在持续多年的高速增长过程中面临着越来越大的国内压力。从投资仍是中国经济增长的主要动力到单位 GDP 能耗是发达国家的 3 至 4 倍，从基尼系数越过 0.4 的警戒线到"民工荒"现象逐渐凸显，社会矛盾日渐增多，发展中不平衡、不协调、不可持续问题依然突出，面临着诸多"可以预见与难以预见的风险"。

中国与日本就像两个不同的对照组，双方以不同的策略进行国家发展。通过对比以下三方面的中日发展差异，中国国际地位提升后的未来发展压力更加不容忽视。

（1）中国经济可持续发展压力越来越大

中国经济在持续多年的高速增长过程中面临着越来越大的国内资源环境压力。目前中国资源利用效率远远低于日本，环境成本远远高于日本。以每万美元 GDP 所消耗的资源为例，日本仅需 1.03 吨标准油，中国需要 8.89 吨，是日本 8 倍多。全世界污染最严重的城市大部分在中国。由于用水猛增和严重污染导致中国 70% 以上的城市缺水。在金融危机的打击之下，保增长成为中国政府所面临的首要目标，使得结构调整被再次延后。

中国对外贸易的迅速发展大大促进了中国经济的增长和国际储备的增加。但是从价值链的角度来看，中国获益并不多。这主要是由于中国科技水平落后在国际分工中地位低下造成的。由外国跨国公司主导的"两头在外、大进大出"的加工贸易占中国对外贸易的一半以上。在中国出口的高新技术产品中，具有中国自主知识产权的产品少之又少，绝大多数仍是代工产品。随着近年来各国保护主义抬头，中国出口增长面临着越来越大的压力。作为当前中国经济的主要动力，出口结构如果得不到改善将直接影响中国经济的进一步增长。

（2）中国国内增长机制尚未完善

尽管在日本经济发展中政府具有重要作用，但主要还是以市场机制为主，私营部门在国民经济中发挥着主导作用。经过多年发展，日本已经形成了非常成熟的市场经济体制及其运行机制，企业的活力与竞争力非常强。

经过三十多年的改革，中国市场经济建设也取得了不少成就，但市场体系及其运行机制尚未最终完成。就当前而言，中国是一种典型的"混合型经济体制"。如果协调得好，这种体制能够较好地平衡灵活与稳定的关系，具有较强的抗风险能力。但近些年来，在外资企业的强劲扩张与国有企业的持续发展的情势下，民营企业的成长空间日益狭小。政府的高税收与强管理，形成明显的与民争利态势，经济活力日趋萎缩，社会矛盾日益严重。从长期看，中国不可能一直保持 10% 的增长速度，经济增长速度下降是必然的。如果在此之前没有建立起成熟的经济增长机制和完善的社会保障制度，中国将面临严重挑战。

（3）中国将遭遇"未富先老"挑战

日本是老龄化问题最严重的国家，65 岁以上的老人占总人口的比例超过 20%。但是，日本早在进入老龄化之前，其人均国民收入已达到 1 万美元。目前日本人均国民收入近 4 万美元，总体上足以应对社会养老问题。

中国目前的人均国民收入只有 4000 美元，但人口老龄化问题已经凸显出来。2008年中国 65 岁以上老龄人所占比例达到 7.8%。据中国社科院财政与贸易经济研究所2010 年 8 月 10 日发布的《中国财政政策报告 2010/2011》指出，2011 年以后的 30 年里，中国人口老龄化将呈现加速发展态势，到 2030 年，中国 65 岁以上人口占比将超过日本，成为全球人口老龄化程度最高的国家。到 2050 年，60 岁以上老人将占人口的30% 以上，社会进入深度老龄化阶段。老龄化问题的加深，将导致中国财政负担的上升以及投资和经济增长速度的下滑。

3. 崛起的中国须学会清醒应对国际压力

中国的 GDP 在世界首次排名第二，应该说这是中国在国际经济舞台的一个重要的里程碑。但面对这种汇率 GDP 排名世界第二，则需要一种清醒的认知。在人均 GDP 这个更具价值的指标来看，中国还是典型的发展中国家。IMF 2010 年发布的数据显示，中国 2009 年人均 GDP 达到了 3566 美元，排名世界第 99 位。而日本排名世界第 16 名，人均 GDP 为 39573 美元，是中国的 10 倍以上。即使按照世界人均 GDP 8000 美元来衡量，中国还只有世界平均水平的 45%。

深入分析一下，中国的人均 GDP 还存在严重的结构性问题，存在严重的"被人均"的现象。

一是存在巨大的城乡差距，直接导致占中国大部分的农村人口远远不到人均 GDP 的水平。2009 年中国城镇居民人均可支配收入 17175 元，农村居民人均纯收入只有 5153 元，城市居民和农民之间人均收入差距已经达到了 3∶1 以上的比例。

二是存在严重的行业差距。中国行业收入差距最高与最低的比值在逐年拉大，2010 年一季度公布的数据显示，最高的证券业是中国平均的 5.9 倍，行业收入最高与最低的比例扩大到了 11∶1。而这种差距约 1/3 是垄断因素造成的，虽然垄断行业的从业人员占的比重很小，但其拉高了中国的平均工资。

三是贫富差距进一步拉大。据最新统计，中国的基尼系数已从改革开放初的 0.28 上升到 2007 年的 0.48，近两年不断上升，已超过了 0.5。国际上通常认为，一旦基尼系数超过 0.4，表明财富已过度集中，社会处于可能动乱的"危险"状态。这一数据意味着中国已经成为了世界上贫富差距最大的国家之一。财政部最近有一个关于财产性收入的统计数字显示，10% 的富裕家庭占城市居民全部财产的 45%，而最低收入 10% 的家庭其财产总额占全部居民财产的 1.4%。由于财富被少部分人所拥有，大部分中国人的人均 GDP 排名可能还在世界 150 名以后。

四是区域发展的严重不平衡。1999 年，东部地区人均 GDP 为 10732 元人民币，西部地区为 4302 元人民币；到 2005 年，东部地区人均 GDP 为 22200 元，西部地区为 8970 元。6 年间，东西部人均 GDP 差距由 6430 元扩大到 13230 元，增加了 1 倍多。而中西部地区集中了中国更多的人口。

看到这四方面的情况，我们可以清晰地得到一个认识：尽管中国汇率 GDP 已经排名世界第二，但对于大多数中国人而言人均的财富可能远远落在世界的 100 名之后。甚至有可能还低于新中国成立前中国人均在世界的排名。

当我们看到这个结论的时候，我们有必要对这个"世界第二"保持冷静的心态。中国仍然是一个 13 亿人口的发展中国家，贫困等问题还未根本解决，经济的发展也处在一个不稳定时期，同时国内需要解决的民生问题还很多，需要着力解决民生问题，自然在未来的国际竞争中"输"不起。因此，在"中国责任"的国际舆论面前，需要减轻外界在舆论上对中国施加的压力；在对外经贸领域，运用好 WTO 赋予各成员国的规则，避免对外贸易争端和摩擦的扩大化，爆发不必要的贸易或货币战；在对外能源和矿产资源需求方面，提早采取战略性措施，降低风险。

中国改革开放的三十多年恍如隔世，不仅改变了中国贫困落后的面貌，而且中国的崛起和在世界影响力的日益扩大改变着国际格局的力量对比，意味着中国作为一个发展中的大国要更多地承担起全球治理的责任和义务，同时也需要以全球的视角梳理中国的国际定位，恰如其分地发挥中国在国际社会中的作用和影响。

中华民族的特点是坚忍不拔，越是面临挑战与压力，越能养成应付挑战的能力。新挑战与压力是对中华复兴的磨炼，迎接挑战、化解压力的过程也就是发展与崛起的过程。

第二章 积极应对：
推动汇率改革化解升值压力

2010 年，世界经济初步走出国际金融危机的阴影，但各国复苏情况不平衡。美国继续采取量化宽松货币政策，引发国际货币战，国际货币体系改革加速进行。中国顶住了美国等西方国家对人民币汇率的压力，本着负责任的态度自主推进人民币汇率形成机制改革，坚持以市场供求为基础，参考一篮子货币进行调节。国际货币多元化是制约美元霸权的有效途径，国际社会希望人民币发挥更大的国际作用。

一、世界货币战爆发和国际货币体系改革

1. 美国量化宽松货币政策引发世界货币战

继 2009 年携手应对国际金融危机后，由于经济复苏的情况不平衡，世界主要经济体的宏观经济政策在 2010 年出现严重的冲突。以美国为首的西方国家复苏乏力，继续采用扩张性货币政策刺激经济增长，竭力促使美元贬值。过剩的资金涌向巴西、中国等新兴经济体，但它们的复苏并不稳固，纷纷干预市场防止本币升值。为了防止央行干预外汇导致的通货膨胀，它们对资本流入进行管制，这种国际政策冲突被形象地称为"货币战"（Currency War）。

在 2010 年 9 月 27 日巴西财政部长 Guido Mantega 提出世界正爆发"国际货币战"之前，关于各国宏观经济政策的争论已经持续了一段时间。面对世界经济复苏不稳的局面，各国相互指责对方扭曲了全球需求，其方式包括推行"量化宽松"货币政策、"操纵汇率"、控制资本流动等等。

量化宽松货币政策是中央银行的一种非常规政策工具。通常情况下，中央银行的政策目标是维持市场利率在意愿水平，其工具是向市场注入或回收流动性。如果出现流动性陷阱，央行就只有采取量化宽松货币政策，即大量印钞，直接购买国债和企业债券，向市场注入超额资金，旨在刺激消费和投资，推动经济增长。

美国首轮量化宽松货币政策始于 2009 年。当年 3 月 18 日，美联储在结束利率会议后宣布，为了向抵押贷款信贷和房地产市场提供更多的支持，联邦公开市场委员会

（FOMC）决定最高再购买 7500 亿美元的机构抵押贷款支持证券和最高再购买 1000 亿美元的机构债来扩张美联储的资产负债表。2009 年 11 月 4 日，美联储在结束利率会议后发表的政策声明中宣布，决定总计购买 1.25 万亿美元的机构抵押贷款支持证券和价值约 1750 亿美元的机构债。2010 年 3 月 16 日，美联储宣布第一轮量化宽松货币政策的各项内容已接近完成。

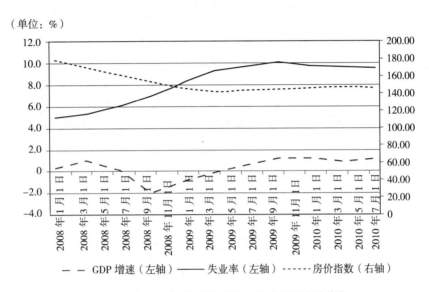

（单位：%）

— — GDP 增速（左轴）　——— 失业率（左轴）　······ 房价指数（右轴）

图 2 - 1　美国 GDP 增速、失业率和房价指数

　　首轮量化宽松货币政策对美国经济从金融危机中复苏起到推动作用。如图 2 - 1 所示，2009 年第二季度开始，在刺激政策的作用下，美国 GDP 增速（图中左轴，%）逐渐由负转正，但始终只在 1% 上下。美国失业率指标（图中左轴，%）则继续上升，在 2009 年第四季度达到 10% 的极值后，才开始略有下降。美国的房价指数（图中右轴，2000 年＝100）在 2009 年第二季度下降到最低点 141.37 后，也只是略有回升。这些主要经济指标均低于历次经济复苏的水平，说明首轮量化宽松货币政策的作用有限，美国经济的复苏并不稳固。

　　为了巩固美国经济复苏的势头，2010 年 11 月 3 日，美联储主席伯南克宣布将在 2011 年第二季度之前进一步购买 6000 亿美元的长期国债，正式开始了第二轮量化宽松货币政策（QE2）。在美国启动 QE2 后，全球央行分成两大阵营。在复苏不稳定的英国、欧洲和日本，各央行继续执行此前的宽松货币政策。11 月 4 日，英国央行宣布将利率保持在 0.5%，量化宽松货币政策规模 2000 亿英镑。欧洲央行的基准利率则保持在 1% 的水平。11 月 5 日，日本央行宣布将视经济情况扩大资产购买计划。而稳步复苏的国家则担心通货膨胀，开始收紧货币政策。受国际原材料需求上升影响，澳大利亚经济从 2009 年年中就开始恢复，并从当年 10 月启动加息周期。2010 年 11 月 2 日，澳大利亚央行第七次加息，将基准利率从 4.5% 提高到 4.75%。印度央行也在年内第六次加息，幅度为 25 个基点。

美国长期执行量化宽松货币政策，对世界各国特别是发展中国家和新兴经济体造成极大的压力，后者被迫干预外汇市场以防止本币大幅升值，或者采取措施加强资本管制。英国《经济学家》杂志认为，国际"货币战"主要包括三个方面。一是发达国家的货币政策，特别是美联储重启印钞票的方式购买长期国债。此举导致美元汇率大幅下降，而欧元汇率则迅速上升。二是中国不愿意让人民币汇率以更快的速度升值。美欧均指责中国汇率低估，美国国会 9 月通过一项法案，允许企业申请对货币低估国家采取关税保护措施。三是发展中家如何应对由于发达国家量化宽松货币政策造成的大量资本流入。为了防止本币大幅升值，发展中国家对资本流入进行管制，如巴西将外资购买本国债券的税率提高 1 倍、泰国对外资购买债券征收新的 15% 持有税。

也有人认为不存在所谓的"货币战"。高盛资产公司主席 Jim O'neill（吉姆·奥尼尔）认为，各国的货币政策只是对目前经济情况的正常反应，"货币战"的说法夸大了实际。美国联储采取的量化宽松货币政策，其目标是促进就业，并非为了货币贬值。当美国经济恢复强劲增长后，美元汇率也会上升。这只是浮动汇率体制下的通常做法。巴西、日本等国干预市场防止本币升值，但它们的货币的确被高估了。

面对美国量化宽松货币政策引发的国际流动性泛滥，中国采取了负责任的态度。一方面，中国与其他国家一起，批评美国滥发货币，要求美国保持美元价值稳定。2010年 11 月 5 日，中国人民银行行长周小川表示，"美联储推出定量宽松货币政策，就创造美国就业和保持美国低通胀率目标而言是可以理解的。但从美元作为国际储备货币的角度来讲，该轮量化宽松货币政策对全球来说并不是优化的选择，而是会带来副作用"。哈佛大学经济学教授马丁·菲尔德斯坦（Martin Feldstein）认为，美联储的量化宽松货币政策是"一个危险的赌博"，仅有较低的潜在上行空间，但却有较大的创造资产泡沫的风险，可能从而破坏全球经济的稳定性。德国总理默克尔在接受德国媒体采访时说，美国的量化宽松货币政策是"靠人为压低汇率来刺激出口"，这一政策是"短视的，最终会损害各方利益"。俄罗斯财政部副部长德米特里·潘金表示，美联储采取的最新货币措施是危险的，"美联储的行为可能导致形成新的金融泡沫，并使汇率失衡。这种措施的受害者不是美国，而是新兴经济体"。巴西财政部长吉多·曼特加批评说，美联储此举难以增加就业，却会加剧全球失衡。巴西总统卢拉则明确指出，美元贬值是所有问题的根源。韩国企划财政部宣布，将"积极"考虑采取措施，控制资本涌入。印度尼西亚官方也表示，将出台措施应对热钱流入。

另一方面，中国也主动推进人民币汇率形成机制改革，积极增加进口，帮助其他国家克服金融危机。2010 年 6 月 19 日起，人民币对美元汇率重拾升势，从 6.8184 上升到年底的 6.6497，升值约 2.5%，贸易加权汇率上升 14%。2010 年中国贸易顺差 1831 亿美元，比上年下降 6.4%，约占同期 GDP 的 3.1%，仅为金融危机前最大值的 1/3，与美国要求各国限制的贸易顺差幅度也是一致的。而且，中国全年进口 13948 亿美元，超过德国，有益于世界需求的恢复。

大事记 2-1　国际货币汇率 2010 年大事记

时间	事　件
1 月 18 日	国际货币基金组织总裁斯特劳斯·卡恩表示，各国应避免过快退出支持私营部门的特殊经济措施，否则有可能引发新一轮经济衰退
2 月 18 日	美国联邦储备委员会宣布，基于金融市场状况好转，决定将原先给予银行的紧急贷款利率由 0.5% 提高至 0.75%
3 月 4 日	欧洲央行宣布维持欧元区 1% 的主导利率不变。英国央行宣布维持 0.5% 的主导利率不变
3 月 16 日	美联储宣布将联邦基金利率继续维持在历史最低点的零至 0.25% 的水平
3 月 17 日	日本央行货币政策委员会通过将基准利率维持在 0.1% 的决定，并决定将再向金融机构提供总额 10 万亿日元、利率为 0.1% 的 3 个月期贷款
3 月 18 日	亚洲开发银行行长黑田东彦表示，需要改革以美元为主导的全球外汇储备体系。因为以单一货币作为国际外汇储备，很容易在各经济体国内和国际货币政策的制定之间造成矛盾
4 月 23 日	二十国集团（G20）财长和央行行长在华盛顿召开会议。主要有两大核心主题：一是促进全球经济可持续复苏；二是加强全球金融监管改革
5 月 10 日	欧盟成员国财政部长达成一项总额 7500 亿欧元的救助机制，以帮助可能陷入债务危机的欧元区成员国，防止希腊债务危机蔓延
6 月 5 日	G20 成员国财长和央行行长会议结束，在下列两个方面取得一致意见：一是赞同对欧洲的救援政策；二是各成员国要通过促进内需及扩大和发展中国家之间的贸易实现全球经济平衡增长
6 月 19 日	中国人民银行决定进一步推进人民币汇率形成机制改革，增强人民币汇率弹性
6 月 26—27 日	G20 多伦多峰会举行，在发表的《峰会宣言》指出，当前首要任务是采取有效措施确保和强化经济复苏进程，为世界经济实现强劲、可持续和平衡增长奠定基础
7 月 21 日	美国总统奥巴马正式在金融监管改革法案上落笔签字，结束了长达一年的金融改革立法之争，美国自 20 世纪 30 年代以来最重大的金融改革也就此全面展开
8 月 10 日	美联储宣布，将联邦基金利率继续维持在历史最低点的零至 0.25% 的水平，并表示将购买更多国债以刺激经济复苏
8 月 27 日	美联储主席伯南克明确表态：如果经济前景显著恶化，美联储将通过"非常规"货币政策向经济提供进一步支持
9 月 12 日	巴塞尔银行监管委员会管理层会议在瑞士巴塞尔举行，通过了加强银行体系资本要求的改革方案，即《巴塞尔协议Ⅲ》
10 月 8—10 日	IMF 与世界银行年会召开，人民币汇率成为焦点。来自两大国际金融机构 187 个成员国的中央银行、财政部的主要负责人为全球经济复苏的进程把脉，并且探讨未来的风险和挑战的应对措施
10 月 23 日	G20 财长和央行行长会议达成减少汇率"无序波动"，避免"竞争性贬值"，促进经常项目平衡的共识。美国财长盖特纳在会上提出，各国应将贸易顺差限制在 GDP 的 4% 以内 国际货币基金组织将在 2012 年之前向包括新兴国家在内代表性不足的国家转移 6% 以上份额。份额改革完成后，中国拥有份额将升至第三位，但美国依旧拥有"否决权"
11 月 11—12 日	G20 首尔峰会在韩国举行，主要议题为汇率、全球金融安全网、国际金融机构改革和发展问题。大会通过了《峰会宣言》和"首尔行动计划"
12 月 14 日	美联储表示，美国经济正在复苏，但复苏的缓慢速度不足以大幅降低失业率，美联储将继续维持联邦基金利率在零至 0.25% 的水平不变，并继续执行逐月购买总计 6000 亿美元的美国长期国债计划，以刺激美国经济更强劲复苏

2. 国际货币体系改革加速进行

2010 年，国际货币体系改革取得了一些重要进展。这表现在两个方面：一是主要国家和国际组织继续要求改革国际货币体系，并提出了具体的设想和方案；二是世界银行和 IMF 等主要国际金融组织的机制改革迈出实质性步伐。

国际货币体系改革的建议有很多。2010 年 4 月 17 日，欧盟成员国财政部长会议提出，要继续推进全球金融监管改革，包括讨论开征银行税。法国经济部长克里斯蒂娜·拉加德表示，国际货币体系改革至少应达到三个目标：改革后的国际货币体系能够更好地保护新兴市场经济体和发展中国家的金融稳定与安全；储备货币更加多样化，减少对单一货币的依赖；国际间金融货币政策更加协调。

2010 年 11 月 5 日，胡锦涛同志在访问法国时提出，国际社会应该认真思考金融危机产生的根源，从中吸取教训，以避免再次发生类似的危机。国际货币体系改革应该循序渐进，深入思考，科学论证，统一认识，形成共识。

2010 年 11 月，世界银行行长罗伯特·佐利克提出，全球经济体应该重新实行经过改良的全球金本位制，为汇率变动提供指引。佐利克说，自从布雷顿森林固定汇率体系于 1971 年解体以来一直实行所谓的"布雷顿森林体系Ⅱ"（Bretton Woods Ⅱ）浮动汇率体系，但眼下这一体系"需要一位继任者"。布雷顿森林体系Ⅱ即美元和黄金脱钩，但全球货币依然和美元挂钩的体系。佐里克认为，在目前形势下，恢复货币与黄金挂钩"实际、可行且不极端"。

在全球的共同努力下，国际货币体系改革取得了一些重要进展，突出表现为世界银行和 IMF 这两个国际金融机构的改革。2010 年 4 月，世界银行发展委员会最终通过了投票权改革方案。发达国家向发展中国家转移 3.13 个百分点，发展中国家的整体投票权由 44.06% 提升至 47.19%。其中，中国的投票权由 2.77% 上升至 4.42%，仅次于美国和日本，成为第三大股东国。印度的投票权由 2.77% 增加到 2.91%。与此同时，日、英、法、德投票权均有不同程度的削减。

国际货币基金组织（IMF）总裁卡恩 2010 年 11 月 5 日宣布，IMF 执行董事会当天通过了份额改革方案。这是 IMF 成立 65 年来最重要的治理改革方案，也是针对新兴市场和发展中国家最大的份额转移方案。欧洲国家将在 IMF 执行董事会让出两个席位，以提高新兴市场和发展中国家在执行董事会的代表性。此轮份额改革完成后，将向新兴经济体转移超过 6% 的份额，从而更好地体现该组织的合法性和有效性，美国、日本、"金砖四国"（中国、印度、俄罗斯、巴西）和 4 个欧洲国家德国、法国、英国、意大利将成为进入 IMF 份额前十位之列的经济体。份额改革完成后，中国的份额将从目前的 3.72% 升至 6.39%，投票权也将从目前的 3.65% 升至 6.07%，超越德国、法国和英国，位列美国和日本之后，得到在这一国际组织中的更大话语权。此次 IMF 改革主要有以下要点：

份额与投票权比重

份额增加——在第 14 次份额总检查的框架下，作为基金组织的主要资金来源，成员国份额将从 2008 年份额与发言权改革期间商定的 2384 亿特别提款权增加一倍至 4768 亿特别提款权。份额增加生效后，作为部分基金组织成员国向基金组织提供额外贷款资源的后备安排，新借款安排（NAB）将会相应缩小，同时保持该安排下的相对比例。

份额调整——从代表性过高的成员国向代表性不足的成员国转移大于 6% 的份额，向有活力的新兴市场和发展中国家转移大于 6% 的份额，这将会超出 2009 年 10 月国际货币与金融委员会公报确定的最低目标。此外，如果将 2008 年份额与发言权改革一并计入，那么向新兴市场和发展中国家的整体投票权比重转移将为 5.3%。

保护最贫穷国家的投票权——最贫穷国家的投票权比重将会予以维持，这些国家是符合低收入减贫与增长信托借款资格的成员国，且它们的人均收入低于国际开发协会的门槛值（在份额改革计算所依据的 2008 年，为 1135 美元；对于小国而言，低于该门槛值的两倍）。

份额公式与下次检查——对第 14 次份额检查所依据的现行份额公式的全面检查将于 2013 年 1 月前完成。完成第 15 次份额总检查的时间将提前两年到 2014 年 1 月。目标是继续动态地调整份额比重，以反映全球经济的变化。调整的目的是增加有活力的经济体的份额比重，使之与其在全球经济中的相对地位相符，从而有可能从整体上提高新兴市场和发展中国家的比重。还将采取措施保护最贫穷成员国的发言权和代表性。

治理——执董会规模与构成

全体成员国承诺维持 24 个成员的执董会规模，自份额改革生效后，每八年对执董会构成进行一次检查。欧洲先进国家将减少两个席位，降低其在执董会的集体代表性。席位缩减不迟于份额改革生效后的第一次选举。

在对《基金组织协定》的修订生效后，执董会将完全由经选举产生的执董构成，从而结束"指定董事"的做法（目前，份额居前五名的成员国可各自指定一名执董）。

放宽任命第二副执董的条件，以增强多国选区的代表性。

二、人民币汇率的压力与中国的反应

2010 年，人民币汇率再次遭到同 2005 年 7 月那次汇率改革前类似的狙击。相同的是，人民币承受着相当巨大的升值压力，不同的是，鼓噪人民币升值并向中国施压的同盟队伍并不庞大。始作俑者美国并没有得到多少支持，除了欧洲国家外，亚洲大多数国家拉开了同美国的距离，一些亚洲国家（如日本和韩国）甚至对中国的汇率政策表示了理解和同情。[①] 尽管美国联合其他国家围攻人民币的想法没有得逞，但是，美国国内

[①] 日本副首相兼财务营直人认为，将世界经济发展不平衡的问题归结到人民币身上是不妥的，因此，能够理解中方的立场，同时，他还对中国的汇率政策给予了肯定的评价。

鼓噪人民币升值的声音却从未停息，并且美国采取了三位一体的方式向人民币汇率施加压力，即美国的学者为人民币汇率低估提供理论上的支撑，国会的一些议员为人民币汇率升值施加舆论上的攻势，美国政府为人民币升值施加政治上的影响。

面对美国要求人民币升值的咄咄逼人压力，我国政府和学者给予了积极的回应和有理的抗辩，从而中美之间上演了一场没有硝烟但相当激烈的"汇率战"。在一年间多轮的汇率交锋中，我们可以以美国财政部向国会提交的汇率政策报告将交锋划分为两个阶段，第一阶段的汇率交锋为从2010年年初到2010年7月8日（美国财政部于7月8日公布半年度汇率政策报告），第二阶段的汇率交锋为从2010年7月9日到2010年年底。经过两个阶段针锋相对的汇率激战，我国政府不仅顶住了美国要求人民币升值的巨大外部压力，而且还打破了美国为人民币升值制定时间和路线图的企图，为自主地决定人民币汇率形成机制的改革争取了主动，赢得了时间。

1. 中国和美国第一阶段的汇率交锋（2010年7月8日前）

这一阶段的汇率交锋又大致可以分为两个回合：第一回合的较量为2010年4月15日之前，即美国财政部公布汇率政策报告之日；第二回合的较量集中在2010年6月20日召开的中美战略经济对话和G20多伦多峰会之前。

（1）第一回合较量以年初美国总统奥巴马在多个场合演讲中开始重提人民币汇率问题拉开了序幕

2010年2月3日，奥巴马向美国国会参议院民主党政策委员会的议员发表演讲首次提到了人民币汇率问题。尽管人民币汇率并未出现在演讲正文中，但他在回应民主党参议员斯佩克特提问时表示，中国和亚洲将会继续是美国出口的庞大市场，必须处理汇率问题，以确保美国产品不会面对庞大的竞争不利因素。同时，奥巴马声称，将会对中国采取较强硬措施，确保对方遵守贸易法则。2010年3月11日，奥巴马在出席美国进出口银行年会讲话中继续就汇率问题施压，要求中国进一步向"以市场为导向的汇率机制"过渡。此外，奥巴马在接受彭博新闻社记者采访时指出："中国及其汇率政策正在妨碍全球经济实现必需的重新平衡。我未来一年的目标是让中国人认识到，允许人民币升值也符合他们的利益，因为说实话，中国的经济有可能过热。"

在奥巴马指责人民币汇率的同时，美国的学者和国会议员也在忙不迭地就人民币汇率问题鼓噪。学者中的代表首推美国彼得森国际经济研究所所长伯格斯滕，他提出了逼迫人民币升值的"三步走"战略，首先，财政部在向国会提交的关于外国汇率报告中将中国定位"货币操纵国，以此为底线，迫使中国同美国就汇率问题谈判；其次，争取欧洲以及尽可能多的新兴市场国家和发展中国家的支持，以谋求国际货币基金组织启动要求中国改变目前货币状况的磋商机制或是公布一份批评中国汇率政策的报告；最后，要求世界贸易组织裁定中国违反了WTO的相关规定，并做出改正措施。

美国国会议员在向人民币汇率施压上更是不遗余力。2001年3月15日，美国130位众议员史无前例地对中国汇率政策集体发难。在一封写给财政部长盖特纳和商务部长骆家辉的信中，这些议员们敦促政府机构动用一切可用资源，促使中国结束汇率操纵，不再利用被低估的汇率来促进出口。2010 年 3 月 16 日，查尔斯·舒默、林赛·格雷厄姆等十余名两党议员在国会参议院举行新闻发布会，宣布一项有关汇率问题的新议案，建议修改目前的货币操纵行为认定标准，要求财政部使用新的"客观标准"对中国做出有关认定，并授权商务部采取相应的惩罚性措施。

针对美国各个层面对人民币汇率的无理要求和指责，我国政府和学者予以了有力的还击。2010 年 3 月 14 日，在中外记者见面会上，国家总理温家宝直接回应了记者关于人民币汇率问题的提问。温家宝指出，人民币的币值没有低估。同时，他还指出，一国的汇率是由一国的经济决定的，汇率的变动也是由经济的综合情况来决定的。在国际金融危机爆发和蔓延期间，人民币汇率保持基本稳定对世界经济复苏做出了重要贡献。中国反对各国之间相互指责，甚至用强制的办法来迫使一国的汇率升值，因为这样做反而不利于人民币汇率的改革。同时，人民币将继续坚持以市场供求为基础、有管理的浮动汇率制度，同时将进一步推进人民币汇率形成机制的改革，保持人民币汇率在合理均衡水平上的基本稳定。2010 年 4 月 12 日，国家主席胡锦涛在华盛顿会见美国总统奥巴马谈及汇率时强调，中方推进人民币汇率形成机制改革的方向坚定不移，这是基于我们自身经济社会发展的需要，具体改革措施需要根据世界经济形势的发展变化和中国经济运行情况统筹加以考虑，尤其不会在外部压力下加以推进。

中国政府的有关部门负责人也在各种场合回应了美国对人民币汇率的非难。2010 年 3 月 21 日，商务部部长陈德铭在中国发展高层论坛上指出，汇率问题是一个国家主权内的问题，不应是两个国家之间讨论的问题，美国不应将经济问题政治化，同时，人民币汇率也不存在美国认为的低估和操纵。他进一步指出，如果美国在汇率问题上一再坚持中国操纵汇率，并且如果伴随贸易的制裁，中国不会熟视无睹；如果伴随着法律方面的诉讼中国也会奉陪。2010 年 3 月 22 日，中国人民银行行长周小川在墨西哥出席美洲开发银行会议期间对记者表示，汇率是十分复杂的工作，我们可以就需要什么样的全球政策协作来解决这一问题进行讨论，但过多地要求人民币升值的"噪音"对此没有任何帮助。2010 年 4 月 6 日，外交部发言人姜瑜在例行记者会上表示，希望美方相关人士客观、理性看待人民币汇率问题，中方从来没有通过所谓"操纵汇率"从国际贸易中获利。她还表示，关于人民币汇率改革，会继续坚持主动性、可控性和渐进性原则，完善有管理的浮动汇率制度。

国内学者也纷纷就美国指责我国操纵人民币汇率发表了自己的观点。中国银行高级研究员谭雅玲指出，130 位议员的造势是以前没有过的，但这并不代表就可以引领舆论，美国的贸易顺差存在了 100 年，作为发展中国家有贸易顺差是很正常的事情，这并不能成为逼迫人民币升值的理由。她同时指出，美国非常霸权，其实美国才是最大的汇率操纵国。中国社会科学院金融市场研究所金融研究室主任曹红辉也发表了类似的看法，他认为，美国操纵汇率的途径是多样的，通过一系列政策来操控汇率，这其中包括外汇市场操作、公开市场操作、国债政策以及多个部门的协同，而且他们从来不说自己，而只是一味地指责别人。中国人民大学财政金融学院副院长赵锡军和《货币战争》的作者宋鸿兵也都一致认为是美国在操纵汇率①。

中美此回合汇率较量，以美国财政部宣布推迟公布汇率政策报告暂时挂上了"停战牌"，这意味着美国延后了将中国列为汇率操纵国的决定。

（2）第二回合较量以美国国会某些议员的推动拉开了帷幕

由于美国财政部推迟了公布汇率政策公布，以及美国财长盖特纳在 2010 年 4 月下旬结束的二十国集团（G20）财长和央行行长会议结束后的记者会上谈到人民币汇率问题时，他认为"这是中国的选择，同时，相信中国将会合理调整人民币汇率问题"。美国国会中主张对中国采取强硬路线的某些议员对美国政府关于人民币汇率的表态和做法并不满意，因此，他们重新开始向美国政府施加要求人民币升值的压力。

2010 年 5 月 18 日，民主党参议员舒默和美国另一参议员葛兰姆牵头的一个小组即给美国财长盖特纳致信，称中国拒不公布去年与国际货币基金组织磋商后撰写的一份报告，而该报告中有关于对中国汇率政策的评估，以及可能包括证实中国有意操作汇率以获得不公平贸易优势的确凿证据。美国政府应向中国施压要求其在下周的峰会上公布该报告。2010 年 6 月 10 日，舒默在一个关于中美贸易关系的听证会上对美国财政部长盖特纳表示，参议院或将推进一项两党议案，列出针对中国和其他国家的惩罚措施，迫使这些国家改革汇率机制。2010 年 6 月 18 日，美国众议院筹款委员会主席桑德尔·莱文在就中国贸易政策举行的听证会上表示，美国和国际社会的耐心在过去 7 年中已经耗尽。他说，若中国不采取措施，而美国政府又不果断应对，国会就将采取行动。

美国国会议员的意图十分明显，就是希望通过对人民币发出"最后通牒"，来逼迫中国就范，同时，也希望把人民币汇率问题拖入到即将于 2010 年 6 月 26 日召开的 G20 多伦多峰会上，让中国陷入众多国家的围攻。为了打破美国将人民币汇率带入 G20 峰会讨论的这一企图，中国人民银行国际司司长张涛指出："在过去的 G20 峰会里，人民币问题从来没有被列入会议议程，在历次的公报中也没有出现。目前，从第四次峰会发来的文件中，也没有这项议程。"他强调，人民币是中国的主权货币，中国政府会根据国内外形势来判断，研究制定汇率政策。中国外交部发言人秦刚也发出了类似的信息。他对记者表示："在 G20 场合，我们认为讨论人民币汇率问题是不合适的。"在向 G20 的国家发出声明后，我国随即发表了人民币汇率形成机制改革的公告。2010 年 6 月 19 日，中国人民银行新闻发言人指出，进一步推进人民币汇率形成机制改革，增强人民币汇率弹性，重在坚持以市场供求为基础，参考一篮子货币进行调节。但是，当前，人民币汇率不存在大幅波动和变化的基础。2010 年 6 月 20 日，央行新闻发言人在接受记者

---

① 不过，我国国内也有一些学者赞成调整人民币汇率。譬如，北京大学经济研究中心的卢锋认为，虽然汇率灵活不能解决一切问题，但是，如果汇率不动，很难理顺主要宏观变量关系。中国社科院世界经济与政治研究所研究员张斌建议，人民币对美元汇率寻找小幅渐进升值和一次性大幅升值之间的折中方案，即一次性升值10%，然后参考一篮子货币保持年波动率3%上下的自由浮动。

采访时对人民币汇改做了进一步阐释，即继续按照已公布的外汇市场汇率浮动区间，对人民币汇率浮动进行动态管理和调节，保持人民币汇率在合理、均衡水平上的基本稳定。与此同时，要确保汇率波动幅度可控，防止市场力量引起人民币汇率超调的可能性，以及坚持以我为主，使人民币汇率的有序浮动符合我国经济基本面和宏观调控的需要。

我国政府在 G20 多伦多峰会前不失时机地重启了人民币汇率形成机制的改革，挫败了美国国会此前所打的如意算盘。英国《金融时报》对我国此举给予了极高的评价，它们认为，中国宣布这一决定的时机与方式都十分精明，美国总统对这一改变表示欢迎也是对的。此举距离 G20 多伦多峰会只有一周，应当能够缓解北京方面承受的压力，降低贸易战争的前景。

这一回合以美国财政部公布汇率政策报告决定不将中国列入汇率操纵国而告一段落。但是，该报告中称，人民币与美元脱钩是重大一步，同时指出人民币依然被低估，却为日后的汇率争端再起埋下了伏笔。

2. 中国和美国第二阶段的汇率交锋（2010 年 7 月 8 日后）

尽管中国发表了进一步推进人民币汇率形成机制改革的声明，同时，人民币汇率也开始小幅度升值，但是，人民币汇率的这一变化显然没有达到美国政府和国会的预期目标。因此，在上一回合的硝烟尚未散尽的时候，美国又迫不及待地发起了下一场"战争"。

2010 年 7 月 25 日，盖特纳在接受电视台采访时表示，中国松绑人民币汇率的政策才刚刚起步，对美国来说，重要的是人民币升值的速度多快、幅度多大。2010 年 9 月 17 日，盖特纳在国会听证会上以强硬的口气批评中国的汇率政策，指出人民币升值速度太慢、幅度太小，并表示将检讨各种可采用的工具和多边对策，看看是否有助于鼓励中国当局加快步伐，此外，他还指出，美国将根据人民币升值的步伐和幅度，以及北京当局为拖慢升值步伐进行干预的程度，来检视中国处理这个问题的进展。至于到底希望人民币升值多少，盖特纳表示美国会与其他国家联手向中国施压，并暗示本轮人民币升值幅度至少应达到 20%。2010 年 9 月 25 日，奥巴马也发表了类似看法，他指出，在中国进行汇改之后，人民币币值并没有出现多大的变动，美国政府为此感到失望，希望在未来的几个月，看到中国采取更多措施，让人民币能更大幅升值。与此同时，美国试图联合其他国家来共同向中国汇率施压，这从 G20 首尔峰会召开前夕，盖特纳呼吁二十国集团（G20）一致同意限制各国的贸易顺差，要求 G20 国家停止操纵汇率以避免"过度动荡"和全球货币战可以明显地看出来。

美国国会议员也对人民币升值过慢提出了质疑。2010 年 7 月 9 日，众议院筹款委员会主席莱文指出，迄今人民币的升值太过温和，如果中国不能对货币政策进行重大调整，他呼吁美国考虑向世界贸易组织投诉。在口头上指责中国的同时，众议院也在行动上予以了配合。2010 年 9 月 15 日，美国众议院筹款委员会就人民币汇率问题举行听证会，汇率议案提议者、众议员赖恩出席作证。他声称，布什政府和奥巴马政府过去 7 年在这个问题上的对华外交努力已经"失败"，现在是国会采取"行动"的时候了。他说："只有当中国被逼到墙边，作为让步，它才会显示愿意让汇率升值。"2010年9月24日，美国国会众议院筹款委员会投票通过了《汇率改革促进公平贸易法案》，并交到众议院表决①。2010年9月29日，美国国会众议院投票通过《汇率改革促进公平贸易法案》。

美国的学者同样没有保持沉默，在2010年10月10日出版的《华盛顿日报》上，这些专家集中向人民币发起了攻击。伯格斯滕认为，美国须将中国列为汇率操纵国；联合盟友对所有中国商品进口实行限制，买进以人民币计价资产以抵消中国购买美元资产的影响。道格拉斯·霍尔茨（美国国会预算局前局长）指出，美国应联合想法一致的国家共同对中国施压。李侃如（布鲁金斯学会约翰·桑顿中国研究中心主任）认为，众议院压人民币升值法案既不起作用又没有益处，美国应向世贸组织起诉中国的"违规"做法，利用二十国集团等就可持续汇率政策达成共识。克鲁格曼在2010年10月10日的《金融时报》撰文指出，美国在单方面将中国列为汇率操纵国的同时，应发挥多边安排在向中国施压中的重要作用。

不过，一些美国学者也不赞成美国施压人民币升值，马克·赞迪（穆迪经济网首席经济分析师）指出，美国若使用对中国商品征收高关税等强硬手段将适得其反，中国不会因他国威胁而大幅度升值人民币。此外，美国企业界内也存在反对通过相关法案施压人民币的呼声。美中贸易全国委员会、美国大豆协会和美国肉品学会在内的36家行业组织在写给国会的一封信中说，"我们强烈反对使用反倾销或反补贴关税法来处理烦扰了数年的货币问题"，有关人民币汇率的提案将"使美国违反对世贸组织规则的承诺"。

针对美国采取单方面行动和多边行动相结合施压人民币大幅度升值的企图，我国政府从各个方面给予了有力的回应。就汇率是经济问题，而非政治问题上，姜瑜在2010年9月8日的例行发布会上强调："中方坚决反对将经贸问题政治化，人民币汇率形成机制改革也不可能在外部压力下推进。"姚坚在2010年9月15日举行的例行发布会上也明确表示："我们不希望看到少数的政客为了赢得一时选举的需求，对中国的贸易政策，特别是汇率政策给予指责。"2010年9月22日，温家宝在美国友好团体举行的欢迎宴会上，也强调了人民币汇率是经济问题，决不能政治化的看法。2010年10月15日，姚坚再次指出，人民币汇率不应当成为美国国内经济问题的"替罪羊"和"避雷针"，美方不能以所谓人民币汇率被低估为由，将国内的就业经济增长的矛盾转嫁给中国。

---

① 《汇率改革促进公平贸易法案》：2009年5月由美国民主党众议员蒂姆·瑞安等议员提出，旨在对所谓低估本币汇率的国家征收特别关税。根据该法案，如果中国或其他国家的汇率政策对该国出口商品构成不公平的补贴，该法案将允许但不要求美国商务部（Department of Commerce）评估并惩罚性地征收这些国家输美商品的关税。

就以贸易顺差来判断汇率是否低估的问题，2010 年 9 月 15 日，姚坚指出，如果仅仅以中国存在贸易顺差为由来判断人民币汇率，缺乏经济学的基础，也是没有道理的。他强调，现在全球的贸易中，中国对于美国是有顺差的，但对于澳大利亚、日本、韩国都有大量逆差，如果以贸易平衡来断定人民币汇率，认为中国通过操纵汇率获取贸易上竞争优势的话，就完全失去了判断的依据。2010 年 10 月 14 日，中国外交部发言人马朝旭在例行记者会上称，人民币升值解决不了美国贸易逆差问题，也解决不了世界经济失衡问题，这是很清楚的。

就汇率与贸易保护的关系，2010 年 9 月 28 日，姚坚表示，以汇率为由进行反补贴调查，不符合世贸组织的有关规则。姚坚指出，中方从未以低估人民币汇率的方法来获取竞争优势。中美贸易的现状是两国的贸易和投资结构所决定的，是经济全球化背景下全球产业分工和结构调整的结果，中国对美国有顺差，但对不少亚洲国家和地区也有巨额逆差，不能仅仅因为美国对华贸易有逆差就认为中国低估人民币汇率，并试图以此为由，采取贸易保护主义措施。2010 年 10 月 15 日，姚坚再次指出，美国以对华贸易逆差为由，认定人民币被低估，并试图对中国商品采取歧视性贸易保护措施的做法严重违反世贸规则，是无理和错误的。

就人民币是否应该大幅度升值的问题，2010 年 9 月 22 日，温家宝指出，目前人民币不具备大幅升值的条件。中国许多出口企业平均利润只有 2% 至 3%，最高 5%。如果达到美国一些议员所提出的 20%—30%，那么不知道多少企业会倒闭，多少工人失业，农民工会大规模返乡。2010 年 10 月 6 日，温家宝还指出，如果人民币汇率不稳定，企业就会不稳定，就业就会不稳定，社会就会不稳定，如果中国经济和社会出现问题，将会给世界带来灾难。2010 年 10 月 7 日，中国人民银行副行长易纲也在华盛顿发表了类似的看法。他认为，中国将进一步推进人民币汇率形成机制改革，但是人民币短期内大幅升值将给中国社会带来巨大冲击。2010 年 11 月 6 日，在外交部针对即将举行的韩国首尔 G20 峰会的中外媒体吹风会上，崔天凯称，在人民币汇率问题上人为设定数字指标，不禁让人想起计划经济的时代。学术界、商业界对于这样的指标，无论是理论上还是实践上都没有足够的依据支持。如果哪个国家或者哪个人给中国人为地设定一个指标，要求人民币在多长的时间内一定要升值到所指定的幅度，实际上这正是要求中国操纵汇率。

就人民币汇率改革进程的问题，2010 年 9 月 8 日，姜瑜指出，中国进一步推进人民币汇率形成机制改革的方向不会改变，我们将继续按照已公布的外汇市场汇率浮动区间，对人民币汇率浮动进行动态管理和调节，保持人民币汇率在合理、均衡水平上的基本稳定。2010 年 10 月 6 日，温家宝总理在第六届中欧工商峰会上的演讲时谈到，人民币汇率机制要进行改革，我们坚定不移。这项改革就是要形成以市场供求为基础，参考一篮子货币进行调节、有管理的浮动汇率制度，逐步增强人民币汇率弹性，保持人民币汇率在合理均衡水平上的基本稳定。2010 年 10 月 10 日，周小川创造性地提出中西药理论来解释中国的汇改。周小川认为："在中国，许多人相信中医，而在西方国家，大家则相信西医……中国将会采取循序渐进的方式实现国内外需求的平衡。"汇率之争就像中西药的较量，西药一夜之间治愈疾病，而中药则把十种中草药掺杂在一起，不会一夜之间把病治好，可能要一两个月。2010年10月15日，姚坚指出，作为负责任大国，中国将继续推动人民币汇改，但这应该是一个渐进的过程。稳定的汇率水平不仅是中国的需要，也是世界的需要。

这一阶段汇率的交锋，中国顶住了由美国制造的人民币汇率升值压力，避免了"汇率战"的升级和蔓延，并保持了自主地决定着人民币汇率改革的方向和节奏的权利。

三、人民币汇率的改革措施及现实变化

1. 重启人民币汇率改革的意义

重启人民币汇率改革是基于对国际国内经济形势的综合判断，而不是上述的外界施加压力的结果。而且，推进人民币汇率改革主要还是出于我国长远和根本的核心利益。

从世界经济形势看，国际金融危机和欧元区主权债务危机爆发以来，世界经济格局正在发生重大变化，发展中大国尤其是中国正在逐渐成为维护世界经济稳定和推动全球金融货币体系改革的中坚力量，国际社会对中国的国际责任和需求也在不断增加，中国的改革和经济发展对世界经济的影响也在不断增强。在此背景下，重启人民币汇率改革将会对全球金融的稳定和国际货币体系改革的走向产生重要的影响。

从国内经济发展看，中国正处于经济快速崛起过程中的战略转型时期，能否牢牢把握这一战略机遇，顺利实现从传统出口导向型为主转变为内需增长型为主的经济发展战略，是攸关中国长远国家利益的关键。重启人民币汇率改革是内需增长型战略转型的内在要求，是大势所趋。不仅如此，中国的金融改革和开放水平在不断提高，人民币国际化与上海国际金融中心建设也已经正式提上议事日程，为此，人民币汇率改革的利与弊已不能简单地仅从人民币汇率是否有利于中国对外贸易的发展和宏观经济的稳定角度作研判。

虽然，在国际金融危机时期，人民币汇率一度重新回归事实上的"钉住美元"汇率制度是应对危机时期的特殊政策[①]，对稳定全球市场发挥了积极作用，但在金融危机阴霾逐步散去之后，我们需要客观思考这样的"非常之举"是否合适、是否真正符合中国经济的长远利益。尤其是在中国经济面临战略转型之际，人民币钉住美元汇率制度

[①]　重启人民币汇率改革之前，人民币对美元汇率走势大致可分为两个阶段：2008年9月之前，人民币对美元汇率呈现出稳步小幅单边升值趋势，累计升值超过20%；国际金融危机爆发后，人民币重新回到了汇改前的"钉住美元"汇率制度，对美元汇率始终维持在6.82至6.85之间，造成了汇率形成机制改革事实上的中断。

将难以作为有效的价格手段调节经济资源的有效分配，造成了持续恶化的经济失衡结构，并对收入分配、就业、环境、自然资源等都带来负面影响，这一外汇体制的瓶颈已变得越来越突出。

由此可见，人民币汇率改革的重启无疑是 2010 年影响中国经济发展最为深远的事件。重启人民币汇率改革的意义就在于：一方面，有利于促进经济结构调整，引导资源向服务业等内需部门配置，推动产业升级，转变经济发展方式，减少贸易不平衡和经济增长对出口的过度依赖；另一方面，有利于抑制成本输入型通货膨胀和国内资产泡沫，增强宏观调控政策的独立性和有效性，提高宏观调控能力。此外，也有利于维护中国经济发展的国际经贸大环境，实现互利共赢、长期合作和共同发展的世界经济新秩序。

2. 人民币二次汇改的措施

虽然，一国采取怎样的汇率制度一直是国际金融领域最有争议的问题之一，但存在一个基本共识：既没有适合所有国家的单一汇率制度，也没有适合一个国家所有发展阶段的单一汇率制度。无论选择哪种汇率安排都有机会成本，都意味着要放弃其他汇率安排可能带来的好处。同样，重启人民币汇率制度改革也面临政策抉择的难题。

针对人民币汇率制度改革存在多种政策选择，主要包括：一是人民币对美元一次性大幅升值后再回到钉住美元汇率制度；二是参考一篮子货币或真正钉住一篮子货币的汇率形成机制；三是采取自由浮动的汇率制度。那么，在人民币汇率形成机制改革过程中，究竟应该选择哪一种转型策略呢？如上所述，每种改革策略均有各自的优缺点，对宏观经济的潜在冲击与不确定性也各不相同。一个国家的汇率制度的选择应该同该国所处的经济发展水平和制度变迁相适应。对中国来说，现阶段选择一步到位的激进式转型策略，即放弃钉住美元汇率制，直接过渡到自由浮动的汇率制度，所需要的前提条件之一就是必须具有一个有深度和流动性的外汇市场以及强而有效的金融监管体制，否则很有可能导致汇率动荡和宏观经济恶化。自由浮动制虽然是人民币汇率的最终状态，但在目前制度建设没有完善的情况下，选择这一改革策略将会产生巨大的风险。若人民币采取一次性大幅升值，虽然可以在近一两年内弱化升值预期，但无法永久性地解决人民币升值预期和热钱的问题。几年后一次性升值的压力必将重新出现。况且，人民币汇率的大幅波动对现阶段中国出口导向型的经济增长将会产生较大冲击。因此，与方案一的钉住美元汇率制度相比，采取方案二的一篮子货币汇率制度，既可以消除人民币单向升值的预期，又可以减少人民币对关键货币的波动，保持人民币汇率的基本稳定，因而是目前相对较优的选择。

此次重启人民币汇率制度改革虽然本质上选择了回归至 2005 年 7 月至 2008 年上半年期间实施的以市场供求为基础的、参考一篮子货币进行调节、有管理的浮动汇率制，但人民币汇率升值并没有如法炮制，采取对美元进行一次性升值调整的做法，而是重在坚持以市场供求为基础，参考一篮子货币进行调节。

从目前的人民币汇率形成机制来看，货币篮子中人民币对非美元货币汇率很大程度上受到美元对非美元货币汇率波动的影响，因为后者是人民币对美元汇率和人民币对非美元货币汇率之间的桥梁和纽带。中国人民银行虽然可以干预和控制人民币对美元汇率或人民币对非美元货币汇率的水平，但是，美元对非美元货币汇率是由国际金融市场的供求关系所决定的，因而是不可控的。鉴于央行主要是控制人民币对美元汇率的中间价，故在人民币对美元汇率基本保持稳定的条件下，人民币对非美元货币汇率波动幅度主要受国际金融市场上美元对非美元货币汇率的波动影响，这一波动幅度会直接传递到人民币对非美元货币汇率的水平上来。

在实施一篮子货币的汇率制度下，一篮子货币中的某一非美元货币对美元的汇率发生变化时，人民币对篮子中的其他货币的汇率都会出现不同幅度的升降，但汇率的波动幅度与钉住美元汇率制相比均有不同程度地减小，表明一篮子汇率的制度安排更具稳定汇率的"缩小器"效应（见表2-1）[1]。

表2-1　两种人民币汇率制度下人民币对美元、欧元汇率波动的幅度比较

欧元对美元汇率的变化	钉住美元汇率制	一篮子货币汇率制
欧元对美元贬值	人民币对美元汇率不变	人民币对美元小幅贬值
	人民币对欧元同幅升值	人民币对欧元升值幅度减小
	人民币对日元汇率不变	人民币对日元小幅贬值
欧元对美元升值	人民币对美元汇率不变	人民币对美元小幅升值
	人民币对欧元同幅贬值	人民币对欧元贬值幅度减小
	人民币对日元汇率不变	人民币对日元小幅升值

资料来源：作者绘制。

从未来美元的走势来看，短期内受欧洲债务危机的影响，全球避险情绪上升，大宗商品价格宽幅震荡，美元汇率可能会暂时走强。美元升值主要是由于在全球金融资产价格下跌的情况下，美元国债是一个较好的避险工具，投资者纷纷购买美国国债而推高美元，但中长期内美元持续贬值的趋势不会根本改变。这是因为美国财政赤字不断扩大以及扩张性货币政策已经为美元注定下跌埋下了隐患。一旦世界经济平稳或复苏，美元就存在长期贬值的可能性。因此，从钉住美元汇率制转为参考一篮子货币汇率制，不仅使人民币摆脱了受美元长期贬值的束缚，而且有助于人民币的渐进升值，也为人民币的贸易结算创造了有利的条件。

3. 人民币汇率的现实变化

（1）人民币对美元汇率走势

人民币自2005年7月开始实施汇改以来，对美元加速、单边的升值一直是"主旋

---

[1]　关于表中两种汇率制度比较的数量分析，参见孙立行《世界经济研究》2010年第12期，第40页。

律"，2006 年人民币升值 3.35%，2007 年人民币升值 6.9%，2008 年上半年就升值了 6.5%。这其中一个重要原因是人民币单边稳步升值，造成升值预期不断强化，从而持续推升人民币汇价。2008 年下半年的一场席卷全球的金融风暴令上述过程陷入停滞，人民币对美元汇率保持了窄幅波动。直到 2010 年 6 月 19 日人民币汇率改革重启之后，人民币升值进程才又复苏。

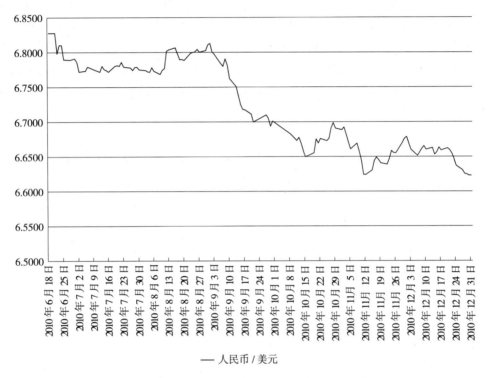

—— 人民币／美元

图 2 - 2　人民币二次汇改以来对美元的汇率走势

资料来源：国家外汇管理局网站。

　　和过去对美元单边升值不同，二次汇改以来，人民币中间价体现出更多的双向波动特征。人民币对美元的双向波动不仅使热钱套利人民币升值的难度增加，进而也起到了威慑热钱的作用。从 2010 年下半年的人民币对美元汇率走势来看，人民币升值在双边波动基础上还具有阶段性脉冲性质，如 9 月份人民币升值幅度为 2%，11 月份 G20 会议前后人民币升值了 1.05%，全年人民币对美元汇率升值幅度达到 3.13%（见图 2 - 1）。截至 2010 年年底，人民币对美元自 2005 年 7 月首次汇改以来的累计升值幅度已经超过了 22%。

　　不过，对人民币汇率的变动要综合评估，不能仅仅关注人民币对美元汇率，还要考察人民币对非美货币汇率和人民币有效汇率，这样才能更加全面地认识人民币汇率的变化。

（2）人民币对欧元汇率走势

人民币对非美元货币汇率并不总是跟随人民币对美元汇率的方向变化，即人民币对美元升值（或贬值），并不意味着人民币对非美元货币升值（或贬值）。举例来说，如果美元对欧元汇率相对稳定，则人民币对美元升值（或贬值），也就对欧元也升值（或贬值）了。如果美元对欧元升值，同时人民币对美元升值，则人民币对欧元升值的幅度就更大；如果人民币对美元贬值，同时美元对欧元升值幅度大于人民币对美元的贬值幅度，则人民币对欧元反而升值；但如果美元对欧元升值幅度小于人民币对美元的贬值幅度，则人民币对欧元也贬值。反之，如果美元对欧元贬值，而人民币对美元升值，且升值幅度大于美元对欧元的贬值幅度，则人民币对欧元也升值，但升值幅度变小；如果人民币升值幅度小于美元对欧元的贬值幅度，则人民币对欧元反而贬值。

从二次汇改以来的人民币对欧元的汇率走势看，人民币对欧元的变化并没有像对美元那样总体上呈现升值的态势，而是表现为宽幅的震荡。如图2-2所示，2010年9月至10月中旬，人民币对欧元快速贬值，而同期对美元却呈现单边升值。这是因为人民币对欧元汇率要受人民币对美元汇率和国际金融市场上美元对欧元汇率的共同影响，而同期人民币对美元的升值幅度远小于美元对欧元的贬值幅度。

上述人民币对美元汇率与人民币对非美元货币汇率的反向变化增加了对人民币币值变化对宏观经济影响综合判断的难度。这里面临的一个现实问题是央行的汇率目标是以人民币对美元汇率为主，还是以人民币对一篮子货币为主。如果以人民币对美元汇率为目标，央行主要是控制人民币对美元的汇率变动。虽然这一举措会使人民币对美元的汇率波动幅度变小，但随着国际金融市场上美元对非美元货币汇率的大幅度波动，人民币对非美元货币的波动幅度因而可能会大幅增加。为此，央行应改以一篮子货币汇率为目标，在充分考虑美元对非美元货币走势的基础上，通过控制人民币有效汇率升值的快慢，来避免人民币汇率出现大幅度波动。

（3）人民币有效汇率走势

就汇率变动的经济影响而言，有效汇率更为重要①。从2005年7月人民币首次汇改至2008年6月国际金融危机爆发前的这三年时间里，人民币名义有效汇率指数大致保持在100至105之间，呈双边震荡态势，累计升值幅度不超过5%。然而，2008年下半年国际金融危机爆发以后，国际外汇市场动荡不定，美元汇率跌宕起伏，人民币名义有效汇率出现了大升大贬（见图2-3）。如图2-3所示，在2008年6月到2009年3月的10个月时间里，人民币名义有效汇率升值达13.6%。随后，人民币名义有效汇率又

---

①　人民币名义有效汇率是对人民币和其他国家或经济体货币汇率进行加权平均而得到一个综合的人民币汇率指数，即人民币对美元汇率和人民币对非美元货币汇率的加权平均。由于人民币对非美元货币是由人民币对美元汇率和美元对非美元货币汇率套算出来的，因此，考察人民币名义有效汇率必须要分析人民币对美元汇率和人民币对非美元货币汇率这两者之间的变动关系。如果人民币对美元汇率稳定，人民币名义有效汇率变动则取决于美元对非美元货币汇率的变动，如果美元对非美元货币升值，则人民币名义有效汇率必然会升值。

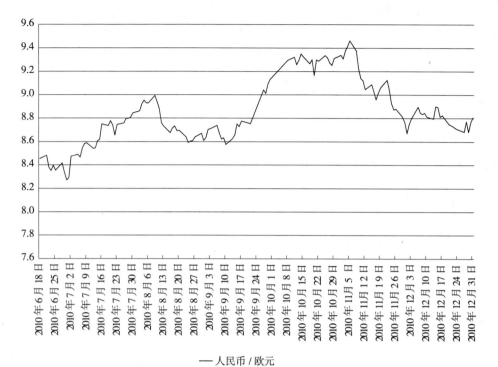

——人民币／欧元

图 2-3 人民币二次汇改以来对欧元的汇率走势

资料来源：国家外汇管理局网站。

步入贬值通道。从 2009 年 4 月至 2009 年 11 月，人民币名义有效汇率贬值了 8.1%。2010 年以来，人民币名义有效汇率同样先升后贬，上半年累计升值 4.6%，下半年截至 11 月底却累计贬值 2.7%，其部分原因在于受 2010 年上半年欧元区国家的债务危机和欧元对美元的贬值的影响，而下半年欧元对美元却出现了较大幅度的升值。可见，有效汇率的不稳定成为了经济冲击的一个重要来源。

从实际有效汇率的角度来看，情况有所不同，由于要从名义有效汇率中剔除物价水平对汇率的影响，考虑到贸易双方的物价指数走势往往不一致，所以实际有效汇率和名义有效汇率走势也就可能会有差异。从图 2-4 中人民币的实际有效汇率走势看，与人民币的名义有效汇率的变动趋势基本保持一致。不过，根据国际清算银行公布的数据测算，从 2008 年 6 月至 2010 年 11 月，人民币实际有效汇率累计升值 7.7%，而同期人民币名义有效汇率累计升值 4.1%。实际有效汇率高于名义有效汇率的升值幅度，说明其他贸易伙伴国的总体物价水平上升要高于我国物价水平的上升。

目前，人民币汇率改革所采取的一篮子货币汇率制度其实质是一种名义汇率规则，该制度的政策目标就是为了保证某种形式的名义有效汇率的稳定。由于短期内名义汇率的波动要远远大于价格水平的波动幅度，稳定名义有效汇率也有利于稳定实际有效汇率，从而能够降低汇率变动对实体经济的冲击。为此，未来人民币汇率改革的方向之一

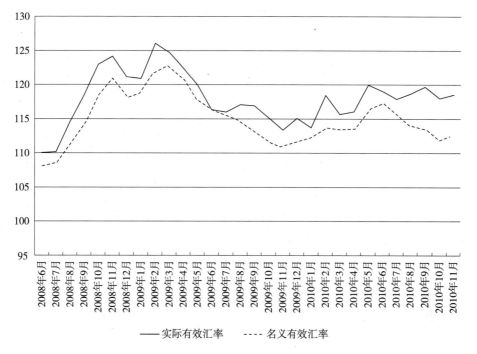

图2-4 人民币二次汇改以来有效汇率走势

资料来源：国际清算银行网站。

应在增强人民币汇率调节的灵活性基础上，可尝试定期公布人民币名义有效汇率，逐渐把有效汇率水平作为人民币汇率水平的参照系和调控的依据，维持人民币名义有效汇率的稳定。

四、国际社会关注人民币未来国际地位

不管是在美元居霸主地位的布雷顿森林体系下，还是在现行国际货币体系——牙买加体系下，美元始终是国际货币体系中的绝对强者。全球金融危机的爆发再次揭露了现行以美元为核心的国际货币体系的脆弱性，特别是在美元持续贬值引发国际汇率战后，国际金融货币体系改革的呼声愈加明显。为了制约美元霸权，多极化的国际货币体系是理想选择。随着中国经济的不断发展，国际社会对人民币的国际地位的关注度越来越高，人民币的国际地位正在不断提升。

1. 多极化的国际货币体系是制约美元霸权的理想选择

布雷顿森林国际货币体系崩溃之后，美元基本取代黄金而成为全世界最核心的储备货币，美国以美元负债的形式获取他国资源的同时，也将美元输往其他国家，形成全球储备体系的主体部分。一方面，美国依赖这种美元霸权掠取了大量财富。首先，美元作为国际货币为美国带来大量的铸币税收入。铸币税收入是主权国家政府拥有本国货币发行的特权而取得的收入，具有垄断性。凭借美元的国际通货地位，美国可以发行大量美元与其他国家进行贸易、投资、金融活动而不必担心其他国家对其行使要求权，这使国外美元储备激增，巨额外汇储备成为美国攫取铸币税的基础。据国际货币基金组织统计，全球共约 3750 亿美元在境外流通，这些美元每年为美国创造 GDP 约 0.2% 的收益。其次，美国通过美元的霸主地位攫取大量"国际通货膨胀税"。为了保持国际收支平衡，美国通过贸易赤字用美元交换商品，同时通过金融市场运用金融资产吸收国外美元为美国进行融资。融资的美元对美国而言是一种负债，国际本位币的地位却减轻了这一负债。通过美元贬值，一方面对外负债可以无条件减轻，还可以刺激出口减轻对外贸易逆差。另一方面，其他国家的外汇储备也相应缩水，使得美国从中获得更多国外债权缩水与本国债务减轻的好处，即所谓的"国际通货膨胀税"。最后，美国通过美元防止汇率风险、减少外汇储备。由于拥有了国际货币发行权，美国在进行对外贸易过程中运用美元进行结算与支付，这就避免了美元与其他货币兑换产生的汇率变动风险。同时，由于用本币进行贸易支付，与其他国家相比美国可以减持外汇储备并从中获得经济利益①。

另一方面，这种以美元为核心的国际货币体系问题重重。第一，引发全球通货膨胀不断。在美元本位制下，美国政府的信用扩张导致了强劲的经济增长，通过经常账户赤字给全球经济提供了动力。但是这种动力并没有为全球经济提供一种恒定的引擎。反而使全球陷入了经济周期的循环波动之中。在这一过程中，产业经济呈现了周期性的扩张，个人消费同样呈现周期性波动。由于美国政府为贸易赤字融资，增加了大量的流动性，致使各国政府为了维护固定汇率制度，同样增加了货币供应，从而使得通货膨胀成为"正常"现象。第二，美元本位制导致了全球经济资产价格泡沫。布雷顿森林体系崩溃之前，至少在名义上，纸币是可以兑换黄金的。但之后，美元成为世界最通用的储备货币。以美元为主的外汇交易数量的迅速增加，导致了流动资金在全世界泛滥，同样也在股市及房地产市场造成了资产价格的泡沫。对于其他国家而言，资产价格的膨胀会是在储备资产增加之后出现。② 最重要的是，美元霸权将货币风险不断集中，并最终以发源于美国的次贷危机扩散到影响世界经济的国际经济危机，将风险传导给世界经济的每一个参与者身上。

次贷危机引发的全球经济危机暴露了以美元为核心的国际货币体系长期存在的缺陷，并通过危机的不断蔓延和深化使之展现得更加具体和透彻。由于这些问题在很大程度上源于以美元为核心的国际货币体系，因此国际货币体系的改革势在必行。国际货币体系需要有合适的货币选择作为制约美元霸权的有效力量。尽管在欧元启动后，国际货

① 参见刘长花、孙健：《人民币国际化前瞻》，《经济师》2010 年 6 月。
② 参见姚军、孙会国：《略论美元本位制下的国际货币体系内在脆弱性》，《现代财经》2010 年第 1 期。

币体系已经演变成为一种由美元和欧元主导、日元作为小伙伴的不对称的三角国际货币格局。这种货币制度安排在一定程度上缓解了国际货币对美元的过度依赖、扩大了世界各国选择流通货币和储备货币的范围，能够一定程度上解决"特里芬两难"问题，但却很难解决牙买加体系存在的不稳定性问题，相反还可能引发两种货币汇价之间的大起大落，出现此消彼涨的"跷跷板效应"，造成国际金融市场的动荡。

相对于双寡头的国际货币体系而言，多极化的国际货币体系更有利于国际货币体系和国际金融形势的稳定。正如国际政治中多极化有利于世界稳定一样，国际货币体系的多极化也有利于国际货币体系的稳定，其稳定的根源在于多极化有利于促进国际货币的协调，同时分散资产风险。

多极化的国际货币体系的优点主要体现在：（1）它为世界各国从事国际经济交易提供了多种可供选择的清偿工具，避免了用一种货币充当国际货币而存在的"信心和清偿力之间的矛盾"（即特里芬两难），也避免了两极货币格局容易产生的"跷跷板效应"；（2）多极化的国际货币体系为各国的外汇储备提供了分散汇率风险的机制，相互成为其他货币波动的平衡力量；（3）多极化的国际货币之间相互制衡，既竞争又合作，有利于降低相互之间宏观经济政策的协调成本，也有利于维持国际金融市场的繁荣与稳定。

2. 制约美元霸权的下一个主角是人民币吗？

近六十余年以来，美元霸权在国际货币体系中面临的挑战相当有限。为数不多的挑战仅来自日元和欧元。日本经济战后异军突起，一举赶超众多欧洲国家，成为仅次于美国的世界第二大经济国和国际贸易大国。日元一度成为美元的对手，但随着 20 世纪 90 年代初泡沫破裂，日本经济出现大倒退，日本经济也泥足深陷，进入了长达十数年的经济衰退，至今仍看不到摆脱经济萧条的有效途径。因此，日元实际上很难成为制约美元霸权的主要力量。

1999 年 1 月 1 日，欧洲 11 国正式使用欧元，经过半个世纪的努力，著名经济学家罗伯特·蒙代尔教授的"最优货币区理论"得以实现，一时间，欧元备受世界瞩目。从经济总量看，欧盟东扩后增至 25 国后，人口增至 4.5 亿，国内生产总值占世界的30%，与美国相当。从人口数量看，欧盟比美国拥有更大的内需市场；从贸易情况看，欧盟贸易总额已超过美国。东扩使欧盟作为世界最大贸易集团的地位更加巩固。但由于欧盟并不是单一国家，虽然统一了货币，但统一不了财政，成员国不同政策需求等局限性都制约了其发展。此次金融危机中，欧盟抢先步入衰退，欧盟多个成员国深陷债务危机，因此实际上，欧元对美元的挑战相当有限。

与欧盟和日本经济疲软形成鲜明对比的是以中国、巴西、南非、印度等为代表的新兴市场经济体发展势头强劲。近年来，新兴市场对全球经济整体贡献份额不断提升，特别是中国经济的持续强劲增长越来越受到国际社会的关注。

2011 年 2 月 14 日，日本政府发布数据显示，2010 年日本名义 GDP 为 54742 亿美元，与中国 1 月份公布的 58786 亿美元少 4044 亿美元。经历了三十多年突飞猛进，中国正式取代日本成为世界第二大经济体。尽管在人均 GDP 等经济指标上，中国仍与西方发达国家有较大的差距，但中国经济的持续发展是有目共睹的。

随着中国经济的不断发展，中国在世界经济中的话语权也不断增强。2010 年 2 月 24 日，国际货币基金组织（IMF）总裁多米尼克·斯特劳斯—卡恩任命中国人民银行副行长朱民为其特别顾问。此举是继 2008 年世界银行行长佐利克任命林毅夫出任世行首席经济学家后，为中国经济增加国际话语权又添一笔。同年 10 月 23 日，二十国集团（G20）财长和央行行长会议在韩国庆州闭幕。各国就国际货币基金组织（IMF）的份额改革问题达成共识，会议商定将在 2012 年之前向包括新兴国家在内代表性不足的国家转移 6% 以上的份额，份额改革完成之后，中国 IMF 持有份额将从现在不足 4% 升至 6.19%，超越德国、法国和英国，仅位列美国和日本之后，从第六位升至第三位。IMF 确定成员份额的多少取决于其经济规模、经济开放度、波动性及外汇储备水平等因素，从而反映所谓的一个国家的"相对经济地位"。

在此背景下，国际社会普遍认为中国作为全球第二大经济体，中国的经济实力与人民币目前在国际上的地位极不相符，中国有能力也有实力推进人民币的国际化。全球金融危机后，美联储通过滥发美元在全球范围内分摊危机的成本，美元遭遇了前所未有的信任危机，且从中长期看，美元贬值将是一种常态。为防止美元危机扩散，各国政府正在积极谋求多元化的储备货币，而人民币正是可供选择的关键储备工具。另外，中国持有世界上最多的外汇储备，是美国的最大的债权国。中国作为美国的最大债权国，理应对以美元为中心的国际货币体系有更大的话语权，制约美国货币的发行，提高人民币的国际地位。国际社会密切关注人民币的国际化进程，寄望人民币成为制衡美元霸权的重要力量。

3. 人民币的国际地位正在稳步提升

随着中国经济的高速增长和中国政府在亚洲金融危机、世界汇率战等国际经济问题中表现出的高度责任感，人民币的国际化关注程度越来越高，人民币的国际地位正在稳步提升。由于在亚洲地区有较强的人民币贸易结算要求，2009 年 4 月 8 日，国务院决定在上海市和广东省广州、深圳、珠海、东莞四城市开展跨境贸易人民币结算试点，这为人民币进一步走出去创造了条件。央行 7 月 2 日公布了《跨境贸易人民币结算试点管理办法》，跨境贸易人民币结算试点开始正式启动。7 月 6 日交行、中行首笔跨境交易正式诞生，标志着跨境贸易人民币结算已正式进入实质运作阶段。人民币国际化的进程正在逐步有序推进。

人民币国际化是指人民币能够跨越国界，在境外流通，成为国际上普遍认可的计价、结算及储备货币的过程。人民币已实现了经常项目的完全可兑换。人民币有向世界部分国家和地区流通的趋势，在一些国家和地区已经享有"小美元"之称。比如，人民币已经成为老挝、柬埔寨和缅甸北部主要贸易货币，越南北部地区 90% 以上的边境贸易货物以人民币计价结算，人民币在韩国的兑换不受限制，已成为"准硬通货币"。

一些国家和地区的居民还把人民币作为一种储藏手段。据估计，目前新加坡稳定的人民币存量大约为 10 亿元，跨境流动规模约 50 亿元。[①] 人民币得到了周边地区的广泛认同与区域内的"良币"形象，特别是经济高速稳定增长支撑下的强势表现，更增强了人民币在区域内的信誉，也赢得了区域内市场的信赖和需要。

除了区域内市场以外，在世界经济危机爆发以后，人民币开始受到全球更大范围的关注和需求。经济危机爆发后，经济因素令美元和欧元各有问题，但人民币及相关资产则因有长远升值潜力，越来越受全球投资者甚至各国央行的欢迎，因此在人民币仍未撤销外汇管制，以及并未成为国际流通货币前，就先成为部分国家如尼日利亚及中东产油国的储备货币之一。近期美元、欧元大幅波动，产生了巨大的外汇风险，中东产油国以及俄罗斯都开始考虑在其外储中加入人民币，国际市场对人民币的关注大增。

2011 年 1 月 13 日，为配合跨境贸易人民币结算试点，便利境内机构以人民币开展境外直接投资，规范银行办理境外直接投资人民币结算业务，人民银行发布了《境外直接投资人民币结算试点管理办法》，跨境贸易人民币结算试点地区的银行和企业可开展境外直接投资人民币结算试点。通过允许境内企业使用人民币进行境外直接投资表明，中国朝着提高人民币国际地位的方向又迈进了一步。

另外，在香港，向国际投资者开放、以人民币计价的金融产品市场规模虽然不大，但正在迅速增长。2011 年 1 月 5 日，世界银行表示将于 1 月 14 日在香港发行人民币债券。随着这个世行发行的首只以人民币计价的债券，也是 2011 年首单人民币债券在港发行，人民币的国际地位再度提升。世界银行全球资本市场负责人 Doris Herrera-Po 表示："发行首只人民币债券，对世行来说，是一个里程碑意义的事件，也是支持人民币市场发展的标志。"[②]

随着中国经济持续增长，中国对世界的影响力还在不断加大，国际社会对中国的关注程度也越来越高。本次全球金融危机既极大地强化了人民币国际化的呼声与要求，也为推进人民币国际化提供了良好的时机。然而在短期内，美元作为全球关键储备货币的地位暂难撼动，人民币目前还不是国际完全流通与储备货币，在今后几十年里也难以取代美元成为主要国际货币，人民币的国际化进程是一个渐进的、长期的过程，中国必须立足国情，走人民币自由化、区域化、国际化之路。人民币真正承担起制约美元霸权的重任将是一个长期的过程。在此形势下，目前中国应积极参与国际经济金融新秩序建设，参与国际货币体系改革，稳步有序地推进人民币国际化，进一步提高人民币在国际货币体系中的地位与作用。

---

① 马荣华、饶晓辉（2007）通过基于扣除本地需求的方法，估计了 1995—2005 年人民币境外流通的数量，结果显示人民币持续和较大规模的境外流通开始于 1997 年，目前境外流通的人民币数量无论是从绝对数来看还是从相对数来看都具有一定的规模，境外流通绝对数从 1997 年的 19 亿元上升到了 2005 年的 311 亿元左右，其相对数也相应提高了 111 个百分点。

② 人民币国际地位再度提升，世行首发 5 亿元人民币债券。网址：http://news.163.com/11/0106/08/6PMVPNNV00014AEE.html。

第三章　峰回路转:
外资流向变化显示中国引力

2010 年，由于美国继续实施量化宽松货币政策导致全球流动性泛滥，国际"热钱"大规模流入中国，在一定程度上助推了中国的通货膨胀；国际国内环境变化也在一定程度上诱发了资本"曲线"外逃。同时，中国企业海外并购的步伐加快，吸收外资的规模继续扩大，金融危机以来一度出现的跨国公司撤资潮也开始逆转。中国市场对于世界仍然具有十分巨大的吸引力。

一、短期资本频繁跨境流动引发金融监管全面升级

2009 年年初，中国一度出现大规模的短期资本外流。虽然第二季度即触底回升，但到 2010 年又再次出现波动。作为国际短期资本的主要形式之一，"2009 年我国证券投资的净流入为 387 亿美元"，其中"境外对我国证券投资净流入达 288 亿美元，（较 2008 年）上升 1.91 倍"①。2009 国际短期资本的加速流入为 2010 年跨境资本流动的一波三折埋下了伏笔。

1. 下半年国际短期资本"由出转入"迹象明显

2010 年上半年，我国跨境资金流动波动性明显。其中，一季度证券投资净流入 22 亿美元，二季度净流出约 95 亿美元，截至上半年证券投资项目余额为净流出 73 亿美元，自 2009 年年初以来再次出现大规模的短期资本外流。进一步分析表明，"2010 年上半年我国对外股本证券投资净流出达 74 亿美元，同比增长 7.75 倍"②；境外对我国证券投资流入则出现逆差，2010 年上半年为净流出 0.5 亿美元。

2010 年下半年，国际短期资本重现回流态势，且流入步伐不断加快。据世界银行 2010 年 11 月发布的《中国经济季报》（第三季度）称，中国"三季度为避免人民币对美元更快升值而购买的外汇量再次提速，由于大量贸易顺差、净 FDI 提高以及金融资本

---

① 国家外汇管理局:《国际收支报告》，2009 年国家外汇管理局网站。
② 国家外汇管理局:《国际收支报告》，2010 年上半年，国家外汇管理局网站。

净流入，即使将约 800 亿美元的资产价格调整因素考虑在内，三季度的资金净流入依然达到 1140 亿美元"①。

出现上述情况的主要原因在于：第一，中国对外证券投资（主要是对外股本证券投资）规模迅速扩大。第二，2010 年 5、6 月份欧洲债务危机形势严峻，境外金融机构"去杠杆化"压力增加，纷纷撤资回防；国际外汇市场持续动荡，国际短期资金重新购入美元资产避险，对于人民币升值的预期降低。第三，2010 年年初以来股市惨淡，国家又在 4 月份出台了一系列房地产调控政策，使得国际短期资本对于中国市场的投资预期下降；8 月份以后，随着欧洲债务危机趋缓，中国资本市场的赢利空间重现，因此，国际投机资本选择重新流入。第四，2009 年下半年至 2010 年第一季度，受中美利差和汇差的双重收益诱导，企业的"负债外币化"倾向和"市场主体的境内外外汇融资延迟了直接购汇和对外付汇，加大我国外汇净流入压力"。然而"二季度，特别是 5 月份以来，随着欧洲主权债务危机的发展演变，国际经济环境不确定性上升，人民币升值预期减弱，同时境内外汇市场流动性趋紧，本外币利差缩小，境内机构'资产本币化、负债外币化'趋势得到一定遏制，贸易融资等渠道跨境套利资金净流入放缓，甚至出现反向平仓交易"②。

2. 应对国际短期资本流动外汇监管频出新招

早在 2010 年年初，国家外汇管理局就在部署 2010 年外汇检查工作会议中定下了 2010 年外汇检查工作的总体思路："密切跟踪国际国内经济金融形势变化，积极提升外汇检查手段，有序开展异常跨境资金流动专项检查和调查，加大对地下钱庄、网络炒汇等外汇违法违规行为的打击力度，不断提高外汇检查工作的预见性、针对性、灵活性和有效性"，"重点安排了打击违规资金流入专项检查工作。专项检查于上半年在 13 个外汇业务量较大的省（市）展开，检查对象主要是货物贸易、服务贸易、个人、外商直接投资、外债项下的国际收支交易以及跨境资金流入"③。

同时，为应对国际短期资本的波动性，外管局还在 2010 年发布了一系列政策法规来应对不断变化的形势，提出对跨境资本流动实行"均衡管理"。主要措施包括：第一，进口付汇核销制度改革；第二，压缩 2010 年度境内机构短期外债余额指标总规模；第三，规范通过境内银行进行的国际收支统计申报业务，确保国际收支统计申报相关信息及时、准确、完整；第四，规范个人外汇业务，如规范银行外币卡业务管理；第五，加强对银行结售汇综合头寸、短期外债的管理，强化银行在办理外汇业务时的真实性审核义务；第六，与住建部联合下发关于境外个人在境内限购一套住房的通知等（见表 3 - 1）。

---

① 世界银行：《中国经济季报（第三季）》，2010 年 11 月，国家外汇管理局网站。

② 国家外汇管理局：《国际收支报告》，2010 年上半年，国家外汇管理局网站。

③ 参见国家外汇管理局网站：http://www.safe.gov.cn/model _ safe/news/new _ detail.jsp? ID = 90000000000000000,780&id = 3&type = 1。

表 3-1　2010 年国家外汇管理局颁布的防范异常跨境资金流动的相关重要文件

颁布时间	执行时间	文号	名称	主要内容
2010 年 4 月 2 日	2010 年 5 月 1 日	汇发〔2010〕14 号	《国家外汇管理局关于实施进口付汇核销制度改革试点有关问题的通知》	利用"贸易收付汇核查系统"采集进口单位货物流与资金流的电子信息,以进口单位为主体进行非现场总量核查及监测预警,识别异常的资金流动和交易行为,同时结合现场监督核查情况对进口单位进行考核分类,实施分类管理
2010 月 4 月 21 日	2010 年 4 月 21 日	汇发〔2010〕18 号	《国家外汇管理局关于下发 2010 年度短期外债余额指标有关问题的通知》	适度压缩 2010 年度境内机构短期外债余额指标总规模,共核定境内机构短期外债余额指标 324 亿美元,在 2009 年指标规模基础上调减 1.5%
2010 年 5 月 25 日	2010 年 5 月 25 日	汇发〔2010〕22 号	《国家外汇管理局关于印发〈通过金融机构进行国际收支统计申报业务操作规程〉的通知》	第一,将境内居民通过境内银行与境内非居民间发生的收付款纳入涉外收付款的统计范畴。第二,将对私涉外收入申报限额由 2000 美元提高至 3000 美元。第三,明确机构涉外收入网上申报流程,便利申报主体及时申报。第四,调整境内银行涉外收付凭证的报送和留存要求。第五,对逾期未申报的申报主体实行"不申报、不解付"的特殊处理措施
2010 年 6 月 30 日	2010 年 9 月 1 日	汇发〔2010〕31 号	《国家外汇管理局关于境内银行境外直接投资外汇管理有关问题的通知》	第一,明确将具有法人资格的境内政策性银行、国有商业银行、股份制商业银行、中国邮政储蓄银行、外资法人银行、城市商业银行、农村商业银行、农村合作银行等境内银行纳入管理范畴。第二,取消境内银行境外直接投资项下购汇核准手续。第三,明确境内银行境外直接投资外汇登记、变更、注销及结汇核准等业务的办理程序。第四,规范境内银行境外直接投资前期费用汇出、利润汇回、减资、清算及转股等事项。第五,明确境内银行在《通知》发布前已从事的境外直接投资活动应履行的登记备案手续
2010 年 8 月 27 日	2010 年 10 月 1 日	汇发〔2010〕44 号	《国家外汇管理局关于在部分地区开展出口收入存放境外政策试点的通知》	自 2010 年 10 月 1 日起,在北京、广东(含深圳)、山东(含青岛)、江苏四个省(市)开展出口收入存放境外政策试点(以下简称试点),试点期限为一年。试点的主要政策内容包括:第一,外汇局在严格审核企业资质的基础上,核准境内企业在境外开户,该境外账户用于存放境内企业具有真实、合法交易背景的出口收入,并用于货物贸易和部分服务贸易对外支付,以及经外汇局核准或登记的资本项目对外支付。第二,外汇局对境内企业存放境外资金总量实行规模管理。第三,简化进出口核销、联网核查等业务操作,实行企业和银行事后报告制度。第四,外汇局对境内企业境外账户收支实施非现场监测,对异常情况实施现场核查

续表

颁布时间	执行时间	文号	名称	主要内容
2010年10月11日	2010年11月1日	汇发〔2010〕53号	《国家外汇管理局关于规范银行外币卡管理的通知》	《通知》将原有4个有关银行外币卡的外汇管理法规整合为1个，并明确了银行卡外汇业务管理的基本原则：第一，坚持经常项目可兑换，居民和非居民持银行卡可以用于跨境的旅游、服务等消费项目。第二，境内银行卡境外使用应遵守商户类别码管理，境外提现应限制在规定的金额内，并由发卡金融机构或负责信息转接的银行卡组织落实。第三，保证银行卡交易记录可查，有效监测、跟踪异常交易，及时查处有关违法违规行为。根据近年工作实践，《通知》对境外卡在境内通过自动柜员机提取人民币现钞调整了限额管理要求，即：每笔不得超过3000元人民币
2010年10月20日	2010年10月27日	汇发〔2010〕57号	《国家外汇管理局关于实施进口付汇核销制度改革有关问题的通知》	第一，企业的正常业务无须再办理现场核销手续，贸易项下对外支付得到极大便利。第二，取消银行为企业办理进口付汇业务的联网核查手续。第三，外汇局对企业实行名录管理，进口付汇名录信息在全国范围内实现共享，企业异地付汇无须再到外汇局办理事前备案手续。第四，利用"贸易收付汇核查系统"，以企业为主体进行非现场核查和监测预警，对异常交易主体进行现场核查，确定企业分类考核等级，实施分类管理
2010年11月9日	2010年11月9日	汇发〔2010〕59号	《国家外汇管理局关于加强外汇业务管理有关问题的通知》	第一，完善银行结售汇综合头寸管理，增加对银行按收付实现制计算的头寸余额实行下限管理。第二，调整出口收结汇联网核查管理政策，下调出口收结汇联网核查来料加工收汇比例，严格办理待核查账户资金结汇或划转手续。第三，严格金融机构短期外债指标和对外担保余额管理，严格控制银行超指标经营行为。第四，加强外商投资企业境外出资管理，进一步明确实际缴款人与境外投资者不一致情况下的审核要求。第五，加强境外上市募集资金调回结汇的真实性审核，严格支付结汇要求。第六，规范境内机构和个人设立境外特殊目的公司的管理，并依法对违规企业和个人进行处罚。第七，加大对违规银行的处罚力度
2010年11月4日	2010年11月4日	建房〔2010〕186号	《关于进一步规范境外机构和个人购房管理的通知》	通知规定，境外个人在境内只能购买 套用于自住的住房，在境内设立分支、代表机构的境外机构只能在注册城市购买办公所需的非住宅房屋

资料来源：根据有关法律法规整理。

3. 2011年国际短期资本流入趋势未变

从以上分析可以看出，2010年国际短期资本流入并未出现逆转，个别月份的国际短期资本流出只是暂时性现象，因而 2010 年下半年出现了明显的"由出转入"态势。从发展趋势来看，虽然世界经济增长仍存在许多不确定因素，但人民币升值预期的强化、本外币正向利差等市场条件依然存在。因此，大部分专业人士认为，国际短期资本流入我国证券市场的总体态势不会改变。主要原因如下。

第一，从国际环境来看，根据联合国贸易和发展会议（UNCATD）2010 年 6 月份发布的《2010 年世界投资报告》，"2010 年全球流入量将达到 1.2 万亿美元以上"，较 2009 年上升 7.72%，"2011 年进一步升至 1.3 万亿—1.5 万亿美元，2012 年将向 1.6 万亿—2 万亿美元挺进"。可见，接踵而至的欧洲债务危机和爱尔兰危机并未阻滞全球经济复苏的步伐。2011 年全球经济仍将在震荡中上行。

第二，从国内环境来看，首先，中国经济基本面良好，整体经济处于上行通道。根据 IMF 在 2010 年 7 月发布的《IMF 与中国 2010 年第四条磋商工作报告》[1]，中国经济虽然受到了全球金融危机的打击，但政策反应及时、坚决而且有效。预计中国在 2010 年的 GDP 增长将达到 10.5%，2011 年由于财政和货币政策的刺激效应强度减弱，GDP 增长稳步放缓至 9.6%。其次，2010 年 6 月 19 日中国人民银行宣布，"进一步推进人民币汇率形成机制改革，增强人民币汇率弹性"。汇制改革将重燃市场对人民币升值的预期。最后，本外币正向利差等市场条件和预期依然存在。发达经济体很有可能在相当长的时间内维持现有的低利率。

第三，从历史经验来看，美国次贷危机爆发后，中国短期国际资本流出持续了两个季度，即 2008 年第四季度和 2009 年第一季度。因此，这次欧洲主权债务危机爆发以后，国际短期资本流动出现波动很正常。

第四，从未来趋势来看，许多专家指出，2010 年 5、6 月份的短期资本流出很可能只是暂时性，而非趋势性逆转。

第五，2010 年 12 月 7 日中国社科院发布的《经济蓝皮书：2011 年中国经济形势分析与预测》也证实了上述观点。该书预测，中国资本市场发展的前景仍然乐观，因为"中小板市场的有利因素长期存在，未来该市场仍然会有大量投资机会。'十二五'规划纲要将在 2010 年年底前出台，其中，将明确中国未来五年的总思路、总政策和发展目标，对 10 大产业振兴规划、7 大战略性新兴产业发展等做出具体安排，这些都将为中国资本市场的进一步发展创造良好的实体经济基础，都将以'利好'方式刺激和推动中国资本市场长期快速健康发展。"[2]

---

① IMF(2010)，*People's Republic of China: 2010 Article IV Consultation-Staff Report; Staff Statement; Public Information Notice on the Executive Board Discussion*, July.

② 王茜、徐付同：《社科院蓝皮书称中国资本市场前景乐观》，2010 年 12 月 7 日，新华网。

二、美国量化宽松货币政策助推"热钱"涌入中国

"热钱"是一种投机性的短期资本。因其以追求高额回报为目的，具有规模大、敏感性强、流动性高等特点，在实际监控中存在一定困难，因此，目前对于热钱规模的测算并无统一方法，也无官方数字。根据世界银行2010年12月发布的《全球发展中国家金融年鉴2011：发展中国家的外债》（GDF）报告，全球证券投资从2008年的净流出530亿美元急剧增长至2009年的净流入1080亿美元，大部分资本流向了最大的几个新兴市场，巴西与中国成为资本流入的首要目的地。①

1. "热钱"涌入，房地产市场首当其冲

第一，"热钱"流入规模高达千亿。据专业人士测算，"2005—2009年通过转移定价等方式隐藏在贸易渠道中流入中国的热钱规模分别达434亿、1150亿、2011亿、1922亿、322亿美元，从而热钱流入总规模分别达1084亿、2236亿、2558亿、3768亿、1120亿美元。预计2010年热钱流入量将达2365亿美元，在2009年的基础上增长111%，但总体上属于温和式流入，总额与2006、2007年持平"②。

但是，也有一些学者通过对我国国际收支和我国海外证券和信贷资产规模的分析，得出"总体上或者说从净额上看，我国经济中几乎不存在热钱问题"的结论，"这并不是说没有一分钱热钱流入，而是说即使有热钱流入，它们也在当年被流出的资金所抵消了"③。

第二，"热钱"流入渠道隐蔽形式多样。根据外汇局自2010年2月份开始开展的应对和打击"热钱"专项行动的盘查结果来看，"我国跨境资金流动大部分是合法合规的，但也不排除部分违法套利的资金混入"，"目前，违规流入的'热钱'多采取蚂蚁搬家方式"，如通过加工和转口贸易、外资、服务贸易和个人渠道，尚未发现境外大型金融机构持大规模"热钱"违规进入境内。④ 可以判断，目前"热钱"流入我国境内主要采取以下几种主要途径，这也是国际上"热钱"流动的几种主要方法。

一是经常项下的进出口贸易和服务贸易渠道。一方面通过加工贸易和转口贸易中的出口商高开发票、进口商低开发票转移定价和预收、延付及虚假贸易等手法让"热钱"伪装入境。另一方面凭借服务贸易特殊的定价方式让"热钱"伪装入境。

---

① World Bank(2010), *Global Development Finance* 2011, *External Debt of Developing Countries*, World Bank.

② 林松立：《我国历年热钱规模的测算及10年预测》，《国信证券宏观经济深度报告》2010年4月2日。

③ 贺力平：《目前中国的热钱规模究竟有多大》，《中国外汇》2010年第4期。

④ 参见国家外汇管理局：《国际收支报告》2010年上半年。

二是地下钱庄渠道。"2002 年以来，公安部经济犯罪侦查局先后组织开展 10 多次专项打击行动，截至目前（2010 年 11 月），共破获重大案件 100 多起，打掉地下钱庄窝点 500 多个，涉案金额 2000 多亿元。"① 可见，地下钱庄已成为"热钱"流入的一条重要渠道。

三是外商直接投资渠道。一方面，一些境内企业或个人通过在离岸金融中心设立 SPV 特殊目的公司，以境内资产在境外抵押融资，再返回境内进行"返程投资"。另一方面，利用外商直接投资注册资本不足投资总额的部分可以用外债补足的规定，借用外债实行"投注差"管理。

四是香港渠道。"香港金管局发言人透露，2010 年香港 80 亿元人民币兑换限额到 9 月底时还剩余一半，但在 10 月下旬就被用尽。也就是说，一个月之内就用掉了 40 亿元人民币兑换额度。有关部门统计，目前有大约 6500 亿港元的热钱囤积香港伺机进入内地，而那些换成人民币的资金去向就更加明确了。"②

五是个人渠道。主要是海外侨胞通过各种形式投资于国内股市、楼市的资金。

第三，"热钱"流入主要受利差和汇率影响。利差是吸引"热钱"流入的重要敏感性指标之一。2010 年 10 月 19 日，中国人民银行宣布自 10 月 20 日起上调金融机构人民币存贷款基准利率。这是央行自 2008 年 12 月以来的首次加息，也由此引发了我国即将进入加息通道的预期。而美国自次贷危机以来就进入了降息通道，并承诺将长期保持美联储基准利率在 0—0.25% 之间这一历史低位。中美利差的倒挂给"热钱"这种逐利资本带来了涌入的动力。

同时，人民币升值预期不断升温也是刺激"热钱"流入的一个重要因素。2010 年 6 月央行宣布"二次汇改"后，人民币汇率显得更富有弹性，人民币兑美元汇率呈现出双向波动，但还是在波动中呈现震荡上扬走势。2010 年 9 月，人民币兑美元中间价连续 8 个交易日创 2005 年"汇改"以来新高。有观点认为，从历史数据来看，"热钱"流入的真正动力就是追逐预期人民币升值带来的高额回报③。

第四，"热钱"流入助推房地产价格上涨。2010 年年初以来，为封堵投资投机性资金涌入房地产市场，中央连续出台了一系列遏制房价过快上涨的调控措施，对购房者实行了严格的差别化住房信贷政策。部分住房价格过高、上涨过快、供应紧张的地区，还实行了对多套住房的限购。然而，政策调控却并未取得预期效果，其中，"热钱"的大规模涌入在一定程度上起到了推波助澜的作用。这些资金通过贸易、外商投资、集团公司内部关联企业套汇运作等方式流入，对于中国房地产泡沫的形成起到了助长作用。来自国家统计局的数据表明，"今年前 11 个月，房地产开发企业本年资金来源中，国内贷款 11245 亿元，增长 25.0%，利用外资 656 亿元，增长 59.0%。保守估计，今年流

---

① 参见人民网：http://politics.people.com.cn/GB/1027/13279894.html。

② 方家喜：《数千亿囤港热钱涌入内地投机炒作楼市股市》，《经济参考报》2010 年 11 月 24 日。

③ See Anthony Chan(2010), "China Free to Tighten Policy as Hot Money Inflows Stay Cool", *Economics*, January 22.

入我国房地产领域的境外资本将达1200亿元，今年将站在2004年、2007年外资涌入楼市的两个高峰后的新高峰上"、"我国房地产企业利用外资可能不仅仅局限于统计上的利用外资，从销售渠道这块热钱的进入是不知道的"、"国家发改委最新发布报告明确指出，流入的外资中既有通过外商直接投资设立，增资房地产企业，境内房地产企业境外融资，外资私募股权投资基金等合法途径进入中国房地产市场，也有部分通过各种隐蔽渠道以热钱的形式潜入。"① 为了控制境外热钱流入房地产市场，2010年11月4日，住建部和国家外汇管理局联合下发《关于进一步规范境外机构和个人购房的通知》，规定境外个人在境内只能购买一套用于自住的住房，在境内设立分支、代表机构的境外机构只能在注册城市购买办公所需的非住宅房屋。

2010年"热钱"流入的另一个显著特点在于炒作对象进一步扩大，除了对房地产投资的兴趣不减，农产品、中药、金银、邮票、艺术品、收藏品市场皆成了"热钱"囤积的阵地。例如，农产品价格的疯涨就是2010年"热钱"投机炒作的主要代表作。从"蒜你狠"到"豆你玩"再到"姜你军"，农产品价格一路上涨，成为投机资本热炒的对象。"据新华社全国农副产品和农资价格行情系统监测，7月14日—8月15日，全国生姜价格连涨33天，至每斤6.57元，累计涨幅达18.2%。从省区市来看，近五成省区市的涨幅超过20%，其中上海、天津、江苏涨幅居前，分别为34.3%、32.7%、31.4%。"② 农产品价格在下半年迅速上涨，这也正与我国短期资本流入的形势相吻合。

大事记3-1　2010年中国房地产调控政策大事记

时间	政策名称	主要政策内容
2010年1月10日	国务院办公厅《关于促进房地产市场平稳健康发展的通知》（"国十一条"）	要求进一步加强和改善房地产市场调控，稳定市场预期，促进房地产市场平稳健康发展。主要内容包括：第一，增加保障性住房和普通商品住房有效供给；第二，合理引导住房消费抑制投资投机性购房需求；第三，加强风险防范和市场监管；第四，加快推进保障性安居工程建设；第五，落实地方各级人民政府责任
2010年3月10日	国土部《关于加强房地产用地供应和监管有关问题的通知》	要求依法加强监管，切实落实房地产土地管理的各项规定，增强土地政策参与房地产市场宏观调控的针对性和灵活性，增加保障性为重点的住房建设用地有效供应，提高土地供应和开发利用效率，促进地产市场健康平稳有序运行。主要内容包括：第一，加快住房建设用地供应计划编制；第二，促进住房建设用地有效供应；第三，切实加强房地产用地监管；第四，建立健全信息公开制度；第五，开展房地产用地突出问题专项检查
2010年3月18日	国资委：要求不以房地产为主业的央企退出房地产业务	按照国资委要求，除已确定的16家以房地产为主业的央企外，78家不以房地产为主业的央企加快调整重组，在完成自有土地开发和已实施项目后要退出房地产业务

---

① 新华社：《1200亿！外资加速涌进中国房地产市场》，《深圳商报》2010年12月28日。

② 参见新浪网：http://finance.sina.com.cn/roll/20100819/08268509941.shtml。

时间	政策名称	主要政策内容
2010 年 4 月 17 日	国务院《关于坚决遏制部分城市房价过快上涨的通知》（"新国十条"）	实行更为严格的差别化住房信贷政策。对购买首套自住房且套型建筑面积在 90 平方米以上的家庭，贷款首付款比例不得低于 30%；对贷款购买第二套住房的家庭，贷款首付款比例不得低于 50%，贷款利率不得低于基准利率的 1.1 倍；对贷款购买第三套及以上住房的，贷款首付款比例和贷款利率应大幅度提高。严格限制各种名目的炒房和投机性购房。商品住房价格过高、上涨过快、供应紧张的地区，商业银行可根据风险状况，暂停发放购买第三套及以上住房贷款；对不能提供 1 年以上当地纳税证明或社会保险缴纳证明的非本地居民暂停发放购买住房贷款
2010 年 5 月 4 日	住建部、民政部、财政部联合下发《关于加强廉租住房管理有关问题的通知》	各地区要通过新建、改建、购置、租赁等方式多渠道筹集廉租住房房源
2010 年 6 月 4 日	住建部《关于规范商业性个人住房贷款中第二套住房认定标准的通知》	规定商业性个人住房贷款中居民家庭住房套数，应依据拟购房家庭（包括借款人、配偶及未成年子女）成员名下实际拥有的成套住房数量进行认定
2010 年 9 月 27 日	国土部和住建部联合下发《关于进一步加强房地产用地和建设管理调控的通知》	土地闲置一年以上竞买人及其控股股东将被禁止拿地
2010 年 9 月 29 日	对国务院《关于坚决遏制部分城市房价过快上涨的通知》的贯彻	要求在房价过高、上涨过快、供应紧张的城市，在一定时间内限定居民家庭购房套数，完善差别化的住房信贷政策，对贷款购买商品住房，首付款比例调整到 30% 及以上；各商业银行暂停发放居民家庭购买第三套及以上住房贷款，要加强对消费性贷款的管理，禁止用于购买住房；切实增加住房有效供给
2010 年 11 月 3 日	住建部、财政部、中国人民银行、银监会联合印发《关于规范住房公积金个人住房贷款政策有关问题的通知》	第二套住房公积金个人住房贷款利率不得低于同期首套住房公积金个人住房贷款利率的 1.1 倍，首付款比例不得低于 50%，严禁使用住房公积金个人住房贷款进行投机性购房，并停止向购买第三套及以上住房的缴存职工家庭发放住房公积金个人住房贷款
2010 年 11 月 4 日	住建部和国家外汇管理局联合下发《关于进一步规范境外机构和个人购房的通知》	境外个人在境内只能购买一套用于自住的住房，在境内设立分支、代表机构的境外机构只能在注册城市购买办公所需的非住宅房屋
2010 年 12 月 2 日	住建部下发《关于报送城镇保障性安居工程任务的通知》	2011 年，全国保障性安居工程住房建设规模将达 1000 万套

资料来源：根据有关法律法规整理。

2. 美国量化宽松货币政策加速全球流动性释放

2010 年"热钱"流入我国还有着特殊的国际国内背景。一方面，2008 年年末以来，为应对金融危机，提振疲软的经济，美国先后推出了两轮量化宽松货币政策（见表3－2），全球流动性随之释放，资本急剧涌向以新兴经济体为代表的国家。根据世界银行《全球发展中国家金融年鉴 2011：发展中国家的外债》显示，2009 年，东亚和太平洋地区资本净流入为 1910 亿美元，较 2008 年上涨了 4%；南亚地区净资本流入增长迅速，较上年增长了 26%，为 780 亿美元；中东和北非在 2009 年的净资本流入增长速度在所有地区中是最快的，达到 33%。另据统计，"2010 年第三季度，共计 115 亿美元外资流向印度、印度尼西亚、韩国、菲律宾、中国台湾、泰国和越南等地的股市，是 2010 年二季度创下 20 亿美元净流入的 5 倍还多。这促使今年三季度以上市场的股指上行了 8%—23%。同时，年初迄今，外资对以上亚洲经济体债券市场的投资约达 86 亿美元，高达去年同期 9400 万美元的 90 倍①。如果用 M_2 作为衡量基础货币和流动性的指标，"在 2000 年，发达国家 M_2 是 4.5 万亿美元，2008 年升至 9 万亿美元。'金融危机发生曾导致 M_2 数字下跌，但随着各地实施宽松的货币政策，发达国家 M_2 已升至 10 万亿美元。也就是说，在今天这个情况下，全球的流动性甚至超过危机之前的水平'。"②

表 3－2　美国联邦储备委员会两轮量化宽松货币政策概览

日期	主要政策内容	备注
2008 年 11 月 25 日	美联储宣布，将购买政府支持企业（简称 GSE）房利美、房地美、联邦住房贷款银行与房地产有关的直接债务，还将购买由两房、联邦政府国民抵押贷款协会（Ginnie Mae）所担保的抵押贷款支持证券（MBS）。美联储首次公布将购买机构债和 MBS	美联储第一轮定量宽松货币政策
2009 年 3 月 18 日	美联储宣布，将维持联邦基金利率于 0—0.25% 的目标区间；通过最高再购买 7500 亿美元的机构抵押贷款支持证券和最高再购买 1000 亿美元的机构债来扩张联储资产负债表的规模，前一种证券 2009 年的采购额最高将因此增至 1.25 万亿美元，后者最高将增至 2000 亿美元	
2009 年 11 月 4 日	美联储宣布，决定总计购买 1.25 万亿美元的机构抵押贷款支持证券和价值约 1750 亿美元的机构债，低于早先公布的 2000 亿美元计划	
2010 年 11 月 3 日	美联储宣布到 2011 年 6 月底以前购买 6000 亿美元的美国长期国债，每月购买规模约为 750 亿美元，以进一步刺激美国经济复苏。联邦公开市场委员会继续将联邦基金利率维持在零至 0.25% 的水平不变	美联储第二轮定量宽松货币政策

资料来源：根据美国公布的有关政策整理。

---

① 关家明：《亚洲正迎来新一轮资本流入》，《第一财经日报》2010 年 10 月 19 日。

② 刘振冬：《美联储暗示宽松回归流动性泛滥"撑杀"全球市场》，《经济参考报》2010 年 10 月 22 日。

有部分人士提出了国内信贷"热钱化"的观点。他们认为，我国的"热钱"有相当一部分源于本土。"我国经过改革开放 30 年的发展和积累，国内已经形成了相当规模的食利资本。它们主要来自证券市场、贸易市场的暴利，也有一部分是由形成规模的产业资本转型而来，主要从事套利活动。"① 我国并不存在典型的大规模的"跨境热钱"。

3. "热钱"助推通货膨胀引发社会广泛关注

2010 年 7 月以后，逐月走高的通货膨胀引起了社会各界的广泛关注。大部分专业人士认为，美国量化宽松货币政策是导致输入型通货膨胀的主要因素。也有学者认为，国内信贷"热钱化"助推了输入型通货膨胀的效果。

一方面，来自麦格理（Macquarie）的数据显示，2010 年中国 M_2 与国内生产总值（GDP）的比率将突破 180%，甚至高于 2007 年的 152%。这是因为 2008 年以来 4 万亿投资对经济增长的刺激，在一定程度上助长了国内信贷"热钱化"。2008 年 4 万亿刺激政策出台后我国出现了前所未有的"天量信贷"，其中部分资金并未进入实体经济，而是进入股市、楼市，甚至滞留在银行信贷系统进行循环。"即使今年央行适当收紧了货币政策，但信贷相比于金融危机之前的年度仍然是非常可观，1—10 月累计新增人民币贷款达 6.88 万亿元；如果将时间拉长，观察从 2008 年 11 月至 2010 年 10 月的两年时间里，新增信贷规模则达到了 17.7 万亿。"②

事实证明，在美国两轮量化宽松货币政策和国内信贷"热钱化"的双重夹击下，2010 年 7 月以后中国国内通货膨胀正在不断走高。居民消费价格（CPI）水平涨幅持续扩大，不断超出预期，10 月份同比上涨 4.4%，创下近两年来新高。

另一方面，针对美国两轮量化宽松货币政策所引致的"热钱"流入现象，中国人民银行行长周小川表示"美联储的债券购买计划正在引起新兴市场的动荡，包括中国市场，中国将采用管理手段阻击热钱流入"，他还提出了一个"池子理论"，即针对入境的热钱，中国可采取总量对冲的措施。也就是说，短期投机性资金如果流入，通过这一措施把它放在一个池子里，并通过对冲不让它泛滥到中国的实体经济中去，"等它需要撤退时，将它从池子里放出去，让它走"。从而很大程度上减少资本异常流动对中国经济的冲击。央行副行长马德伦对"池子"做出了进一步解释，他认为，这个"池子"是个政策的组合，包括存款准备金率的调整、对外汇结汇的管理、公开市场操作等调控工具。持类似观点的还有中国社会科学院的有关专家。在中国社会科学院发布的研究报告中提出，"维持原有的投资结构不变，在中国发展一个规模较大的欧洲美元债市场，是吸收不断涌入的境外热钱有效方式。这个'热钱池'以美元计价的固定收益产品为主，包括美元计价的外国政府债券、美元计价的外国公司票据、中国公司发行的以美元

① 吴水平、杨琦：《热钱的"土"、"洋"之别》，《中国外汇》2010 年第 16 期。
② 陈和午：《海内外热钱的社会涌动》，《南风窗》2010 年第 25 期。

计价的票据"①。

IMF 和世界银行等多方机构和学者则给出了人民币升值或更富有弹性的汇率制的建议。市场普遍认为人民币币值目前被低估，如果这种预期长期不能打破，必然会吸引"热钱"不断流入以赚取汇差。富有弹性的人民币汇率制度还有助于打破人民币升值的单边预期，从而打乱"热钱"的投机脚步。IMF 认为，以货币升值来应对资金流入更有益于货币政策的正常化，同时能有效管理资本流入带来的波动性。

太平洋投资管理公司的战略分析师 Tony Crescenzi 则认为，"资金将流入收益机会最好的市场，因此这些国家控制资金流入的范围是有限的，除非通过金融资产，即使是这样，也取决于他们能控制多少金融资产"②。因此，部分专家认为，应当引导热钱进入实体经济。可采取政策引导所谓的"热钱"服务于我国实体经济的发展，转化为长期直接投资，辅助我国产业结构的升级和技术的创新。另有部分人士则提出我国进一步推进资本项目的改革，逐步、有序推进资本项目的可兑换，完善 QDII 外汇管理法规和政策，为国内居民提供更多的投资渠道，鼓励国内资本走出去，缓解我国外汇储备快速增长的压力。

三、国际国内环境变化诱发部分资本"曲线"外逃

对于资本外逃规模的测算一直是理论界的难点。目前，国内外对于资本外逃的估算方法主要有五种：遗漏与误差法、卡廷顿法、世界银行法、摩根法和克莱因法，前两种属于直接法，后三种属于间接法。但是，由于资本外逃在表面上都具有合法的形式，资金转移的违规性和隐蔽性都很强，因此及时发现和监管的难度很大。

1. 环境变化导致资本外逃压力再现，风险陡增

历史经验表明，国际国内环境变化与中国资本外逃的规模之间存在着十分紧密的联系。"在 1992 年以前，由于我国对外开放程度不高，资本外逃规模不大。从 1992 年至 1996 年，随着我国对外开放程度的加大，资本外逃每年约有 200 亿美元左右。从 1997 年至 2000 年，受亚洲金融危机的影响，我国资本外逃规模激增，于 1998 年达到 656.1 亿美元的峰值，在 1999 年、2000 年维持在 300 亿美元左右。从 2001 年至 2004 年，由于人民币升值的预期导致大量热钱流入，我国的资本外逃开始大幅度下降，2004 年降至 -491.5 亿美元。2005 年由于现实中人民币升值幅度有限且预期未来急剧升值的减少，以及国外加息大大提高了热钱的资金成本等因素的作用，我国资本外逃额又迅速增

---

① 参见财经网：http://www.caijing.com.cn/2010/11/16/110568523.html。

② Tony Richardson(2010)，"Fighting Fire with Fire: ' Hot Money' U. S. Dollars Reorient a Red Hot Chinese Economy"，*Richardson Heritage Group, Inc*，November 14.

长至 261.5 亿美元。"①

2010 年，由于受到年初希腊债务危机和年末爱尔兰危机的影响，整个国际环境动荡不安，充满了变数；国内房地产调控效果又不明显，人民币升值压力和通货膨胀压力等环境的变化使得部分资金"曲线"外逃，这一情况在 5、6 月份特别明显。从整个年度的情况来看，资本外逃的压力已经重新出现，需要提前防范资本外逃的风险。

2. 资本"曲线"外逃的主要方式和途径

资本外逃具有显著的违规性和隐蔽性，其目的主要在于逃避外汇管制、规避国内政治和经济风险、逃避税收征管、洗钱和转移资产等。从我国的实际情况看，资本外逃的主要原因包括：转移非法所得、实现化公为私、逃避管制、趋利避险、转移个人财产。目前，国内出现的资本外逃主要采取以下几种方式：

第一，以"价格转移"等方式通过贸易渠道进行资本外逃。如高报进口骗汇，低报出口逃汇，或通过假造贸易单证骗汇，将外汇截留境外等。

第二，以"假外资"等方式通过非贸易渠道进行资本外逃。在资本外逃中，有一部分外逃资本是为了享受离岸金融中心的税收优惠，被称为"过渡性"资本外逃。此外，非贸易渠道的资本外逃还包括直接携带现金出境、走私文物和珍贵物品等。

第三，通过"地下钱庄"或"手机银行"渠道。据统计，国内每年通过地下钱庄洗出去的黑钱至少高达 2000 亿元人民币，而这仅是粗略的统计结果，更多的资金流出无法记录在案，因此实际数字可能更为惊人。②

第四，其他渠道。如通过超额度携钞出境、旅行支票或外币信用卡转移资本等。此外，金融机构内部的违规操作也为资本外逃提供了方便。

3. 跨境反腐成为预防资本外逃的新战场

有迹象表明，近年来个人财产转移有逐步扩大趋势，已经成为资本外逃的一条新途径。除部分官员和商人通过"地下钱庄"、"手机银行"等方式转移个人资产外，投资移民正在成为资本外逃的又一形式。特别是，在经济体制改革的过程中，部分商人利用国有企业改制、事业单位改制的机会以极低价格获得企业资产，为避免被查究的风险纷纷投资海外，形成资本外逃。由于社会关系盘根错节，这部分外资有些会通过合法途径回流国内成为"返程投资"，有些则一去不复返，造成国有资产流失。

根据《瞭望》新闻周刊 2010 年在北京、江苏、广州等地的采访发现，"中国内地居民投资移民人数近年来持续增加，特别在美国、加拿大、澳大利亚等地，来自中国的

---

① 汤凌霄、樊小峰：《我国资本外逃的规模测算及动因分析》，《湘潭大学学报（哲学社会科学版）》2007 年 11 月第 31 卷第 6 期。

② 参见汤凌霄、樊小峰：《我国资本外逃的规模测算及动因分析》，《湘潭大学学报（哲学社会科学版）》2007 年 11 月第 31 卷第 6 期。

移民比重迅速扩大，有的占七成以上。伴随这股移民潮，一些官员与商人非法转移资产出境并外逃不归现象，引人注目。"[1] 采访指出，"裸官"与"裸商"实施资本外逃的主要方式包括：直接转移出境、洗钱出境、隐秘"截流"、虚假投资等，通过这种方式"漂白"的资产有些还会回流国内。因此，跨境反腐将成为预防资本外逃的新战场。

四、中国企业跨国并购的扩展及其前景

在经济全球化迅猛发展的背景下，世界各国都无法置身金融危机之外，中国更不例外。然而，尽管受金融危机的影响，但由于中国经济基本面比较好，加上及时有效的对策措施，中国经济不但率先走出危机阴影，而且对外投资，跨国经营亦基本保持稳步发展的势头。据统计，2010 年我国境内投资者共对全球 129 个国家和地区的 3125 家境外企业进行了直接投资，累计实现非金融类对外直接投资 590 亿美元，同比增长 36.3%。[2] 其中尤以跨国并购最为醒目。根据摩根大通的一项统计，在 2010 年上半年，中国作为收购方的并购交易额排在美国之后，居全球第二位。

1. 后危机时代中国企业跨国并购的发展态势

第一，海外并购交易呈迅猛增长之势（见表 3 - 3）。自 2008 年金融危机爆发以来，在世界经济发展环境发生重大变化，以及中国经济率先走出阴影重入增长轨道的大背景下，中国企业跨国投资，特别是海外并购的浪潮势头迅猛，其增速、规模和影响都达到了空前的程度。首先，并购区位不断扩大，并购活动已从发展中国家和地区延伸到发达国家和地区。其次，并购总额持续上升，增速加快，根据清科数据中心的统计，从 2009 年第二季度起，中国企业海外并购已在交易数量和金额上全面超越外资并购，成为跨国并购的主流，仅 2010 年前 11 个月，中国企业海外并购案例数就多达 55 起。最后，单宗并购交易规模不断增大，2008 年有四起并购超过 10 亿美元，而 2009 年年初的几桩交易金额就已超过 100 亿美元，另据汤森路透数据显示，2010 年前 11 个月，中国企业跨境海外并购比去年同期增长 32%，出境并购金额高达 473 亿美元。[3]

---

① 邓华宁等：《部分官员非法转移资产出境裸官出逃成反腐重心》，《瞭望》新闻周刊，转引自 2011 年 1 月 4 日人民网。

② 参见国家商务部合作司，http://www.fdi.gov.cn/pub/FDI/wztj/jwtztj/t20110120_ 130285.htm。

③ 参见邢梅、孙韶华：《买方中国扬帆出海冲浪全球资本》，《经济参考报》2010 年 12 月 31 日。

表 3-3　2010 年中国公司海外并购主要案例

时间	内容
2 月 4 日	中国投资有限责任公司以 9.56 亿美元收购英国 A paxPartners LLP 2.3% 股权
3 月 4 日	中国工商银行股份有限公司以 4.53 亿美元收购泰国 ACL 银行公众有限公司 80.74% 股权
3 月 14 日	中国海洋石油国际有限公司以 31 亿美元收购阿根廷 Bridas Corporation 50% 股权
3 月 28 日	浙江吉利控股集团有限公司以 18 亿美元收购沃尔沃汽车公司
4 月 12 日	中国石化集团国际石油勘探开发有限公司以 46.5 亿美元收购美国康菲石油公司拥有的 Syncrude Canada Ltd 9.03% 股权
4 月 18 日	洪桥集团有限公司以 3.9 亿美元收购巴西 Sul Americana de Metais S.A.
5 月 13 日	中国投资有限责任公司以 7.99 亿美元收购加拿大畔西能源信托公司（位于艾伯塔省德油砂资产）45% 股权
5 月 13 日	中国投资有限责任公司以 4.25 亿美元收购加拿大畔西能源信托公司 5.24% 股权
5 月 18 日	中国国家电网公司以 17.21 亿美元收购巴西 Plena Transmissoras SA 旗下 7 家巴西输电公司
7 月 13 日	山东钢铁以 15 亿美元收购英国非洲矿业公司股份
8 月 23 日	中国石油与英荷皇家壳牌集团以 31 亿美元收购澳大利亚的 Arrow Energy 股份
10 月 7 日	中金岭南以 1.84 亿加元收购加拿大 Globe Star 股份
10 月 8 日	中国石化以 71.09 亿美元收购西班牙雷普索尔 40% 股份
12 月 6 日	北京太平洋世纪汽车有限公司以 4.2 亿美元，收购美国汽车零部件企业耐世特 Nexteer100% 股份
12 月 9 日	国家电网公司以 31 亿巴西雷亚尔（约合 17 亿美元）收购 Elecnor SA 等七家巴西输电公司股权

资料来源：根据《经济参考报》（2010 年 12 月 31 日）资料编制。

第二，并购主体仍以国有企业为主。中国企业的海外并购活动始于 20 世纪 80 年代，并逐渐取代绿地投资成为我国对外直接投资的重要形式。但应该指出的是，中国企业对外直接投资最初主要集中于少数有实力的国有企业。进入 21 世纪后，随着中国民营企业的崛起，以及我国鼓励企业"走出去"优惠政策的不断出台，民营企业逐步成为我国企业对外直接投资的重要力量，并由此形成国企、民企海外并购主体多元化的格局。但由于历史基础以及政策环境等各种因素的影响，目前乃至可预见的将来，中国企业海外并购的投资主体仍以国有企业为主，大型国企拥有不可比拟的资金优势和政策优势。

第三，并购重点以能源、矿产等自然资源为主。综观近几年中国企业的海外并购，2005 年以制造业为主，2006 年电子信息产业的并购开始崭露头角，2007 年金融业并购兴起，但从 2008 年开始转向以能源、矿产为主的资源类并购。在国内外原材料价格大幅回落的背景下，深受原材料供给制约的中国企业纷纷加快在能源、矿产等资源行业的扩张速度。2009 年，以能源、矿产为主要收购对象的中国海外并购交易迅猛发展，全年完成的并购交易额同比增长九成以上。其中，中国石化以 75.02 亿美元收购瑞士 Addax 石油公司，成为 2009 年度完成的最大规模的并购交易。2010 年，以中石油、中石化、中海油以及宝钢、中铝等公司为主的大型国有企业不断在国际市场出手，从 2005 年年初至 2010 年上半年，中国企业收购海外矿业资产共成交 91 桩，总价值达 319 亿美元。

2. 中国企业海外并购加快的动因

中国企业海外并购的加速，不仅仅是因为全球金融危机提供了难得的机遇，更重要的是由于中国经济的崛起，中国企业迫切需要走向世界，获取资源优势，力争摆脱低端产业价值链，大力拓展经济发展空间，从而进一步发展壮大自己的内在要求。

第一，全球金融危机为中国企业海外并购提供了机遇。金融危机对欧美整体经济带来显著的下行影响，很多金融机构或经济实体为缓解流动性短缺，迫不得已大量出售资产以缩小规模，导致资产价格下跌。许多资源产品价格的大幅下挫甚至暴跌，也使得一些发展中国家陷入经济困境。为筹集资金而疲于奔命的国外企业和相关国家，都在一定程度上放松了对外来企业的监管和审查，减少了跨境并购的政治障碍和隐性成本。这为中国企业海外并购创造了条件，提供了机遇。

第二，中国经济崛起加快了中国企业海外并购的步伐。从国家层面来看，中国企业海外并购加速与中国经济崛起分不开。过去的 30 年，中国因大量引进外资成为资本净输入国，伴随着经济规模不断扩大，由资本净输入向资本净输出转化将成为必然趋势。海外并购作为对外投资的一种重要方式，必然随着对外投资的不断扩大而日益加强。尤其是高额外汇储备使中国面临美元持续贬值和人民币升值的双重压力，美元资产储备的"缩水"成为现实问题，而鼓励、支持有实力的企业到境外投资是缓解这种压力的最佳途径之一。从企业层面来看，中国企业经过多年成长之后实力大增，在国内市场需求存在约束的条件下，通过海外并购可以绕过贸易壁垒，进入国际市场，尽快拓展中国企业的发展空间，实现市场总体扩张。因此，中国企业海外并购是战略性的行为，而不是短期的偶然为之。

第三，加快摆脱产业价值链低端环节的有效路径。信息技术革命的迅猛发展，经济全球化的日益深化，世界各国基于要素禀赋结构不同，基本形成了全球产业价值链。目前，中国一些加工贸易企业赚取的利润甚至只有 1%—2%，却承担了与利润不对称的能源损耗和污染。金融危机以来，随着中国沿海地区劳动力优势的逐步丧失，欧美国家一些订单转向成本更低的国家和地区，大量以海外市场为主导的中国企业面临严峻的考验。立足于加工制造几十年的中国企业也开始意识到，真正的制造本身应该包含研发和品牌，企业如果要获得更多的附加值，就必须向两端延伸——要么向上游材料、技术延伸，要么向下游服务及品牌延伸。

第四，有助于推动中国企业的快速成长。企业的成长不仅受到可用来追求扩张的内部资源的影响，也受到外部环境的影响，其扩张取决于内部资源和外部环境的相互作用。企业为了维持和提升自身的竞争优势，往往借助跨国经营的方式最有效地配置组织战略资源。跨国经营方式的实现一般有三种：战略联盟、绿地投资和并购。战略联盟对合作双方而言都有较高的灵活度，不利于企业的持续发展，一般应用较少。绿地投资建设周期长，扩张速度慢，加大了投资滞后的机会成本，近年来在全球对外投资中的比重明显下降。而跨国并购可以省略新办企业所必须经历的基础环节，直接依托目标企业进入成熟期，尽快获利。企业通过购买其他企业的股权将其纳入自己的经营体系，增加了双方在经营思想、管理模式等方面企业文化的融合，因而可以促进企业向被并购方吸取和补充经营知识，避免了绿地投资只是利用企业既有知识和经营模式的弊端。

3. 中国企业海外并购面临的问题

尽管，金融危机为中国企业"走出去"对外投资创造了难得的历史机遇，中国企业自身也已具备了对外投资的条件，但由于对外投资，尤其是跨国并购是一件非常敏感的事，更何况中国企业的国际化还只处于初级阶段，相关的各项法规制度还很不完善，所以，中国企业"走出去"，实施跨国并购仍然面临来自内外诸多难以回避的问题。

第一，海外反对中国企业并购声浪高涨。中国企业的海外并购，特别是以"资源大买家"的形象出现，在全球激起了超乎预料的反对声浪。反对的声音，不仅来自相关交易国的政府、民间、同业，也来自社会舆论。究其原因：（1）中国企业海外并购协调不力。譬如，对澳投资在2009年年初接踵而至，中铝、五矿和华菱在不到两周时间相继宣布与澳洲矿业公司达成三桩交易，这一系列交易信息的集中宣布，让澳大利亚人担心一场摄取本国资源的集体行动正在进行，相关消息的传出更呼应着中国政府幕后插手并购的猜测，由此掀起了更大的反对声浪。（2）文化差异极易引发行为和观念上的冲突。中国企业虽然能逞资金一时之威，但在管理水平、技术积累、企业文化方面没有主导优势，在实际操作上必然是精简编制、学走技术、转移工厂……这一切容易引爆被并购方郁积中的矛盾，其中最典型的案例莫过于上汽与韩国双龙汽车的联姻。（3）一些中国企业把国内经营模式国际化，经营心态和方式与在国内一些地区搞建设并无二致，这样一来中国企业在海外很容易成为被打击的重点目标。（4）海外一些政客、政党及社会团体仍然难以彻底摒弃冷战思维和固有偏见，出于意识形态的差异甚至是对中国经济快速成长的敌视，通过各种途径向本国政府施加压力，对中国企业海外并购一概持反对态度。（5）中国企业包括一些中国的涉外部门不太重视抢夺话语权，面对歪曲报道和恶意炒作沉默不语。长此以往，中国企业在海外渐渐失去信任。

第二，中国企业缺乏清晰的并购思路。没有战略而盲目地进行海外并购，或以错误的战略指导海外并购，都会给企业海外并购的成败带来影响。诸多失败案例表明，中国企业在"走出去"时没有很清晰的并购思路，是被外面的市场机会所吸引，抱着"抄底"的心态"走出去"的。这种并购多数属于被动行为，而不是出于企业战略发展的考虑。中国企业海外并购往往过于关注交易价格，对所购资产是否有价值较少认真思考；对其未来价格走势较少预测，不是着眼于长期战略布局，而是从事短期股市"抄底"；对潜在的风险没有充分认识和评估，更没有意识到海外并购是一种比国内并购更加复杂的投资行为，涉及方方面面的专业知识，需要有管理跨国公司经验的人才。

第三，资本市场不成熟制约企业海外并购。海外并购离开了资本市场，靠单个企业自身的行为往往很难在较短的时间内形成。我国现行的企业海外并购活动受到国内贷款额度的限制与审批限制，使不少企业坐失并购良机。我国资本市场结构也不完善，对股票市场过分依赖，债券等市场发展滞后。但资本市场的内生缺陷使得国有企业拥有在资本市场上优先获得融资的权利，而大量有活力的本土民营企业却不能进入资本市场。一些企业海外并购时只能借助国际财团的力量，结果不仅肥水流了外人田，而且在效率方面还要打折扣。证券市场的国际化程度也仅停留在国际证券市场筹资上，难以为中国企业海外并购解决融资问题并提供完善的服务。出于以上原因，中国企业海外并购通常采取现金支付方式，不但增加了交易成本，而且加重了并购后企业的整合及长期发展的财务负担。

第四，国有企业的缺陷成为海外并购的羁绊。"走出去"进行海外并购的主要是国有大中型企业，这一方面有利于获得政府支持，另一方面也容易遭到"政治歧视"。西方国家反对中国企业并购的基本理由是，中国国有企业使用国家资金进行商业并购，与全球私有化浪潮背道而驰，不符合市场经济自由平等原则，是国家行为而非商业行为。这就使中国企业海外并购遇到了比其他国家企业更多的困难。譬如，澳大利亚政府在2008年2月17日颁布的《与外国政府有关的外资来澳投资审查指南》指出，在外资审查中要考虑投资者的运营是否独立于相关的外国政府。长期奉行自由投资政策的美国于2008年11月21日公布的《关于外国人收购、兼并和接管的条例》也对中国企业特别是国企收购、兼并或接管美国企业产生了影响。无论交易的经济价值如何，中国大型企业特别是国有企业的海外投资行为，都被认为是源于政府意志，是政府的延伸，不可避免地会被假想为中国的战略扩张。

第五，政府管理服务功能亟待加强。近年来，中国各级政府逐渐认识到对外投资的重要性，但中国对外投资总体规划和具体的产业政策、技术政策和国别政策不够明确，涉及跨国经营的财务、税收、信贷、外汇、统计等制度尚不完善，不能满足企业对相关基础性信息等公共服务的需求，在一定程度上影响了对外投资的管理和引导。从事海外并购，法律保障非常重要，欧美国家都是采取立法手段保护和支持本国企业的境外投资活动，而目前中国企业从事海外投资的法律欠缺。我国与其他国家签订的一些双边和多边协议滞后，难以有效支持企业海外并购，在对外投资保护等方面权力不对等，没有建立起境外投资保证制度。

4. 我国企业跨国并购的前景分析

伴随着中国经济的崛起，中国企业经过近十年的摸爬滚打及经验与资本的"厚积"，并通过金融危机这个突破口开始"薄发"，可见资本输出已成为中国企业参与全球化的又一重要途径。从目前发展态势看，中国企业正在以海外并购和投资的方式，加

紧融入世界的步伐,并呈现出以下几个重要特征:

第一,企业海外并购将继续呈现高增长态势。中国作为逐步由发展中国家向发达国家迈进的经济强国,利用自身的特有优势和历史性机遇,走出去组建国际级的龙头企业,这是中国经济持续高速发展的关键因素之一。因此,中国企业海外并购将继续保持高增长的态势。金融危机以来,全球投资都经历了严峻的考验,而中国无论是作为资本吸收方还是作为资本输出方,都一枝独秀,尤其是近十年来,中国对外投资的年均增速一直保持在80%左右。即使按照年均30%的增速保守测算,到2015年,中国每年的对外投资就将达到3507亿美元,从而成为世界第一大对外投资国。

第二,企业海外并购的主体与领域将呈现多元化的趋势。从投资并购主体来看,中央企业继续保持主导地位,民营企业的境外投资增势强劲。随着中国市场经济的日渐成熟,各类成分的有竞争实力的企业正逐步在国际并购领域一展身手,呈现出中国企业海外并购在体制上的多元化趋势。从投资领域来说,我国企业海外并购将从以资源为主,逐渐转向服务外包、汽车、服装、医疗和化工等众多领域,呈现多元化趋势。

第三,向价值链上游发展,提升海外竞争力。如果说2009年中国资本掀起的海外并购热潮,是源于金融危机之后"抄底"的冲动,那么2010年,中国企业希望通过收购海外企业,来提升自己在价值链中地位的意愿更加凸显。2010年中国企业延续金融危机以来强劲的海外并购势头,在能源矿产、制造业和服务业等诸多领域完成了数百宗高达几百亿美元的跨国并购,反映出在中国经济转型阶段对国际资源、技术、品牌、管理经验的巨大需求。

第四,中国政府将进一步加大企业"走出去"的支持力度。在经济全球化的背景下,中国政府将根据国内外政治经济环境的发展变化,不断修订和完善我国有关企业海外投资的法律法规,以及简化审批程序,为企业海外并购创造良好的法律与制度环境;同时,进一步改善融资渠道,为企业海外并购提供强有力的资金支持。

第五,需要指出的是,中国企业海外并购虽然成绩不菲,但中国企业的海外并购之路也绝非一帆风顺。据德勤2010并购报告统计,超过50%的中国企业的海外并购交易未取得成功,无法达到增值的底线,这充分表明海外并购交易非常复杂,而且具有难度。[1] 对此,我们必须要有清醒的头脑,不断增强自身的软实力,只有这样,我们才能更好地把握机遇,从而大大提升我国企业海外并购的成功率。

五、全球 FDI 结构变化及中国的资本流入地位

2010年,全球外商直接投资(FDI)流入总量止住了金融危机以来的大幅下滑趋

---

① 参见邢梅、孙韶华:《买方中国扬帆出海冲浪全球资本》,《经济参考报》2010年12月31日。

势，比2009年略增0.7%，其中主要是发展中经济体做出了较大贡献，实现近10%的较大幅度增长，而发达经济体则继续下跌了近7%。由此，金融危机在引致全球经济力量对比发生重要变化的同时，全球FDI结构也发生了新的变化，发展中经济体和转型经济体所占份额第一次超过了全球的50%，打破了发达经济体长期占据的绝对优势地位。中国2010年吸引FDI总额首次突破1000亿美元，达到1057亿美元，比2009年增长了6.3%，"十一五"时期吸引FDI总计达4260亿美元，改革开放以来累计实际使用外商直接投资金额突破了1万亿美元，达到了10484亿美元。经过三十多年的积累与发展，我国吸收外资近年来已从弥补"双缺口"为主转向优化资本配置、促进技术进步和推动市场经济体制的完善，从规模速度型向质量效益型转变。持续快速增长的中国经济为全球资本提供了巨大的投资机会和广阔的国内市场，同时中国的对外直接投资能力也大为提升，全球FDI新结构中的中国元素和中国影响更显突出。

1. 全球 FDI 总体走势和结构变化

根据联合国贸易和发展会议（UNCTAD）的报告估计，2010年全球FDI流入量为11220亿美元，比2009年有所增加，不过增幅仅为0.7%。从全球FDI季度指数的走势看（见图3-1），金融危机爆发以来，该指数在2009年第一季度曾一度下降到62.1的低点，此后两个季度逐步回升到125.7的水平，之后又经历了三个季度的持续下降，到2010年第二季度又降到了82.5，虽然2010年第三季度再次出现一个较为强劲的反弹，回到了121的水平，但UNCTAD 2011年1月发布全球FDI监测报告时估计，全球FDI季度指数在2010年第四季度还会再次出现回落，估计为105.3。2007年以来的这个总体走势显示，全球FDI增长前景还不太稳固。

87

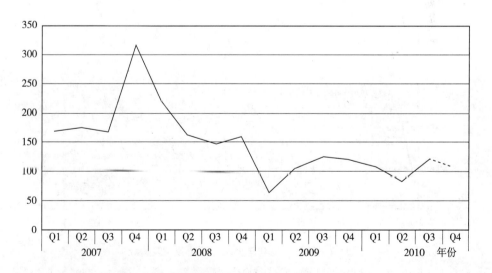

图 3-1　2007—2010 年全球 FDI 季度指数（2005 年季度平均值＝100）

资料来源：UNCTAD，《全球投资趋势监测报告》（No. 5），2011年1月17日。

2010 年全球 FDI 略有增长，主要是因为发展中经济体 FDI 流入量实现了较大反弹，从 2009 年的 4783 亿美元增长到 5248 亿美元，涨幅达 9.7%。其中，亚洲和拉美的发展中经济体增幅最大，东亚、南亚和东南亚增长了 17.8%，拉丁美洲和加勒比地区增长了 21.1%。而在发达经济体中，尽管美国 FDI 流入量从 1299 亿美元大幅上升到 1861 亿美元，增长了 43.3%，但由于一批欧洲国家及日本的 FDI 流入量继续走低，发达经济体整体还是出现了 6.9% 的较大降幅。转型经济体 2010 年 FDI 流入量与 2009 年水平相比略有上升，增长了 0.8%。

从全球 FDI 的结构上看（见图 3-2），这次金融危机以来，发展中经济体和转型经济体的 FDI 流入量占全球总量的比重持续上升，2007 年仅为 31.2%，2008 年上升到 42.5%，2009 年上升到 49.2%，2010 年首次突破了 50% 的关口，达到了 53%。从 1980—2010 年的总体趋势看，发达经济体在全球 FDI 流入量中的绝对优势正在被打破。尽管随着发达经济体经济周期的变化，FDI 的相对地位也会有周期性波动，过几年发达经济体的 FDI 流入量仍会超过发展中经济体和转型经济体之和，但差距可能不会被拉得太大，很可能在一段时期内会维持在差不多一半对一半的水平。而随着新兴经济体的进一步发展，一方面会进一步吸引全球资本流入；另一方面，其对外投资能力也会大大增强，而且其中很大一部分可能是南南投资，从而发展中经济体和转型经济体在 FDI 流入量结构中的优势地位会逐步形成并巩固。

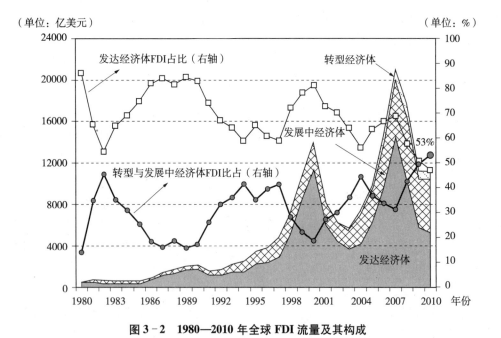

图 3-2 1980—2010 年全球 FDI 流量及其构成

资料来源：UNCTAD，FDI 数据库；2010 年数据来自《全球投资趋势监测报告》（No. 5），2011 年 1 月 17 日。

2. 中国利用外资规模继续扩大

积极有效利用外资是我国改革开放基本国策的重要组织部分，也是对外开放的核心内容之一。1979 年以来，我国投资环境不断改善，吸引外商直接投资逐年增加。"十一五"期间，尽管受到全球金融危机的严重冲击，但我国 FDI 流入量除 2009 年比上一年度略有下降外，其余年份都实现了较高速度增长，年均增长达到 11.9%，而且不断攀上新台阶，2007 年突破 700 亿美元，达到 747.7 亿美元，2008 年突破 900 亿美元，达到 924 亿美元，2010 年突破 1000 亿美元，达到 1057.4 亿美元，比 2009 年增长了17.4%，是 2005 年的 1.8 倍。"十一五"时期我国 FDI 流入量累计达到 4259.6 亿美元，是"十五"时期的 1.6 倍，比"九五"时期翻了一番，接近"八五"时期的两番，是"七五"时期的近 30 倍（见图 3 - 3）。

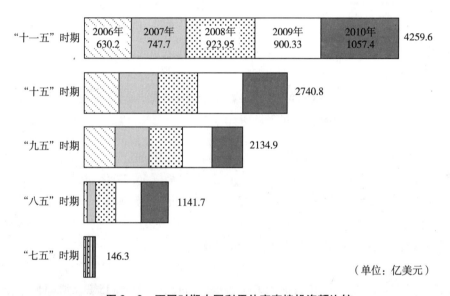

（单位：亿美元）

图 3 - 3 不同时期中国利用外商直接投资额比较

资料来源：《中国统计摘要（2010）》，2010 年数据来自中国统计局《国民经济和社会发展公报》。

中国商务部的数据显示，2011 年 1 月中国吸引外资形势继续向好，全国新批设立外商投资企业 2243 家，同比增长 20.2%；实际使用外资金额 100.28 亿美元，同比增长23.36%。① 这也是中国 FDI 流入量自 2009 年 8 月以来连续第 18 个月保持同比正增长。图 3 - 4 对 2008—2010 年中国实际使用外资金额的月度进行了比较。2008 年 10 月至2009 年 7 月，由于受金融危机影响，中国实际使用外资金额连续 10 个月出现负增长，

---

① 参见中国商务部投资司：《2011 年 1 月全国吸收外商直接投资快讯》，2011 年 2 月 18 日，http://fdi. gov. cn/pub/FDI/wztj/lywzkx/t20110218_ 130883. htm。

同比降幅平均达 22.7%。2009 年 8 月以来，中国月度 FDI 流入量持续增长，同比增长幅度平均达到 22.3%。

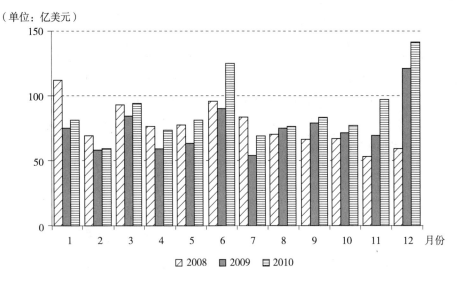

（单位：亿美元）

图 3 - 4 2008—2010 年中国实际使用外资金额月度数据比较

资料来源：根据商务部外资司 2008—2010 年每月外资数据整理。

2010 年，对华投资前十位国家/地区（以实际投入外资金额计）依次为：中国香港（674.74 亿美元）、中国台湾（67.01 亿美元）、新加坡（56.57 亿美元）、日本（42.42 亿美元）、美国（40.52 亿美元）、韩国（26.93 亿美元）、英国（16.42 亿美元）、法国（12.39 亿美元）、荷兰（9.52 亿美元）和德国（9.33 亿美元），前十位国家/地区实际投入外资金额占全国实际使用外资金额的 90.1%。[①]

外资企业在中国对外贸易中一直占据相当重要的地位。如表 3 - 5 所示，2010 年，在华外商投资企业进出口总值 16003.07 亿美元，同比增长 31.45%，增幅低于全国平均水平 3.23 个百分点，占全国进出口总值的 53.83%，所占比重同 2009 年相比下降了 1.32 个百分点。其中，外商投资企业出口 8623.06 亿美元，同比增长 28.28%，增幅略低于全国平均水平 3.02 个百分点，占全国出口总值的 54.65%，所占比重同 2009 年相比下降了 1.29 个百分点；进口 7380.01 亿美元，同比增长 35.36%，增幅低于全国平均水平（38.7%）3.34 个百分点，占全国进口总额的 52.91%，所占比重同 2009 年相比下降了 1.3 个百分点。

---

① 中国商务部投资司：《2010 年 1—12 月全国吸收外商直接投资快讯》，2011 年 1 月 17 日，http://fdi.gov.cn/pub/FDI/wztj/wstztj/lywzkx/t20110117_ 130179.htm。

表3－4 2010年在华外商直接投资企业的进出口情况 （单位：亿美元;%）

	全国		外商投资企业			
	金额	比去年%	金额	比去年%	占全国比重	比重变化
进出口总值	29727.62	34.67	16003.07	31.45	53.83	-1.32
出口总值	15779.32	31.30	8623.06	28.28	54.65	-1.29
进口总值	13948.30	38.70	7380.01	35.36	52.91	-1.30

资料来源：中国商务部投资司，《2010年1—12月外商投资企业进出口情况表》，2011年1月17日。

从贸易方式上看，在华外商投资企业主要还是以加工贸易为主，2010年外商投资企业加工贸易进出口总值9709.39亿美元，同比增长27%，占外商投资企业进出口总值的60.67%。其中，加工贸易出口6205.38亿美元，同比增长25.69%，占外商投资企业出口总值的71.96%；加工贸易进口3504.01亿美元，同比增长29.39%，占外商投资企业进口总值的47.48%。外商投资企业加工贸易进出口值占全国加工贸易进出口总值的83.86%，其中加工贸易出口值占全国加工贸易出口总值的83.82%，加工贸易进口值占全国加工贸易进口总值的83.94%。同时我们也注意到，2010年在华外商投资企业的一般贸易取得了更大增幅，一般贸易进出口总值4758.8亿美元，同比增长40.3%，占外商投资企业进出口总值的29.74%。其中，一般贸易出口2092.75亿美元，同比增长34.5%；一般贸易进口2666.05亿美元，同比增长45.3%。[①]

"十一五"期间，在扩大引进外资规模的同时，我们国家十分注重利用外资方式的多样化、利用外资产业结构的优化以及利用外资区域布局的不断改善。在外资利用方式上，我国继续稳步实施合格境外机构投资者（QFII）制度，允许符合条件的境外机构投资者投资境内证券市场，促进境内证券市场开放。从外资产业构成上看，2006—2010年，第三产业外商投资金额所占比重逐步提高，分别为31.6%、41.4%、41.1%、42.8%、47.3%。第二产业所占比重则逐步下降，但十分注重利用外资的质量，电子信息、集成电路、家用电器、汽车制造等技术资金密集型产业继续发展，新能源、新材料、生物医药、节能环保等行业的外资日益形成规模。目前跨国公司在华设立的研发中心已超过1400家，比"十五"末增长近一倍，其中，从事先导技术研究的近50%，60%以上的研发中心将全球市场作为其主要服务目标。从区域布局上看，"十一五"期间，中西部吸收外资占全国总量的比重，由"十五"末的11%上升到14%左右。以外资经济为主体的各类产业聚集园区的实力和整体功能有了明显提升，"十一五"期间有22个中西部省级开发区成功升级为国家级经济技术开发区，在促进区域经济发展方面发挥了重要作用。[②]

91

---

① 参见中国商务部投资司：《2010年1—12月外商投资企业进出口简况》，2011年1月17日，http://fdi.gov.cn/pub/FDI/wztj/wstztj/wstzjckkx/t20110117_130188.htm.

② 参见中国统计局综合司：《对外开放再上新台阶——"十一五"经济社会发展成就系列报告之二》，2011年3月2日，http://www.stats.gov.cn/tjfx/ztfx/sywcj/t20110302_402706681.htm.

3. 中国在全球 FDI 流量结构中的地位与影响力

随着中国经济的快速发展，中国为全球资本提供了大量投资机会，中国在全球外资总流量中的份额和地位也不断提升。1980 年我国 FDI 总量只有 0.57 亿美元，仅占全球 FDI 流量的千分之一，只有美国的 1/300 左右。1990 年，我国 FDI 流入量迅速增加到 34.9 亿美元，比 1980 年增长了 60 倍，占全球比重上升到 1.7%，约为美国的 1/14；2000 年，我国 FDI 流入量比 1990 年再增 10 倍多，达到 407 亿美元，占全球比重上升为 2.9%，约为美国的 1/8；2010 年，中国 FDI 流入量突破了 1000 亿美元，占全球的比重上升到 9%，超过了美国的一半（见表 3－5 和图 3－5）。[①] 全球排名由 2000 年的第八位上升至第二位，并连续 18 年位居发展中国家首位。1979—2010 年，我国吸引外商直接投资累计高达 10483.9 亿美元。

表 3－5　主要年份 FDI 流入量居世界前十位的国家（地区）比较

（单位：亿美元;%）

位次	1980 年			1990 年			2000 年			2010 年		
	国家/地区	FDI	占比	国家/地区	FDI	占比	国家/地区	FDI	占比	国家/地区	FDI	占比
1	美国	169.2	31.3	美国	484.2	23.4	美国	3140	22.7	美国	1861	16.6
2	英国	101.2	18.7	英国	304.6	14.7	德国	1983	14.4	中国	1010	9.0
3	加拿大	58.1	10.7	法国	156.3	7.5	英国	1188	8.6	中国香港	626	5.6
4	法国	33.3	6.2	西班牙	132.9	6.4	加拿大	668	4.8	法国	574	5.1
5	墨西哥	21.0	3.9	荷兰	105.2	5.1	荷兰	639	4.6	比利时	505	4.5
6	荷兰	20.1	3.7	澳大利亚	81.2	3.9	中国香港	619	4.5	英国	462	4.1
7	巴西	19.1	3.5	加拿大	75.8	3.7	法国	433	3.1	俄罗斯	397	3.5
8	澳大利亚	18.7	3.5	意大利	63.4	3.1	中国	407	2.9	新加坡	374	3.3
9	西班牙	14.9	2.8	新加坡	55.7	2.7	西班牙	396	2.9	德国	344	3.1
10	新加坡	12.4	2.3	瑞士	54.8	2.6	巴西	328	2.4	巴西	302	2.7
10	中国	0.57	0.1	中国	34.9	1.7						

资料来源：UNCTAD FDI 数据库。2010 年数据来源于 UNCTAD Global Investment Trends Monitor No. 5，January 17，2011。

在最近二十多年来，中国 FDI 流入量规模与走势对于全球 FDI 流量走势与结构变化有着重要影响和特殊贡献。我们发现，20 世纪 90 年代以来，由于世界经济周期波动，

---

① 中国 2010 年 FDI 数据不包括金融领域投资，而其他国家（地区）以及全球 FDI 都包括金融领域 FDI。如果包括金融领域 FDI，中国所占比重会再略高一点。

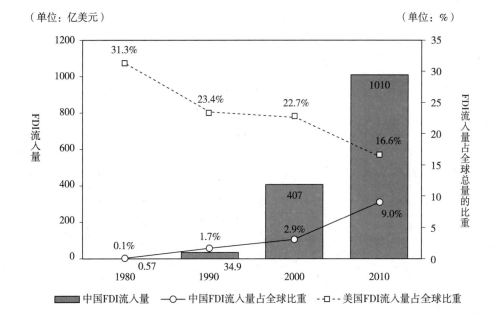

（单位：亿美元）　　　　　　　　　　　　　　　　　　　（单位：%）

图 3－5　**1980—2010 年中国与美国 FDI 流入量占全球比重对比**

资料来源：UNCTAD FDI 数据库。2010 年数据来源于 UNCTAD Global Investment Trends Monitor No. 5，January 17，2011。

发达国家吸收 FDI 规模出现过几次高峰和低谷，全球 FDI 也随之出现大起大落。然而，在此期间，中国经济保持了高速、稳定发展，中国吸收 FDI 水平也基本保持了持续上升的趋势，即使稍有回调，幅度也远远小于其他经济体，从而对于全球 FDI 增量变化具有特殊意义。

如图 3－6 所示，从 1992 年到 2000 年，全球 FDI 流量骤增 7.3 倍，从 1666 亿美元增长到 1.38 万亿美元，特别是发达国家大幅增长了近 9 倍，发展中国家总体也增长了近 4 倍，中国增长幅度相对较温和（为 2.7 倍）。由于这个阶段的过度扩张，从 2000 年到 2003 年，全球 FDI 出现了一个回潮期，骤降近 60%，2003 年降到了 5652 亿美元，其中发达国家降幅高达 68%，发展中国家总体上也下降了 28%，只有中国仍保持了 31% 的较大幅度增长。从 2003 年到 2007 年，全球 FDI 又出现了一波新的高峰，大幅增长 2.5 倍，扩张到近 2 万亿美元，其中发达国家增长 2.8 倍，发展中国家增长 1.9 倍，中国则保持了 56% 的温和增长。此后，受国际金融危机影响，全球 FDI 连续两年出现大幅回落，2008 年下降 15.7%，2009 年下降 37.1%。发达国家下降幅度更大，分别下降 29.5% 和 44.4%。而中国在 2008 年还上升了 29.7%，2009 年下降了 12.3%，幅度大大小于全球平均水平，也小于发展中经济体的平均降幅（为 24.1%）。2010 年，发达经济体 FDI 流入量进一步下降了 -6.94%，而中国则上升了 6.3%，全球总体上略有上升（0.7%），中国做出了一定贡献。

另外，UNCTAD 在《2010—2012 年世界投资前景调查报告》指出，发展中国家和

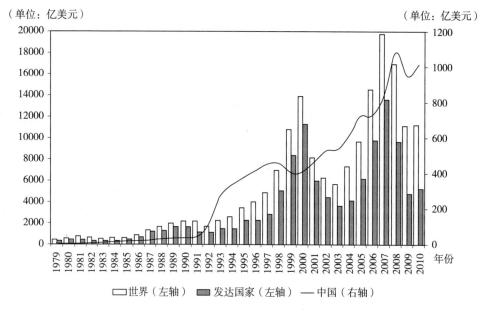

（单位：亿美元）　　　　　　　　　　　　　　　　　　（单位：亿美元）

世界（左轴）　■ 发达国家（左轴）　—— 中国（右轴）

图 3－6　1979—2009 年全球 FDI 流入量变动趋势

资料来源：UNCTAD, FDISTAT, http://unctadstat. unctad. org/;

　　　　　UNCTAD, Global Investment Trends Monitor No. 2, http://www. unctad. org/en/docs/webdoaeia20101_ en. pdf。

转型经济体在吸收国外直接投资过程中发挥着愈发重要的作用。根据跨国公司高管提供的对全球投资前景的问卷调查结果，世界前 15 个最具吸引力的投资目的地中，有 9 个是发展中国家和转型经济体，中国位居第一，是跨国公司首选的投资目的地。[①] 中国在吸引外商直接投资方面依然具有巨大潜力，今后几年中国在全球 FDI 总量中的地位和影响将越来越大。

我们国家利用外资的战略与政策也越来越清晰、越来越科学。温家宝总理在 2011 年政府工作报告中指出，要坚持积极有效利用外资的方针，注重引进先进技术和人才、智力资源，鼓励跨国公司在华设立研发中心，切实提高利用外资的总体水平和综合效益。我们相信，通过加强外商投资宏观指导，利用外资的综合效益将会进一步提高，中国在利用外资方面将逐步实现由 "量" 到 "质" 飞跃。

六、"中国引力" 与跨国公司撤资风潮的逆转

从 2010 年之初开始的富士康员工 "跳楼事件" 到年末东部地区的劳工荒，从纽约

---

① UNCTAD, World Investment Prospects Survey 2010—2012.

人寿从海尔的撤资风波到百思买关闭在中国大陆的所有门店，都提示我们跨国公司在中国的经营活动特点正悄悄发生改变，尤其是中国政府出台的对跨国公司有一定约束力的政策调整，更引起了关于"中国投资环境恶化论"的争议。2010 年 3 月，驻华美国商会（AmCham-China）发表的一份调查指出，38% 的美国企业觉得外企在中国"不受欢迎"，这是美国商会 4 年前开始调查以来的最高值，两个月前有这种想法的公司还只占 26%。欧洲商会（The European Chamber of Commerce）的报告也表明其成员有同样的担忧。①

跨国公司是否会从中国撤退到越南等东南亚国家，或是如顺应美国提出的"再工业化政策"而回归母国？跨国公司在中国撤资的趋势是否已经存在或是日趋加强？从 2008 年金融危机以来，"撤资"似乎成了跨国公司在华活动的新关键词和热点话题，但是通过分析跨国公司 2010 年在中国的发展态势和数据指标，我们发现：从总体上看在华跨国公司已经逆转金融危机中撤资的趋势，从区域分布上看跨国公司有在中国国内不同地区撤离和重新布局的新特征。

1. 跨国公司逆转在华撤资趋势

跨国公司 2008 年金融危机后在中国的投资曾经一度出现撤离，主要表现为外商在华企业注销、倒闭、在华股权减持明显增加。如广东东莞 2008 年 1—9 月，外商投资企业关闭 625 家，占当地外商投资企业总数的 4.2%；江苏省工商局《上半年长三角地区外商投资企业发展情况分析》报告指出，2008 年上半年共有 4119 家外资企业撤出了长三角市场，其中，注销企业 1203 户，吊销企业 2906 户，比 2007 年同期分别增长 68.7% 和 81.7%。② 这主要因为金融危机从金融领域扩散到实体经济，金融危机削弱了跨国公司的投资能力；各国经济受到明显影响，贸易保护主义抬头限制了 FDI 的流动；我国成本优势的减少等诸多因素的影响，与此相对应的是全球的直接投资流量在 2009 年进入低点，根据联合国贸发组织报告数据，即使 2010 年全球外来直接投资恢复后，也比 2009 年仅增长近 1%，从 1.11 兆美元增加到 1.12 兆美元。

但是全球经济陷入低迷之际，随着在华外企总体运营情况良好，不少企业成为母公司全球业务的亮点和主要利润来源，2010 年中国吸引外资数量同比增长 17.4%，扭转了 2009 年下降的局面，创造历史的首次突破千亿美元，位居全球第二和连续 19 年成为发展中国家最大吸引国，不但与排名第一的美国差距大幅缩小，即使与同为新兴经济体的其他国家相比也具有优势，如 2010 年印度吸引的海外直接投资比 2009 年下降近 32%，为 237 亿美元（见图 3-7）。

① 参见杰夫·高尔文（Jeff Galvin）、吉米·赫克斯特（Jimmy Hexter）：《把中国打造成第二本土市场》，《麦肯锡季刊》2010 年 6 月号，转引自《社会科学文摘》2011 年 1 月号，第 45 页。
② 参见卢曦：《融资难 4119 家外企撤出长三角》，《每日经济新闻》2008 年 9 月 24 日。

（单位：10亿美元）

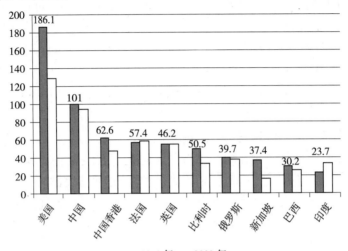

图 3-7　全球吸引外资主要经济体比较

资料来源：根据联合国贸发会议（UNCTAD）报告"Global and Regional FDI Trends in 2010", Global Investment Trends Monitor, 2011 年 1 月 17 日数据整理。2010 年数据为其预测值。

不过上述分析仅是从总体投资金额上显示了中国吸引外资总量情况及国际比较，关于企业是否存在撤资数据的测算还需要进一步分析。由于跨国公司撤资的实际具体数据无法准确获得，我们参照国内较早研究撤资问题学者提出的估算方法（毛蕴诗，2005；段媛，2008 等），并进行调整：即利用当年末外商投资企业登记户数减去上年末外商投资企业登记户数，并减去当年新增外商投资企业数，以当年净增或净减的外商投资企业数估测撤资规模，如果用公式表示，即：

$R_t = X_t - X_{t-1} - N_t$

R：撤资企业数量

X：年末外商投资企业登记户数

t：年份

N：新增外商投资企业数

这个估算方法并不能准确统计撤资企业的数量，但是可以反映一定的撤资规模，我们选择从 2000 年到 2010 年 10 年间的数据来分析（见图 3-8），发现除了 2008 年计算结果为正值即从总体上看不存在撤资规模外，其余年份都保持了一定规模的撤资量，并且从总体看撤资规模是基本呈现下降趋势，而且外资的收缩和撤退现象只是短期行为，并没有形成大规模的撤资潮。

2. 跨国公司在华投资区域布局调整

如果说跨国公司在中国全国范围内的投资保持了较为稳定的发展，并没有出现大规

（单位：家）

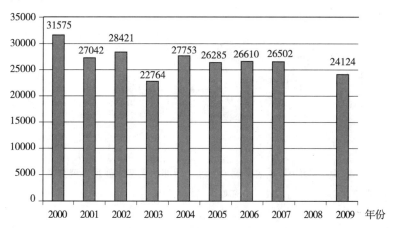

图 3-8 在华跨国公司撤资企业数量

资料来源：根据历年《中国统计年鉴》计算整理。

模撤资带来的影响，那么跨国公司 2010 年投资更新的特点是在国内不同区域和产业间的重新布局。2010 年中国实际使用外资金额的较快发展主要得益于服务业以及中西部地区①吸收外资的大幅增长，其增幅分别达到 28.6% 和 27.6%。如富士康公司从东部东莞地区工厂向中西部如河南、四川转移生产线，反映了以代工为主的制造业外资从东部地区撤离转向中西部的新趋势，图 3-9、图 3-10、图 3-11、图 3-12 向我们展示了这一变化。

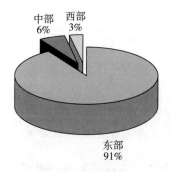

图 3-9 2006 年年底东部、中部、西部地区实际使用外资金额比较

资料来源：根据中国商务部外资统计数据整理。

① 除了特殊说明外，本书中东部地区指北京、天津、河北、辽宁、上海、江苏、浙江、福建、山东、广东、海南；中部地区指山西、吉林、黑龙江、安徽、江西、河南、湖北、湖南；西部地区指内蒙古、广西、四川、重庆、贵州、云南、陕西、甘肃、青海、宁夏、新疆、西藏。

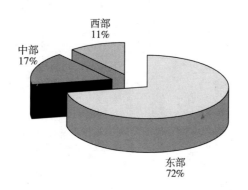

图 3 - 10   2010 年年底东部、中部、西部地区实际使用外资金额比较

资料来源：由各省市自治区公布统计数据计算而得。

　　自 1978 年改革开放以来，外资在华不同地区的发展分为四个阶段：1978—1992 年年初级起步阶段、1992—1998 年启动增长不平衡发展阶段、1997 年至 2007 年不平衡扩大阶段①和 2007 年以来的发展转型阶段。比较图 3－9 和图 3－10 可以清楚地看到 2006 年和 2010 年跨国公司在中国的布局已经出现了大幅调整，中西部地区吸引外资呈现加快增长速度，反映出中央全国外资均衡发展的政策效应开始初步显现。但是由于发展基础和实力在中西部分化更大，中西部吸引外资的加快并不是平衡发展，对外资的吸引具有集聚效应，中部地区，主要集中在河南、湖南、江西、安徽；在西部地区，主要集中在重庆、四川、内蒙古、陕西（见图 3－11）。

（单位：亿美元）

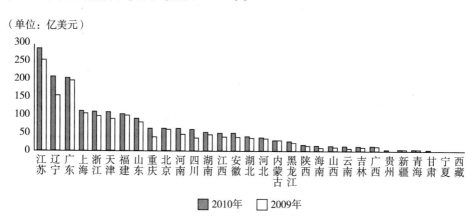

图 3 - 11   2010 年全国各省市实际使用外资比较

资料来源：由于数据的可得性和可比性，图中数据来源于各省市公布的《2009 年国民经济和社会发展统计公报》、《2010 年国民经济和社会发展统计公报》以及各省市外资统计，其中，广西、甘肃、青海、宁夏、西藏 2010 年数据为估计值。

---

　　① 详细分析可参见本书作者之一于蕾另外一篇论文，《开放三十年来外商在华直接投资的区位结构演变及动因分析》，《世界经济研究》2008 年第 6 期。

另外值得注意的是，在东部地区外资在三大经济圈分布从不平衡逐渐趋向平衡，第一，外资高度集中于长三角地区、珠三角地区、环渤海湾地区，我国绝大规模外商直接投资都集聚于这三大地带；第二，外资由南向北动态发展，表现在长三角地区吸引外资保持稳定，环渤海湾地区吸引 FDI 不断上升，而珠三角地区相对比例不断下降，（见图3-12）。

（单位：%）

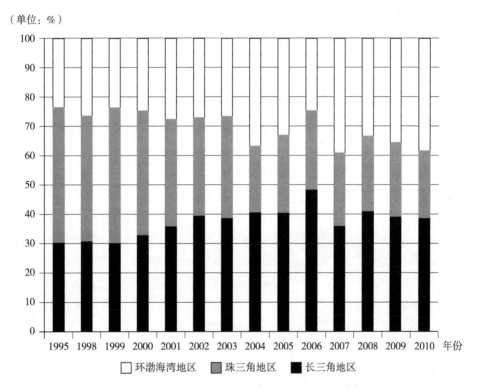

图 3-12 1995—2010 年中国三大区域 FDI 发展的情况

注：此处长江三角洲地区包括上海、江苏、浙江，珠江三角洲地区包括广东、福建，环渤海湾地区包括山东、
  辽宁、北京、天津和河北。

资料来源：2000 年及以前数据引自杨亚琴：《FDI 向产业集群区发展的内在机理》，博士论文，2003 年 9 月，第
  123 页；2001—2006 年根据商务部外商投资数据及《中国外商投资报告》（2004、2005、2006、2007
  年）整理计算而得。2007 年以后数据根据各省市统计数据计算。

3. 影响跨国公司在华投资布局变动的几大因素

（1）金融危机影响国际投资周期，跨国公司战略重心进一步向新兴经济体转移

根据联合国贸发会议 2009 年 5 月报告，受持续蔓延的金融危机和世界经济大幅放缓的影响，2009 年全球外国直接投资（FDI）继续缩减，标志着从 2004 年开始的此轮国际投资增长周期的正式终结，但危机中也蕴涵着一些难得的机遇，例如，低廉的资产价格将降低股权并购的成本，遭受危机影响最为严重的产业被迫重组将引发产业跨境转移，扩大在新兴经济体的生产活动，由此将导致向发展中国家的效益寻求型投资扩大。

近几年来，新兴经济体的经济增长速度一直位于直接前列，其中具有代表性的是"金砖四国"——中国、印度、俄罗斯和巴西，这个由高盛公司在 2003 年所创造出的新名词，目前正成为世界经济增长的动力引擎。在全球金融危机下，以"金砖国家"为代表的新兴经济体，表现出了更强的抗风险和复苏能力，不仅率先从衰退中复苏，而且迅速恢复较高的增长能力。从这个意义上说，跨国公司资本的抗风险场所和安全的投放空间，显然是少不了以"金砖国家"为代表的新兴市场国家，特别是重新恢复高速增长的中国、印度。联合国贸发会议发布的《2009—2011 年大型跨国公司投资前景调查》中，东亚、南亚和东南亚是全球引资前景最好的地区，在跨国公司最青睐的 15 个投资目的国中，中国和印度分居第一和第三位。① 根据联合国贸发会议，发展中国家 2010 年吸引外资历史上第一次占据绝对优势，吸引了全球 53% 的资金额。

跨国公司过去投资新兴市场，实行的是资本和劳动力要素的结合，发挥彼此的比较优势，充分利用东道国的市场规模和廉价劳动力，实现利益最大化。产业转移也主要实行隔代转移和梯度转移，将母国的夕阳产业和淘汰技术转移到东道国。尽管随着"金砖国家"经济实力的增强和劳动力素质的不断提高，跨国公司也在这些国家建立了地区总部和研发中心，但也只是配合母国总部，或者只是母国研发中心的配套研发，还没有成为跨国公司真正的运营和战略重心。但这次金融危机的爆发，使得发达国家的实力受到影响，新兴市场国家的地位进一步上升，跨国公司为对冲资本投放风险，将公司战略重心向新兴市场国家转移。新兴市场国家的跨国公司随着实力的增强，对外投资中也非常重视相互间的投资。

（2）各国提高限制投资措施比例，隐性保护主义倾向出现

根据 UNCTAD 监测，金融危机发生后，全球范围内出现一些隐性保护主义倾向，在投资方面，各国出台的刺激经济方案竟成为了投资保护主义的"温床"。贸发会议《关于外国直接投资的国家法律和法规改革年度调查》显示，2009 年全年颁布了 102 项有关外国直接投资的新措施，其中 31 项更加不利于外国直接投资（见表 3－6）。与 2005 年相比，不太有利于外国直接投资的措施的比例大幅上升，尤其与 20 世纪 90 年代相比对投资的限制与日俱增，在 2009 年世界各国出台的投资政策里，限制投资措施已经占到 30%，而 90 年代每年只有 5% 至 6% 的限制性投资政策出台。

表 3－6　1992—2009 年各国对外投资管理规定的变化

年份	实行改革的国家数目	管理规定变化数目	更有利	更不利
1992—1994	49	95	94	1
1995—1999	66	132	121	11

---

① 转引自国研网，http://www.drcnet.com.cn/DRCNet.Common.Web/DocViewSummary.aspx? docid = 2017762&Leafid = 3008&Chnid = &gourl = /DRCNet.Common.Web/DocView.aspx。

续表

年份	实行改革的国家数目	管理规定变化数目	更有利	更不利
2000	70	150	147	3
2001	71	207	193	14
2002	72	246	234	12
2003	82	242	218	24
2004	103	270	234	36
2005	92	203	162	41
2006	91	177	142	35
2007	58	98	74	24
2008	54	106	83	23
2009	50	102	71	31

资料来源：UNCTAD《World Investment Report 2010》，table Ⅲ. 1。

（3）国内经济正处于经济结构转型与周期性调整"双因素叠加"时期

近几年来，政府通过各类手段，促使产业结构升级，减少对自然资源的依赖，缓解环境保护的压力，促进经济的可持续发展。但是，从理论上讲，经济转型政策在短期内对经济增长带来的负面影响显而易见。受限制的行业在较短时期内就会因为政策的压力而放慢增长，甚至逐步退出。而与此同时，受扶植政策不到位、市场培育滞后、相关机制处于磨合期、技术开发存在瓶颈等因素影响，新的产业成长将较为缓慢，无法对冲前者带来的负面影响。目前，支持我国经济增长的主导产业，比如建材、钢铁、化工、汽车、房地产、纺织业等都已经明显感受到这种经济转型的政策压力，行业景气出现了快速下降，许多中小企业都将不得不从行业中退出，对长三角、珠三角地区经济带来的负面影响显而易见。

我国的对外开放，是从东部地区向西部地区逐级扩散、梯度推进的。当年在东部地区建设经济特区和14个沿海开放城市的对外开放浪潮中，西部大部分地区却不允许外资介入。由于东部地区的投资环境明显优于西部地区，必然出现大量的西部劳动力在市场力量的推动下流向东部地区，形成较高效率的生产能力，外商优先投资于东部地区，及西部地区的优秀人才向东部地区转移。东部地区对外开放由于有沿海区位优势、中央特殊政策、国内市场被高度保护、幼稚产业得到很好的呵护，使得东部地区在非常优越的政策环境条件下积蓄了能力，为经济发展打下了坚实的基础。

但是随着我国经济发展重点的调整、东部地区劳动力土地成本的提高，依靠政策性吸引外资的思路必须扭转。金融危机后从东部地区撤离的企业基本都是属于低端制造业，来东部投资的初衷也是因为东部开放的政策优势，而大部分高端制造业并没有出现撤离东部的情况，这些企业选择留在东部的原因主要是看重东部地区政府管理的规范性、东部产业链配套的完整性。

101

（4）危机以来中央外资政策向中西部地区倾斜

2008 年年底，国家发展改革委员会会同有关部门修订了《中西部地区外商投资优势产业目录》（以下简称《目录》），纳入《目录》的条目从以前的 287 条，大幅度增加到 411 条，进一步扩大了中西部地区开放的领域和范围，这 411 条涵盖了，包括山林保护等国家重点生态工程的后续产业开发，汽车关键零部件制造，优势资源的综合开发利用，以及增值电信业务，旅游资源开发经营，城市供气、供热、供排水管网建设经营等服务领域，这有利于发挥中西部地区的资源、产业和劳动力等优势。同时，还正在积极研究进一步推动中西部地区承接产业转移的相关政策。

中西部在中央政策空间下推出多项吸引外资优惠政策，如贵州省根据国家工商局等六部委下发的《关于开展 2009 年外商投资企业联合年检工作的通知》精神，对企业年检给予的宽松扶持政策，对于 2008 年 7 月 1 日以后出资期限到期的无违法记录的企业，因资金紧张无法按时缴付出资的，依企业申请，依法允许延长出资期限至 2009 年年底。对于受国际金融危机影响，企业成立后超过六个月未开业，或者开业后自行停业连续六个月以上的，允许其延续至 2009 年年底。这些优惠措施使得某些政策驱动型外资企业向中西部转移。

第四章 战略转型：
调整贸易模式反对贸易保护

中国对外贸易经受了全球金融危机的严峻考验，在 2010 年强劲恢复增长，成为世界经济复苏的重要推动力量。但是，中国对外贸易仍然面临外需增长乏力、低碳经济影响日渐凸显及国内劳动力成本上涨、贸易结构升级缓慢等诸多压力。如何应对危机后国际和国内经济形势的变化，积极应对贸易保护主义，在保持对外贸易稳定增长的同时，实现贸易结构转型升级，提高贸易对经济的拉动效应，是危机后中国发展对外贸易面临的主要课题。

一、内外条件推动对外贸易强劲复苏

2010 年，在世界经济尤其是新兴经济体经济复苏的带动下，全球贸易出现恢复性增长。中国对外贸易在世界经济稳步复苏、国内经济持续增长、贸易促进政策效应逐渐呈现等多种因素的共同作用下，呈现强劲恢复增长的态势，并在全球贸易格局调整的影响下，出现一些新的特点。

1. 进出口强劲恢复增长，贸易顺差增长速度略有下降

在全球金融危机的冲击下，2009 年中国对外贸易大幅下挫。进入 2010 年后，中国对外贸易延续 2009 年年底触底回升的趋势，开始强劲恢复。2010 年，中国对外贸易总额为 29727.6 亿美元，比 2009 年增长了 34.8%，高于 2008 年的水平。其中，出口总额为 15779.3 亿美元，同比增长 31.3%，进口总额为 13948.3 亿美元，同比增长 38.7%。中国进口的较快增长是危机后带动世界经济复苏的重要因素。从进出口额的变化趋势来看，出口额在 2 月份大幅回落后呈现稳步增长的态势；进口额受中国经济继续向好、国内需求强劲的影响，虽有波动，但保持在较高水平。在 1 月份同比增长 85.5%，在 3 月份超过出口额，成为 2010 年唯一出现贸易逆差的月份（见图 4 - 1）。

受前 4 个月进口强劲反弹，而出口恢复较慢的影响，2010 年中国贸易顺差规模明显下降，贸易顺差额为 1831.0 亿美元，比 2009 年下降了 6.5%，贸易平衡状况有所改善。从不同贸易方式来看，加工贸易仍然是中国贸易顺差的主要来源。2010 年，中国

加工贸易顺差 3229.7 亿美元，一般贸易逆差 472.5 亿美元，其他贸易逆差 926.2 亿美元。这反映了中国贸易顺差的主要结构特征，说明中国目前正处于国际价值链分工的较低端，较低的劳动成本是中国参与国际分工的主要优势。

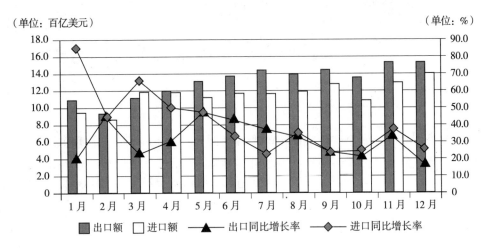

图 4-1　2010 年中国月度进口、出口额及增长率的变化

资料来源：中国海关总署统计数据，http://www.customs.gov.cn。

2. 主要商品进出口全面恢复

机电产品和高新技术产品进出口稳步增长。2010 年，机电产品和高新技术产品的出口额分别达到 9334.3 亿美元和 4924.1 亿美元，比 2009 年增长了 30.9% 和 30.7%，高于 2008 年的水平；机电产品和高新技术产品的进口额分别为 6603.1 亿美元和 4126.7 亿美元，比 2009 年增长了 34.4% 和 33.2%，也高于 2008 年的水平。从机电产品和高新技术产品进出口的变化趋势来看，这两类产品的出口均呈现稳步增长的态势，进口虽有小幅波动，但仍然保持在较高水平（见图 4-2）。

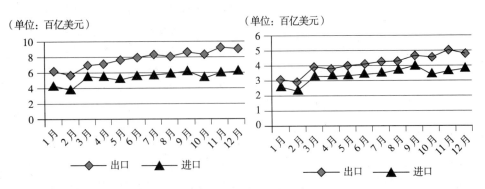

图 4-2　2010 年中国机电产品进出口额变化及中国高新技术产品进出口额变化

资料来源：中国海关总署统计数据，http://www.customs.gov.cn。

资源性产品进口大幅增长，在进口总额中所占的比重有所提高。2010 年，资源性产品"铁矿砂及其精炼"、"原油"和"成品油"的进口额分别为 794.3 亿美元、1351.5 亿美元和 223.4 亿美元，比 2009 年增长了 58.4%、51.4% 和 31.3%。这类产品进口的大幅增长主要是其价格持续走高的结果。2010 年"铁矿砂及其精炼"、"原油"和"成品油"的价格分别比 2009 年上涨了 60.8%、28.9% 和 30.9%。2010 年，"铁矿砂及其精炼"、"原油"和"成品油"的进口额在中国进口总额中所占的比重达到 17.0%，比 2009 年提高了 1.4 个百分点。

劳动密集型产品出口保持较快增长，在出口总额中所占的比重略有下降。"纺织纱线、织物及制品"、"箱包及类似容器"、"服装及衣着附件"、"鞋类"、"玩具"、"家具及其零件"是中国具有传统比较优势的劳动密集型产品。2010 年，这些产品的出口额为 3032.5 亿美元，比 2009 年增长了 25.8%，在出口总额中所占的比例为 19.2%。受危机后外部需求不足、国际市场竞争激烈以及国内劳动力成本不断上涨等因素的影响，这类产品出口的增长速度明显低于出口总额的增长速度，在出口总额中所占的比例比 2009 年小幅下降了 0.9 个百分点。

3. 一般贸易增长迅速，民营企业出口竞争力增强

一般贸易增长迅速，在对外贸易中的重要性不断提高。2010 年，一般贸易出口额为 7207.3 亿美元，比 2009 年增长了 36.0%，高于同期加工贸易的增长速度，在出口贸易总额中所占的比例为 45.7%，比 2009 年提高了 1.2 个百分点。一般贸易进口额为 7678.8 亿美元，比 2009 年增长了 43.7%，也高于同期加工贸易的增长速度，在进口总额中所占的比例为 54.6%，比 2009 年提高了 1.7 个百分点（见表 4-1）。

民营企业出口竞争力的提高是危机后中国对外贸易的重要特点之一。2010 年，以民营企业为主的"其他企业"的出口贸易额为 4812.7 亿美元，同比增长了 42.2%，高于同期国有企业和外商投资企业的增长速度，在出口总额中所占的比例为 30.5%，比 2009 年提高了 2.4 个百分点。

表 4-1 2010 年不同贸易方式、不同企业性质进出口贸易情况

项目		出口		进口	
		金额（亿美元）	同比（%）	金额（亿美元）	同比（%）
总值		15779.3	31.3	13948.3	38.7
按贸易方式分	一般贸易	7207.3	36.0	7678.8	43.7
	加工贸易	7403.3	26.2	4174.3	29.5
	其他贸易	1168.7	37.7	2094.2	40.2
按企业性质分	国有企业	2343.6	22.7	3875.6	37.0
	外商投资企业	8623.1	28.3	7380.0	35.3
	其他企业	4812.7	42.2	2692.8	56.6

资料来源：中国海关总署统计数据，http://www.customs.gov.cn。

4. 主要贸易伙伴基本保持不变，与新兴经济体贸易发展迅速

欧盟、美国和日本仍然是中国最为重要的贸易伙伴。2010 年，欧盟保持中国最大贸易伙伴和最大出口市场地位。中国和欧盟的双边贸易额比 2009 年增长 31.8%，在中国贸易总额中占 16.1%。中国对欧盟的出口额比 2009 年同期增长 31.8%，在中国出口总额中占 19.7%。美国和日本分别保持中国第二和第三贸易伙伴的地位。中国和美国、日本的双边贸易额分别比 2009 年增长 39.2% 和 30.2%。受危机后美国和日本经济复苏缓慢、需求恢复乏力的影响，中国对美国、日本出口的增长速度均低于同期从这两个经济体进口的增长速度。

中国和新兴经济体的贸易发展迅速。2010 年，中国和东盟、巴西、印度、俄罗斯、南非的双边贸易额的增长速度均超过 35%，和东盟的双边贸易额占中国贸易总额的 9.8%，和巴西、印度、俄罗斯和南非的双边贸易额占中国贸易总额的 6.9%，和 2009 年相比略有提高（见表 4-2）。

表 4-2　2010 年中国和主要发达经济体及新兴经济体贸易情况

项目	进出口		出口		进口	
	金额（亿美元）	同比（%）	金额（亿美元）	同比（%）	金额（亿美元）	同比（%）
欧盟	4797.1	31.8	3112.4	31.8	1684.8	31.9
美国	3853.4	29.2	2833.0	28.3	1020.4	31.7
日本	2977.7	30.2	1210.6	23.7	1767.1	35.0
东盟	2927.8	37.5	1382.1	30.1	1545.7	44.8
巴西	625.5	47.5	244.6	73.3	380.9	34.7
印度	617.6	42.4	409.2	38.0	208.4	51.8
俄罗斯	554.5	43.1	296.1	69.0	258.4	21.7
南非	256.5	59.5	108.0	46.7	148.5	70.4

资料来源：中国海关总署统计数据，http://www.customs.gov.cn。

二、对外贸易发展中的多重压力

危机后，中国对外贸易仍然保持较快增长。但中国对外贸易发展面临外部需求增长缓慢、低碳经济模式冲击和劳动力成本持续上涨、粗放贸易增长方式难以为继等多重压力。这些内外压力是影响危机后中国对外贸易发展的主要因素。

1. 全球贸易模式发生重大变化，出口贸易面临更多阻力

危机前，世界经济单向循环的失衡发展，带动了贸易的空前繁荣。多年来，美国等发达经济体的过度消费为其他经济体提供巨大市场，而中国等新兴经济体在为美国等发达经济体提供商品的同时，将获得的巨额外汇储备通过购买美国债券的方式回流到美国金融市场。这些资金和美联储的宽松货币政策以及华尔街的金融创新一起，吹起了美国的房地产泡沫，由此产生的财富效应又进一步提高了美国的消费能力，带动了中国等新兴经济体的出口增长。危机的爆发打破了这种循环，全球贸易模式发生重大变化。危机后，美国、英国等发达经济体受财富大幅缩水的影响，消费需求大幅收缩，进口急剧下降，贸易逆差明显减少。同时，中国等新兴经济体的出口受外部需求急剧下降的影响下大幅收缩，贸易顺差明显下降。

虽然在危机后的复苏调整过程中，中国等新兴经济体经济稳步复苏，投资和消费需求明显增长，对外贸易迅速恢复。但是，新兴经济体受长期实施出口鼓励政策形成路径依赖的影响，其国内消费需求在短期内难以实现较快增长。而美国、英国等发达经济体受经济复苏乏力、失业率居高不下等影响，消费需求在短期内难以恢复到危机前的水平。因此，全球需求的增长将较为缓慢，中国作为"世界工厂"，出口增长将面临更大阻力。

另外，在危机后全球贸易模式转变过程中，发达国家推出的再工业化计划也将对中国出口贸易产生不可忽视的影响。美国总统奥巴马在2010年1月的国情咨文中表示，未来5年，美国的出口额将翻一番，由此创造200万个国内就业岗位。作为落实这一目标的具体措施，美国商务部制定"全国主动出口"战略，从加强贸易拓展、方便贸易融资以及强化贸易规则三大方面扶助美国企业开拓海外市场。同时，欧盟也希望通过鼓励中小企业以及新能源的发展来扩大出口，带动经济的增长。

在全球化分工中，发达经济体处于主导地位，提高服务水平，促进技术研发，加强知识产权保护，维护在行业标准制定上的权威，占据产业链中的高端环节是其在高成本条件下控制产业的必然选择，价值链分工中低端的制造和加工环节向低成本地区转移成为不可逆的必然趋势。产业链的高端环节虽然可以带来更高的资本回报，却难以创造大量就业岗位，而低端环节虽然价值含量、增值能力最低，却可提供大量就业岗位。因此，从长期来看，美国、欧盟等发达经济体在国内失业率居高不下压力下推出的再工业化计划难有作为。但是，美国和欧盟的再工业化计划将在一定程度上产生进口替代效应，并且会促使政府倾向于采取更具贸易保护主义色彩的措施，从而影响中国的出口贸易。

2. 低碳经济模式影响全球贸易格局

低碳经济模式是中国发展对外贸易面临的主要不确定性因素。低碳经济模式作为危机后协调社会经济发展和应对气候变化的基本途径，已得到主要经济体的普遍认同。发达经济体经过多年研发，在新能源、节能减排技术等方面有明显的优势，而且新能源产业及其相关技术也成为危机后发达经济体在世界范围构筑新一轮产业和技术竞争格局、重振本国经济的希望所在。因此，发达经济体不仅通过征收碳税或其他措施，促使国内企业节能减排，而且积极推动减排义务向国际贸易领域扩展，主张对来自减排标准低的经济体的进口产品征收"碳关税"。美国 2009 年 6 月通过的《美国清洁能源法案》规定，美国有权对从不实施温室气体减排限额的国家进口的能源密集型产品征收碳关税。欧盟的主要智囊机构——欧洲政策研究中心在 2009 年 12 月的报告中提出，"欧盟应该考虑对没有采取减排手段的国家出口到欧盟的商品征税"。虽然，欧美等经济体没有马上将"碳关税"付诸实施，但从长远来看，发达经济体将推行更加严格的减排标准，并将利用其优势，制定"碳关税"等低碳经济规则，来保障其产业、产品的国际竞争力。

在低碳经济模式下，各国在国际分工中的比较优势及所处的环节将发生变化。碳排放权将成为除劳动力、资本、技术、自然资源等以外另一个要素，清洁能源、减排技术将是决定竞争优势的一个重要因素。在这方面占有领先地位的发达经济体，可能重新占据未来国际市场竞争的制高点，而在低碳技术上处于劣势的新兴及发展中经济体在国际分工中将被逐渐边缘化。高耗能、高污染产品在世界贸易中的比重将趋于下降，而低耗能、低污染产品在世界贸易中的比重则趋于上升。另外，随着未来碳排放权交易的日益扩大，碳排放权可能像资本、技术、自然资源等其他要素一样跨国流动，从而替代一部分货物贸易。

目前，中国不仅减排技术明显落后于发达经济体，各行业的碳密度均大幅高于发达经济体，而且碳密度较高的产业在经济中占有较高的比重，和主要新兴经济体相比也明显处于劣势（见表 4-3）。中国目前这种高能耗、高排放的经济模式在短期内难以发生根本转变，一旦"碳关税"得以实施，将对中国的对外贸易产生深刻冲击，产品出口将面临更多的环境壁垒，出口产品的比较优势将下降甚至发生逆转，贸易增长将面临更大的阻力。

表 4-3 2004 年不同行业、不同发展水平经济体的碳密度（直接和间接合计）

（单位：吨/百万美元）

分类	高收入经济体	其中			中低收入经济体	其中				总计
		EU 27	美国	日本		巴西	中国	印度	俄罗斯	
农业	98	74	141	73	223	129	350	301	307	168
能源	729	541	1016	433	1147	186	2800	1749	1333	928
制造业	99	62	159	79	449	168	681	518	848	187
能源密集型制造业	172	107	272	140	811	286	1163	888	1193	330
其他制造业	66	42	111	51	289	107	459	354	568	122
其他工业	60	46	69	46	342	89	561	287	381	132
服务业	67	46	94	40	242	101	340	231	409	92
总计	109	74	153	70	479	149	772	531	767	187

资料来源：Mattoo, A. , Subramanian, A et al, "Reconciling Climate Change and Trade Policy", Center for Global Development Working Paper, No. 189, November 2009。

3. 劳动力成本持续上涨，企业经营压力不断增加

长期以来，中国由于劳动力无限供给和劳动力市场价格扭曲等因素的影响，实际工资并没有随着劳动生产率的上升而同比上涨。较低的劳动力成本一直是中国参与国际分工、发展对外贸易的重要比较优势。"纺织纱线、织物及制品"、"箱包及类似容器"、"服装及衣着附件"、"鞋类"等劳动密集型产品在中国出口总额中一直占有较高的比重。而且，许多资本密集型或技术密集型出口产品，中国只是参与了其中劳动较密集部分的制造，对于中国制造部分而言，仍然属于劳动密集型。

金融危机以后，"民工荒"和"涨薪潮"冲击着中国劳动力市场，人手短缺、跳槽频繁、工资越要越高。这主要是因为在劳动力市场上，供给与需求的力量出现了扭转。在较低工资水平的条件下，对廉价劳动力的需求持续旺盛，但劳动力的供给却发生了变化。第一代农民工开始退出工作，而新增的第二代农民工主要是 20 世纪 80 年代或 90 年代出生的，不仅受计划生育政策的影响人数明显减少，而且由于生活条件的改善，他们对工作条件、福利等的要求都明显提高。这说明中国劳动力成本开始进入上升通道已成为不争的事实。

劳动力成本上升将对中国对外贸易发展、经济转型乃至全球经济产生重大影响。虽然从长期来看，劳动力成本上升可以增加居民收入，提高消费能力，并将推动企业提高劳动生产率，有利于促进增长方式转变，加快产业结构升级和提升产品附加值。但是中国目前仍然有极其丰裕和价格相对低廉的劳动要素，处于不完全就业状态。另外，虽然目前有少数企业能够开发核心技术，打造自主品牌，形成核心竞争力，在国际分工中处于主动地位，但大部分企业仍然主要依靠较低的劳动力成本，承接价值链较低端的劳动密集型分工。较低的劳动力成本仍然是中国在未来一段时期内参与国际产业分工重要的比较优势。如果劳动力成本的持续上涨高于劳动生产率提高的速度，必然会压低企业的利润空间，并降低"中国制造"在国际市场上的竞争力，导致部分产业转移至劳动力成本更低的国家，使中国在经济发展的较低阶段出现产业空洞化现象，影响中国经济社会的发展。

4. 粗放的贸易增长模式难以为继

数量扩张、价格竞争是中国贸易增长的主要特征之一。中国得益于鼓励出口的贸易政策，出口增长迅速，工业制品在出口总额中所占的比例较高。但出口产品的技术含量较低，劳动密集型产品以及粗加工产品占较大比重，而高科技含量和高附加值产品所占比重较低。即使是机电产品和高新技术产品，其中相当一部分通过加工贸易的形式完成，主要处于中低端的加工装配环节，加工链条短，国内增值率不高。出口企业大多缺乏核心竞争力、自主品牌及国际渠道，低价格是其在国际市场上的主要竞争手段。这也是中国产品在危机后成为贸易救济措施主要对象的原因之一。

贸易部门迅速扩张对非贸易部门的带动作用并不明显。中国的贸易扩张主要得益于

外商直接投资的超常增长，外商投资企业成了中国贸易增长的主要推动者，并且这些外商投资企业作为跨国公司在全球配置资源的结果，在中国主要是以粗浅加工贸易为主，进口与出口几乎发生在同一部门，贸易部门的扩张对国内其他经济部门传导效应并不显著。

服务贸易发展明显滞后。尽管改革开放以来，服务业发展较快，但和货物贸易的发展相比明显滞后。中国服务贸易额在贸易总额中所占的比例较低，2008年仅为10.61%，而且长期处以逆差状态，2008年服务贸易逆差额达到115.58亿美元。中国服务业和服务贸易滞后发展，已经成为货物贸易可持续发展的一个制约因素。如运输、仓储、保险、咨询、金融等服务业发展的滞后，加大了货物贸易的时间成本及风险，降低了货物贸易的经济效益。

贸易增长的环境和资源成本日益提高。中国长期以来执行的较低环境标准使得贸易产品的成本并没有包含环境恶化的代价。因此中国贸易增长对环境的负面影响日渐突出。另外，中国的资源、能源利用率相对较低，在贸易快速增长的同时，也消耗了大量的能源、资源，能源、资源的进口在中国进口总额中所占的比例较高，中国经济发展对资源的依赖程度正在不断提高。

虽然中国长期以来的贸易粗放增长是受体制环境、区域条件、劳动力素质、基础设施、技术水平以及国际分工既有格局等因素的作用的结果，具有客观的必然性，但是，近年来，尤其是危机后国内外环境已经发生了明显变化，美国、英国等发达经济体过度消费的倾向明显改善，低附加值产品的竞争趋于白热化，国内劳动力成本不断上涨，中国粗放型贸易增长模式难以为继。

三、调整外贸战略实现持续增长

危机后，中国原来贸易增长所依赖的国际和国内条件已经发生变化，对外贸易面临多重压力。中国适时调整对外贸易战略，稳定出口、扩大进口，提升比较优势、培育竞争优势，并通过推进强自由贸易区建设、转变援助形式等营造宽松的外部环境，在促进结构升级的同时，实现对外贸易的可持续发展。

1. 在稳定出口增长的同时扩大进口

长期以来，出口贸易是推动中国经济增长的重要因素。进口贸易主要由出口贸易驱动，中间品和资本品在进口总额中占较高比重。虽然危机爆发后，中国通过扩大基础设施投入、改善社会保障体系、提高最低工资等措施促进内需，应对外部需求急剧下降对本国经济的影响。但在短期内国内市场增长仍不足以消化国内的生产能力，出口如果大幅萎缩，会增加国内产能过剩的压力，投资需求会因市场前景不好而下滑，就业和职工收入也将下降，进而影响内需的增长。因此，稳定出口增长、保持和扩大国际市场份额仍然是中国对外贸易的重要目标。但同时，中国在危机后更加重视扩大进口，注重发挥进口对宏观经济平衡和结构调整的重要作用。

稳定出口增长，扩大进口是 2010 年中国对外贸易政策的重心。一年一度的中国中央经济工作会议是判断当前经济形势，定调次年宏观经济政策最权威的风向标。2009 年的中国中央经济工作会议为 2010 年外贸政策定下的基调是"推动出口稳定增长，促进国际收支平衡"，指出要坚持出口和进口并重，在努力促进出口稳步回升，加快转变外贸发展方式的同时，要努力增加进口，促进贸易平衡。① 在中央经济工作会议之后召开的全国商务工作会议上进一步提出了具体措施，在促进出口稳定增长方面，要完善稳定外需的各项政策措施，保持出口退税政策的稳定，扩大出口信用保险覆盖率，积极落实贸易融资政策，支持大型成套设备；在扩大进口方面，要扩大国内有需求的产品进口，稳定进口促进政策，扩大先进技术、装备、关键零部件和国内紧缺物资进口，增加战略资源的进口和储备，扩大来发展中国家的进口。②

中国推出稳定外需、扩大出口政策措施的效果凸显。2010 年中国进出口贸易快速恢复，进出口贸易额均超过 2008 年的规模，贸易顺差比 2009 年明显下降，贸易顺差持续扩大的趋势得到明显抑制。

2011 年，中国对外贸易的政策重点仍然是在稳定出口增长的同时，支持扩大进口，促进贸易平衡，而且进一步加大扩大进口的力度。2010 年中国中央经济工作会议首次在国家整体战略中将进口与出口摆在同样重要的位置，指出 2011 年将继续稳定和拓展外需，扩大进口规模，坚持出口和进口并重。③ 在中央经济工作会议之后召开的中国全国商务工作会议上进一步明确对外贸易的政策取向，指出在稳定出口增长方面，将大力发展保单融资等政策措施，加大对出口企业尤其是中小企业出口融资的支持力度，进一步扩大大型成套设备出口融资保险规模等；在支持扩大进口方面，将完善进口促进政策，进一步简化进口管理措施，支持扩大进口，促进贸易平衡。进一步拓宽粮棉等大宗商品进口渠道，便利企业及时根据国内外市场变化组织进口，缓解国内供应压力。继续推动发达国家放宽对我国高技术出口管制。④

2. 在提升比较优势的同时，培育竞争优势

比较优势是一国参与国家分工的基础。中国在参与国际分工的过程中，充分利用本国劳动力丰富、要素成本较低的比较优势，对外贸易发展迅速，成为提供较低端产品的"世界工厂"。中国目前处于全球价值链分工的较低端，如果仅依据比较优势

① 参见《2009 年中央经济工作会议特别报道》，新华网，http://www.xinhuanet.com/fortune/09zygzhy/。

② 参见《2010 年中国商务工作十个方面的终点任务》，中国商务部网站，http://www.mofcom.gov.cn/aarticle/ae/ai/200912/20091206696630.html。

③ 参见《2010 年中央经济工作会议特别报道》，新华网，http://www.xinhuanet.com/fortune/2010zyjjgzhy/。

④ 参见《全国商务工作会议明确 2011 年商务发展预期目标》，中国商务部网站，http://www.mofcom.gov.cn/aarticle/ae/ai/201012/20101207323117.html。

发展对外贸易，可能导致其陷入比较优势的"锁定效应"①，低水平的产业结构不断被强化，使其成为全球低端产品的提供地，虽然对外贸易额增长迅速，但从中获取的收益却较少。在危机后全球贸易格局的调整过程中，中国采取各种措施扩展本国参与全球化分工的价值链，提高出口产品的技术含量及附加值，以提升本国的比较优势。

2009 年公布的十大产业振兴规划是最为重要的举措。中国国家发展改革委等部门在 2009 年陆续公布了钢铁、汽车、船舶、石化、纺织、轻工、有色金属、装备制造业、电子信息以及物流业十个重点产业调整和振兴规划。这十大产业在中国国民经济中的地位举足轻重，其中，九个产业的工业增加值占全部工业增加值的比重接近 80%，占 GDP 比重达到 1/3，规模以上企业上缴税金约占中国税收收入的 40%，直接从业人员约占中国城镇单位就业人数的 30%。产业振兴规划的主要目标是淘汰落后产能，促进自主创新，提高出口产品的技术水平及附加值，提升中国的比较优势，提高产品在国际市场上的竞争力。如装备制造业振兴规划指出应增强自主创新能力，稳定和扩大装备产品出口，提高出口产品技术含量、附加值和成套水平。船舶工业振兴规划指出应通过加快自主创新，开发高技术高附加值船舶，2011 年造船完工量占世界造船完工量的 35% 以上，高技术高附加值船舶市场占有率达到 20%，海洋工程装备市场占有率达到 10%。纺织业振兴规划指出应加快技术研发及产业化步伐，推动棉纺、印染、化纤、针织等行业的技术改造，大力打造国际知名品牌，在全球范围内实现销售、研发、生产各个环节的优化配置，提高中国纺织工业在全球价值链中的地位；钢铁产业振兴规划指出应培育企业原始创新、集成创新和引进消化吸收再创新能力，着力突破制约产业转型升级的关键技术，加大技术改造力度，提高工艺装备水平，提升产品档次和质量。

中国提升比较优势、促进贸易升级的另一举措是取消了 406 个税号两高一低产品的出口退税。中国政府从 2010 年 7 月 15 日起全部取消了部分钢材、有色金属加工材、银粉、酒精、玉米淀粉、农药、医药、化工产品、塑料及制品、橡胶及制品、玻璃及制品等 406 个税号"两高"产品的出口退税。出口退税取消后，这些产品出口的增长速度明显下滑，但从长期来看，有利于促进中国贸易增长方式转变。

中国在提升比较优势的同时，注重培育竞争优势。竞争优势理论认为，一国的竞争优势不单取决于要素禀赋，而是可以通过后天培育而实现，主张通过技术进步和制度创新，提升本国产业的国际竞争力，以具有竞争优势的产品参与国际竞争，分享国际贸易利益。该理论还强调贸易政策对培育竞争优势的重要作用。保罗·克鲁格曼也指出，在许多产业中，竞争优势好像既不是由国家潜在的特征决定的，也不是由大规模生产的静

---

① 洪银兴：《从比较优势到竞争优势》，《经济研究》1997 年第 6 期。

态优势决定的，而是由公司研究和开发活动所产生的知识和经验决定的。[1] 中国出于对贸易利益动态性和长期性的考虑，支持技术创新，大力发展本国暂时不具备比较优势但对长远发展具有战略意义的产业，培育竞争优势。

为了培育竞争优势，中国国务院在 2010 年 10 月 10 日发布了《国务院关于加快培育发展新兴战略性产业的决定》，将节能环保产业、新一代信息技术产业、生物产业、高端装备制造产业、新能源产业和新能源汽车产业作为中国的新兴战略性产业，并对新兴战略性产业的发展做了具体规划：到 2015 年战略性新兴产业形成健康发展、协调推进的基本格局，对产业结构升级的推动作用显著增强，增加值占国内生产总值的比重力争达到 8% 左右。到 2020 年，战略性新兴产业增加值占国内生产总值的比重力争达到 15% 左右，吸纳、带动就业能力显著提高。节能环保、新一代信息技术、生物、高端装备制造产业成为国民经济的支柱产业，新能源、新材料、新能源汽车产业成为国民经济的先导产业；创新能力大幅提升，掌握一批关键核心技术，在局部领域达到世界领先水平。再经过十年左右的努力，战略性新兴产业的整体创新能力和产业发展水平达到世界先进水平，为经济社会可持续发展提供强有力的支撑。另外，决定还指出增强自主创新能力是培育和发展战略性新兴产业的中心环节，并明确培育和发展战略性新兴产业的措施。[2]

3. 推进自贸区建设，创造宽松贸易环境

由于多哈回合谈判长期停滞不前，世界主要国家和区域集团加快自贸区建设，以自由贸易区为主要形式的区域贸易安排不断涌现，区域经济一体化迅猛发展。自贸区是 WTO 的一种例外，WTO 允许自贸区成员相互给予更优惠的待遇，而不必给予其他成员，它既遵循多边贸易体制的基本原则，又在协定伙伴国家之间提供更加自由的经贸空间，实现互利。中国自 2007 年 10 月第一次明确提出"实施自由贸易区战略"以来，自贸区建设已经成为中国加入 WTO 后促进贸易发展的新平台和新方式。2010 年中国收获了自贸区谈判多个成果，并积极推进和海湾合作委员会、澳大利亚、挪威的自贸区谈判，推动《亚太贸易协定》第四轮谈判。

2010 年 1 月 1 日，中国—东盟自由贸易区全面建成启动。在货物贸易方面，中国与东盟相互开放市场，双方 93% 的商品贸易关税降为零。而且，东盟十国明确承认中国的市场经济地位，并且承诺对中国不适用《中国加入世界贸易组织议定书》第十五条（反倾销替代国定价条款）和第十六条（特殊保障措施条款）以及《中国加入世界贸易组织工作组报告书》第 242 段（纺织品特保条款）；在服务贸易方面，中国在 WTO 承诺的基础上，在建筑、环保、运输、体育和商务等 5 个服务部门的 26 个分部门，向

---

　① 参见保罗·克鲁格曼主编：《战略性贸易政策与新国际经济学》，海闻等译，中信出版社 2010 年版，第 8 页。

　② 参见《国务院关于加快培育发展新兴战略性产业的决定》，中国中央人民政府网站，http://www.gov.cn/zwgk。

东盟国家做出市场开放承诺，东盟 10 国也分别在金融、电信、教育、旅游、建筑、医疗等行业向中国做出市场开放承诺。2010 年，中国已成为东盟第一大贸易伙伴，中国从东盟的进口有效地促进了危机后东盟国家就业稳定和经济恢复增长。

2010 年 3 月 1 日，中国和秘鲁自贸协定正式实施。中国—秘鲁自贸协定是中国与拉美国家签订的第一个全面的自贸协定。在货物贸易方面，中秘双方将对各自 90% 以上的产品分阶段实施零关税；在服务贸易方面，在各自对 WTO 承诺的基础上，秘鲁将在采矿、研发、中文教育、中医、武术等部门进一步对中国开放，中国则在采矿、咨询、翻译、体育、旅游等部门对秘鲁进一步开放。

2010 年 4 月 8 日，中国和哥斯达黎加签订自贸协定。中哥两国签署的自贸协定涵盖领域广泛，开放水平高，是中国与中美洲国家签署的第一个涵盖货物贸易、服务贸易、知识产权、贸易救济等领域的一揽子自贸协定。在货物贸易方面，中哥双方将对各自 90% 以上的产品分阶段实施零关税；在服务贸易方面，在各自对世贸组织承诺的基础上，哥斯达黎加有 45 个服务部门进一步对中国开放，中国有 7 个部门进一步对哥斯达黎加开放。

2010 年，中国在大力开展自贸区谈判和研究的同时，努力推进自贸区实施工作，提升企业对自贸区优惠政策的利用率，为中国在危机后外部需求低迷、贸易保护主义盛行的条件下，实现对外贸易平稳较快增长发挥了重要作用。2010 年，中国企业利用协定优惠政策的比例明显增加。2010 年 1—10 月，中国各检验检疫机构总共为企业签发各个自贸协定（不包括与港澳更紧密经贸关系安排和亚太贸易安排）优惠原产地证书59.7 万份，同比增长 70.5%；签证金额 217.3 亿美元，同比增长 104.3%。其中，签发中国—东盟自贸区原产地证书 40.9 万份，同比增长 79.3%；签证金额 142.8 亿美元，同比增长 120%。中国和自贸区贸易伙伴的双边贸易增长迅速，2010 年 1 月至 10 月，中国和包括台港澳在内的十个自贸区贸易伙伴的双边贸易额达到了 5213 亿美元，占中国贸易总额的 24%。①

4. 转变对外援助方式，注重促进发展中国家的贸易发展

在全球化日益深化的背景下，增加贸易机会、开放市场有利于推动经济增长，提高居民收入。但是，发展中国家特别是最不发达国家由于商品生产能力低下、基础设施落后，利用贸易规则、贸易机会能力明显低于发达的国家，在经济全球化过程中不断被边缘化。促贸援助是帮助发展中国家提高贸易能力的重要手段。WTO 在 2005 年的香港部长宣言中指出，"促贸援助旨在帮助发展中国家，特别是最不发达国家，增强它们所需要的供给能力和与贸易有关的基础设施建设，从而使这些国家有能力实施 WTO 各协议并从中获益以及扩大它们的贸易"。

---

① 数据来源：《商务形势述评：2010 年我国自贸区建设取得新进展》，中国商务部网站，http://www.gov.cn/gzdt/2010—12/21/content_ 1770481. htm。

中国积极参与 WTO 框架下促贸援助的启动及后续工作，多次向促贸援助框架下的多哈发展议程全球信托基金进行捐助，并逐渐转变对外援助形式，更加注重促进发展中国家尤其是最不发达国际的贸易发展。在 2006 年的中非合作论坛上，中国提出将在扩大对非洲援助规模的同时，向非洲国家提供优惠出口卖方信贷，并进一步向非洲开放市场，把同中国有外交关系的非洲最不发达国家对华出口商品零关税待遇受惠商品由 190 个税目扩大到 440 多个。中国切实履行中非合作论坛的承诺。自 2010 年 7 月 1 日起，中国对埃塞俄比亚、利比里亚、刚果（金）、莫桑比克等 26 个非洲最不发达国家 60% 产品的对华出口予以免关税待遇。为了进一步向非洲商品开放市场，增强非洲商品的出口竞争能力，中国计划在 2010 年之后的三年内，逐步给予非洲所有与中国建交的最不发达国家 95% 产品的对华出口免关税待遇。

另外，中国还和多个发展中国家签署了由中国提供无偿援助的经济技术合作协议；2010 年 11 月 9 日，中国和多哥签署中国向多哥提供无偿援助和无息贷款的经济技术合作协议；2010 年 11 月 17 日，中国和厄瓜多尔签署经济技术合作协议。根据协议，中国政府向厄瓜多尔提供无偿援助将用于实施两国政府商定的合作项目。另外，双方还达成了约 2000 万美元的采购协议和意向，扩大厄瓜多尔香蕉、鱼粉等商品的对华出口；2010 年 11 月 19 日，中国和哥伦比亚签署中国向哥伦比亚提供无偿援助的经济技术合作协议。

四、危机后的贸易保护主义与中国

贸易保护主义无疑是本次全球金融危机最主要的关键词之一。如今，在各国通力合作、共同努力下，自 20 世纪 30 年代大萧条以来最严重的经济危机已基本得到控制，全球经济已然步入了后危机时代。然而，与危机相伴相生的贸易保护主义至今虽有所收敛却并没有偃旗息鼓的迹象。综合看来，贸易保护主义仍将在未来长期存在。

中国，危机后依然是贸易保护主义的最大受害国。面对这一现实，作为负责任的大国，中国始终如一地积极应对贸易保护主义，主张贸易自由化与市场开放，为维护国际贸易秩序与经济全球化的发展做出了举足轻重的贡献。

1. 贸易保护主义有所收敛但仍将长期存在

根据全球贸易警报（Global Trade Alert）自 2008 年 9 月以来发布的 8 份全球贸易警告报告，虽然匹兹堡高峰会议上各国承诺不采取贸易保护主义措施，但是各国的实际行动却并未与其承诺一致，贸易保护主义在各国空洞的抵制宣言面前甚嚣尘上。自 2009 年第三季度世界经济开始出现复苏迹象后，各类限制自由贸易的措施依然被频繁采用。贸易保护主义并未因世界经济的好转而随之有所收敛，相反在危机初期呈现出变本加厉的趋势。这一现象直到 2010 年 6 月才有所变化。根据 GTA 2010 年 11 月发布的第八份全球贸易警告报告，自 2010 年 6 月以后，各国不再像过去那样频繁地采取贸易保护主义措施，体现在各国对中国、美国和德国三大贸易大国采取的贸易保护主义措施的数量都有所下降。① 图 4 - 3、表 4 - 4 直观地反映了这一变化。

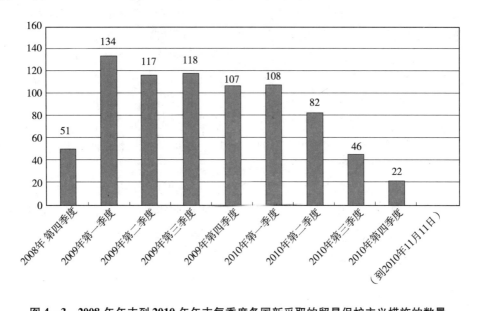

图 4 - 3　2008 年年末到 2010 年年末每季度各国新采取的贸易保护主义措施的数量

表 4 - 4　危机中和危机后三大贸易保护主义受害国新遭受的
贸易保护主义措施数量的变化比较②

贸易保护主义 三大受害国	2008 年 11 月— 2009 年 9 月 危机中	2009 年 9 月— 2010 年 6 月 危机后初期	2010 年 6 月— 2010 年 9 月 转折期	2010 年 9 月— 2010 年 11 月 收敛期
中国	99	183	39	16
美国	86	127	27	20
德国	84	120	23	13

　　图 4 - 3 显示的是贸易保护主义在危机中及危机后的发展变化。基本上，在 2010 年 6 月之前，各国采取贸易保护主义措施的数量都在 100—120 项之间。③ 这一数据显然推

---

　　① Centre for Economic Policy Research(CEPR): *Tensions Contained. For Now: The 8th GTA Report*, November 2010. See http://www. globaltradealert. org/tensions＿ contained＿ 8th＿ gta＿ report.
　　② 数据参考 GTA 相应报告并经笔者归纳整理计算而得。需要指出的是，GTA 提供的数据亦非精确数字，仅能反映大致情况。
　　③ 这一数据是根据各国向 GTA 提交的资料数据统计得出，实际上，各国实际采取的贸易保护主义措施远远大于这个数量。例如，GTA 在其第八份全球贸易警告报告中指出，根据各国提交的材料，2009 年第一季度全球共采取了 134 项影响外国商业利益的措施，而实际上被采取的贸易保护主义措施的数量是 134 的两倍还不止。此外，由于时间过久等原因，2008 年第四季度的统计数量并不代表当时的大致数量。

翻了乐观论者提出的贸易保护主义将会因世界经济的止跌回升而销声匿迹的观点，表明贸易保护主义虽然与世界经济的下滑同生，却并不一定与之同退。2010 年 6 月后各国采取贸易保护主义措施的数量开始明显下降，并呈现逐级下降的趋势。可以说，在世界经济重拾升势的 2010 年下半年，作为其孪生兄弟的贸易保护主义如今已进入收敛期。

中国、美国和德国是此次危机下贸易保护主义的三大受害国。其在不同时期遭遇到的贸易保护主义措施数量的变化亦在一定程度上说明了贸易保护主义已从蔓延期进入到收敛期。以中国为例，根据 GTA 发布的报告，2008 年 11 月至 2009 年 9 月危机期间，中国新遭到贸易保护主义措施 99 起，每季度大约 30 起左右。世界经济在 2009 年 9 月开始呈现复苏迹象后，在危机后初期，即 2009 年 9 月至 2010 年 6 月，中国遭遇的贸易保护主义措施数量不降反升，每季度新遭到的贸易保护主义措施大约 60 起，这一数量甚至是危机中的两倍。2010 年 6 月开始，贸易保护主义措施的数量有所下降，2010 年第三季度新遭遇的贸易保护主义措施为 39 起，到下一季度下滑至 16 起。与危机中以及危机初期相比，这一数量显然大为减少。同样的情况亦发生在美国和德国。

以上数据在一定程度上客观证明了贸易保护主义如今已逐渐收敛。然而这并不意味着贸易保护主义能在接下去的若干个季度中持续收敛并最终退出历史舞台。相反，贸易保护主义将在一段较长的时间内持续存在。这是因为：

117

第一，虽然世界经济逐步重回上升轨道，国际经济大环境日趋好转，但是危机造成的各国的经济衰退无法在短期内修复，各国经济发展速度下降、失业率居高不下等现象依然不断刺激着各国采取贸易保护主义措施的冲动。经济繁荣时期贸易保护主义尚且不能彻底消失，更何况如今各国依然面对棘手的危机后遗症。贸易保护主义必然在较长的一段时间内成为各国保护国内产业、重振国内经济的重要工具之一。

第二，世界经济格局正在从原来的一超多强向多足鼎立过渡。美国霸权正在逐步衰落，一些新兴经济体则开始崛起，例如金砖国家，尤其是中国，其经济发展增速多年保持在 9%—10% 之间，已经成为当之无愧的世界经济发展火车头。此次金融危机爆发后，中国经济虽然也受到影响，但其程度远远小于西方发达国家，并且其经济的复苏速度和程度亦大于西方发达国家，成为危机中稳定世界经济的重要力量。然而，正如 Gilpin 曾经指出的那样，随着世界核心区域的经济衰退与边缘地区的经济起飞，老核心区与新核心区便会在市场、原材料以及投资方面不断发生冲突，而冲突的具体表现形式就是贸易战，贸易战会一直持续到新核心国完全崛起之后。同时，Katzenstein 的研究也表明，在国际政治经济霸权的周期变化中，往往会带来频繁的经济摩擦。无论是 19 世纪 40 年代英国的工业经济发展，还是 20 世纪 40 年代美国的霸权崛起，抑或是 20 世纪 70 年代日本、德国的经济腾飞，都为国际经济领域的争端带来了极为显著的变化。因此，规律是，当霸权上升时期，霸权国家会在很大程度上促进国际政治经济的开放，贸易战相应减少；而当霸权衰落时，国际贸易领域中的保护主义和更深层次的贸易摩擦便会随之增加。因此，在当前世界经济格局转换的敏感时期，老牌霸权国家必然要想方设法巩固其地位，打压新兴经济体，在贸易活动中则体现为老牌霸权国家对新兴经济体的贸易保护主义冲动不止，其与新兴经济体之间的贸易摩擦持续不断。而这必然是一个长期的过程。

2. 危机后中国依然是贸易保护主义最大受害国

（1）一些数据

根据 GTA 的报告，截至 2010 年 11 月第八份全球贸易警告报告发布，各国已经执行的并对中国出口产生不利影响的贸易保护主义措施共计 337 起，已经执行的并可能对中国出口产生不利影响的以及已经宣布还未执行但肯定将对中国出口产生不利影响的贸易保护主义措施共计 195 起。如果从 2009 年 9 月世界经济步入后危机时代起算至 2010 年 11 月，中国至少新遭遇贸易保护主义措施 238 起，远远超过第二受害国美国的 174 起和第三受害国德国的 156 起。① 另外，根据 WTO 秘书处的最新报道，虽然相比于 2009 年，2010 年各国贸易保护主义势头有所缓和，但是上半年依然有 19 个 WTO 成员方新发起反倾销调查 69 起，其中 23 个调查与中国的出口有关，中国是这时期 WTO 成员方新发起调查的主要对象国。中国是贸易保护主义最大受害国的处境已毋庸置疑。

（2）对华贸易保护主义新特征

第一，美元霸权体系的维系者——美国以逼迫人民币升值企图祸水东引是危机后对华贸易保护主义的最新表现。2010 年年初美国国财政部放风：由于国内经济状况不好，准备在 4 月份向国会提供报告把中国列为"汇率操纵国"，美国商界将支持这一措施。2010 年 2 月 3 日，美国总统奥巴马公开表示将在人民币汇率问题上对中国采取更为强硬的立场，并且要求中国开放市场为美国扩大出口。3 月 15 日美国 130 名议员上书国会，正式提出把中国列为"汇率操纵国"的要求。汇率报告原定 4 月 15 日发布，然而因多种因素的影响，美国推迟了发布汇率报告的时间。6 月 9 日，纽约州参议员舒默（Charles Schumer）再次表示要在两周之内推动惩处中国货币政策的立法，成为新一轮人民币汇率之争的开端。6 月 19 日，中国宣布人民币汇率停止钉住美元，重新回到一种更加灵活、更加市场化的汇率制度。7 月，推迟的美国汇率报告对外宣布中国非汇率操纵国。

2010 年 9 月 29 日，美国众议院通过《汇率改革促进公平贸易法案》，旨在对所谓低估本币汇率的国家征收特别关税。参与提出这项法案的议员称，中国人民币对美元严重低估，造成美国对华贸易逆差，影响了美国就业和经济复苏。中美人民币汇率之争再度升级。并且，欧洲部分国家在美《汇率改革促进公平贸易法案》公布后，亦就人民币低估问题向中国发难，向人民币汇率施压的局面已由美国"独唱"逐渐演变为多国组成的"大合唱"。10 月美国推迟公布 2010 年度第二份汇率报告。无论结果如何，人民币汇率之争将持续成为中美博弈焦点已是毋庸置疑的事实。

---

① 数据参考 GTA 相应报告并经笔者归纳整理计算而得。需要指出的是，GTA 提供的数据亦非精确数字，仅能反映大致情况。

美国大打汇率牌并非首次。事实上，早在 20 世纪 80 年代，美国就伙同德国、法国和英国逼迫日本签署了著名的"广场协定"。其背景是 20 世纪 80 年代初期，美国财政赤字剧增，对外贸易逆差大幅增长。而日本则是贸易顺差显著。美国希望通过美元贬值来增加产品的出口竞争力，以改善美国国际收支不平衡状况。"广场协议"的直接后果便是将日本打得"失去十年"，而美国再次巩固了其经济霸主的地位。如今，美国故伎重演，希望通过施压人民币升值以实现本币贬值，从而转嫁国内危机。这一做法不仅严重损害中美关系，而且其影响范围亦正在逐渐扩散。尤其是旨在对所谓低估本币汇率的国家征收特别关税的《汇率改革促进公平贸易法案》的发布，使得各国间的汇率战争一触即发。正如巴西财政部长吉多曼特加（Guido Mantega）抱怨的那样："我们正处在一场国际汇率战争之中。"一旦失去控制，其后果无法估计。

第二，贸易保护频率加快。以中国最大的贸易伙伴美国为例，2009 年 6 月世界经济步入后危机时代后，虽然全球贸易保护主义势头下降，但是美国对华采取贸易保护主义措施的频率相比从前依然明显加快，几乎是每月一案，甚至每月数案。如表 4 - 5 所示：

表 4 - 5　2009 年 6 月至 2010 年 7 月美国对华新采取的及重新征税的贸易保护主义措施①

序号	产品中文名称	措施类别	税令公布日	税令更新日期
1	糖精钠	反倾销	2003 年 7 月 9 日	2009 年 6 月 8 日
2	后拖式草地维护设备	反倾销	2009 年 8 月 3 日	—
3	后拖式草地维护设备	反补贴	2009 年 8 月 3 日	—
4	厨房用搁板和网架	反倾销	2009 年 9 月 14 日	—
5	厨房用搁板和网架	反补贴	2009 年 9 月 14 日	—
6	乘用车和轻型卡车轮胎	特保	2009 年 9 月 26 日	—
7	盐渍蘑菇	反倾销	1999 年 2 月 19 日	2010 年 4 月 28 日
8	手推车	反倾销	2004 年 12 月 2 日	2010 年 4 月 28 日
9	油井管	反补贴	2010 年 1 月 15 日	—
10	钢绞线	反倾销	2010 年 5 月 17 日	
11	钢绞线	反补贴	2010 年 5 月 17 日	
12	油井管	反倾销	2010 年 5 月 24 日	
13	磷酸盐	反倾销	2010 年 5 月 25 日	
14	磷酸盐	反补贴	2010 年 5 月 25 日	
15	钢格栅板	反倾销	2010 年 6 月 1 日	
16	钢格栅板	反补贴	2010 年 6 月 1 日	

---

①　数据来源于中华人民共和国商务部网站：http://gpj.mofcom.gov.cn/aarticle/subject/mymcyd/subject-dd/201008/20100807088256.html。经作者整理而得。

序号	产品中文名称	措施类别	税令公布日	税令更新日期
17	窄幅织带	反倾销	2010 年 6 月 13 日	
18	窄幅织带	反补贴	2010 年 6 月 13 日	
19	机织电热毯	反倾销	2010 年 6 月 28 日	
20	镁碳砖	反倾销	2010 年 7 月 27 日	
21	镁碳砖	反补贴	2010 年 7 月 27 日	

贸易保护频率加快还体现在从立案到采取措施的时间大幅缩短。以中美铜版纸为例，从 2009 年 10 月美国商务部发布立案公告对原产于我国和印尼的铜版纸进行"双反"立案调查，到 11 月美国国际贸易委员会对该案做出产业损害肯定性初裁，再到 2010 年 3 月美国商务部裁定最终的反补贴关税比例，整个过程只有不到半年时间，速度之快出乎许多人的意料。[①]

第三，显性贸易保护主义措施重新得到重视。这里的显性贸易保护主义措施主要是指关税措施。WTO 成立后召开的多轮多边谈判大大降低了各国的关税壁垒，关税作为传统的贸易壁垒在各国贸易保护措施中的比重大幅下降，取而代之的是反倾销、绿色壁垒等隐性贸易保护主义措施。危机后，提高关税作为一种效果显著的贸易保护工具，再次被各国大肆采用。进入后危机时代，提高关税在各国采取的贸易保护主义措施中的比重依然醒目。以中国为例，各国对华采取的各种贸易保护主义措施中，关税壁垒雄踞第二，仅次于贸易救济措施（反倾销、反补贴与保障措施），见表 4-6 所示。

表 4-6　各国对华采取的十大贸易保护主义措施

措施类型	数量	比例
贸易救济措施	117	25.7%
关税措施	85	18.6%
政府援助措施	71	15.6%
出口关税或限制	29	6.4%
非关税壁垒	22	4.8%
移民措施	21	4.6%
出口补贴	19	4.2%
进口禁令	15	3.3%
政府采购	12	2.6%
当地成分要求	11	2.4%

---

① 《未来中美贸易摩擦将渐成常态?》，人民网：http://finance.people.com.cn/GB/11242273.html，浏览日期：2010 年 12 月 15 日。

第四，贸易惩罚力度加大，负面影响深远。例如，美对华油井管双反案涉案金额高达27亿美元，是迄今为止美国对中国发起的最大案值的"双反"调查案件。2009年12月31日，美国国际贸易委员会批准商务部终裁，对从中国进口的油井管实施10.3%至15.78%的反补贴关税，创下了美对华贸易制裁的金额之最，基本关闭了中国油井管输美大门。又比如美轮胎特保案，涉案金额亦超过20亿美元，美国最终宣布对中国轮胎实施三年惩罚性关税，中国轮胎几乎彻底失去美国市场。

第五，"双反"调查，即反倾销和反补贴合并调查取代早先的反倾销措施成为美国贸易救济措施的主力军。从表4-5显示的信息看，2009年6月至2010年7月美国对华新发起的18起（另3起是在这一期间重新征税的案件）贸易救济措施中，14起是同一产品的双反调查，另1起是特保调查，只有2起是单独的反倾销案件。由此可见双反调查在美贸易救济措施中的重要地位。此外，特保措施亦因为其启动容易见效快的特点而开始被采用。

3. 中国坚定立场国际地位进一步提升

中国成为全球贸易保护主义最大对象国亦毋庸置疑，面对这一严峻现实，中国政府秉承负责任大国的宗旨，始终如一地主张贸易自由化与市场开放，言行一致地反对抵制贸易保护主义，为维护国际贸易秩序与经济全球化的发展做出了举足轻重的贡献。中国的国际地位由此再次提升，已成为国际社会必须重视的几股力量之一。

（1）高峰会议上声明并呼吁反对贸易保护主义

2010年1月27—31日的，世界经济论坛在瑞士达沃斯召开，中国国务院副总理李克强发表特别致辞，为促进世界经济健康复苏和持续发展提出了五大建议，其中包括："推动市场更加开放。这是继续应对危机的必由路径。开放是多边的，也是双边的。开放有利于扩大合作、推动发展、促进繁荣，'一加一'往往'大于二'。而搞保护主义只会加重经济危机，减缓复苏进程，最终也会损害自身利益，20世纪30年代大萧条的教训就是明证。一年多来，各国表达了反对保护主义的立场，但各种形式的保护主义仍然不断出现。对此，国际社会应当坚决反对。目前，迫切需要把各方的郑重承诺转化为实际行动，继续推进贸易和投资自由化、便利化，推动多哈回合谈判早日达成更加合理、均衡的结果，使国际市场更加开放。"①

2010年4月9—11日，博鳌亚洲论坛在海南博鳌召开。国家副主席习近平出席开幕式并发表主旨演讲，他指出中国愿意同亚洲各国一道，进一步从六个方面携手推进亚洲绿色发展和可持续发展。其中包括："坚持扩大开放，不断实现和谐发展，坚决反对

---

① 《李克强：促进世界经济健康复苏和持续发展》，新浪财经网：http://finance.sina.com.cn/g/20100131/21577342693.shtml，浏览日期：2010年12月15日。

和抵制各种形式的保护主义，维护公正自由开放的全球贸易和投资体系。"①

2010 年 6 月 26 日至 27 日，G20 第四次金融峰会在加拿大多伦多举行。胡锦涛总书记发表了题为《同心协力　共创未来》的重要讲话，为推动世界经济尽早进入强劲、可持续、平衡增长，提出了三大建议。其中包括："促进建设开放自由的全球贸易体制。我们必须以实际行动反对各种形式的保护主义，坚决倡导和支持自由贸易，继续承诺并严格执行不对商品、投资、服务设置新的限制措施。发达国家要以更加开放的态度促进国际贸易发展，本着互利共赢、共同发展的原则，坚持以对话协商妥善处理贸易摩擦。要按照维护多哈授权、锁定已有成果、以现有谈判案文为基础的原则，推动多哈回合谈判取得全面、均衡的成果，尽早实现发展回合目标。"②

2010 年 11 月 11 日至 12 日，G20 第五次金融高峰会议在韩国首尔召开，胡锦涛总书记在会议中就世界经济强劲可持续平衡增长提出了四点建议，其中第二点建议即："倡导开放贸易，推动协调发展"。胡锦涛总书记指出："我们应该坚定不移推进自由贸易，坚定不移反对各种形式的保护主义，取消已有的贸易保护措施；大幅减少各种贸易和投资壁垒，不断扩大共同利益，通过平等对话妥善处理摩擦和分歧，取消对高新技术产品出口的不合理限制，共同营造自由开放、公平公正的全球贸易环境。我们应该恪守承诺，推动多哈回合谈判早日取得全面均衡的成果，实现发展回合目标，促进建立开放自由的全球贸易体制。"③

（2）扩大进口，坚持自由贸易政策

据统计，2010 年前 11 个月，中国实现进口超过 12534 亿美元，同比大幅增长 40.3%。这有利证明了中国执行的并非是一些国家指责的贸易保护主义政策，而是中国一直倡导的自由贸易政策。中国言行一致地反对贸易保护主义，奉行自由贸易政策，为主要经济体和周边国家创造了大量需求，成为世界经济复苏的重要引擎。此外，中国持续推进自由贸易区的建设，例如，2010 年 1 月 1 日，世界最大的自由贸易区——中国—东盟自由贸易区正式全面启动。双方约有 7000 种产品将享受零关税待遇，实现货物贸易自由化。双方 90% 的贸易产品将实现零关税，这必将为中国和东盟各国的贸易发展和经济合作增添新的动力，对促进世界贸易发展和世界经济复苏也将发挥积极作用。

（3）对"操纵汇率"指责理性反击，对汇率制度适时调整

2010 年年初以来，中美汇率之争逐渐升级，美国逼迫人民币升级转嫁国内危机的目的昭然若揭。针对咄咄逼人的指责，中国政府在多个场合多次表达立场，理性反击以

①《博鳌亚洲论坛 2010 年年会开幕》，人民网：http://finance.people.com.cn/GB/11335569.html，浏览日期：2010 年 12 月 15 日。

②《胡锦涛在 G20 第四次峰会上的讲话（全文）》，中国网络电视台：http://jingji.cntv.cn/special/G20huiyi/20100628/101157.shtml，浏览日期：2010 年 12 月 15 日。

③《胡锦涛就世界经济强劲可持续平衡增长提四点建议》，新浪财经网：http://finance.sina.com.cn/j/20101112/12138944068.shtml，浏览日期：2010 年 12 月 15 日。

维护正当权益。

2010 年 3 月 14 日，国务院总理温家宝在回答中外记者时表示，反对各国之间相互指责，甚至用强制的办法来迫使一国的汇率升值，因为这样做不利于人民币汇率的改革。人民币不会迫于外来压力升值，但"继续完善人民币汇率形成机制"仍是人民币的前进方向。中国人民银行行长周小川表示，汇率问题如果被政治化是不利于解决问题的。要在强劲可持续平衡增长的框架内进行讨论和协商，解决各方在涉及可持续、平衡增长方面所遇到的问题。① 9 月在美国《汇率改革促进公平贸易法案》即将通过之际，外交部发言人姜瑜指出："中方已多次表明在人民币汇率问题上的原则立场。维护中美经贸关系健康稳定发展符合中美共同利益。"我们敦促美国国会有关议员认清中美经贸关系的重要性，不要寻找借口对中国搞保护主义，以免损害中美经贸合作大局。"9 月 30 日，商务部新闻发言人姚坚表示："以汇率为由进行反补贴调查，不符合世贸组织的有关规则。"②

除了对各方指责进行理性反击外，中国还适时调整了汇率制度。2010 年 6 月 19 日，中国人民银行宣布在 2005 年汇率改革的基础上进一步推进人民币汇率形成机制改革，其核心是坚持以市场供求为基础，参考一篮子货币进行调节，继续按照已公布的外汇市场汇率浮动区间，对人民币汇率浮动进行动态管理和调节。这意味着人民币汇率停止钉住美元，重新回到一种更加灵活、更加市场化的汇率制度。自 6 月 19 日人民币汇改重启以来，人民币对美元的升值幅度超过了 1.45%，并在近期连创新高突破 6.7。在各国纷纷有意贬值本币以提高本国产品竞争的冲动下，人民币缓慢升值无疑彰显了中国负责任大国的光辉形象。

（4）有理有节抵制贸易保护主义措施

后危机时代，在应对各国对华贸易保护主义措施时，中国的表现可圈可点。

第一，早先的厌诉状况有极大改善，在政府的支持和配合下，我国涉案企业不再对国外的贸易救济调查威胁或者诉讼望而却步，而是坚定立场，积极应诉。据商务部统计，目前我对美欧反倾销案全部应诉，对发展中国家反倾销案件应诉率也大幅提高，不少典型的大要案都取得较好的应对结果。同时，在应诉过程中我国政府亦注重磋商，以最大限度降低成本。例如应对各国的特保调查，根据商务部统计，截至 2010 年 9 月底，中国共遭遇来自美国、土耳其、哥伦比亚等国家发起的 33 起特保调查，涉案金额超过 28 亿美元。经过与这些国家政府和产业界的多层面交流沟通及缜密细致的法律抗辩，成功化解 31 起。巴西、南非近两年数次拟发起对我众多劳动密集型产品采取特保，经

①　参见《美再度对人民币汇率施压　观各方反应透析其真实意图》，中金在线：http://sc. stock. cnfol. com/100317/123, 1764, 7395279, 00. shtml，浏览日期：2010 年 12 月 15 日。

②　《商务部：以汇率为由进行反补贴调查不符世贸规则》，商务部网站：http://www. gov. cn/jrzg/2010—09/30/content_ 1713785. htm，浏览日期：2010 年 12 月 15 日。

磋商谈判，目前均妥善化解了矛盾和分歧，有效遏制了特保可能对我国出口带来的冲击。①

第二，对于各国采取的花样繁多的对华歧视性贸易政策，我国亦主动出击，积极维护权益。据商务部统计，截至 2010 年 10 月 28 日，应国内产业申请，我国对进口产品发起反倾销调查案件共 64 起（按 WTO "被调查产品所涉国别数量" 进行统计，立案数量为 180 例）。覆盖全国 26 个省区市的近 200 家申请企业，其中包括中石油、中石化、宝钢、武钢等大型生产企业和一批中、小型企业。经过调查，最终采取反倾销措施的案件有 52 起，因申请人撤诉、国内产业无损害等原因终止调查 8 起，还有 4 起案件正在调查。自 2009 年，我国已对进口产品发起反补贴调查共 4 起，最终采取反补贴措施案件 2 起，另有 2 起案件正在调查中。此外，我国还发起保障措施调查 1 起。②

---

① 参见《"十一五"期间我国公平贸易工作回顾和展望》，商务部网站：http://gpj. mofcom. gov. cn/aarticle/subject/mymcyd/subjectrr/201012/20101207295576. html，浏览日期：2010 年 12 月 15 日。

② 参见《"十一五"期间我国公平贸易工作回顾和展望》，商务部网站：http://gpj. mofcom. gov. cn/aarticle/subject/mymcyd/subjectrr/201012/20101207295576. html，浏览日期：2010 年 12 月 15 日。

第五章 低碳发展：
转变增长方式应对气候变暖

　　2010 年是联合国框架下应对气候变暖全球合作的又一重要时期。墨西哥坎昆会议能否达成后京都时代国际气候变化协议的疑云，不仅未曾随着时间的推移逐步消散，曾经寄予的厚望也在悲观中日渐消磨，心态则在务实中归于平和。恢复信心，平衡的框架、有限的目标成为谈判各方最为无奈而现实的选择。2009 年刚刚走上全球气候谈判前台的中国，在越来越多的纷扰中坚守着固有的基本原则，在越来越大的压力下展现出适度的灵活性；既从实际出发按照既定路线以自身特有的方式推进低碳化发展，在国内积极应对气候变化，进一步增加减排的政策力度和透明性，又审时度势以负责任的大国姿态建设性地参与全球气候谈判，主动争取更为有效的国际气候合作，积极正面宣传减排的实际行动和绩效，成为应对气候变暖全球合作的关键力量，在国际气候谈判中的地位进一步凸显。

一、中国应对气候变暖的基本立场与合作建议

　　作为全球最大的发展中国家，中国人口众多、气候条件复杂、生态环境脆弱，正处于工业化和城市化加速发展的重要阶段。2009 年人均 GDP 只约合 3700 美元，世界排名第 99 位；按照联合国每人每天 1 美元的标准，还有 1.5 亿贫困人口；国内的环境制约和资源瓶颈日趋强化。应对气候变化面临着发展经济、改善民生和保护环境三重压力。尽管如此，中国还是本着既对自己负责又对他人负责的态度，把应对气候变化作为经济社会发展的重大战略，将碳强度作为约束性指标纳入国民经济和社会发展的中长期规划，加快建设资源节约型、环境友好型社会。2010 年 2 月，胡锦涛总书记在中央政治局集体学习时指出，把应对气候变化作为我国经济社会发展的重大战略和加快经济发展方式转变、经济结构调整的重大机遇，确保实现 2020 年我国控制温室气体排放行动目标；10 月审议通过的《中共中央关于制定国民经济和社会发展第十二个五年规划的建议》[①]，将"积极应对气候变化"放到更加重要的位置，视其为中国未来发展重要的导

---

　　① 简称《"十二五"规划的建议》，具体内容转引自中央政府门户网站：http://www.gov.cn/jrzg/2010—10/27/content_ 1731694_ 2. htm。

向；12月召开的分析研究明年经济工作的中央政治局会议重申，要坚持不懈推进节能减排和应对气候变化工作，落实控制温室气体排放行动目标。

坚持两条腿走路。一方面实施应对气候变化的国家方案，采取有力措施自主节能减排，努力转变粗放型经济增长方式；另一方面履约《京都议定书》（以下简称《议定书》），积极引进气候变化资金和技术，广泛开展双边/多边气候合作，缓解并适应气候变化。2010年，从"基础四国"气候变化部长级会议到联合国框架下气候变化谈判，从达沃斯论坛到博鳌亚洲论坛，从G20峰会到亚欧峰会，中国利用每一次可能利用的机会，尤其是承办10月联合国气候变化天津谈判，在各种场合以多种方式透过不同渠道反复强调自身应对气候变暖的立场和主张、战略和行动，提出兼具原则性和务实性的合作建议。继2008年、2009年之后，再次于年底全球气候变化会议前夕发布《中国应对气候变化的政策与行动——2010年度报告》[①]，从八个方面系统介绍一年来中国继续推动减缓及适应气候变化的政策、措施、成效及问题，全面重申中国参与应对气候变化国际谈判的原则、立场和主张。

1. 中国应对气候变暖的基本原则

气候变化既是环境问题，也是经济问题，更是政治问题，归根结底是发展问题。中国以负责任的态度高度重视环境问题，深刻理解气候变化产生的复杂性和解决的迫切性，强调积极应对气候变化是中国实现可持续发展的内在要求，事关中华民族和全人类的长远利益。2006年启动《节能减排综合性工作方案》，发布《气候变化国家评估报告》，"'十一五'规划纲要"明确单位GDP能源消耗降低20%左右，建设资源节约型、环境友好型社会；2007年发布《中国应对气候变化国家方案》[②]，党的第十七次代表大会指出"建设生态文明"；2009年确定行动目标，到2020年单位GDP温室气体排放比2005年下降40%—45%；2010年《"十二五"规划的建议》进一步明确"积极应对全球气候变化"，单位GDP能源消耗和CO_2排放大幅下降再次成为未来五年经济社会发展的主要目标之一。以科学发展观为指导，既立足现实又着眼未来，在推动国内经济社会发展的同时，采取适度的政策、措施和行动，努力实现应对气候变化和发展经济的双赢，为保护全球气候系统做出力所能及的贡献。

（1）在可持续发展框架下，从基本国情和发展的阶段性特征出发，协调经济发展和应对气候变化的各项政策措施

在可持续发展框架下应对气候变化，在应对气候变化中促进可持续发展。中国始终坚持并努力贯彻《联合国气候变化框架公约》（以下简称 UNFCCC）第3条之"各缔约

---

① 以下简称《2010年度报告》，具体内容转引自国家发展和改革委员会（简称国家发改委）网站：http://qhs.ndrc.gov.cn/gzdt/t20101126_ 382695.htm。

② 以下简称《国家方案》，具体内容转引自国家发改委网站：http://qhs.ndrc.gov.cn/gndt/P0200901223 56935372286.pdf。

方有权并且应当促进可持续的发展"的原则。早在 1992 年《环境与发展十大对策》就提出"实行可持续发展战略"；2003 年，制定《中国 21 世纪初可持续发展行动纲要》，十六届三中全会明确"坚持以人为本，树立全面、协调、可持续的发展观"；2007 年形成《中国可持续发展总纲（国家卷）》。

气候变化在发展中产生，也只能在发展中解决，发展仍为第一要务。应对气候变化是一项复杂的系统工程，涉及经济社会生活的众多领域，只有和促进发展、提高发展内在动力、增强可持续发展能力紧密结合，才能真正落到实处取得实效。以应对气候变化优化经济增长，在发展经济中提高应对气候变化的能力，通过协调经济发展和应对气候变化的政策措施，充分发挥二者的协同效应，更好地维护并实现自身的发展权益，是中国应对气候变化最为重要的指导思想。2009 年 8 月《全国人民代表大会常务委员会关于积极应对气候变化的决议》[①] 重申，应对气候变化必须深入贯彻落实科学发展观，以增强可持续发展能力为目标，以保障经济发展为核心。2010 年 10 月《"十二五"规划的建议》进一步表明，应对气候变化已经成为加快产业结构调整、转变经济发展方式的重要内容。把积极应对气候变化作为实现可持续发展战略的长期任务纳入国民经济和社会发展规划，明确目标、任务和要求；坚持在可持续发展框架下，统筹当前利益和长远战略、经济社会发展与生态文明建设，是中国应对气候变化最为真切的实践总结。

（2）共同但有差别的责任

这既是 UNFCCC 指导缔约方采取履约行动的核心原则，也是中国应对气候变化需要坚持的基本原则。虽然只要是世界的一分子就必然负有采取措施减缓和适应气候变化的责任，但是其所应当承担的具体责任却由于历史的排放贡献和现实的发展阶段与水平而必须要有所差异。发展中国家不但历史的累计排放相对较小，而且目前的人均排放更是相对较低，发展经济、消除贫困仍然是压倒一切的首要任务；为满足自身社会经济发展的需要，其在全球排放中所占的份额不得不在一定的发展阶段内相应增加。2009 年 8 月《国务院关于应对气候变化工作情况的报告》强调，中国应对气候变化也要考虑实现经济社会发展目标所必需的排放空间和对人类共有大气资源的公平使用权；《积极应对气候变化的决议》重申，既要通过发展满足人民群众的需要，维护其生存权、发展权，又要切实解决发展中存在的经济增长方式粗放、能源利用效率低下等问题。中国只能在发展经济、消除贫困、推动社会进步的同时，采取积极而适度的减缓和适应措施，尽可能地减少排放的增长并尽快达到排放峰值，承担与发展中国家地位相适应的责任，为全球应对气候变化做出力所能及的贡献。

（3）减缓与适应并重

作为应对气候变化的有机组成部分，减缓和适应相辅相成、缺一不可。未雨绸缪，

---

① 以下简称《积极应对气候变化的决议》，具体内容参见国家发改委：《中国应对气候变化的政策与行动——2009 年度报告》（以下简称《2009 年度报告》），http://qhs.ndrc.gov.cn/gzdt/P020091130418956523750.pdf。

重在预防，通过控制温室气体排放，减缓人为气候变化的速度和强度；亡羊补牢，重在抗御，通过强化适应能力建设，减轻既有气候变化的风险和损失。就目前的发展阶段而言，中国的能源结构仍以煤炭为主，粗放型的发展方式一时也难以从根本上扭转；随着经济的快速增长，能源需求还将继续扩大，控制温室气体排放的难度较之发达国家要大得多，是一项相对长期而艰巨的任务。而仅仅 2010 年入汛后，华南和江南地区、北方和西部地区就分别连遭 14 轮和 10 轮暴雨袭击；多地高温突破历史极值；极端气象事件多发偏重，造成重大人员伤亡和经济损失。以降低脆弱性为目的的适应气候变化显然更为现实而紧迫，应当受到同减缓一样程度的重视。《落实巴厘路线图——中国政府关于哥本哈根气候变化会议的立场》再次重申这一主张。中国强调可持续发展是成功实现适应进程的关键途径，坚持适应气候变化在可持续发展框架下与社会经济发展进程相结合，并纳入国家政策体系，综合考虑与减缓的协同效应，着力强化在农业、自然生态系统和人类健康等领域的能力建设，减少气候变化对环境、生命财产和社会经济发展的负面影响。2009 年 8 月《积极应对气候变化的决议》进一步明确，要增强适应气候变化的能力。同年 11 月发布《应对气候变化林业行动计划》，22 项主要行动中有 7 项为适应气候变化的行动。

（4）科技创新和制度创新并举

应对气候变化归根结底要依靠技术进步，以科技创新为内在基础和现实支撑。2006年《国家中长期科学和技术发展规划纲要》把"能源与环境"作为重点领域；2007 年《中国应对气候变化国家方案》不但指出科技进步和创新是减缓温室气体排放、提高气候变化适应能力的有效途径，而且将"气候变化相关的科技与研究水平取得新的进展"作为应对气候变化的总体目标之一，出台《中国应对气候变化科技专项行动》，明确气候变化科学研究和技术开发 2020 年长远目标及"十一五"阶段性目标、重点任务与保障措施；2009 年《积极应对气候变化的决议》进一步要求，把应对全球气候变化关键技术作为国家科技发展计划的重要组成部分，加强应对全球气候变化的科技支撑体系。"十一五"期间，国家科技计划累计安排节能降耗等领域研发项目经费超过 130 亿元。2009 年以来，还安排国家补助资金 4000 万元，支持建设先进储能材料、清洁煤高效成套设备等国家工程研究中心；启动新兴产业创业投资计划，发起设立 18 只创业投资基金。通过相对稳定的政府资金渠道和人才与基地建设，实施科技专项，加强基础研究，明确研究重点，加快相关领域重大技术的研发、推广和示范，并注重先进技术的引进、消化、吸收和再创新，推动产学研结合和先进技术的产业化，积极发挥科学技术的支撑和引领作用。以低碳技术研发为例，不但建立了世界首座 500 瓦燃料敏化太阳能电池示范系统，而且 1.5 兆瓦直驱永磁式风电机组也已研发成功并实现产业化。

体制机制是应对气候变化的重要保障。《积极应对气候变化的决议》进一步指出，要把加强应对气候变化的相关立法作为形成和完善中国特色社会主义法律体系的一项重要任务，纳入立法工作议程。2010 年，全国人大常委会把审议与适应气候变化能力相关的水土保持法（修改）、自然保护区法、森林法（修改）等列入年度立法工作计划，并将能源法和大气污染防治法（修改）的审议作为预备项目。4月，修改后的《可再生能源法》实施，设立可再生能源发展基金，完善风电、太阳能等可再生能源全额收购制度和优先调度办法。自2008年以来又新设立若干职能机构，包括国家发改委的应对气候变化司、国家统计局的能源统计司、工信部的节能与综合利用司、由国家发改委牵头的应对气候变化领导小组协调联络办公室、以国务院总理为主任的国家能源委员会，已形成由国家应对气候变化领导小组统一领导、国家发改委归口管理、各有关部门分工负责、各地方各行业广泛参与的国家应对气候变化工作机制。注意采取适当的财政、税收、价格和金融措施。2010年，公布并施行《中国清洁发展机制基金管理办法》；改革成品油价格和税费；上调天然气出厂基准价格，取消价格双轨制；把"十一五"节能目标分解落实到各省、自治区和直辖市，对未能完成目标任务的加以问责；在操作层面具有"破冰"意义的中国首部应对气候变化地方政府法规《青海省应对气候变化办法》颁布并实施。①《2010年度报告》进一步明确，未来5年将强化节能目标责任考核，完善节能法规和标准，健全节能市场化机制和对企业的激励与约束；建立完善温室气体排放和节能减排统计监测制度，逐步建立碳排放交易市场。

（5）政府主导和全民参与、广泛合作并行

应对气候变化，既涉及经济社会、内政外交，需要充分发挥政府的主导作用；又涉及传统的生产方式和消费方式，需要全社会的主动参与；同时还是21世纪国际社会共同面临的严峻挑战，需要世界各国的广泛合作。

中国一直都在努力营造由政府积极主导、企业自觉参加、公众自愿行动的良好社会氛围，重视增强企业的社会责任和公众的环境意识，设立财政预算专项资金，切实保障政策措施的贯彻实施。2010年，继续通过举办节能宣传周、环境主题日科普活动、论坛、展览等，普及并传播有关气候变化的科学知识。中国绿色产业和绿色经济高科技国际博览会，倡导绿色消费，积极塑造绿色生活方式。上海世界博览会更是明确以"低碳"为理念，不仅转化并应用大量的新能源、节能环保科技成果，还成为其广泛宣传的最佳场所；世博绿色出行活动穿越"长三角"6个城市，78家行业协会和企业承诺员工绿色上下班，172所学校近两万名学生和家长填写"绿色出行承诺书"。媒体的关注度日益提高。8月，中国新闻社在北京王府井步行街举办"低碳发展，低碳生活"公益影像展；10月，众多新闻机构密集性连续报道联合国气候变化天津谈判，全面深入介绍中国为应对气候变化所付出的积极努力和已取得的积极进展；人民网、新华网等设立应对气候变化专题页面，及时追踪全球热点新闻，宣传低碳生活理念。环境保护领域的NGO日渐活跃与成熟，不仅成为中国低碳减排自愿的"先行者"和"探索者"，还是政府、企业、消费者之间的"串联器"和"推动机"，发挥着独特的"催化剂"作用。② 除

---

① 参见《瞭望》新闻周刊：《中国首部气候变化地方立法政府成责任主体》，2010年12月7日。

② 参见王丽等：《民间组织成为中国推进低碳减排的"新兴力量"》，新华网 http://news.xinhuanet.com/politics/2010—12/03/c_12844181.htm。

"阿拉善 SEE 生态协会"及其出资成立的"北京市企业家环保基金会"、发布《2009 中国公民社会应对气候变化立场》的"中国公民社会应对气候变化小组"、致力于推动资源节约型校园建设的"中国青年应对气候变化行动网络"等已存在的 NGO 外，2010 年天津的"生态城绿色产业协会"和"武汉碳减排协会"相继成立，后者作为中国首家碳减排联盟，正启动"百千万碳盘查行动"，力求通过对家庭碳排放量的调查与核算，促进低碳环保生活方式的形成。中国的 NGO 更加主动地走上国际舞台，通过与政府、媒体的有效互动起到积极的补充作用。2007 年的巴厘会议中国环保 NGO 首次以观察员身份参加国际气候谈判，仅有 1 个中国青年组成的代表团；2009 年的哥本哈根会议已有 20 余家 NGO 参加。2010 年，60 家 NGO 亮相天津谈判、组织 20 多场边会；坎昆会议，NGO 又联合地方政府和发改委启动以"低碳发展，中国在行动"为主题的"中国日"活动，全面而集中地展现中国积极活跃的低碳尝试与突破以及所遇到的挑战和瓶颈。

除联合国框架下全球气候变化谈判外，中国坚信任何区域性合作都应是对 UNFCCC 和《议定书》的有益补充，并本着"互利共赢"的原则积极参加和推动应对气候变化的双边/多边国际合作，通过众多渠道不同层次的交流与磋商，增信释疑，扩大共识，树立负责任的大国形象，努力营造有利于自身发展的良好外部环境。2010 年，胡锦涛主席和温家宝总理在重大外交活动中，继续就深化应对气候变化的国际交流与合作、发展绿色经济等问题重申中国的主张和行动；与美国、澳大利亚、印度等签署气候变化领域的相关合作协议，中欧同意就气候变化建立部长级热线和定期对话机制，并使对话辅以高官级磋商和工作层级讨论；派团参加印度应对气候变化技术转让部长级研讨会和美国应对气候变化州长峰会，举办"绿色经济与应对气候变化国际合作会议"，就"气候变化、新能源以及国际合作"展开专题研讨。在力所能及的范围内帮助其他发展中国家提高应对气候变化的能力。2008 年至 2013 年将为其援助 100 个小水电、太阳能、沼气等小型清洁能源项目；仅 2010 年就安排 16 期应对气候变化和清洁能源国际研修班，为受援国培训 380 名官员和专业人员；就应对气候变化向发展中国家提供项目援助也将列入"十二五"规划。[①] 进一步加强与发达国家的务实合作：日本的节能环保合作、美国的社区节能领域合作、欧盟的建筑能效与质量合作、英国的推进绿色建筑和生态城市发展合作等。积极参加 CDM 项目，截至 2010 年 10 月底已批准 CDM 项目 2732 个，其中注册成功 1003 个，预计年减排量 2.3 亿吨 CO_2 当量，占全球的 60.8%。

2. 中国应对气候变暖的国际合作建议

"任何国家面对气候变化都不可能独善其身，也无法单独承担应对气候变化的重

---

① 参见周润健、江国成：《解振华：在应对气候变化方面中国将为发展中国家提供项目援助》，http://www.ccchina.gov.cn/cn/NewsInfo.asp?NewsId=25728。

任"[1]，中国主张通过切实有效的国际合作共同应对气候变化。2009 年 9 月胡锦涛主席在联合国气候变化峰会开幕式上发表讲话时强调，UNFCCC 及其《议定书》已成为各方公认的应对气候变化主渠道，共同但有差别的责任原则已成为各方加强合作的基础，走可持续发展道路、实现人与自然相和谐已成为各方共同追求的目标；当前在共同应对气候变化方面应坚持 4 点：履行各自责任是核心、实现互利共赢是目标、促进共同发展是基础、确保资金技术是关键。

2010 年，除继续致力于 UNFCCC、《议定书》的实施，积极参加后京都时代国际气候谈判，并一如既往地发挥建设性作用外，中国还为推动谈判按照"巴厘路线图"授权沿着正确轨道前进，努力通过 4 次"基础四国"部长级会议及新形成的"基础四国+"机制，协调"77 国集团+中国"尤其是发展中大国之间的谈判立场，维护内部团结，确保对事关自身发展空间和权利的关键性问题拥有自己的发言权；并主动承办新增加的也是坎昆会议前最后一轮谈判——天津 UNFCCC "长期合作行动特设工作组"第 12 次会议及《议定书》"关于附件一国家进一步减排义务特设工作组"第 14 次会议，以自身对气候变化问题的高度重视和积极姿态尽可能形成双轨制谈判的新助力。

（1）参与联合国框架下后京都时代气候变化谈判的原则立场

中国曾在 2009 年《落实巴厘路线图——中国政府关于哥本哈根气候变化会议的立场》中，系统而详细地阐述"巴厘路线图"的落实原则。《2010 年度报告》再次重申，在当前的国际气候变化谈判中，中国政府坚持四项原则立场。

——坚持 UNFCCC 和《议定书》基本框架，严格遵循"巴厘路线图"授权。UNFCCC 及其《议定书》既是国际合作应对气候变化的基本框架和法律基础，也是落实"巴厘路线图"的依据和行动指南；"巴厘路线图"要求确定发达国家在《议定书》第二承诺期的进一步量化减排指标，并就减缓、适应、技术转让和资金支持做出相应的安排。即，后京都时代应对气候变化的国际谈判应坚持 UNFCCC 及其《议定书》的主渠道地位，在双轨制下统筹考虑减缓、适应、技术转让和资金支持。2010 年坎昆会议围绕《议定书》展开激励角逐，日本一开始就宣称不会再在任何条件和情况下继续为《议定书》第二承诺期写下减排目标，随后又将其解释为南北国家需统一在一个法律约束性框架下[2]，加拿大、俄罗斯也随声附和，美国的态度更是强硬。中国首席谈判代表苏伟对此明确指出，《议定书》是"国际气候谈判的基础"；如果其被抛弃，就意味着"谈判基石的坍塌"[3]。

——坚持"共同但有差别的责任原则"。从历史责任看，发达国家在两百多年的工业化过程中没有任何约束地大量排放温室气体，是造成当前全球气候变化的主要原因，

---

[1] 转引自《2009 年度报告》。

[2] 参见陆振华：《日本"抛弃"〈京都议定书〉坎昆谈判受阻》，《21 世纪经济报道》2010 年 12 月 3 日第 3 版。

[3] 李洋：《中国政府在坎昆举办首场"边会"苏伟解疑释惑》，中国新闻网：http://www.chinanews.com.cn/gj/2010/12/02/2695889.shtml。

且其目前的人均排放水平也远高于发展中国家；而发展中国家尚未完成工业化，为实现可持续发展依然需要合理的排放，但其维持基本生存所需的排放空间已被发达国家的过度排放所挤占。从现实能力看，发达国家不仅拥有雄厚的经济实力，还掌握着先进的低碳技术；发展中国家不但缺乏应对气候变化的财力和技术手段，而且面临着发展经济、消除贫困、应对气候变化等多重艰巨任务。发达国家理应承担率先大幅减排的历史责任，并借此为发展中国家的发展腾出必要的排放空间，同时要向发展中国家提供资金、转让技术；发展中国家只能在发展经济、消除贫困的过程中，在发达国家的支持下根据各自国情采取积极的适应和减缓气候变化的措施。国家发改委副主任解振华在 2010 年 11 月介绍《2010 年度报告》和坎昆会议有关情况时强调，发达国家要率先大幅度减排，要为发展中国家的发展提供空间，这是坚持《议定书》第二承诺期的一个根本出发点。

——坚持可持续发展原则。可持续发展是有效应对气候变化的目标和手段，对发展中国家更是如此。由于历史排放少，且当前人均排放水平较低，其主要任务为实现可持续发展。应在可持续发展框架下，统筹考虑经济发展、消除贫困、保护气候，实现发展和应对气候变化的双赢，确保发展中国家发展权的实现。

——坚持统筹协调和平行推进减缓、适应、资金、技术等问题。减缓和适应是应对气候变化两个有机组成部分，应予以同等重视。减缓相对长期、艰巨，适应则更为现实、紧迫，对发展中国家尤其重要，却未引起足够重视。资金和技术是实现减缓和适应必不可少的手段，技术更发挥着核心作用；发达国家向发展中国家提供充分的资金、技术转让和能力建设支持，既是发展中国家有效减缓和适应气候变化的根本保证，也是发达国家的道义和历史责任及法律义务。[1] 应建立有效的资金和技术合作机制及基金，促进应对气候变化技术的研发、应用与转让，确保广大发展中国家买得起、用得上先进的气候友好型技术。南南科技合作同样必要，中国在坎昆会议期间专门发布《南南科技合作应对气候变化适用技术手册》。

（2）《哥本哈根协议》的地位与作用

《哥本哈根协议》（以下简称《协议》）是"基础四国"和美国联手推动形成的重要阶段性成果，可以说在某种程度上挽救了联合国框架下的气候变化谈判。而中国为打破僵局、弥合分歧、凝聚共识，"以最大的诚意、尽最大的努力"[2]，发挥了关键性作用。尽管只是一份以附注而非一致通过的方式形成的政治文件，并不具备法律约束力，《协议》还是从出台的那一刻起就饱受争议，甚至"人为"增添了触及"巴厘路线图"授权的新分歧。

最初的非议，和感觉被边缘化、程序缺乏透明度及广泛参与有关。前者以欧盟最具代表性，后者主要为一些发展中国家所忧虑，这也是其最为人所诟病之处。2010 年的波恩第三轮气候变化谈判，仍有国家宣泄不满，质疑程序的公平性。尽管如此，同年 3

---

① 参见陆振华：《黄惠康：坎昆不能失败，也不应该失败》，《21 世纪经济报道》2010 年 12 月 6 日第 7 版。
② 转引自《2010 年度报告》。

月联合国关于哥本哈根会议结果的官方报告显示，还是有包括欧盟和 111 个国家在内的共 112 个经济体明确表态支持《协议》，75 个 UNFCCC 缔约方做出到 2020 年减少或限制温室气体排放的承诺，占到由能源利用所产生的全球排放的 80% 以上。① 《协议》已成为大多数国家的共识。

而"人为"分歧则来源于美国矛头直指"基础四国"特别是中国的刻意曲解，其试图偷梁换柱，以不具法律约束力的《协议》取代《议定书》，改变"共同但有差别的责任原则"。2010 年的天津谈判，美国代表团团长乔纳森·潘兴明确提出以《协议》作为谈判基础；并与日本等发达国家拒绝继续讨论《议定书》第二承诺期的减排内容，要求激活《协议》并将减排承诺移至其下讨论，从而与包括"基础四国"在内的大多数发展中国家所一贯坚持的双轨制产生原则性冲突。美国气候谈判特使托德·斯特恩也曾表示，"发达国家需要有减排义务而发展中国家没有减排义务，或者只是自愿地进行一些减排行动，这不是《哥本哈根协议》"；"今年的确有缔约方在谈判时打算改变官方语言，认为发达国家必须做出有法律约束性的承诺，而发展中国家只需要彻底的自发性行为"；"中国在谈判中的表现，就好像是《哥本哈根协议》从来没有出现过一样"。② 作为关键力量联手促成的《协议》，却由于所谓文本表述的模糊和解读方式的差异为美国煞费苦心地所利用，成为其针对中国理直气壮再起事端、堂而皇之转嫁责任、另起炉灶谋求单轨的由头。坎昆会议期间，维基解密网曝光了美国在哥本哈根会议前后密集斡旋的外交电报，从中可以发现美国通过全球外交攻势压制对《协议》的争议，让尽可能多的国家同《协议》相连符合美国的利益。③ 玄机或许正在于此。

面对美国蓄意制造的假象和混乱局面，中国迅速做出正面回应。时任天津谈判代表团团长苏伟在 2010 年 10 月 9 日的新闻发布会上明确表示，中国对《协议》的立场是一贯而坚定的，即始终支持《协议》，一向主张把"当中各国领导人所形成的共识，落实到'巴厘路线图'两个工作组的谈判中"；中国并未按照美国的理解来解释、落实《协议》；斯特恩对《协议》的解读是取代 UNFCCC 的规定和原则及其《议定书》，等于根本否定《议定书》、UNFCCC 和"巴厘路线图"，这是中国和广大发展中国家所不能接受的；中国认为《协议》从 UNFCCC 和"巴厘路线图"的原则延伸而来，是对《议定书》和"巴厘路线图"的发展和加强。④

---

① UNFCCC, "Press Release UNFCCC publishes reports summing up results of 2009 UN Climate Change Conference in Copenhagen", http://UNFCCC.int/files/press/news_room/press_releases_and_advisories/application-tion/pdf/20100331_pr_cop_report_v2.pdf.

② 冯迪凡：《坎昆倒计时：最后一个月》、《天津回合：中美僵持不下》，1 财网：http://www.yicai.com/news/2010/10/581089.html, http://www.yicai.com/news/2010/10/504707.html。

③ 冯迪凡：《维基泄密气候谈判美收买第三世界国家》，《第一财经日报》2010 年 12 月 6 日第 A1、A4 版。

④ 周润健、江国成、刘劼：《联合国气候变化谈判中国代表团团长：中国坚定支持哥本哈根协议》，新华网：http://news.xinhuanet.com/world/2010/10/09/c_12642445.htm；龙金光、鲁法芝、陈佳：《中国代表团团长苏伟：中国阻止的是倒退》，《南方都市报》2010 年 10 月 10 日第 A15 版。

事实上，2010年1月，温家宝总理已复信丹麦首相拉斯穆森和联合国秘书长潘基文，表示支持、赞同《协议》；苏伟随后在3月致 UNFCCC 秘书处的信函中明确，可将中国列入《协议》前言中的支持国家名单。4月底的《中欧气候变化对话与合作联合声明》强调，将推动在联合国谈判进程中反映《协议》的政治共识。解振华在9月底介绍中国承办天津谈判情况的新闻发布会上指出，应对气候变化的谈判进程主要是以 UNFCCC、《议定书》、"巴厘路线图"为法律基础，要把《协议》的政治共识反映到今后的谈判案文中；其10月7日接受外国媒体采访时进一步表示，各国对待《协议》的态度有所不同，因此其没有法律约束力，只是一个政治共识。《2010年度报告》再次重申，中方积极评价和全面支持《协议》，支持将其在全球长期目标、发展中国家自主行动透明度、资金、适应、技术转让等问题上的政治共识反映到工作组的谈判案文中，发挥政治指导作用。坎昆会议中国代表团团长解振华在12月8日高级别会议发言时进一步强调，UNFCCC、《议定书》和"巴厘路线图"是全球合作应对气候变化的基本法律框架，而《协议》的政治共识为全球进一步共同行动提供了重要政治推动力，均须倍加珍惜。

（3）坎昆会议的谈判机制、基础和成果

《2010年度报告》明确，坎昆会议应积极坚持 UNFCCC 和《议定书》双轨谈判机制，坚持缔约方驱动与主导和公开透明、广泛参与、协商一致的原则；以缔约方谈判案文为基础，就快速启动资金、适应、技术转让、森林等共识较多的问题取得务实成果，确保 UNFCCC 和《议定书》两个工作组之间以及两个工作组各要素之间的平衡进展，为最终完成"巴厘路线图"奠定坚实基础；无论如何都不能偏离"巴厘路线图"授权。

正如自身所声明的，中国作为"77国集团+中国"的一员全面深入地参与坎昆会议各议题的磋商，对分歧较大的减缓、"三可"和透明度等问题抱持积极而开放的态度，谈判策略更加包容，与发展中国家协调、与发达国家对话，"相向而行，不搞对抗"[1]。解振华团长在中国首场新闻发布会上表示，"基础四国"认为，"三可"和"国际磋商与分析"均是为更好地增加南北国家减缓行动的透明度，增进互信，提供相互学习、相互借鉴的机会；中国一贯主张，发达国家的减缓承诺及其对发展中国家的资金、技术转让和能力建设的支持，发展中国家接受发达国家支持的减缓行动应接受"三可"；发展中国家利用本土资金的自主减排行动接受"国际磋商与分析"，但其相关规则的制定应遵循主权、非惩罚性、非侵入性和促进性原则；"三可"和"国际磋商与分析"在频率上应至少保持一致。[2] 其还在谈判进入实质性磋商的冲刺阶段于高级别会议上重申，中国坚定支持坎昆会议按照"巴厘路线图"达成全面、均衡的成果，并为

---

[1] 坎昆会议中国代表团副团长、外交部气候变化谈判特别代表黄惠康所言。参见陆振华：《黄惠康：坎昆不能失败，也不应该失败》，《21世纪经济报道》2010年12月6日第1版。

[2] 国家发改委：《出席坎昆会议的中国代表团举行首场新闻发布会》，http://www.ndrc.gov.cn/xwfb/t20101208_385104.htm。

此提出四点建议①。以 UNFCCC 和《议定书》为基础。在《议定书》第二承诺期、快速启动资金、适应、技术转让、森林等问题上取得实质性成果；在减缓、透明度等问题上取得积极进展。以共同发展为目标。发达国家应率先大幅减排，为发展中国家腾出必要的发展空间；发展中国家也要在可持续发展框架下为应对气候变化做贡献。以加强合作为途径。发达国家要通过国际合作，为发展中国家应对气候变化提供资金、技术和能力建设的支持；中国将继续通过南南合作向其他发展中国家，特别是最不发达国家、小岛屿国家和非洲国家提供力所能及的帮助。以切实行动为保障。《议定书》发达国家应努力完成第一承诺期确定的减排任务，在第二承诺期进一步承担大幅度量化减排指标，非《议定书》发达国家应在《公约》下承担具有可比性的减排指标，并兑现向发展中国家提供资金和技术转让支持的承诺；发展中国家也要根据国情和能力，采取自愿有效的适应和减缓行动。

中国的坚定主张与积极努力在最终形成的《坎昆协议》② 中得到了较好体现。虽然仍未能完成"巴厘路线图"，也只是笼统地规定《议定书》特设工作组应"及时确保第一和第二承诺期之间没有空当"，但其毕竟认可了《议定书》第二承诺期的存在，也确保了双轨制谈判的延续，并体现了"共同但有差别的责任原则"。《坎昆协议》还就适应、技术转让、资金和能力建设等发展中国家关心的问题取得不同程度的进展。确认"适应"和"减缓"处于同等优先的地位，UNFCCC 缔约方应开展合作，促使全球和各自排放尽快达到峰值；发展中国家达到峰值需要更长的时间，经济和社会发展及消除贫困是其压倒一切的优先事项；发达国家根据自己的历史责任必须带头应对气候变化及其负面影响，并向发展中国家提供长期、可预测的资金、技术以及能力建设支持；建立注册制，记录并匹配发展中国家减缓行动从工业化国家得到的资金和技术支持，发展中国家每两年发布一份进展报告；设立缔约方大会项下的绿色气候基金、由发达国家和发展中国家平等代表构成的董事会，帮助发展中国家适应气候变化；形成由技术执行委员会和气候技术中心及网络组成的技术机制，提高技术合作支持适应和缓解行动。

中国不但积极评价坎昆会议成果，认为其证明多边机制能够推动谈判进程，重燃希望、重拾信心，而且坦承随后的谈判任务依然十分艰巨；"期待各方拿出高度的政治意愿，在南非德班会议上完成《京都议定书》第二承诺期的谈判，建立有效支持发展中国家应对气候变化的资金、技术转让、适应等机制安排，圆满完成'巴厘路线图'授权的谈判任务"，中国将继续为此做出积极的努力。③

---

① 参见邹志鹏：《中国代表提四点建议推动坎昆大会取得积极成果》，《人民日报》2010 年 12 月 10 日第 3 版。

② UNFCCC: *UN Climate Change Conference in Cancún delivers balanced package of decisions, restores faith in multilateral process*, http://unfccc. int/files/press/news_ room/press_ releases_ and_ advisories/application/pdf/pr_ 20101211_ cop16_ closing. pdf.

③ 参见王玉珏、刘莉莉：《中国代表团积极评价坎昆气候大会成果》，新华网：http://news. xinhuanet. com/world/2010—12/11/c_ 12870313. htm。

二、中国低碳化发展道路的基本选择

为应对气候变化由英国 2003 年提出的"低碳经济"，因经济危机获得了规模投资和加速发展的宝贵契机。《坎昆协议》再次强调，低碳发展战略对于可持续发展是不可或缺的。积极应对气候变化，既是顺应当今世界发展趋势的客观要求，也是实现自身可持续发展的内在要求和历史机遇。中国在经济全球化和国际贸易投资的强力推动下成为"世界工厂"，自身的可持续发展仍将在相对较长的一段时间内需要较大的温室气体排放空间。作为负责任的大国，中国又拥有保护全球气候系统免遭人为破坏的强烈政治意愿，并付诸行动，努力避免重复发达国家工业化的老路，其长期的战略选择必然是也只能是把应对气候变化与国家的发展目标紧密结合，走低碳化的发展道路。如果说清洁发展机制和承接高碳产业转移推动着中国被动向低碳转型的初步尝试，那么危机则使中国积极主动地加大自身产业结构升级的力度，希望能够抓住这一后发优势的难得机会实现自身的跨越式发展。据联合国环境规划署（UNEP）统计，2009 年中国清洁能源投资总额高达 337 亿美元，首次超过美国成为清洁能源开发投资最多的国家。[①] 2010 年，中国继续从基本国情和发展阶段的特征出发，出台一系列政策措施，在确保年底单位 GDP 能耗比 2005 年下降 20% 左右的同时，也使自身的低碳化发展道路更加清晰，步伐更为坚定有力。

1. 中国低碳化发展的战略目标

由于经济社会发展的水平存在差异，各国低碳化发展道路的起点不尽相同。与发达国家完成工业化与城市化进程、达到或接近碳排放峰值后才开始低碳经济转型，推行以降低碳排放总量为目标的发展模式，具有本质上的差别。中国低碳化发展的战略目标及具体的政策与行动必须充分考虑自身的发展阶段、技术水平等现实条件，走与之相符合的低碳发展之路。就现在及可预见的未来而言，还只能通过降低能源强度和提高碳生产率，实现经济发展与减少碳排放的双赢。具体分"三步走"，以五年规划的形式明确 2006 年到 2020 年的阶段性目标。

2006 年，"'十一五'规划纲要"确定到 2010 年单位 GDP 能耗比 2005 年下降 20% 左右，相当于 5 年内至少减排 15 亿吨 CO_2。2007 年 9 月，胡锦涛主席在 APEC 第 15 次领导人非正式会议上首次明确主张，"发展低碳经济……从根本上应对气候变化的挑战"[②]。2009 年 9 月，其在联合国气候变化峰会开幕式上向全世界郑重承诺："进一步

---

① 参见姜山、陈伟编译整理：《中国是对绿色能源投资力度最大的国家》，《科学时报》2010 年 8 月 9 日 B4 版。

② 胡锦涛在 APEC 第十五次领导人非正式会议上的讲话，中央政府门户网站：http://www.gov.cn/1dhd/2007—09/08/content_742977.htm。

把应对气候变化纳入经济社会发展规划，并继续采取强有力的措施。一是加强节能、提高能效工作，争取到 2020 年单位国内生产总值二氧化碳排放比 2005 年有显著下降。二是大力发展可再生能源和核能，争取到 2020 年非化石能源占一次能源消费比重达到 15% 左右。三是大力增加森林碳汇，争取到 2020 年森林面积比 2005 年增加 4000 万公顷，森林蓄积量比 2005 年增加 13 亿立方米。四是大力发展绿色经济，积极发展低碳经济和循环经济，研发和推广气候友好技术。"[①] 这既是中国今后一个时期应对气候变化的战略目标，也是中国低碳化发展的路径选择和重大举措。

2009 年 11 月哥本哈根会议前夕，中国正式对外公布控制温室气体排放的中期行动目标，将上述承诺中没有量化的部分进一步具体化：到 2020 年单位 GDP 二氧化碳排放比 2005 年下降 40%—45%，作为约束性指标纳入国民经济和社会发展中长期规划，并制定相应的国内统计、监测、考核办法。[②] 继续采取相应的政策措施和行动，加快转变发展方式，减缓排放增速，争取早日达到排放峰值。

为更好地实现这一行动目标，《"十二五"规划的建议》明确要求，"坚持把建设资源节约型、环境友好型社会作为加快转变经济发展方式的重要着力点"，"发展循环经济，推广低碳技术"；并再次强调，"面对日趋强化的资源环境约束，必须……树立绿色、低碳发展理念，以节能减排为重点"。2010 年 10 月国务院确定现阶段重点培育和发展的 7 大战略性新兴产业，"节能环保"位列首位；12 月中央经济工作会议更是首次提出"环保产业"概念，重申强化节能减排和应对气候变化，加快低碳技术研发应用。

2. 中国低碳化发展的具体路径

向低碳经济转型是低碳化发展的一个过程。除应对气候变化之外，产业升级、竞争力提高和能源安全也是向低碳经济转型的动力之源。人口、人均收入、能源强度和能源结构都是造成温室气体排放量增长的重要因素。向低碳经济转型对中国而言并不是减少煤炭等化石燃料的使用，现阶段低碳化发展的主要途径是提高能源利用效率、降低能源强度。通过对相关领域的重点投资，优化发展方式，实现控制温室气体排放的中期行动目标。

——加快结构调整，推动产业升级

经济结构性矛盾突出，CO_2 排放的 70% 左右来自工业生产领域，能源消耗总量中工业耗能的比重偏高是中国低碳化发展必须解决的问题。以优化产业结构为突破口，进一步加大结构节能工作力度，努力形成"低投入、低消耗、低排放、高效率"的经济发展方式。

大力培育和发展战略性新兴产业。2010 年 10 月发布《关于加快培育和发展战略性

---

① 参见《2009 年度报告》之"附录一"。

② 参见中央政府门户网站：《温家宝主持召开国务院常务会议研究决定我国控制温室气体排放行动目标》，http://www.gov.cn/1dhd/2009—11/26/content_ 1474016. htm。

新兴产业的决定》，确定现阶段重点培育和发展 7 大战略性新兴产业：节能环保、新一代信息技术、生物、高端装备制造、新能源、新材料和新能源汽车。并分 3 个阶段明确其具体发展目标。到 2015 年，形成健康发展、协调推进的基本格局，增加值占 GDP 的比重力争达到 8% 左右。到 2020 年，力争达到 15% 左右；节能环保、新一代信息技术、生物、高端装备制造产业成为国民经济的支柱产业，新能源、新材料、新能源汽车产业成为国民经济的先导产业；掌握一批关键核心技术，在局部领域达到世界领先水平；形成一批具有国际影响力的大企业和创新活力旺盛的中小企业；建成一批产业链完善、创新能力强、特色鲜明的战略性新兴产业集聚区。再过 10 年左右，产业整体创新能力和发展水平达到世界先进水平。进一步明确发展的重点方向和主要任务。①

加快淘汰落后产能，改造提升传统制造业。2007 年制定"十一五"期间 13 个行业淘汰落后产能分地区、分年度计划。2009 年，陆续发布并实施汽车、钢铁、纺织、装备制造、电子、石化、有色金属等 10 大重点产业调整振兴规划和《关于抑制部分行业产能过剩和重复建设引导产业健康发展若干意见》，通过淘汰落后产能，鼓励自主创新和加快技术改造、降低能耗并提高资源综合利用水平，促进兼并重组，提升产品结构并优化产业布局。制定并发布高耗能行业市场准入标准，提高其节能环保准入门槛，严格控制高耗能、高排放行业和产能过剩行业新上项目。2010 年 2 月印发《关于进一步加强淘汰落后产能工作的通知》，以钢铁、水泥、有色金属、造纸、印染等行业为重点，采取分解落实目标责任、完善政策约束、建立激励和监督检查机制等综合措施，确保按期完成任务。自 7 月 15 日起取消部分钢铁、化工等"两高"商品的出口退税，强化税收等经济手段对过剩产能的抑制作用。2006 年到 2009 年，已关停小火电机组 6006 万千瓦，淘汰落后炼钢产能 6083 万吨、炼铁产能 8172 万吨、水泥产能 2.14 亿吨，形成节能能力约 1.1 亿吨标准煤。出台的 4 万亿元经济刺激计划，2100 亿元投资于节能减排和生态工程，3700 亿元用于自主创新、结构调整和技术改造。②《"十二五"规划的建议》指出，制造业发展重点是优化结构，改善品种质量，增强产业配套能力，淘汰落后产能。

加快发展服务业。2007 年发布《关于加快发展服务业的若干意见》；2008 年印发《关于加快发展服务业若干政策措施的实施意见》，支持服务业加快发展的政策体系不断完善。2009 年以来，制定《关于加快发展养老服务业的意见》、《关于加快家政服务业发展的意见》、《关于发展家庭服务业的指导意见》等政策性文件，大力推动生产性服务业和生活性服务业发展。2010 年 8 月，召开服务业发展改革工作座谈会，明确提出将发展服务业作为加快转变经济发展方式、调整经济结构的战略性举措。中国第三产

---

① 转引自《国务院关于加快培养和发展战略性新兴产业的决定》，中央政府门户网站：http://www.gov.cn/zwgk/2010—10/18/content_ 1724848. htm。

② 参见国家发改委：《关于 4 万亿元投资的有关情况》，http://www.ndrc.gov.cn/gzdt/t20090306_ 265021. htm。

业增加值比重已从 2005 年的 40.5% 提高到 2009 年的 42.6%。《"十二五"规划的建议》重申，把推动服务业大发展作为产业结构优化升级的战略重点，建立公平、规范、透明的市场准入标准，探索适合新型服务业态发展的市场管理办法，营造有利于服务业发展的政策和体制环境；拓展服务业新领域，发展新业态，培育新热点，推进规模化、品牌化、网络化经营。

——大力节约能源，切实提高能效

低碳化发展要求改善能源利用效率并减少能源消耗，发展中国家更需如此。节约能源、提高能效是中国经济社会发展的重大战略。作为结构调整的突破口和重要抓手，节能减排的位置尤为突出。早在 2007 年就成立由国务院总理任组长的节能减排工作领导小组，通过一系列相互协调、互为补充的政策措施，形成合理的制度框架，引导并发挥市场经济的效率与活力，推动节能减排的切实展开。

建立目标责任制，加强评价考核问责。将"十一五"节能减排目标分解落实到各省、自治区和直辖市，并为强化政府的主导责任，印发《节能减排统计监测及考核实施方案和办法》，明确对目标完成及措施落实情况进行考核、未完成的地方政府官员实行严格的问责制。自 2007 年以来，每年都发布各省、自治区和直辖市单位 GDP 能耗等指标公报。发改委还组织开展千家企业年度节能目标责任评价考核，公告考核结果，接受社会监督。2010 年，印发《关于进一步加大工作力度确保实现"十一五"节能减排目标的通知》及主要任务的分工方案和《中央企业节能减排监督管理暂行办法》，明确 103 项节能减排任务的承担部门；国务院还组织 13 个部门，组成 6 个督察组，对全国 18 个重点地区进行节能减排专项督查，进一步加大节能减排的工作力度。

完善法规制度标准，实施价格经济政策。除 2008 年全面实施修订后的《节约能源法》外，中国逐步健全节能减排管理制度和标准体系，发布《民用建筑节能条例》、《公共机构节能条例》，提高建筑节能和资源综合利用标准；制定高耗能产品能耗限额强制性国家标准、终端用能产品强制性能效标准和固定资产投资项目节能评估及审查暂行办法，扩大强制性能效标识的实施及调整范围；深化能源价格和税费及增值税转型改革，完善节能减排经济政策。2009 年以来，制定能源管理体系、企业节能量计算方法等基础标准 33 项；适时调整成品油、天然气价格；发布节能发电调度经济补偿办法，推广节能发电调度政策，加大差别电价实施力度。自 2010 年 6 月起，提高电解铝、铁合金等 8 个行业的限制类和淘汰类企业的电价加价标准；超过国家和地方规定单位产品能耗（电耗）标准的实施惩罚性电价。

加快实施重点节能工程，推动重点领域节能减排。制定并下发《"十一五"十大重点节能工程实施意见》，把燃煤工业锅炉（窑炉）改造、节约和替代石油、建筑节能、绿色照明、政府机构节能等确定为重点节能工程；预计 2006 年至 2010 年借此可形成约 2.4 亿吨标准煤的节能能力。仅 2009 年至 2010 年上半年，就安排中央预算内投资 39.7 亿元、节能财政奖励资金 89 亿元，支持十大重点节能工程项目 2389 个，形成年节能能力 5620 多万吨标准煤。促进重点用能的工业、建筑和交通领域及公共机构的节能减排。

2009 年，开展千家企业以能源审计、编制节能规划和公告能源利用状况为主要内容的节能行动，启动重点耗能企业能效水平对标活动；推广节能省地环保型建筑和绿色建筑，加快既有建筑节能改造，启动国家机关办公建筑和大型公共建筑节能监管体系试点工作；优先支持发展城市公共交通，继续完善和严格执行机动车燃料消耗量限值标准，建立汽车产品燃料消耗量申报和公示制度，控制高耗油、高污染机动车辆发展。

加快推行合同能源管理，积极发展节能服务产业。这既是利用市场机制促进节能减排的有力措施，也是培育战略性新兴产业、形成新的经济增长点的迫切要求。自 20 世纪 90 年代末引进合同能源管理机制以来，中国的节能服务产业迅速发展。2009 年，全国节能服务公司 502 家，行业总产值超过 580 亿元，综合节能投资 360 亿元，年节能能力 1350 万吨标准煤。2010 年 4 月发布《关于加快推进合同能源管理促进节能服务产业发展的意见》，明确阶段性发展目标：到 2012 年，扶持培育一批专业化节能服务公司，发展壮大一批综合性大型节能服务公司，建立充满活力、特色鲜明、规范有序的节能服务市场；到 2015 年，建立比较完善的节能服务体系，专业化节能服务公司进一步壮大，服务能力进一步增强，服务领域进一步拓宽，合同能源管理成为用能单位实施节能改造的主要生产方式之一。并从加大资金支持力度、实行税收扶持政策、完善相关会计制度和进一步改善金融服务四个方面，完善促进节能服务产业发展的政策措施。① 6 月颁布《合同能源管理财政奖励资金管理暂行办法》；财政部决定在 2010 年安排 20 亿元，支持节能服务公司采取合同能源管理方式为企业实施节能改造。

推广高效节能产品，实施节能惠民工程，鼓励低碳消费方式。2009 年以来，相继发布《高效节能产品推广财政补助资金管理暂行办法》、《"节能产品惠民工程"高效节能房间空调推广实施细则》、《节能与新能源汽车示范推广财政补助资金管理暂行办法》和《节能产品惠民工程高效电机推广实施细则》。通过财政补贴推广能效等级在 1 级或 2 级以上的空调、冰箱、洗衣机等 10 类产品及高效照明产品，鼓励"以旧换新"。仅高效节能空调，截至 2010 年 10 月已推广近 2000 万台，市场占有率从 5% 上升到 80% 以上。大力推广排量在 1.6 升及以下、综合工况油耗比现行标准低 20% 左右的乘用车，对购买节能与新能源汽车及建设相关配套设施给予税收优惠和补贴。实施全民节能行动，仅"限塑令"一项就相当于每年可节约石油 240 万—300 万吨、减少排放 720 万—900 万吨，逐步把节能变成全体公民的自觉行为。

——发展绿色低碳能源，优化能源结构

低碳化发展需要降低能源碳含量，通过调整相关国家战略和政策措施，实现能源优化配置，为可持续发展提供不可或缺的能源保障和安全支持。而能源的低碳化，除提高化石能源的利用效率、降低其消耗外，还包括能源的多元化，开发利用可再生能源等新

---

① 转引自《关于加快推进合同能源管理促进节能服务产业发展的意见》，中央政府门户网站：http://www.gov.cn/zwgk/2010—04/06/content_ 1573306. htm。

型能源，以更为低碳甚至无碳的清洁能源体系补充并在一定程度上替代传统能源体系，从而减少甚至摆脱对化石能源的依赖。"十一五"时期可再生能源呈现跳跃式发展，到2010年年底，计入沼气、太阳能热利用等非商品可再生能源，年利用量总计3亿吨标准煤，占当年能源消费总量的9.6%。①

健全支持绿色低碳能源发展的法规及政策体系。2006年施行《可再生能源法》；2007年制定《可再生能源中长期发展规划》，明确2020年可再生能源达到能源消费总量的15%左右；印发《可再生能源产业发展指导目录》、《可再生能源发电有关管理规定》和《可再生能源发电价格和费用分摊管理试行办法》，实行可再生能源优先上电网、价格优惠及社会分摊等财税激励政策。从2008年起批准的符合《公共基础设施项目企业所得税优惠目录》条件的水电、核电、风电、太阳能发电等新建项目，自取得第一笔生产经营收入所属纳税年度起，可享受"三免三减半（第一至第三年免缴、第四至第六年减半征收）"的企业所得税优惠。2010年4月实施修改后的《可再生能源法》，设立可再生能源发展基金，以"全额保障性收购"替代"全额收购"，完善可再生能源收购制度和优先调度办法。加快《能源法》立法；抓紧制定"十二五"能源发展规划和新能源发展规划，考虑进一步提高可再生能源发展目标，从3.6亿千瓦到5亿千瓦、对应电量从1.49万亿千瓦时到1.82万亿千瓦时。《关于加快培育和发展战略性新兴产业的决定》明确：发展核能；开拓太阳能光伏光热发电市场；有序推进风电规模化发展，加快智能电网及运行体系建设；开发利用生物质能。《"十二五"规划的建议》强调，构建现代能源产业体系；加快新能源开发，在保护生态的前提下积极发展水电，在确保安全的基础上高效发展核电，加强电网建设，发展智能电网。

核能。作为替代火力发电、减少温室气体排放的重要手段，积极推进内陆核电项目，加快沿海核电发展。截至2009年，已建成核电站6座；2010年新开工建设3台机组，装机2665万千瓦，在建规模达到世界第一。大力推广第三代核电技术，积极研发以快堆、超高温气冷堆、超临界水堆技术为代表的第四代核电技术。2020年中国核电转机容量有望达到8000万千瓦。到2050年，中国核电将成为绿色能源支柱，占一次能源消费的比重达到15%。

水电。始终处于重要位置，是可再生能源开发利用的主体。截至2009年年底，水电装机容量1.97亿千瓦，占电力总装机规模的22.5%；2009年水电发电量5747亿千瓦时，相当于替代1.8亿吨标准煤燃烧，减少CO_2排放4.7亿吨。"十一五"时期投产的水电装机为"十五"时期的2.5倍，2010年水电总装机突破2亿千瓦，年发电量6500亿千瓦时，约为2.08亿吨标准煤，占能源消费量6.3%。

太阳能。发布《关于加快推进太阳能光电建筑应用的实施意见》和《太阳能光电建筑应用财政补助资金管理暂行办法》，2010年拨付8.36亿元资金用于99个太阳能光

---

① 转引自王优玲：《"十一五"末我国可再生能源占能源消费总量9.6%》，新华网：http://news.xinhuanet.com/fortune/2010—12/15/c_13650608.htm。

电建筑应用示范项目；出台《可再生能源建筑应用城市示范实施方案》和《加快农村地区可再生能源建筑应用的实施方案》，中央财政对两批 47 个示范城市和 98 个示范县予以专项补助。截至 2009 年年底，太阳能光热应用面积 11.79 亿平方米。2010 年，太阳能热水器安装集热面积达 1.6 亿平方米，约替代 3000 万吨标准煤。"十一五"末，中国的光伏电池制造产业年产量占全球市场的 40%；2009 年和 2010 年连续两年国内新增光伏发电装机容量均为之前的累计总和。

风能。出台《关于完善风力发电上网电价政策的通知》，将全国划分为 4 类风资源区，建立风电区域标杆电价制度。从 2010 年起，取消风电设备国产化超过 70% 的要求，鼓励包括外资在内的各种资金投资风电建设。目前正在建设 7 个"千万千瓦级"风电基地，仅上海东海大桥 10 万千瓦海上风电项目并网发电，就相当于每年替代约 8.3 万吨标准煤燃烧，减少 CO_2 排放约 21 万吨。"十一五"时期投产的风电装机为"十五"时期的 40 倍，风电新增装机容量连续四年翻番。2010 年，全球每三台新装风电机组就有一台在中国，提前 10 年完成 2020 年风电发展目标，累计装机容量 4182.7 万千瓦，首次超过美国跃居世界第一。

生物质能。多元化发展：支持生物燃料乙醇开发，乙醇汽油消费量已占全国汽油消费量的 20% 左右；支持秸秆能源化利用，公布《秸秆能源化利用补助资金管理办法》，建成投产项目总装机容量 613 兆瓦；支持生物能源和生物化工发展，对其原料基地建设给予补助。2010 年 7 月《关于完善农林生物质发电价格政策的通知》，要求对农林生物质发电项目实行标杆上网电价政策。继续加强农村沼气建设。到 2010 年年底，生物质发电装机约 550 万千瓦，全国户用沼气达 4000 万户①、沼气年利用量约 130 亿立方米，生物燃料乙醇利用量 180 万吨左右。

清洁煤炭利用。建立煤层气产业技术创新战略联盟，出台打破专营权、税收优惠、财政补贴等多项扶持政策。国内 19 个产煤省市累计抽采利用煤矿瓦斯 19.3 亿立方米。

——发展循环经济，建设智能电网

低碳化发展以低能耗、低排放、低污染为基础模式，和循环经济的"3R"（减量化 redace、再利用 reuse、再循环 recycle）原则异曲同工。建设资源节约型、环境友好型社会最初正是从发展循环经济入手，强调源头控制和资源利用效率的提高。"十一五"规划专门明确循环经济的发展目标、任务和举措，其试点、示范工作也已取得初步成效。而智能电网同样具有低碳化特性，能够为大规模开发、利用清洁能源提供基础支撑。国家电网将其内涵概括为坚强可靠、经济高效、清洁环保、透明开放、友好互动。

高度重视发展循环经济，从源头和生产过程减少温室气体排放。制定《循环经济促进法》，发布《关于加快发展循环经济的若干意见》和《废弃电器电子产品回收处理管理条例》，实施《城市生活垃圾处理及污染防治技术政策》、《生活垃圾卫生填埋技术

---

① 据测算，4000 万户户用沼气年均可替代薪柴和秸秆 4800 万吨，相当于 1.32 亿亩林地。

规范》等行业标准，开展循环经济示范试点和汽车零部件再制造工作，完善废弃物综合利用、再生资源回收利用税收优惠和促进填埋气体回收利用激励政策，加大财政预算内投资支持力度。仅 2008 年就回收利用废钢 7200 万吨，再生有色金属产量 520 万吨，回收塑料 1600 万多吨，位居世界第一。《"十二五"规划的建议》强调，实行生产者责任延伸制度，推进生产、流通、消费各环节循环经济发展；加快资源循环利用产业发展，鼓励产业废物循环利用，完善再生资源回收体系和垃圾分类回收制度，推进资源再生利用产业化；开发应用源头减量、循环利用、再制造、零排放和产业链接技术，推广循环经济典型模式。

2009 年 5 月首次提出建设坚强智能电网，并将其作为推动发展方式绿色转型的战略支点，分 3 个阶段到 2020 年全面建成统一的坚强智能电网。当年投入建设的资金已达 73 亿美元。2010 年，国家电网又以 1 号文件的形式公布今后 10 年坚强智能电网的建设规划，特高压电网多条线路开工、智能电网标准颁布和扩大电网智能化试点成为 2010 年的工作重点；"积极应对气候变化……加强智能电网建设"还首次写入 3 月的政府工作报告；确定电动汽车充放电系列标准、智能电表系列标准和光伏电站介入电网技术规定等 22 项智能电网核心标准，融合物联网技术的智能电网标准体系基本形成。"十二五"期间国家电网将为此投资 5000 亿元。[1] 预计到 2020 年以智能电网为平台，可推动实现 CO_2 累计减排 105 亿吨，对实现单位 GDP 碳排放强度目标的贡献度超过 20%。[2]

——推动植树造林，增加森林碳汇

低碳化发展意味着调整并改善大气环境中的碳循环，通过增加自然碳汇，可以中和短期内无法避免的温室气体排放，稳定大气中的温室气体浓度。保护森林是国际公认的减缓和适应气候变化的重要途径。2009 年 6 月，全国林业工作会议明确指出，应对气候变化必须把发展林业作为战略选择。同年 11 月发布《应对气候变化林业行动计划》，确定 3 阶段目标和 22 项主要行动。

实施国家重点造林工程和碳汇造林项目。前者包括三北和长江中下游地区等重点防护林工程、退耕还林工程、天然林保护工程、京津风沙源治理工程及速生林基地建设工程。1999 年至 2009 年，累计实施退耕还林 4.03 亿亩，工程范围涉及全国 3200 多万农户。2010 年，在 20 个省区开展造林补贴试点；制定《碳汇造林技术规定（试行）》和《碳汇造林检查验收办法（试行）》，启动全国碳汇造林试点工作；成立首家以应对气候变化、增加森林碳汇、帮助企业志愿减排为目的的全国性公募基金会——"中国绿色碳汇基金会"，已获社会各界捐资 3 亿元，形成北京、山西、浙江等专项，企业自愿捐资完成 100 多万亩碳汇林。积极推进 CDM 造林再造林碳汇项目，完成优先发展区域选

143

---

① 中国之声《新闻和报纸摘要》报道，http://www.cnr.cn/china/news/201101/t20110110_507563698.html。

② 参见黄素文：《智能电网未来 10 年助推碳减排百亿吨》，《中国能源报》2010 年 4 月 26 日第 23 版。

择和评价专项研究，与世界银行合作实施全球首个 CDM 碳汇造林项目"广西珠江流域治理再造林项目"。进一步加强碳汇造林管理工作，对现有及新开展项目分别实施备案管理和注册登记制度。

加强林业经营及可持续管理。2010 年，颁布《全国林地保护利用规划纲要（2010—2020 年）》，提出今后 10 年保证全国森林保有量稳步增长，实行林地分级管理，建立林地保护管理新机制。出台《全国林木种苗发展规划（2011—2020 年）》，修订《国家级公益林管理暂行办法》，从 2010 年起提高中央财政对属集体林的国家级公益林森林生态效益补偿标准。启动森林经营工程，抓紧组织编制《全国森林经营规划纲要》。加强中幼林抚育经营和低产林改造，2009 年以来拨付中幼林抚育试点补贴资金 5 亿元，安排试点任务 500 万亩；2010 年，中央财政安排森林抚育补贴试点资金 20 亿元，全国计划完成森林抚育 7875 万亩。

——开展试点工作，建设低碳城市

低碳化发展已成为 21 世纪城市可持续发展的重要内容，在城市化加速发展的过程中探索城市的低碳化发展道路具有极为现实的必要性。2010 年 8 月正式启动国家低碳省区和低碳城市试点工作，首批包括广东、辽宁、湖北、陕西、云南五省和天津、重庆、深圳、厦门、杭州、南昌、贵阳、保定八市。要求试点省区和城市把应对气候变化纳入本地区"十二五"规划，明确提出控制温室气体排放的行动目标、重点任务和具体措施；制定支持低碳绿色发展的配套政策，政府引导和经济激励相结合；运用低碳技术改造提升传统产业，培育壮大战略性新兴产业，发展低碳建筑和交通，加快建立以低碳排放为特征的产业体系；建立温室气体排放数据统计和管理体系；积极倡导低碳绿色生活方式和消费模式。

三、中国战略选择的国际影响

温家宝总理曾用四个"最"概括中国应对气候变化的不懈努力和积极贡献：最早制定实施《应对气候变化国家方案》的发展中国家、近年来节能减排力度最大的国家、新能源和可再生能源增长速度最快的国家、世界人工造林面积最大的国家。[①] 随着国际气候谈判和低碳经济转型的艰难推进，中国的影响力和正面形象不断提升：越来越多的国家在忧虑中国未来能源消费和温室气体排放的同时，日益认可中国"积极的建设性参与者"的角色定位，赞赏中国自主节能减排的实际行动及成效，期待中国在国际气候合作中发挥更大的作用。

---

① 参见温家宝：《凝聚共识　加强合作　推进应对气候变化历史进程——在哥本哈根气候变化会议领导人会议上的讲话》，《人民日报》2009 年 12 月 19 日第 2 版。

1. 国际气候谈判"积极的建设性参与者"

2010 年的国际气候谈判有一个显著特点：发展中国家尤其是包括中国在内以"基础四国"为核心的新兴经济体的作用日益增强。1 月"基础四国"第二次会议决定此后每季度举行一次部长级协调会；7 月第四次会议邀请委内瑞拉列席，形成"基础四国+"机制，强调自身是"77 国集团+中国"机制的一部分。小岛国联盟副主席、佛得角常驻联合国代表安东尼奥·利马表示，发展中国家休戚与共，信任和支持中国在气候谈判中的立场；关于《议定书》等焦点议题，佛得角等国坚定地站在中国一边。[①] 绿色和平组织对坎昆会议的展望文件指出："新兴经济体已经从口头说说走向具体行动，体现了清晰的气候领导力。"[②]

2010 年 10 月天津谈判，是中国为推动坎昆会议取得积极成果而倡导增加并主动承办的。也正是此次谈判，中国的努力获得多方肯定和正面评价。世界自然基金会全球气候变化应对计划主任杨富强认为，中国目前已经采取更积极、更灵活的态度来参与气候变化进程，克服各种困难承办这次气候变化谈判便是最直接的例证。[③] 日本《朝日新闻》指出，天津谈判很大程度上是由东道主中国推动进行的；中国领导层对环境变化的重视与日俱增，此次谈判将让中国在国际上的环保形象更为鲜明。[④] 美国自然资源保护委员会（NRDC）国际气候政策项目主任杰克·施密特表示，这"是一个重要机会，让许多人亲眼见证中国在应对气候变化方面和在建立清洁能源方面取得的成绩"[⑤]。

年底坎昆会议，再次见证中国参与气候谈判的主动性和开放性、原则性和灵活性，谈判地位也有所改善和提升。除通过自主减排为谈判创造有利条件外，中国还在谈判陷入困顿之时，不但为防止发展中国家被分化，联合巴西、印度和南非公布 3 项共同原则立场，而且为推动谈判取得积极成果专门提出 4 点建议，既有毫不动摇的坚持又有适当的妥协。中国的实质性努力和"魅力气候外交"得到越来越多的关注与肯定。气候组织大中华区总裁吴昌华强调，"中国政府的一大进步在于意识到，在国际谈判的场合下，一定要联络更多的影响力和声音"[⑥]。仅"中国日"就向各国企业和政府

---

① 参见李洋：《专访小岛国联盟副主席：发展中国家休戚与共》，中国新闻网：http://www.chinanews.com/gj/2010/12—07/2705407.shtml。

② 冯迪凡：《坎昆会议前瞻　新兴经济体展现气候领导力》，《第一财经日报》2010 年 11 月 29 日 A4 版。

③ 参见李洋：《联合国气候变化天津谈判紧张进行中国态度积极》，中国新闻网：http://www.chinanews.com/ny/2010/10—06/2570089.shtml。

④ 参见中国网：《朝日新闻：气候大会天津谈判，增强中国环保形象》，http://www.china.cn/international/txt/2010—10/12/content_21104377.htm。

⑤ 腾讯网：《NRDC 气候专家：见证中国应对气候变化的行动力》，http://news.qq.com/a/20101005/000735.htm。

⑥ 中国新闻网：《中国低碳转型不缺"政治意愿"》，http://www.chinanews.com/ny/2010/11—28/2685721.shtml。

发出 1500 多份邀请函。英国绿色和平组织活动家乔斯·加曼认为，中国利用坎昆会议重树自己的务实谈判者声誉。[1] 巴西气候变化特使塞尔吉奥·塞拉的评价颇有代表性：中国在减排方面做出了突出贡献，在气候变化谈判中所起的作用也"非常具有建设性"[2]。

UNFCCC 秘书处执行秘书克里斯蒂安娜·菲格雷斯在坎昆会议部长级预备会后的记者招待会上赞扬中国政府应对气候变化的积极态度，认为如果其他国家都采取中国的态度，气候变化的全球谈判将变得非常简单。[3] 绿色和平组织总干事库米·奈杜认为，中国在坎昆会议上的积极态度令人振奋、令人鼓舞。世界资源研究所的分析人士接受路透社采访时称中国为"规则改变者"，对中国的主张持积极态度。路透社网站刊登《中国以减排目标引导气候谈判》一文，指出中国希望借助其减缓气体排放增速的承诺，鼓励发达国家继续履行《议定书》。[4] 乐施会政策倡议经理苏培健认为，由于一些发达国家一直拒绝承担历史责任，中国主动提出自愿性减排目标便显得难能可贵，甚至有着表率作用。[5] 就连美国气候变化特使托德·斯特恩也在坎昆会议闭幕之时表示，中国愿意做出减少碳排放的承诺，并愿意以透明的方式履行承诺，这可能会有助于缓解美国对于发展迅速的国家会如何解决气候变化问题的担忧。[6] 英国政府前气候变化问题顾问尼古拉斯·斯特恩指出，中国的减排行动和投入巨资发展清洁能源的事实，为自身乃至整个发展中国家阵营赢得了本次谈判的主动权，同时增加了美国和其他发达国家在拖延谈判和消极减排时寻找借口的难度。[7] 彭博新闻社发表文章称，坎昆会议正在发生"中国与美国优势逆转"；自哥本哈根会议以来，奥巴马未能使国会通过限制 CO_2 排放量的立法，中国则制定了减少污染和提高能效的法规并且正考虑 CO_2 交易制度；国内的减排政策进展不一，"导致美国过去指责中国的状况正在扭转，中国在谈判中占有更加主动的地位"[8]。NRDC 中国项目主任芭芭拉·费雯丽表示，"在气候变化的国际谈判中，美国国会让中国占有更多的主动权"[9]。

---

[1] Joss Garman: Obama's new fear is a cleaned-up China, http://www. independent. co. uk/opinion/commentators/joss-garman-obamarsquos-new-fear-is-a-cleanedup-china－2158047. html.

[2] 辛本健：《中国推动了坎昆谈判》，《人民日报海外版》2010 年 12 月 13 日第 1 版。

[3] 参见焦美俊：《坎昆气候大会预备会闭幕中国获赞扬》，凤凰网：http://news. ifeng. com/world/detail_2010_ 11/07/3025874_ 0. shtml。

[4] 参见黄瑞：《外媒正面评价中国承诺称美大幅减少会议出镜率》，中国新闻网：http://www. chinanews. com/gj/2010/12－08/2707527. shtml。

[5] 参见刘元旭、林小春、刘华：《多家知名国际环保组织表示，中国为应对气候变化所作努力具有表率作用》，新华网：http://news. xinhuanet. com/world/2010－10/08/c_ 12638612. htm。

[6] 参见陈丹：《美国称坎昆协议有助其国内减排》，人民网：http://env. people. com. cn/GB/13503406. html。

[7] 参见辛本健：《中国推动了坎昆谈判》，《人民日报海外报》2010 年 12 月 13 日第 1 版。

[8] 郇公弟：《坎昆不愿重蹈哥本哈根覆辙》，新华网：http://news. xinhuanet. com/2010－12/09/c_ 12861880_ 3. htm。

[9] 孙卓：《国会"妨碍"美国履行承诺》，1 财网：http://www. yicai. com/news/2010/12/618842. html。

2．国内自主减排行动远超预期

2009 年 12 月，庆祝"通商中国"成立两周年晚宴和对话会上，新加坡内阁资政李光耀表示，中国大力发展绿色科技以减少碳排放，在这方面已尽自己的努力，做出了应有的贡献。[①] 2010 年 9 月，温家宝总理在第四届夏季达沃斯论坛上表示，中国不惜以降低 GDP 增速为代价实现"十一五"节能减排目标；英国《金融时报》发表题为《中国减排动真格》的文章。[②]

2010 年 10 月，"应对气候变化中国在行动"成为天津谈判频频提及的话语。杰克·施密特强调，"为减少温室气体排放，中国一直支持可再生能源的应用，采取措施提高能源使用效率，发展燃煤发电厂的碳捕获和封存水平，并努力实现交通工具的电力化"[③]；芭芭拉·费雯丽也指出，"近年来，中国在提高能源效率、发展可再生能源、清洁能源技术、低碳交通等领域所取得的长足进步以及惊人的发展速度已经超过了美国和其他任何国家"[④]，"在许多重要领域，中国为应对气候变化做出的努力都具有表率作用，中国的行动值得美国和其他国家多多学习"[⑤]。美国杜克能源公司首席执行官吉姆·罗杰斯认为，"与中国人合作很重要，因为他们会比我们美国人更快行动、更快发展"[⑥]。《世界是平的》一书作者托马斯·弗里德曼写道，美国共和党人把气候变化看做"JOKE"（笑话），而中国人则视其为"JOBS"（工作）[⑦]。就连托德·斯特恩也不得不承认，中国在碳排放方面绝对做出了真诚的努力，他对此报以"极大的尊敬"[⑧]。克里斯蒂安娜·菲格雷斯赞扬中国促进风能和太阳能发展并限制工厂碳排放的计划，认为"中国正在采取的措施引人注目"[⑨]。

2010 年 11 月，中国又成为建设新地中海南方论坛大会与会人员的关注焦点，许多代表专门要求主持人给予中国代表更多时间介绍中国节能减排的努力。联合国政府间气

① 参见高川：《李光耀：中国在应对气候变化方面作出了应有贡献》，新华网：http://news.xinhuanet.com/world/2009—12/30/content_ 12729775. htm。

② 参见林小春、刘华、周润健：《新华国际时评：世界公认中国减排"动真格"》，新华网：http://news.xinhuanet.com/fortune/2010—10/08/c_ 13546937. htm。

③ 刘元旭、林小春、刘华：《多家知名国际环保组织表示，中国为应对气候变化所作努力具有表率作用》，新华网：http://news.xinhuanet.com/world/2010—10/08/c_ 12638612. htm。

④ 蒲傅：《中国在坎昆更显张弛有度》，《解放日报》2010 年 12 月 13 日第 4 版。

⑤ 刘元旭、林小春、刘华：《多家知名国际环保组织表示，中国为应对气候变化所作努力具有表率作用》，新华网：http://news.xinhuanet.com/world/2010—10/08/c_ 12638612. htm。

⑥ 新华网：《外媒：中国在谈判桌上比美国有优势》，http://news.xinhuanet.com/2010—12/06/c_ 12850012_ 3. htm。

⑦ 林小春、刘华、周润健：《新华国际时评：世界公认中国减排"动真格"》，新华网：http://news.xinhuanet.com/fortune/2010—10/08/c_ B546937. htm。

⑧ 王亮亮、伊文：《中国"魅力气候外交"坎昆获肯定》，《环球时报》2010 年 12 月 13 日第 3 版。

⑨ 刘元旭、林小春、刘华：《多家知名国际环保组织表示，中国为应对气候变化所作努力具有表率作用》，新华网：http://news.xinhuanet.com/world/2010—10/08/c_ 12638612. htm。

候变化专门委员会主席拉金德拉·帕乔里更是"对中国在提高能源效率、减少温室气体排放方面所做的努力表示非常赞赏",指出"中国的行动属于全球偏离基线排放量倡议的一部分"①。

2010 年年底坎昆会议,与会人士逐渐形成共识:中国应对气候变化问题的行动力度超出他们的预期。克里斯蒂安娜·菲格雷斯称赞中国"超常表现",认为其用立法的方式确立减排目标,有利于自身的长远经济发展,也为其他国家树立了榜样。② 国际能源署主席芒迪赞扬中国风能、太阳能等可再生能源的发展"超出许多人的想象"。德国气候专家向媒体表示,"以前我们认为如果美国不发挥领袖作用,中国就不会采取行动。但现在看来中国已经在采取实质性行动了"③。外国媒体更是热评中国的自主减排,认为中国的太阳能利用已成全球典范。坎昆会议期间,《德国绿色和平组织》特别走进中国太阳谷,采访报道中国太阳能产业领军企业皇明的成功发展模式。尼古拉斯·斯特恩也对中国的新能源产业发展给予高度评价,"中国正在大力发展的新技术、新能源、新材料等,将在低碳环保领域发挥重大作用,产生显著成效"④。

联合国副秘书长、UNEP 执行主任阿齐姆·施泰纳认为,作为一个负责任的大国,中国发展绿色经济从理论到实践各方面均取得巨大成就;中国的"十二五"规划,尤其是在保护生态文明、建设和谐社会、向发展绿色经济转型方面,与联合国的远景规划相吻合;UNEP 有理由相信,在未来几年,通过与中国政府各大部委及民间和社会领域的合作,将使向发展绿色经济的转型变为现实的成功。⑤

3. 忧虑未来能源消费和碳排放,期望在国际气候合作中发挥更大的作用

率先出台大规模的经济刺激计划并相对快捷地走向复苏,贸易规模赶超德国、经济规模力压日本,中国的崛起成为此次经济危机导致的国际政治领域的最大变化。⑥ 也正是在危机后,中国成为世界最大的温室气体排放国,而且由于经济发展的需要,排放还将进一步扩大,何时迎来排放峰值尚要看刺激措施和结构调整的具体落实情况。为确保

---

① 中国日报网:《聚会北非,推动应对气候变化合作》,http://www.chinadaily.com.cn/hqzx/2010—11/13/content_ 11545766.htm。

② 参见焦美俊:《坎昆气候大会预备会闭幕中国获赞扬》,凤凰网:http://news.ifeng.com/world/detail_2010_ 11/07/3025874_ 0.shtml。

③ 郇公弟:《坎昆不愿重蹈哥本哈根覆辙》,新华网 http://news.xinhuanet.com/2010—12/09/c_12861880_ 3.htm。

④ 中华网:《外媒热评中国自主减排》,http://news.china.com/zh_ cn/news100/11038989/20101214/16293587.html。

⑤ 参见孙永剑:《发展绿色经济,中国必有作为——访联合国副秘书长、环境规划署执行主任阿齐姆·施泰纳》,《中华工商时报》2010 年 12 月 17 日第 6 版。

⑥ 参见坂本正弘:《金融危机后的世界政治与经济》,日本《世界经济评论》2009 年 11 月 12 日,转引自刘林译:《坂本正弘文章〈金融危机后的世界政治与经济〉》,http://www.cetin.net.cn/cetin2/servlet/cetin/action/HtmlDocumentAction?baseid=1&docno=404760。

自身利益不因国际格局的相对变动而受到过多的损害，发达国家转而更多地采取"捧杀"策略，有意识地过分渲染中国的作用。《金融时报》曾宣称，中国立场被视为哥本哈根能否达成气候变化协议的关键所在。美国更是强调作为"负责任的利益攸关方"，中国应承担更多的"全球性责任"。乔斯·加曼指出，奥巴马政府阻挠气候议题取得进展表明，美国的新担心是在投资低碳技术、发展新经济方面落后于中国，正在努力阻止其支配清洁能源市场。①

2010 年 7 月，经合组织框架下的国际能源署指出，中国已取代美国成为全球最大的能源消费国；10 月，其总干事田中伸男又在天津谈判后声称，"中国很可能贡献了一半左右的全球能源需求增长"，且没人知道这一增长会持续至何时。② 托德·斯特恩也表示，虽然中国在控制温室气体排放方面的努力令人印象深刻，但考虑到中国经济的发展势头，排放的增长前景仍然令人担忧。③

尽管如此，还是有不少国家和组织抱持友好态度，期待中国在应对气候变化方面发挥更大的作用。2009 年气候变化峰会召开前夕，时任 UNFCCC 秘书处执行秘书德布尔预计，中国将成为应对气候变化的"世界领袖"。2010 年出席坎昆会议的潘基文强调，全球应对气候变化依赖中国的领导力。坎昆会议主席、墨西哥外长帕特里夏·埃斯皮诺萨也表示，在这个问题中，无论其他国家做多少都是不够的，中国的参与非常非常必要。④

阿齐姆·施泰纳指出，中国能够在应对各种挑战、实现可持续发展方面成为领军国家。⑤ 吴昌华认为，"执行力弱"是目前中国城市低碳发展的缺口所在；中国能够以自身的立场和实践为基础，对全球应对气候变化做出实质性贡献。⑥ 绿色和平组织气候与能源项目经理杨爱伦表示，越来越多的人希望，中国虽然作为发展中国家，但是能够在这个过程中显得更加积极一点，更加主动去推动谈判进程；中国可在一些非原则问题上做出更加积极的让步，在与各方的谈判中表现出更加积极的姿态。⑦ 南方中心执行主任马来西亚人许国平强调，尽管相对于美国和发展中国家"是一个良好的开始"，中国的

---

① Joss Garman: Obama's new fear is a cleaned-up China, http://www. independent. co. uk/opinion/commentators/joss-garman-obamarsquos-new-fear-is-a-cleanedup-china‐2158047. html.

② 参见张萌编译：《IEA 再提中国成全球最大能源消费国》，http://www. ccchina. gov. cn/cn/NewsInfo. asp?NewsId＝25788。

③ 参见 Chris Buckley：《美官员称中国温室气体排放"惊人"》，路透北京 2010 年 10 月 22 日电，路透中文网：http://cn. reuters. com/article/CNEnvNews/idCNCHINA‐3217520101025。

④ 参见中国青年团气候观察员、凤凰网气候特派员：《专访坎昆峰会缔约方会议主席：相信会得到中国的承诺》，凤凰网：http://news. ifeng. com/world/special/kankun/lvsefangtan/detail＿2010＿12/01/3291233＿0. shtml。

⑤ 参见孙永剑：《发展绿色经济，中国必有作为——访联合国副秘书长、环境规划署执行主任阿齐姆·施泰纳》。

⑥ 参见中国新闻网：《中国低碳转型不缺"政治意愿"》，http://www. chinanews. com/ny/2010/11—28/2685721. shtml。

⑦ 参见王家耀、李杨：《绿色和平官员：中国可以在非原则问题上表现更积极》，凤凰网：http://news. ifeng. com/world/special/kankun/lvsefangtan/detail＿2010＿12/01/3292042＿0. shtml。

减排努力"还不够好";逐渐为高经济增长所抵消,减排技术的创新和投入使用又面临开发成本昂贵的问题,这也意味着能够争取更多的进步空间。[1] 马尔代夫总统在最近访问英国时预言,很快就会变成中国敦促其他国家缔结有强大法律约束力的气候变化条约——既是为确保自身免受全球变暖影响,也是为其蓬勃发展的清洁技术企业确保国际市场。[2] 库米·奈杜承认,中国仍然面临"重大障碍",但正朝着按照承诺减少对煤炭的依赖前进;"中国选择沿着可再生能源的道路前进,它可以为自己既有远见、又有勇气成为引领世界对抗灾难性气候变化的国家而自豪"[3]。

四、中国低碳化发展的有利条件

发达国家只是在后工业化时期才开始寻求向低碳经济转型,拥有众多先进低碳技术,目的在于通过减排温室气体确保能源安全,并形成新的竞争优势和经济增长点。而中国尚处于快速工业化和城市化的进程中,发展仍为第一要务,能源需求还将在一定时期内继续增长。资料显示,中国能源结构中化石能源与非化石能源的比例大体为 9∶1,化石能源中煤炭、石油、天然气之比大体为 80∶17∶3,是全球第二大"煤基能源"国;且化石能源工业的完整体系大多建成于 20 世纪 80 年代中后期及 90 年代,到 2010 年仅运行一半的生命周期。[4] 研究表明,虽然较之发达国家经济起飞阶段已低很多,中国未来 50 年的能源增长速度依然为经济增长速度的 40%—65%[5],由能源消耗所引发的温室气体排放量也不可避免地仍将处于上升通道中。中国只能在发展的同时减排温室气体,庞大的人口基数以及与之密切相关的排放总量和就业问题,使其低碳化发展的困难要远远大于发达国家。加之为确保"十一五"单位 GDP 降耗目标的实现,中国已付出极为艰苦的努力,相对容易解决的问题大体解决;经济危机爆发后努力推行的扩大内需战略需要刺激消费,能源需求相应增加,从而使 2020 年单位 GDP 二氧化碳排放较之 2005 年下降 40%—45% 的目标极富挑战性,今后的低碳化发展之路更加不易。

尽管如此,中国也并非毫无优势可言。丰富的新能源资源自不必言。通常来讲,制约低碳化发展的因素主要有两点:技术和成本。而这恰恰正是中国的机遇之所在。库

---

① 参见李杨:《南方中心执行主任许国平:中国减排努力让人印象深刻》,凤凰网:http://news.ifeng.com/world/special/kankun/lvsefangtan/detail_ 2010_ 12/02/3314453_ 0. shtml。

② Joss Garman: Obama's new fear is a cleaned-up China.

③ 比尔·史密斯:《中国看来要引领全球"绿色科技"产业》,参见阮江平译:《德新社文章〈中国看来要引领全球"绿色科技"产业〉》,http://www. cetin. net. cn/cetin2/servlet/cetin/action/HtmlDocumentAction? baseid=1&docno=440857。

④ 参见张伟勋:《低碳革命:10 万亿美元市场等待"瓜分"》,《中国贸易报》2009 年 10 月 15 日第 3 版。

⑤ 参见姜克隽等:《中国发展低碳经济的成本优势——2050 年能源和排放情景分析》,《绿叶》2009 年第 5 期。

米·奈杜指出，中国"完全有潜力成为全球清洁能源超级大国，全球的低碳发展基准"[1]。就技术而言，一方面，较之传统制造业，不少绿色低碳技术，中国和发达国家相对处于同一研发起跑线，总体差距相对较小，已形成一定的自主创新能力和先进成果，存在"弯道超车"的可能性；另一方面，根据 2009 年 7 月气候组织发布的报告《以技术构建低碳未来》，即使不是全部，能够解决气候变化问题的很多技术已经存在，但其应用并未实现足够意义上的规模化[2]；低碳化发展的关键在于如何及时地转化这些技术，使之产业化得到更为有效的利用，而中国对国外成熟技术的引进、消化、吸收和再创新的能力显著提高，具有一定的后发优势。就成本而言，一方面，"大量的减排技术在中国应用时，成本低于发达国家；由于后发优势，建立新企业新设备的成本要比改造更新旧企业旧设备的成本低"[3]；另一方面，由于一次性投入太大，不但价格较之传统产品处于劣势，而且企业的竞争优势在短时间内无法显现，使其低碳化发展的积极性难以发挥，政府最初的政策激励与资金投入十分重要。受金融危机和世界经济复苏缓慢的影响，发达国家宣称的绿色政策措施在贯彻落实中难免有所阻滞与延缓；2009 年中国首次超过美国成为清洁能源开发投资最多的国家；"新增可再生能源五年内提高了79%，比英国的两倍还要多"，"已经成为世界最大的太阳能生产基地和第二大低碳环保产品基地"[4]；4 万亿元经济刺激计划中，2100 亿元投资于节能减排和生态工程建设，3700 亿元用于自主创新、结构调整和技术改造。显然中国目前的低碳化发展主要由政府所驱动。但国家的财政补贴和投资支持并非长久之计，只有切实提高技术能力、降低生产成本，低碳化发展才有可能使企业和民众都能够而且乐于参与其中，进而得以持续下去，获得更为快速与平稳的发展。

需要注意的是，中国有可能摆脱制约实现低碳化发展还有一个极为重要的因素——市场，其可在某种程度上成为技术和成本因素的连接纽带及共同的突破点。中国人口众多、市场广阔，特别是经济快速发展所蕴涵的巨大市场潜力，不但有利于降低应用成本，推动低碳技术的产业化，而且能够通过较广范围的推广形成规模效应，有利于企业生产成本的快速下降，取得预期的良好效果。国际能源署首席经济学家法提赫·比罗尔就曾指出，中国大力发展清洁能源将降低清洁技术的成本，"因为中国拥有巨大的市场规模，很容易形成规模经济，而且中国高效的学习能力也将发挥作用"[5]。中国很可能成为世界最大的碳交易市场、环保节能市场、低碳商品生产基地和出口国[6]；凭借这些

① 比尔·史密斯：《中国看来要引领全球"绿色科技"产业》。

② 参见 http://www.theclimategroup.org.cn/publications/2009—07—Breaking_ the_ climate_ Deadlock-CN.

③ 姜克隽等：《中国发展低碳经济的成本优势——2050 年能源和排放情景分析》，《绿叶》2009 年第 5 期。

④ 英国能源及气候变化大臣克里斯·休恩之言。转引自肖欣：《英国能源大臣：中国清洁能源增长全球居首》，中国新闻网：http://www.chinanews.com.cn/ny/2010/11—11/2650622.shtml。

⑤ 转引自李东超：《2011 世界能源展望：中国举足轻重》，1 财网：http://www.yicai.com/news/2010/12/636693.html。

⑥ 参见庄贵阳、张磊：《绿色突围：双重困境下的中国低碳路》，《董事会》2010 年第 2 期。

市场优势，完全有机会以相对先进的技术和低廉的成本，以较快的速度实现低碳化的发展。

目前，中国的绿色低碳能源已有多项位居世界前列：核电在建规模世界第一；风电装机全球第一；太阳能产业规模占世界 90%，光伏电池年产量连续 3 年世界第一；水电，装机世界第一，在建规模全球最大、发展速度世界最快。按照规划，2050 年中国可再生能源、清洁能源占一次能源消费的比重分别超过 25% 和 50%。而目前第二产业仍占中国 GDP 的 45% 以上，且钢铁、水泥等高耗能重工业的比重较大，低碳产业市场需求巨大。仅到 2015 年，中国节能环保产业的产值就将达到 4.5 万亿元。[1] 2020 年非化石能源比例达到 15%，核电规模至少在 7500 万千瓦以上，未来有 7 到 8 倍的增长空间。[2] NRDC 的数据显示，未来 20 年中国的清洁能源市场将达到 346 亿美元。[3] 气候组织 2009 年 8 月的报告《中国的清洁革命 II——低碳商机》更是指出，中国正在快速成长为低碳产品和服务等领域的世界领跑者，存在于这些领域的商业投资和经济机会雏形渐显，但巨大的市场潜力有待激发。[4]

联合国贸易和发展组织《2010 年世界投资报告：投资低碳经济》认为，跨国公司已经在全球积极开展低碳投资；据其估计，2009 年仅流入可再生能源、循环再利用、与环保技术相关的产品制造等 3 个主要低碳行业的低碳直接投资就达到 900 亿美元；随着世界经济的低碳转型，其潜力不可限量。事实上，中国已是全球 CDM 经核证减排量的最大供给者；庞大的低碳技术和产品市场不仅促使发达国家进一步加强与中国在气候变化领域的合作，也使其成为跨国公司竞相角逐之地。"许多跨国公司都非常看重中国迅速发展的低碳经济市场，希望借此机遇更快发展低碳产业"；壳牌中国集团公共事务董事刘小卫指出，商业上的巨大价值，是吸引一些跨国企业在中国大力发展低碳经济的重要因素。[5] 2009 年 11 月，国际太阳能学会正式将国际太阳能技术科学院落户中国太阳谷。安永 2010 年 9 月发布的《可再生能源国家吸引力指数》报告更是显示，中国已取代美国成为最具吸引力的可再生能源项目投资地；其大中华清洁能源中心主管合伙人蔡伟荣明确表示，"这得益于中国政府对于发展可再生能源的强力支持"[6]。西门子不但

---

[1] 全国工商联环境商会预计。参见辛灵：《2015 年我国节能环保产业产值将达 4.5 万亿元》，中国产业经济信息网：http://www.cinic.org.cn/site951/schj/2010—12—27/444805.shtml。

[2] 参见陈其珏：《减排压力倒逼未来 10 年中国核电装机至少增 7 倍》，http://www.chinanews.com.cn/ny/2010/08—27/2494849.shtml。

[3] 参见钟晶晶：《国家发改委副主任解振华称中国希望应用发达国家减排技术 "西方未做好减排技术转让准备"》，《新京报》2010 年 10 月 8 日第 A11 版。

[4] 参见气候组织：《中国的清洁革命 II 低碳商机》，http://www.theclimategroup.org.cn/publications/2009—08—Chinas_ Clean_ Revolution2.pdf。

[5] 前者为中国外商投资企业协会投资性公司工作委员会秘书长杨国华所言。参见王敏：《跨国公司看好中国低碳市场》，《中国企业报》2009 年 12 月 3 日第 2 版。

[6] 张宇哲：《安永：〈可再生能源国家吸引力指数〉中国排名榜首》，财新网：http://finance.caing.com/2010—11—30/100203336.html。

在中国建立节能 20% 以上的绿色大楼，而且以 2009 年年初上海风力叶片厂奠基为标志正式进军中国的风电市场，并追加 1.5 亿欧元在中国扩大可替代能源的生产能力；"西门子中国的'绿色业务'已占全球'绿色业务'收入的 40%"①。美国通用技术公司发表的公告显示，2009 年前三季度其在中国低碳、减排相关行业的收入已达 5.81 亿美元，同中国的政府部门、企业和大学签订的技术合同达 51 个。② 2009 年 11 月，IBM 与中国的新奥公司签署 4 份协议，成立新能源合资公司，希望借助各自拥有的 IT 和能源技术，帮助客户提高能源效率、减少 CO_2 排放，这也是其最近 10 年在华最大、最深入的商业项目之一。③ 英国碳信托有限公司与中国节能投资公司共同成立注册资本为 1000 万英镑的合资企业；其驻华总主任蓝天睦坦承，"对于清洁技术企业而言，中国是一个庞大的新兴市场"，"合资公司主要有两大目标：其一是培育开发新兴低碳技术，将部分英国低碳技术企业引入中国；其二是为在华的英国和中国低碳企业提供资金投入"。④

特别强调的是，2010 年在中国上海举办的世界博览会首次以"低碳世博"为理念，将大量新能源、节能环保科技成果转化应用于场馆建设和运营管理，成为中国加速低碳技术应用并向低碳转型的重要契机和驱动力量。据不完全统计，上海世博会所展示的新技术超过 300 项。"低碳世博"不仅仅是宣传、倡导、普及低碳生活理念，在短期内集中展示并广泛交流来自全球的低碳技术，从而有利于这些技术的传播与扩散，还从低碳产业成长、技术进步、政策试点等方面，为低碳技术的应用和产业化提供了难得的机遇。

153

大事记 5－1　2010 年中国应对气候变化

日期	事　　件
1 月 29 日	温家宝复信丹麦首相和联合国秘书长，表示中方积极评价并支持《哥本哈根协议》
2 月 22 日	中共中央政治局就关于实现 2020 年我国控制温室气体排放行动目标问题进行第十九次集体学习。胡锦涛主持学习并强调确保实现 2020 年我国控制温室气体排放行动目标
3 月 5 日	温家宝在十一届全国人大三次会议上作《政府工作报告》，强调积极应对气候变化
3 月 10 日	十一届全国人人三次会议举行专题记者招待会，解振华就节能减排和应对气候变化答记者问
4 月 1 日	修改后的《可再生能源法》正式实施，为发展可再生能源提供有力的法律支持
4 月 25—26 日	"基础四国"第三次气候变化部长级会议在南非开普敦举行，形成"基础四国+"机制

① 西门子股份公司全球总裁兼 CEO 罗旭德表示。参见官平：《瞄准中国 7 万亿美元低碳市场》，《东方早报》2010 年 5 月 6 日第 A37 版。

② 参见《中国低碳经济绝不能再搞以市场换技术》，《化工管理》2010 年第 1 期。

③ 参见王敏：《跨国公司看好中国低碳市场》，《中国企业报》2009 年 12 月 3 日第 2 版。

④ 傅春荣：《英国碳信托携手中国节能中国投资公司千万英镑共同撬动中国低碳市场潜力巨大》，《中华工商时报》2009 年 11 月 11 日第 3 版。

日 期	事 件
4 月 29 日	《中欧气候变化对话与合作联合声明》发表，形成中欧气候变化部长级对话与合作机制
5 月 1 日—10 月 31 日	上海世界博览会以"低碳世博"为理念、"低碳、和谐、可持续发展的城市"为主题，转化应用大量新能源、节能环保科技成果，成为广泛宣传低碳、环保生活理念的重要场所
5 月 4 日	《国务院关于进一步加大工作力度确保实现"十一五"节能减排目标的通知》下发
5 月 7—9 日	"绿色经济与应对气候变化国际合作会议"举行，李克强出席开幕式并作主题演讲，就如何将绿色经济与应对气候变化的国际合作相结合提出 3 点建议
8 月 18 日	国家低碳省区和低碳城市试点工作正式启动，首批试点包括 5 省、8 市
9 月 7—8 日	政协全国委员会举办第四次"21 世纪论坛"，开设"合作应对挑战、实现绿色增长"、"气候变化、新能源以及国际合作"等专题研讨会
10 月 4—9 日	为坚持 UNFCCC、《议定书》的主渠道地位，建设性推动联合国气候变化谈判进程，中国主动在天津承办 UNFCCC 工作组第 12 次会议和《议定书》工作组第 14 次会议
10 月 4 日	解振华在天津举行新闻发布会，介绍中国承办天津谈判的有关情况，并就中国应对气候变化的原则立场、采取的政策行动和对坎昆会议的预期等答中外媒体问
10 月 10 日	《国务院关于加快培育和发展战略性新兴产业的决定》下发
10 月 10—11 日	"基础四国"第五次气候变化部长级会议在天津举行，着重就坎昆会议相关问题进行讨论；发表《天津声明》，强调坎昆会议的成果不应以任何方式偏离"巴厘路线图"
10 月 18 日	中共十七届中央委员会第五次全体会议通过《关于制定国民经济和社会发展第十二个五年规划的建议》，将积极应对气候变化放到更加重要的位置，成为中国未来发展重要的导向
11 月 4 日	中法"生态、能源、可持续发展和海洋部关于加强应对气候变化合作的协议"签署
11 月 19 日	温家宝主持国家应对气候变化领导小组会议，研究应对气候变化工作面临的形势，就进一步做好应对气候变化工作进行部署
11 月 23 日	《中国应对气候变化的政策与行动——2010 年度报告》发布，介绍一年来中国继续推动减缓及适应气候变化的政策、措施、成效及问题，阐明中国参与国际气候谈判的原则、立场和主张，表示将一如既往地发挥积极、建设性作用；国务院新闻办举办新闻发布会，解振华介绍《2010 年度报告》和坎昆会议有关情况并答记者问
11 月 24—27 日	"2010 中国绿色产业和绿色经济高科技国际博览会"在北京举行，集中展示 25 个国家/地区 212 家国际知名企业的先进技术和产品
11 月 29 日—12 月 11 日	UNFCCC 第 16 次缔约方大会暨《议定书》第 6 次缔约方会议在坎昆举行，通过两个工作组分别递交的决议。中国参加各议题磋商，举办新闻发布会和边« 会，与发展中国家协调、与发达国家对话，为按照"巴厘路线图"达成平衡成果做出最大限度的努力
12 月 8 日	解振华在坎昆会议高级别会议上为推动谈判取得进展提出 4 点建议
12 月 11 日	解振华在坎昆会议闭幕全会上表示，中方将继续为应对气候变化做出积极努力；谈判任务仍将十分艰巨，期待各方拿出高度的政治意愿，在南非德班完成《议定书》第二承诺期的谈判
12 月 23 日	中央经济工作会议提出，要坚持不懈推进节能减排和应对气候变化工作，落实控制温室气体排放行动目标，加强应对气候变化国际合作

第六章 峰会外交：
推进国际合作构建和谐世界

2010 年，在面临复杂的周边地缘政治环境的情况下，中国审时度势，通过开展一系列峰会外交，巩固和推进地区多边外交机制，不断推进和谐亚洲与和谐世界建设。3 月 7 日，外交部部长杨洁篪在人民大会堂举行记者会时特别强调，2010 年的外交重点之一就是峰会外交，要为保稳定、促发展、调结构创造更好的外部环境。中国通过参加东亚峰会、亚太经合组织峰会，克服了外部因素的干扰，增进了亚洲地区内成员国的互信互利关系。通过参加上合组织峰会、亚欧峰会，积极构建利益共同体，维护了亚欧大陆的总体稳定。此外，中国还积极主动参与中国与葡语国家峰会，进一步维护和拓展了与广大发展中国家的传统友好关系。

一、东亚系列峰会与 APEC 峰会：克服干扰、增进互信

2010 年 10 月 28 日至 30 日，应越南总理阮晋勇邀请，中国国务院总理温家宝出席了在越南首都河内举行的东亚领导人系列会议，包括第五届东亚峰会、第 13 次中国—东盟（"10+1"）领导人会议、第 13 次东盟与中日韩（"10+3"）领导人会议以及中日韩领导人会议等。其中第五届东亚峰会的主题是"从愿景到行动，迈向东盟共同体"。

1. 亚太地缘政治环境的新变化

亚太地区是中国构建"和谐亚洲"的重点区域。改革开放三十多年以来，中国亚太外交取得了显著成效。然而，2010 年，中国在亚太地区的外交出现了一些新的挑战，一系列不利于中国和平发展的干扰因素相继发生，对中国的"和谐亚洲"外交战略带来了不利影响。

一是东亚地缘政治环境日趋复杂化。2010 年 4 月 21 日，韩国军舰"天安号"在朝韩争议海域被炸沉没，韩国认为是朝鲜所为，朝鲜半岛局势骤然紧张。美日等西方国家要求中国向朝鲜施加压力，承担所谓的"国际责任"。接着，美国与东南亚一些国家就中国南海问题合演双簧，背地里联手向中国发难。7 月，在越南河内召开的东盟地区论坛外长会议期间，美国国务卿希拉里公然宣称南海涉及美国的"航海自由"利益。一

些东南亚国家也希望借美国之手向中国施压，在此次会议上力图将南海争端国际化。9月，日本海上保安厅公然拘捕在中国钓鱼岛附近海域作业的渔民，扣留船长与渔船，声称要按照日本国内法对中方船长进行审判。后迫于中方压力被迫释放船长，但中日关系已经严重受损。这一系列事件的发生，给中国的周边外交环境带来了很大的困难。东亚峰会乃至 APEC 峰会将考验中国如何开展灵活和有效的外交来化解难题的能力。

二是美国"重返东亚"，中美关系出现起伏波动。在东亚地缘政治环境日趋复杂化的背后，是美国高调宣示"重返东亚"，特别是加大了对东亚地区投入的现实。2010 年 7 月份，希拉里在出访亚洲前夕，曾在美国亚洲协会发表的讲话中声称："我们需要太平洋彼岸的强大伙伴，就如同我们需要大西洋彼岸的强大伙伴一样。我们毕竟既是一个跨大西洋大国，也是一个跨太平洋大国。"① 美国国务卿希拉里作为总统特使首次出席本次东亚峰会，而在 2011 年美国将作为正式代表出席东亚峰会。

中美关系的复杂多变进一步加剧了东亚地缘政治形势的不稳定性。2010 年 1 月 30 日，美国政府宣布了新一轮对台军售，其中包括先进直升机、爱国者三型导弹系统等先进武器和系统，军售总额达 63.92 亿美元。2 月 18 日，美国总统奥巴马不顾中国政府的强烈反对，坚持会见了正在美国窜访的达赖喇嘛。而一直持续不断的中美人民币汇率之争，则因为美国国内中期选举的临近而不断升温。美国国会企图通过施加压力，迫使中国在人民币升值一事上就范。美方的上述举动，严重破坏了两国之间长期累积的互信。

三是围绕南海的领土争端表现得更加明显。东南亚一些国家在南海问题上对中国的误解有所加深。中国加强海洋执法力量的行动，被渲染成是中国在南海领土争端上的立场日趋强硬的表现。在这样的背景下，东盟一些国家对于中国参与地区事务有了更为复杂的看法，对华疑虑出现上升的势头，表现出拉拢外部大国来牵制中国的迹象。本次东亚峰会主办国的越南，因为与中国存在南海领土争端，也企图利用主办者的机会将南海议题塞进会议议程。早在 2010 年 7 月 23 日，越南就曾经利用举办第 17 届东盟地区论坛外长会议的机会，将南海问题作为主要议题来给中方制造麻烦。

美国对南海争端的插手使得问题进一步复杂化。美国国务卿希拉里在 2010 年 7 月于越南河内举行的东盟地区论坛外长会议上就南海问题公开向中方发难，其他一些与中国存在南海主权争议的东南亚国家也随声附和，希望借助美国的力量来制衡中国。有西方媒体甚至认为，美国及某些东亚国家正在有意结成"统一战线"，里应外合地对付中国。东亚峰会召开前夕，《纽约时报》于 10 月 25 日发表文章称，"奥巴马政府正在整合中国邻居结成联盟阵线"。②

在这种变化了的情势下，东亚系列峰会与 APEC 峰会就显示出具有更加重要的意

---

① 《美国"重返亚洲"，首次出席东亚峰会》，http://www.china.com.cn/international/txt/2010—10/27/content_ 21207436. htm。

② "Taking Harder Stance Toward China, Obama Lines Up Allies", *The New York Times*, October 26, 2010.

义。中国无疑应当利用好这次东亚峰会，多做释疑解惑的工作，从积极方面说，要扭转或遏制住周边国家对华疑虑上升的势头；从消极方面说，要防止其开成一个集体商讨应对中国的会议。[1]

中国作为负责任的国家，竭力排除各种不利因素，继续在东亚系列峰会上扮演着维护团结、推动地区合作前进的角色。通过参加东亚系列峰会与APEC会议，达到了消除疑虑、增进互信、深化合作的目的。尽管一些外部势力希望借助东南亚国家来牵制中国的发展，但在过去的一年，中国与东盟多数国家终究克服了重重外部干扰，进一步促进了双方的政治互信。温家宝总理充分肯定了中国—东盟合作和东亚合作所取得的进展。重点就加强"10+1"、"10+3"、中日韩以及东亚峰会的合作，阐述中方主张，提出合作倡议。就共同关心的重大国际和地区问题和与会国家领导人交换看法，取得了丰硕的成果。

2."10+1"会议：巩固与发展中国—东盟关系

2010年，由于东盟内部一些国家对于中国的和平崛起疑虑有所上升，特别是南海问题发酵和美国等外部势力的插手，中国与东盟之间的政治互信一度有所下滑，急需一个对话交流的平台来予以增信释疑。中国东盟"10+1"会议提供了一个绝佳的舞台。中国通过积极主动的外交，在会议期间向东盟及其成员国释放团结、和平的善意，赢得了东盟的理解与信任。

第一，巩固和加深了与东盟的传统友好关系和政治互信。1991年，中国与东盟开始正式对话。自那时起，双方在政治、经济、社会文化等多个领域合作不断深化和拓展，在国际事务中一直相互支持、密切配合。2010年10月29日召开的第13次中国与东盟领导人会议，通过并发表了《落实中国与东盟面向和平与繁荣的战略伙伴关系联合宣言的第二个五年行动计划》，以及《中国—东盟领导人关于可持续发展的联合声明》。中方表示，支持东盟继续在东亚合作中发挥主导作用，希望东亚各合作机制能围绕促进地区和平与繁荣的总目标，各尽其职、各显其能、优势互补、共同发展。温家宝总理指出，东亚合作要尊重东盟的主导地位，发挥"10+1"、"10+3"、中日韩等现有机制的作用，相互协调，相互促进。中方愿与各方探讨东亚经济一体化的建议，共同促进本地区的和平、稳定、发展。中方欢迎俄罗斯、美国加入东亚峰会，希望两国发挥建设性作用。[2]

温家宝总理在这次会议上对中国—东盟关系予以高度评价和期待。他表示，中国与东盟合作是最务实、最丰富、最有成效的。双方要继续以和平发展为主题，以友好合作为主线，推动中国—东盟合作继续走在东亚合作前列。他指出，"中国珍视同东盟国家

---

① 《东亚峰会上中国应扭转疑虑势头》，香港中评社社评，http://gb.chinareviewnews.com/doc/1014/8/7/0/101487021.html?coluid=137&kindid=5291&docid=101487021&mdate=1029000854。

② 《温家宝出席第五届东亚峰会》，《人民日报》2010年10月31日。

的传统友谊，愿与东盟国家永做好邻居、好朋友、好伙伴，将继续支持东盟 2015 年建成政治安全共同体、经济共同体、社会文化共同体的目标"①。温总理认为："中国与东盟关系能够经受住严峻考验，不断向前发展，得益于双方恪守《东南亚友好合作条约》，坚持相互尊重、睦邻友好、求同存异；得益于双方相互支持，密切配合，携手推进东亚区域合作；得益于双方坚持走适合各自国情的发展道路，顺应变革、开放、包容的时代潮流。"

第二，继续加强中国—东盟经贸合作。2010 年 1 月 1 日，中国—东盟自由贸易区的全面建成，为中国—东盟发展关系奠定了深厚的经济基础。中国—东盟自由贸易区是仅次于北美自由贸易区和欧盟的全球第三大自由贸易区。2010 年中国与东盟贸易额高达 2927.76 亿美元，较上年同期增长了 37.5%。来自中国的进口有效地促进了东盟国家扩大就业和经济发展。其中，中国向东盟出口 1382 亿美元，增长 30%；中国从东盟进口 1545.69 亿美元，增长 44.8%；中方逆差 163 亿美元。

目前，东盟国家已成为中国吸引外资的重要来源地，也是中国企业"走出去"的首选地之一。② 受中国—东盟自贸区建成双边实施零关税等利好因素的影响，2010 年 10 月份在广西南宁举办的第七届中国—东盟博览会商品贸易的成交量再创新高，共签订国际经济合作项目 135 个，总投资额达到 66.9 亿美元，比上届增长 3%，其中中国与东盟签约的投资合作项目 58 个，总投资额 26.63 亿美元，分别占国际经济合作项目的 43% 和 38%。中国已成为缅甸、柬埔寨等国第一大外资来源地。2010 年，中国与新加坡签订价值 1500 亿元人民币的货币互换协议。中国与越南、缅甸等国签订自主选择的双边货币结算协议。清迈倡议多边化进程和亚洲债券市场建设取得重大突破，正式建成 1200 亿美元的区域外汇储备库和 7 亿美元的区域信用担保和投资基金。

2010 年 10 月 29 日，温家宝总理在出席第 13 次中国—东盟（"10+1"）领导人会议期间表示，推动中国与东盟经贸关系实现持续、健康、快速发展。力争 2015 年双方贸易额达到 5000 亿美元。中国愿在五年内同每个东盟成员国共建一个经贸合作区。用好中方提供的贷款以及"中国—东盟投资合作基金"，提升中国与东盟的互联互通水准。有序推进金融、资本市场的开放和融合，维护区域内的金融稳定，为扩大经贸合作提供多样性的金融服务。做大、做强本地区农业经济合作。温家宝总理还就落实中国与东盟第二个五年行动计划提出了包括推动中国与东盟经贸关系实现持续、健康、快速发展在内的六点建议。

第三，双边合作领域进一步扩大。在第 13 次中国—东盟领导人会议期间，双方承诺，除安全和经贸领域外，还将在农业和粮食生产、科技能效、新能源和可再生能源、减排、环保、减贫、灾害管理、人力资源开发、国际气候变化谈判等方面加强对话和合作。《中国—东盟领导人关于可持续发展的联合声明》中，双方承诺：（1）将继续加强

---

① 《温家宝出席第五届东亚峰会》，《人民日报》2010 年 10 月 31 日。

② 《美国首次出席东亚峰会》，《人民日报海外版》2010 年 10 月 27 日。

在东盟加三（"10+3"）框架下的地区经济和财金合作；（2）促进市场开放，拒绝各种形式的保护主义，确保多边贸易体系的开放性和可预测性；（3）继续支持世界贸易组织多哈发展议程，根据多哈回合授权，在锁定包括谈判模式在内的现有成果的基础上，为推动早日取得全面、均衡的结果做出积极贡献；（4）全面、有效落实中国—东盟自由贸易区协议，帮助公共部门和工商界更多了解协议带来的好处，包括通过贸易和投资能力建设等等。

此外，伴随着贸易的增加，双方的人员与文化交流也呈持续发展态势。由于地缘与人种的天然接近，双方的文化交流更加容易与便利，包括文学、电视剧在内的诸多中国文化很容易在东南亚找到知音，而东南亚仍然还是众多中国民众海外旅游的首选。近年来，双方文化交流的深度与广度均有了明显加强与深化，特别是中国—东盟文化交流培训中心的成立，更是为推动双方的文化交流与合作打下了坚实的基础。①

中国通过上述努力，尽力克服了政治和安全因素对于东亚合作进程可能产生的负面影响。中国与东盟双方都对彼此关系的发展持有高度的评价。温家宝总理和东盟各国领导人在中国—东盟（"10+1"）领导人会议上一致认为中国同东盟关系是最务实、最丰富、最全面、最具活力和最有成效的战略关系，一致同意继续以和平发展为主题，以友好合作为主线，更加重视经济可持续发展，更加重视全方位的互联互通，更加重视社会和人文交流，更加重视东亚的一体化建设，进一步为亚洲和平、稳定、发展、繁荣做出积极贡献。② 温总理指出，"无论国际风云如何变幻，中国与东盟的政治互信不断加深，战略沟通与协作更加密切，维护了地区和平与稳定。"③ 东盟国家领导人则表示，中国一直是东盟积极、坚定的伙伴，东盟从与中国的关系中获益良多。中国在地区合作中发挥了重要作用，在本次会议上提出了许多重要的倡议和建议，东盟方面完全支持，愿与中方一道继续深化双方关系，为促进东亚地区的和平、合作、发展做出新的贡献。正如中国外交部部长助理胡正跃在评价中国2010年的亚洲外交时所说的那样，"中国同亚洲邻国的关系确实发生了历史性变化。这个变化的主要特征就是睦邻互信，互利合作"④。

第四，中国对东盟国家的经济援助力度进一步加大。2011年，中国对东盟国家的经济援助继续加大力度。为促进大湄公河区域的经济合作，中国主导推进了连接中国、老挝和泰国的"南北走廊"项目。中国还推出了"泰国—老挝友谊大桥"等政府援助项目。⑤ 在印度尼西亚发生地震海啸和火山爆发、泰国发生全国性水灾、柬埔寨发生严重踩踏事件后，中国分别向印度尼西亚提供约1350万元人民币现金援助，向泰国提供

---

① 《中国—东盟自由贸易区周年：成就与挑战（2010/1/7）》，中国与东盟自由贸易区网站：http://www.cafta.org.cn/。

② 《睦邻互信，互利合作》，《人民日报》2010年11月4日。

③ 《温家宝出席中国与东盟领导人会议》，《人民日报海外版》2010年10月30日。

④ 《睦邻互信、互利合作》，《人民日报》2010年11月4日。

⑤ 乡富佐子：《以援助之名向亚洲南进——中国力量横扫东南亚》，日本《朝日新闻》2011年1月23日。

1000 万元人民币紧急人道主义援助，向柬埔寨提供 53 万美元现金援助。中国还向巴基斯坦、孟加拉、柬埔寨、老挝等欠发达国家提供优惠贷款，积极参与巴基斯坦灾后重建，阿富汗、斯里兰卡战后重建。此外，中国还致力于同本地区国家推动公路、铁路、航道、港口等基础设施互联互通建设，不断推动与亚洲邻国的互利合作与利益交融。这些援助进一步加强了中国与这些国家的双边关系。

3. "10+3" 会议：促进地区团结与合作

2010 年 10 月 29 日，国务院总理温家宝出席了在河内举行的第 13 次东盟与中日韩"10+3"领导人会议。温总理在会上发表了重要讲话，希望这次会议是一次"团结、合作、进取"的会议。通过中国的积极努力，会议基本上达到了预期目标。

首先，克服干扰，维护地区团结与合作。温总理在会议的讲话中指出，东盟与中日韩的合作走过了不平凡的道路，取得了长足发展，成为我们共同的财富。当前，世界和东亚地区格局正经历深刻复杂的变化，要珍惜来之不易的成果，继续推动"10+3"合作向前发展。温家宝总理表示，"10+3"合作经受住严峻考验，得到发展壮大，东亚合作主渠道地位更加凸显，成为东亚各国风雨同舟、共创繁荣的象征。东亚峰会应坚持既定宗旨、性质和原则，进一步推进交流与合作。温家宝提出，要坚持以"10+3"为主渠道，推进东亚自贸区建设；深化财经合作；推进农业、基础设施建设、教育等领域合作；加强在气候变化等全球性问题的沟通协调。温家宝宣布，中国将再向"10+3"合作基金注资 100 万美元，用于推动东亚自贸区建设的相关工作；向"10+3"大米紧急储备项目再捐资 100 万美元，推进本地区农业生产可持续发展。

其次，中国主张东盟应在东亚地区一体化进程中发挥主导作用，同时欢迎美国和俄罗斯参加东亚峰会。温家宝总理指出，东亚一体化进程要尊重东盟的主导地位，发挥"10+1"、"10+3"、中日韩等现有机制的作用，相互协调、相互促进。中国欢迎俄罗斯、美国加入东亚峰会，希望两国发挥建设性作用。从第一届东亚峰会开始，俄罗斯就以观察员身份参加会议，并一直要求成为正式成员。东亚峰会成立之初美国并不看好，认为这个峰会"难成气候"并拒绝参加。但是随着东亚一体化的推进，东亚峰会渐渐成为主导东亚事务的重要组织。出于"重返亚洲，平衡中国在东亚影响力"的战略需求，美国开始对参与东亚峰会表现出浓厚兴趣。2011 年，美国将与俄罗斯一道成为东亚峰会的正式成员。尽管东盟一些国家有借助美、俄的加入来平衡中国影响的动机，但中国仍支持东亚地区合作的开放性，并且继续支持东盟在东亚地区合作中担当主导责任。

最后，在峰会上坚持原则，切实维护中国利益。在东亚领导人系列会议前夕，日本外交当局负责人伙同别国再次炒热钓鱼岛问题。在峰会期间，日方继续通过媒体不断散布侵犯中国主权和领土完整的言论。日方的所作所为破坏了两国领导人在河内会晤的应有气氛。正是由于日本蓄意恶化双边关系的情况下，中日两国政府首脑在东亚峰会期间没有进行正式会晤。中国外长杨洁篪在与日本外相前原诚司的会谈中重申中方在钓鱼岛问题上的原则立场。对于日本指责所谓中国"限制稀土出口"的问题，杨洁篪外长指出，限制出口稀土是为了保护环境管理资源，并非利用稀土讨价还价。

此外，峰会期间，美国利用南海问题拉拢东南亚国家围堵中国的企图并未完全得逞。尽管某些东南亚国家与中国存在领海与岛屿之争，希望借助外部势力予以制衡，在中国表示强烈反对将南海问题国际化后，与中国存在岛屿之争的菲律宾表示不赞成美国提出的多边解决南海问题的建议。东盟中那些与中国不存在领土争议的国家，也希望领土争议通过和平方式解决，不希望南海争端影响到地区和平。因此，东盟作为一个地区组织，总体上并不愿意对中国采取强硬的立场。特别是在中国与东南亚国家的经济相互依存日益加深的背景下，东南亚国家在安全问题上采取谨慎的立场更加符合它们的经济利益。

正如杨洁篪外长所指出的，南海问题并不是中国与东盟之间的问题。东盟中与南海问题无涉的国家不愿选边站对。柬埔寨首相洪森在会见温家宝总理时也表示，柬政府主张南海问题应由有关国家通过双边渠道协商解决，不能将其国际化、多边化。即使是所谓的南海主权声索国也并非完全赞成美国对南海的插手。2010年10月28日，温家宝总理在东亚峰会召开前会见越南总理阮晋勇时强调，妥善处理南海问题对维护中越关系健康稳定发展至关重要。核心是要维护南海稳定，防止南海争议干扰两国关系。阮晋勇对此表示赞同。① 同日，针对美国国务卿希拉里所说的美国在南海"有国家利益"，菲律宾外长罗慕洛表示，南海谈判应该严格地在东盟国家与中国之间进行，不需要美国或其他任何第三方的介入。东盟也不会因美国重返亚洲而忽略与中国的合作，东盟内部的主流声音还是愿意加强与中国的合作。

4. 中国在 APEC 峰会上的积极作为

亚太经合组织（APEC）是亚太地区最具影响的经济合作官方论坛，成立于1989年。其宗旨是：保持经济的增长和发展；促进成员间经济的相互依存；加强开放的多边贸易体制；减少区域贸易和投资壁垒，维护本地区人民的共同利益。成立20多年来，为推进本地区贸易和投资自由化便利化、深化区域经济一体化、缩小发展差距发挥了重要作用。中国作为亚太大家庭的一员，一贯重视并积极参与 APEC 各领域合作。

APEC 首次领导人非正式会议于1993年举行，此后每年一次，2010年11月13日，在日本横滨举行第十八次 APEC 峰会。这次峰会是在世界经济缓慢复苏，尚未完全走出困境，亚太新兴经济体率先走出低谷，复苏增长势头强劲，特别是中国的表现最为抢眼的背景下举行的。一些发达国家将经济恢复缓慢归咎于中国的货币政策，希望借助此次会议向中方施压。中国将 APEC 作为促进亚太地区经济合作的平台，在 APEC 峰会上的积极作为，竭力克服政治干扰对于会议的阻碍，与各国特别是新兴发展中国家合作，取得了丰硕的成果。

---

① 中评社河内2010年10月29日电。

（1）大力推动 APEC 成员之间的经济合作

APEC 是亚太地区机制最完善、层级最高、影响最大的经济合作论坛。中国希望借助这一论坛推动亚太各方在经贸领域的进一步合作。中国领导人将重点放在促进成员国经济增长上，特别是反对贸易保护主义和促进投资便利化上。胡锦涛主席在领导人非正式会议第一阶段发表的讲话中，阐述了中国对亚太地区经济实现平衡、包容、可持续、创新、安全增长的主张。一是推动平衡增长，为经济长远发展创造条件。二是倡导包容性增长，增强经济发展内生动力。三是促进可持续增长，努力实现经济长期发展。四是鼓励创新增长，为经济发展提供动力源泉。五是实现安全增长，维护好经济发展成果。在第二阶段会议期间，胡主席又再次强调，亚太经合组织应继续推进贸易和投资自由化、便利化，加快区域经济一体化。加快落实增长战略，提高经济增长质量。加强经济技术合作，增强发展中成员自主发展能力和经济内生动力。

中国领导人还向世界阐述了中国发展的道路和模式。胡锦涛指出，近年来，中国努力实现以人为本、全面协调可持续的发展，转变经济发展方式，努力保持经济平稳较快发展；实施扩大就业的发展战略，深化收入分配制度改革，加快建立覆盖城乡居民的社会保障体系；加强能源资源节约和生态环境保护，增强可持续发展能力，坚持走可持续发展道路；提高自主创新能力，建设创新型国家，推动创新发展；加强农业基础地位，确保国家粮食安全，应对重大自然灾害和公共卫生安全事件，保障人民生命安全，努力实现安全发展。胡锦涛主席还在 APEC 工商领导人峰会上以"亚太新兴市场国家"为主旨发表演讲，并在 APEC 工商咨询理事会代表的对话会上同工商界就亚太自贸区、中小企业发展、粮食安全、能源安全等问题交换看法。

APEC 峰会最后发表的《横滨宣言》，强调应大力推进地区经济一体化进程，反对贸易保护主义和促进贸易投资便利化，应当说在很大程度上与中国等新兴国家经济体的推动有关，也很好地反映了各方的利益。

（2）防止 APEC 会议向政治化方向发展

此次峰会召开前，中日、日俄等国之间围绕岛屿和领土之争、货币汇率之争、贸易保护主义之争对峰会的举行蒙上了不小的阴影。APEC 应主要以经济合作为主要议题，但日本却有意将会议政治化。它企图利用主办 APEC 会议的东道主之利，在这次以经济议题为主轴的国际会议上掺杂进"领土问题"争论。由于日本政府在会议期间与多个国家大谈领土争端，对本次峰会的主题形成了干扰。[①] 韩国的《东亚日报》认为，作为东道主的日本将"领土外交"作为本次 APEC 的重点，明显超出了经济议题的比重。日本《每日新闻》认为，以横滨 APEC 首脑会议为舞台，日美两国要以加强曾一度受挫的双边关系、增进合作来牵制崛起的中国。中国则警惕日美在亚洲构筑"对华包围网"，故在开始之前始终对日中首脑会谈问题不表态。而奥巴马在日美首脑会谈中表

---

① 《日本 APEC 表现遭非议》，《环球时报》2010 年 11 月 15 日。

示，"欢迎中国在经济上的崛起，但同时中国也要在国际机制中发挥适当的作用"。这一主张得到了菅直人的认同。美国表示支持日本成为安理会常任理事国，也是为了牵制中国。①

美国对于 APEC 的立场也值得关注。美国副国务卿坎贝尔声称，要把 APEC 改造成符合美国利益的"操作系统"。峰会召开前夕，希拉里到东盟拉拢越南和马来西亚、赴大洋洲加强美澳、美新军事同盟。随后，奥巴马又访问印度和印度尼西亚，利用这两个国家来牵制中国。2010 年 3 月，日本同美国签署了《美日在 APEC 合作的联合声明》。日本削弱 APEC 在亚太经济一体化建设中发挥的主导作用。美国提出 TPP（泛太平洋战略经济伙伴关系协定），是意在搅浑东亚一体化。日本政府不顾各方反对，想同美国合作，在 APEC 框架外另外建设一个自由贸易区，让中国处于尴尬和难堪的境地。② 韩国《朝鲜日报》发表文章指出，迅速崛起的中国与欲牵制中国的美日之间的神经战，受到特别的关注。日美等国联手推出的"跨太平洋伙伴计划"（TPP），不仅具有经济意义，还具有战略意义。有分析认为，推进 TPP 的另一个目的就是牵制中国。目前，在"东盟（ASEAN）+3（韩中日）"这一东亚区域内，中国的影响力日益扩大。③ 日美两国的这些动作，不利于亚太地区的团结稳定，也有可能使 APEC 偏离促进经济合作的初衷，将其带到政治化的歧路。

此外，由于经济危机，美国经济持续恶化，美国国内政治斗争，导致美国将高居不下的失业问题、对华贸易逆差问题归咎为所谓中国对人民币汇率的操纵，认为低估人民币币值。然而，美国总统奥巴马在 2010 年 20 国集团首尔峰会上提出的多项针对中国人民币汇率的计划没有得到他国回应，反而自身由于美联储推出的量化宽松货币政策而陷入孤立境地。于是希望借亚太经合会议再度就人民币汇率问题施压中国。奥巴马在 APEC 会议上再度抛出这一问题，称"拥有庞大顺差的国家务必要改变对出口的不健康依赖，并采取行动提振国内需求"④。但是，美国希望在 APEC 峰会上炒作人民币汇率的问题并未成功，遭到了与 20 国集团峰会上一样的冷遇。

中国对此做出了有理有节的反应。胡锦涛主席在会上发表讲话指出，中方愿同各方相互借鉴、取长补短、平等合作、共同发展。中国将继续积极发展同各成员关系，努力同各方一道营造和平稳定、平等互信、合作共赢的地区环境，为推动建设持久和平、共同繁荣的和谐亚太做出积极贡献。关于领土岛屿争议，中国理直气壮地维护国家主权和领土完整。会议期间，日本外相前原诚司在与中国外长杨洁篪举行会谈时，要求重启中国单方面宣布延期的东海油气田条约谈判，但杨洁篪外长希望妥善处理敏感问题，强调重启谈判需要营造氛围，没有对日方的要求做出让步。关于人民币汇率问题，胡锦涛主

---

① 《日美借 APEC 构筑对华包围网》，日本《每日新闻》2010 年 11 月 14 日。

② 《APEC 不能成美国的"操作系统"》，《环球时报》2010 年 11 月 13 日。

③ 《APEC 会议美日携手牵制中国"显眼"》，韩国《朝鲜日报》2010 年 11 月 15 日。

④ 《奥巴马 G20 四处碰壁，APEC 再就汇率问题施压中国》，《环球时报》2010 年 11 月 15 日。

席在此次 APEC 工商领导人峰会上发表演讲时重申了中国在此一问题上的原则立场。他指出，中国将继续促进国际收支平衡作为保持宏观经济稳定的重要任务，统筹国内国外两个市场，"中国将继续按照主动性、可控性、渐进性的原则，稳步推进人民币汇率形成机制改革"。APEC 会议也没有满足美日等国单方面要求中国人民币升值的请求。根据会议达成的《横滨宣言》，与会领导人同意推动成立亚太自由贸易区、避免竞争性货币贬值行动，走向更加由市场主导的汇率制度。

（3）APEC 会议再次见证中国国际地位的进一步提升

中国在 APEC 会议上的表现再次见证了中国国际影响力的提升。在本次 APEC 峰会上，中国力主推动亚太地区经济技术合作，这一点最终被写到了会议的成果性文件《横滨宣言》中。对于 2010 年横滨 APEC 制定的《成长战略》的 5 个领域：结构改革、人才和企业家培养、绿色成长、知识经济以及人类的安全保障，中国都事先做了大量工作。在 APEC 峰会召开前，中国就主办了 APEC 人力资源部长级会议，胡锦涛主席亲自出席。这些都表明了在亚太经合组织（APEC）各个领域，中国都是积极参与并做出贡献的。

中国在 APEC 会议上付出的努力得到了国际社会认同。中国在会议期间表现出积极建设的精神，同各方交换意见、进行磋商，力求会议能达成一个为各方所能接受的平和的结果。中方的立场得到了各国的一致好评，特别是东盟国家如泰国、马来西亚、文莱、印度尼西亚等，都在会上肯定中国的贡献。国际舆论普遍认为胡锦涛主席就国际和地区合作提出的重要意见和建议，展现了中国推动世界经济发展、促进亚太区域合作的真诚意愿和建设性态度，表明中国在国际舞台上发挥着越来越大的积极作用。通过积极参与 APEC 峰会，中国达到了增进理解、倡导合作、同舟共济、共促发展的目的。正如峰会闭幕后美联社发表的一篇评论所指出的那样，此次会议透露出亚太地区势力平衡正在发生变化，尤其凸显中国的影响力在不断增大。由中国崛起所导致的势力转移成了贯穿这种"情节"的一条主线。①

二、上合组织峰会与亚欧峰会：亚欧地区合作的新里程碑

亚欧大陆处于世界历史的"中心地带"。它占有世界陆地的 2/5，世界人口的 9/10 居住在这里，是人类最早、最先进的文明的发源地。自古以来，亚欧地区各民族、各文明之间就存在持续的相互交流与影响。亚欧大陆地区的和平稳定，关系到中国构建"和谐世界"目标的实现。2010 年，中国先后参加上海合作组织塔什干峰会和亚欧会议布鲁塞尔峰会，并在其中扮演积极的角色，为促进亚欧地区合作做出了新的贡献。

---

① 《美媒称中国影响力增大成 APEC 会议"情节主线"》，http://world. huanqiu. com/roll/2010—11/1252754. html。

1. 上合组织塔什干峰会：深化务实合作，维护和平稳定

2010 年 6 月 11 日，上海合作组织成员国元首理事会第十次会议在乌兹别克斯坦首都塔什干举行。此次会议是在上合组织面临一系列挑战的背景下召开的。近一年来，上合组织所在地区面临的安全形势依然严峻，"三股势力"仍很猖獗，作为上合组织观察员国的阿富汗局势仍不太稳定，美国与北约的军事行动没有达到预期的效果。源自阿富汗的恐怖主义行动、毒品走私以及跨国犯罪引起成员国的关注。特别是吉尔吉斯斯坦 4 月份出现严重骚乱并导致政权更替，以奥通巴伊娃为首的反对派取代巴基耶夫政府，美俄之间围绕吉尔吉斯斯坦政局动荡展开的博弈日趋激烈，这些都对中亚地区的稳定增添诸多变数。上合组织如何对吉尔吉斯斯坦局势做出反应同样颇受各方关注。此外，上合组织内部一些中亚成员国尚未完全走出经济危机的影响，它们之间围绕水资源、领土的争端也有进一步加强的迹象。此外，由于上合组织影响力进一步扩大，对周边国家的吸引力大增，也让组织面临扩员的压力。所有这些都考验着上合组织维护中亚地区稳定的智慧与能力。

尽管面对重重挑战，在成员国的共同努力下，塔什干峰会仍取得了十分丰硕的成果。峰会不仅发表了《上海合作组织成员国元首理事会第十次会议宣言》（以下简称《宣言》）和《成果新闻稿》，而且批准了《上海合作组织接收新成员条例》等重要文件。峰会在安全、经贸等诸多领域达成了重要共识，并且体现在上合组织成员国 2010 年的合作进程之中。

一是在安全合作领域。安全合作是上海合作组织各成员国的共同关切，也是本次峰会的重要议题。峰会上通过的《宣言》表示，上合组织自成立以来已成为国际与地区安全与合作格局中的重要因素和高效、开放的多边组织。它将继续坚持不以意识形态、集团和对抗方式解决国际和地区发展中重大问题的做法。针对吉尔吉斯斯坦局势，《宣言》强调吉尔吉斯斯坦政局尽快稳定对整个地区具有重要意义，表示愿为此向吉尔吉斯斯坦共和国提供必要的支持和帮助。《宣言》重申相互支持国家主权、独立和领土完整的原则立场，反对干涉主权国家内政，主张通过政治外交途径以对话协商方式加以解决分歧。峰会对于吉尔吉斯斯坦局势达成了共识，不仅遵守了上合组织一贯的立场和原则，维护了组织的团结，而且展现了维护中亚地区稳定的决心，是峰会取得的一大成功。

峰会的这些宣言在上合组织及其成员国对于吉尔吉斯斯坦局势稳定所采取的具体行动中得到体现。早在 2010 年 4 月吉尔吉斯斯坦第一场骚乱过后，上海合作组织就发表声明，对吉尔吉斯斯坦南部地区发生暴力冲突事件并造成大量人员伤亡表示严重关切。中国政府向吉尔吉斯斯坦难民提供了 22 吨人道援助物资，运往乌兹别克斯坦安置难民的地区，这些人道援助物资包括食品、药品、发电机等必需品。2010 年 11 月 25 日，上海合作组织成员国政府首脑（总理）理事会例行会议发布的联合公报指出，吉尔吉斯斯坦共和国高度评价本组织成员国为稳定吉尔吉斯斯坦局势做出的重要贡献和提供的人道援助。

除了对吉尔吉斯斯坦局势的成功应对外，2010 年，上海合作组织成员国安全合作更加密切。2010 年 9 月 9 日，上合组织成员国"和平使命—2010"联合反恐演习在哈萨克斯坦举行。哈国防部表示，来自哈萨克斯坦、中国、吉尔吉斯斯坦、俄罗斯和塔吉克斯坦约 5000 名军人参加此次演习。此次演习是上合组织框架内的第 7 次演习。演练的内容是"化解本地区与恐怖活动有关的危机局势"。①

二是对经济合作提出了更高的要求。经贸合作是本次峰会一大亮点。2010 年，上合组织成员国之间经贸合作也取得了新的进展，具有标志性意义的事件包括，2010 年 8 月 29 日，中俄石油管道俄境内段正式开通，预示两国关系进入了新阶段。9 月 17 日，世界首个跨境自由贸易区——中哈霍尔果斯国际边境合作中心首批商业项目同时开工奠基。塔什干峰会《宣言》强调，加强成员国协调，共同应对国际金融危机并减轻其不利影响应是上合组织重点关注的问题。应继续推进各成员国经济现代化，大力创新，保证有关各国平等参与重大国际问题决策，加强全球和地区协调是克服危机的重要保障。上合组织将致力于推动贸易投资便利化，实施区域内或区域间的交通、通信基础设施联合开发项目，提高成员国的经济竞争力。

三是组织的机制化建设迈出了新的步伐。各国元首在塔什干峰会上批准了《上海合作组织程序规则》和《上海合作组织接收新成员条例》，这些新机制是推动该组织进一步发展、提升组织威望并完善本组织各机构工作法律基础的重要举措。特别是扩员条例的诞生，对于上合组织的发展将产生十分重大的影响。上合组织 2009 年在叶卡捷琳堡峰会上正式启动了对话伙伴机制。塔什干峰会在接受新成员的机制建设上又有新的进展。《上海合作组织接收新成员条例》规定，候选国应该属于亚欧地区，同所有成员国有外交关系并且拥有上合组织观察员国或者对话伙伴国地位。此外，候选国还要赞同与各成员国开展积极的经贸和人文合作，而且不处在联合国的制裁之下，同其他国家没有武装冲突。俄罗斯总统梅德韦杰夫强调，上海合作组织接受新成员条例是该组织重要的内部文件，"证明了该组织的开放性，我们为上海合作组织的扩展创造条件"②。

特别值得一提的是，中国始终是上合组织发展进程中的重要推动力量。中国国家主席胡锦涛在塔什干峰会上发表了题为《深化务实合作，维护和平稳定》的重要讲话，肯定了上合组织成立以来在维护地区和平与发展中的重要作用，指出各成员国只有切实遵循"上海精神"，加强团结协作，发挥集体智慧和力量，才能战胜艰难险阻，实现共同发展。胡锦涛主席建议成员国巩固团结互信，夯实上合组织发展的政治基础。他指出，"我们要坚决贯彻《长期睦邻友好合作条约》，本着世代友好的原则宗旨，继续加强战略对话和政策协调，在涉及成员国主权、安全、发展的核心利益问题上密切协作"。胡锦涛主席还就在上海合作组织框架内深化合作提出 6 点意见，包括巩固团结互

① 俄塔社阿斯塔纳 2010 年 9 月 9 日电。

② 《俄总统：上合组织接收新成员条例表明该组织开放性》，俄新网：http://rusnews.cn/guojiyaowen/guoji_ sco/20100611/42807476.htm。

信，夯实本组织发展的政治基础；加大反恐力度，构筑本组织发展的安全环境；深挖合作潜力，增强本组织发展的持续后劲；扩大友好交流，巩固本组织发展的人文基础；完善内部建设，健全本组织发展的决策机制等等。正如中国外长杨洁篪所评价的那样，作为上海合作组织重要成员，中国积极参与峰会全过程，同各成员国一道密切沟通，团结协作，排除干扰，凝聚共识，为峰会顺利举行发挥了重要的建设性作用。①

塔什干峰会具有重要的历史意义。本次峰会规模较大，除成员国元首外，观察员国以及包括联合国在内的许多国际组织的领导人都与会。从出席人数上看，显示出上合组织凝聚力和影响力不断提高。峰会全面总结了上合组织一年来的发展成就，深入分析国际和地区形势发展以及上合组织面临的机遇和挑战，明确组织下一步发展方向和任务，并就进一步深化政治、安全、经济、人文合作，以及扩大组织对外交往做出部署和规划。这次峰会是上合组织发展进程上新的里程碑，它增强了组织凝聚力和扩大组织的对外开放度，进一步提升了组织的国际影响力。

上合组织各成员国领导人都对峰会的组织和成果给予了很高的评价。如乌兹别克斯坦总统卡里莫夫在发言中表示，上海合作组织已经发展成为国际舞台上的一支重要力量，希望成员国能够加强团结协作，深化各领域的务实合作，突出安全和发展两个重点；俄罗斯总统梅德韦杰夫和塔吉克斯坦总统拉赫蒙都希望各成员国充分发挥潜力，重点推进能源、交通运输、农业、高技术等领域的合作；希望加大反恐力度，构筑有利于本组织发展的安全环境。梅德韦杰夫还建议通过 2011 年到 2016 年的上合组织反毒战略，为构筑"反毒带"提供具体支持。

此外，塔什干峰会的成功召开，也向外界传达了这样一种信息，即上海合作组织有能力解决一些新的紧迫问题，在维护中亚国家的政治稳定，帮助各成员国克服面临的困难和现实威胁，寻找新的合作途径开展对外交流等方面发挥积极作用。《上海合作组织接收新成员条例》的出台也标志着上合组织将以更加开放、更加自信的姿态迎接各种挑战，通过增进成员国之间的政治互信，深化旨在维护中亚稳定的安全合作，积极参与阿富汗问题的解决，稳步开展区域经济合作，在国际舞台上扮演更加重要的角色，展现出更加良好的发展前景。塔什干峰会为上海合作组织注入了新的动力，有助于该组织挖掘出更加巨大的合作潜力，在地区和国际事务中发挥建设性的作用，体现出前所未有的号召力。②

2. 亚欧峰会：促进亚欧交流合作

亚欧会议成立于 1996 年，是亚洲和欧洲之间级别最高、规模最大的政府间论坛，每两年举行一届，宗旨是通过加强相互间的对话、了解与合作，为亚欧经济和社会发展创造有利条件，以建立亚欧新型全面的伙伴关系。首届亚欧首脑会议于 1996 年 3 月 1

---

① 《杨洁篪谈胡锦涛出访成果：增进互信拓展合作的成功之旅》，人民网：http://cpc.people.com. cn/GB/64093/64094/11880250.htm。

② 参见孙壮志：《上海合作组织塔什干峰会的特殊意义》，《当代世界》2010 年第 7 期。

日至 2 日在泰国曼谷举行。2008 年 10 月，在北京举行第七届亚欧首脑会议，正当国际金融危机全面爆发、迅速蔓延之际，发表了关于国际金融形势的声明，向世界发出了坚定信心、共迎挑战的有力信号。两年来，亚欧国家与国际社会一道，同舟共济，共克时艰，积极应对国际金融危机，取得了明显成效。虽然各国经济复苏的进程有快有慢，复苏的动力有强有弱，但总的来看，世界经济已经步入缓慢复苏的轨道。

2010 年第八次布鲁塞尔峰会之前，亚欧会议已经经过两轮扩大，有成员 45 个。其中亚洲 17 个，包括东盟 10 个成员、东盟秘书处、中国、日本、韩国、印度、巴基斯坦和蒙古；欧洲成员 29 个，包括欧盟 27 个成员国和欧盟委员会。在 2010 年峰会上又经历了第三轮扩员，俄罗斯、澳大利亚和新西兰成为了亚欧会议的新成员。亚欧会议成员国国内生产总值之和超过全球总量的一半，人口和贸易额均约占世界六成，在世界上具有重要影响。

（1）亚欧会议影响力进一步扩大，亚欧合作进程日益加快

2010 年 10 月，第八届亚欧首脑会议在比利时布鲁塞尔举行，会议以"改善民生：提高公民福利和尊严"为主题，重点讨论改善全球金融和经济治理、可持续发展、亚欧社会文化交流、亚欧会议未来发展以及国际和地区问题，取得了诸多共识。

随着澳大利亚、新西兰和俄罗斯的加入，亚欧会议成员增至 48 个，在地缘上东西贯通，真正成为一个紧密相连的利益共同体，亚欧会议影响力进一步扩大。越来越多的国家表示出加入亚欧会议的兴趣。孟加拉国、伊朗、哈萨克斯坦、乌兹别克斯坦等许多国家，都提出了加入亚欧会议的要求。俄、澳、新的加入，必然使这些国家加入亚欧会议的兴趣大大增强。特别是澳、新的加入使亚欧会议的影响扩大到大洋洲和南太平洋，必然激起该地区国家对亚欧会议的兴趣。有迹象表明，中东国家如伊朗和土耳其等也对加入亚欧会议产生浓厚兴趣①。

这次亚欧会议召开的背景，国际形势和国际体系都在发生深刻变化，全球经济缓慢复苏，基础尚不牢固，国际金融危机的深层次影响仍未消除，特别是欧洲一些国家陷入了严重的主权债务危机。相比之下，亚洲国家特别是新兴国家较为顺利地克服经济危机。中国大量购买西班牙、希腊等国的国债，对稳定欧元汇率、提升当地市场信心产生了积极影响。这让欧盟更加看重与亚洲国家的合作，欧洲一些大国逐步改变对亚欧会议的轻视态度，日益重视通过亚欧会议平台来加深亚欧大陆的全方位合作，要求亚欧合作的呼声高涨。面对全球性挑战，无论是中欧还是亚欧，都拥有共同的利益和责任，应该相互支持，加强协调，紧密合作。亚欧会议的召开因此具有十分重要的意义。

当前，亚欧合作站在了一个新的历史起点上，面临着新的发展机遇。亚洲人口众多，市场潜力巨大，是目前全球经济增长最快和最具活力的地区。欧盟是全球最大的经

---

① 潘光：《亚欧会议的新一轮扩大和发展新机遇》，《求是》2010 年第 21 期。

济体，科技先进，市场成熟，在很多方面引领世界潮流。亚欧合作的分量和作用进一步提升，合作的空间和前景更加广阔。本次亚欧会议通过了《第八届亚欧首脑会议主席声明》（以下简称《主席声明》）和《更有效全球经济治理宣言》两个成果文件，体现了亚欧同舟共济、共同发展的意愿。《主席声明》重申亚欧国家应在平等和互利的基础上，加强战略对话与合作。针对当前贸易保护主义有所抬头的现实，一致表示反对各种形式的贸易保护主义，应立即消除现有的贸易壁垒。

（2）中国在亚欧合作中扮演的角色更加积极

作为亚洲地区大国，中国一直是亚欧合作的坚定倡导者和推动者。亚欧会议成立以来，中国以最坚定的态度推动各方开展政治对话、经贸合作、文化交流，促进求同存异，凝聚共识。中国深入参与并推动亚欧各领域务实合作，主办了近 40 项亚欧会议活动，倡议亚欧开启科技、中小企业、环境、海关、司法、反恐等合作新领域，拓展了亚欧合作空间。特别是在 2008 年 10 月 24 日至 25 日，在全球经济危机愈演愈烈的背景下，中国成功举办了第七届亚欧会议，共有 45 国亚欧领导人聚首北京，为亚欧的合作做出了自己的贡献。

在本次布鲁塞尔亚欧会议上，温总理作为上届会议东道主在开幕式上发表了题为《推动亚欧合作进程深入向前发展》的致辞，就亚欧合作、全球经济治理、可持续发展和全球性问题阐述中国的主张。

温家宝总理指出，亚欧应把握机遇，顺应形势，从战略高度和长远角度不断扎实推进亚欧合作进程。亚欧会议成员奉行多边主义，是维护世界和平与稳定的重要力量。亚欧大陆历史上饱受战火蹂躏，中方比任何人都深知和平的可贵。因此应恪守联合国宪章宗旨和原则，密切政治交往和战略协作，增进相互理解和信任。应大力倡导以和为贵的理念，坚持以和平方式解决地区热点问题，平息动荡，消弭战乱，为实现长期繁荣奠定基础。为了促进亚欧合作，温家宝总理在本次会议上代表中国政府提出了四项新倡议：一是建立"亚欧水资源研究和利用中心"，通过科技合作共同提高水资源管理能力，促进亚欧国家可持续发展；二是举办第二届亚欧交通部长会议，深化亚欧交通运输领域合作，便利双方人员及货物往来；三是举办亚欧森林可持续管理应对气候变化高级研讨会，推动亚欧林业务实合作；四是举办亚欧职业技术教育研讨会，加强亚欧在提高劳动者素质方面的交流与合作。温家宝总理承诺，今后中国将继续为巩固和深化亚欧新型伙伴关系贡献力量。

温家宝总理就如何推动亚欧在国际经济治理上的合作提出看法和建议。他指出，经过国际社会的共同努力，世界经济正在缓慢复苏，但绝不能低估这场危机的严重性、复杂性。国际社会必须加强合作，努力应对：一是要加强宏观经济政策协调，始终保持合理的政策力度，提振市场信心；二是有针对性地解决造成危机的源头性问题，推进国际金融体系改革，加强金融监管，缓解结构性矛盾，保持各主要货币汇率相对稳定；三是坚持自由贸易，反对形形色色的保护主义。中国政府的这些观点和主张得到了许多与会领导人的赞同和呼应，并被写入了会议的成果文件。

（3）中欧关系取得新的突破

中欧关系在 2010 年取得了长足的进展。增进互利互信，推动中欧关系长远发展是温家宝总理 2010 年 10 月欧洲之行的重点。10 月 5 日，国务院总理温家宝在布鲁塞尔会见欧元集团主席、卢森堡首相容克、欧洲央行行长特里谢、欧盟委员会经济与货币事务委员雷恩等人。温家宝总理指出，在全球经济缓慢复苏，仍然存在许多不确定因素的情况下，中欧加强政策协调，合作应对危机，对各自经济发展和世界经济可持续复苏都具有重要意义。欧方高度评价中国为应对国际金融危机做出的重要贡献，感谢中国对欧元和欧元区经济的支持，强调欧中有着广泛的共同利益，是好伙伴、好朋友。欧方反对贸易保护主义，反对搞货币战，支持通过平等对话，增进相互了解，协商解决分歧和问题。

中国与德英法等传统欧洲大国的关系也取得进展。亚欧会议间隙，温总理应邀赴柏林与默克尔总理会晤。双方着重就中欧、中德关系交换了意见。德方表示，继续积极支持欧盟尽快承认中国完全市场经济地位。两国总理就共同应对全球金融危机、气候变化等达成重要共识。2010 年 4 月 28 日，法国总统萨科齐成功访华。法国舆论认为 2010 年"成为法中关系发展中特殊的一年"，称"两国关系告别乌云密布，重回晴空万里"①。11 月 9 日，英国首相卡梅伦率历史上最大规模代表团访华。卡梅伦表示，英国始终把中国的发展视为机遇，希望同中国建立共同促进经济增长的伙伴关系。

此外，协助欧洲陷入债务危机的国家走出困境，是 2009 年来中国对欧外交的一个重要方面。金融危机发生以来，欧元区的希腊、西班牙、冰岛等国纷纷陷入主权债务危机。其中希腊由于受到主权债务危机的冲击，有 3000 亿欧元的巨额国债。中国适时出手，向陷于危机的这些欧元区国家提供援助。2010 年 6 月 15 日，国务院副总理张德江对希腊进行为期 4 天的访问期间，希腊和中国企业签署了 14 项商业协议，主要涉及航运、地产和农产品出口等行业。中远集团接手了希腊最大的比雷埃夫斯港集装箱码头。除希腊外，中国与遭受债务危机的冰岛签署了一项价值超过 5 亿美元的货币互换协议，允许冰岛使用本币来支付从中国进口的产品。西班牙也是这次金融危机的重灾区，希望能够得到中国的援助。西班牙首相萨帕特罗对于来自中国的支持高度评价，认为中国增持了西班牙的国债，给市场注入了信心。他强调指出，"西班牙和亚洲，特别是中国的联系，对我们的增长有支柱性作用"②。

中国对希腊等国的金融援助也在国际舆论引起反响。英国《卫报》指出，在投资者纷纷撤离之时，全球最重要的新兴经济体拥抱了希腊。负债累累的希腊得到中国的信任票。③《华盛顿邮报》认为，在全世界都在担心希腊可能破产、欧洲债务危机可能恶化之际，中国宣布向希腊投资数十亿欧元，帮助这个债务缠身的国家重振经济。希腊副总理潘加洛斯认为，中国与做纸上金融产品投资的华尔街人士不同，他们做的是实业和

---

① 朱盈库：《法媒：2010 成为中法关系"特殊年"》，《环球时报》2010 年 4 月 27 日。

② 《希望中国增持西班牙国债》，《21 世纪经济报道》2010 年 9 月 1 日。

③ Helena Smith, "Debt-ridden Greece gets vote of confidence from China", *The Guardian*, June 15, 2010.

实体商品，这将有助于希腊的实体经济。①通过对这些国家的援助，中国抓住机遇，与它们建立起了全方位的合作关系。2010 年 10 月 2 日，在温家宝总理访问希腊期间，中希双方发表了《中希关于深化全面战略伙伴关系的联合声明》，一致认为在当前国际形势下，两国应加强各领域合作，进一步深化全面战略伙伴关系。

三、中国与发展中国家关系的新进展

2010 年，中国与发展中国家的关系继续巩固和发展。中非关系、中国与拉美关系都保持稳定发展的态势。特别是中国—葡语国家峰会的召开，成为中国与发展中国家拓展关系的新的重要平台。

1. 中非关系稳步前进

中国是世界上最大的发展中国家，非洲是发展中国家最集中的大陆，中国和非洲的人口占世界人口 1/3 以上。新中国成立以来，中非关系稳步推进。从去殖民化、推动民族和国家独立，到对非援助、促进非洲经济发展，中国都一直无条件地给予非洲巨大支持。非洲国家也在支持中国重返联合国以及许多其他重大国际事务上坚定地支持中国。

中国进入改革开放时代以来，发展经济和推动社会进步是中国与非洲共同面临的任务。2000 年 10 月，成立的中非合作论坛已成为双方开展集体对话的重要平台和务实合作的有效机制。开启外交关系 50 周年之际，中非合作论坛北京峰会 11 月 5 日一致通过了《中非合作论坛北京峰会宣言》。本着"友谊、和平、合作、发展"的宗旨，回顾了半个世纪以来中非之间的真挚友谊和团结合作，探讨了新形势下中非合作的共同目标和发展方向，讨论取得了积极成效。峰会期间，中方推出 8 项对非经贸援助措施，包括：设立中非发展基金、援建非盟会议中心、免除非洲重债穷国及最不发达国家截至 2005 年年底到期的政府无息贷款债务等。

2009 年 2 月 12 日至 17 日，国家主席胡锦涛访问了非洲四国，这是胡主席第六次访非。16 日，胡锦涛主席在坦桑尼亚发表题为《共同谱写中非友谊新篇章》的演讲。他指出，中国愿同非洲国家一道，重点从六个方面做出努力：团结互助，携手应对国际金融危机挑战；增进互信，巩固中非传统友好政治基础；互惠互利，提升中非经贸务实合作水平；扩大交流，深化中非人文领域合作；紧密配合，加强在国际事务中的协调；加强协作，共同推进中非合作论坛建设。

2010 年 12 月，国务院新闻办公室发布《中国与非洲的经贸合作》白皮书。白皮书列举了大量数据和事实，从 7 个方面阐明中非经贸合作符合双方共同利益，促进了中非

---

① Anthony Faiola, "Greece is tapping China's deep pockets to help rebuild its economy", *The Washington Post*, June 9, 2010.

共同繁荣和进步：促进中非贸易平衡发展，拓展相互投资领域、重视基础设施建设、加强发展能力建设、帮助提升民生水准、拓宽中非合作领域、发挥中非合作论坛引领作用。报告指出，2010 年至 2012 年，中国将向非洲提供 100 亿美元优惠性质贷款用于基础设施建设。

中非合作的一大重点是在经贸领域。在国际金融危机严重冲击下，2009 年非洲资本流入减少，出口环境恶化。为此，中国应非洲国家的需要，积极采取措施促进中非贸易和投资合作，扩大对非援助和融资规模，共同应对金融危机。洛克菲勒基金会的一份报告称，非洲 53 个国家中有 15 个与中国的贸易呈现顺差。非洲需要的是投资和公路、医院等大量基础设施建设。[1] 2009 年中国已成为非洲第一大贸易伙伴。中非双方还在基础设施建设、能源、农业、金融、医疗卫生等领域开展了务实高效合作，对中非互利双赢、共同发展起到积极有效的推动作用。中国近年来对非洲经济增长贡献率达 20% 以上。

2010 年世博会成为中非关系发展的另一重要平台。中国政府考虑到这种可能性，提供 1 亿美元的帮助建设非洲联合馆，使不能独立建馆的 43 个非洲国家都能参展，借助世博会的平台展示其独特的经济文化风貌。上海世博会共有 50 个非洲国家及 1 个地区组织参展，其中 42 个国家在非洲联合馆。肯尼亚、马里、利比里亚、南非、安哥拉、赞比亚副总统和加蓬、卢旺达、几内亚比绍总理纷纷莅临。双方领导人借出席世博会的机会举行会晤，就共同关心的问题进行磋商和交流，达成诸多共识。温家宝总理在上海世博会高峰论坛上指出，世博会让渴望了解世界的中国人民，和渴望了解中国的各国朋友走到一起，相互间结下了深厚的友谊。

西方媒体对于中非关系的发展反应复杂。一些媒体和舆论炒作中国在非洲影响力的上升是一种"新殖民主义"的声音仍没有消失。法国《费加罗报》认为，中国已经在非洲"乘虚而入"，在几内亚和非洲其他地方，法国已经没有能力维护自己的利益，"失去了历史曾经拱手送给我们的优势"[2]。英国《独立报》指出，中国不仅在掠夺非洲的自然资源，他们还修建公路、铁路、学校和体育场，商店里摆满了中国制造的商品。伴随这种关系而来的是政治、外交和战略实力，增大了中国在外交政策领域和国际组织当中的影响力。[3]

但是，在 2010 年，对于中国在非洲影响力增加的正面的声音也多了起来。在 2010 年 5 月举行的第二十届世界经济论坛非洲会议上，与会非洲代表普遍认为，中国和非洲的战略利益关系已越来越呈现出相互交织、密不可分的一面，中国与非洲的双边关系正在向互利共赢的真正伙伴关系转变。美利坚大学国际发展学教授德博拉·布罗伊蒂加姆认为，中国视非洲为自己的伙伴。中国人看待非洲的方式与西方不同。西方认为非洲是战争、疾病、混乱和恐怖事件的发生地，中国则认为非洲是一个获得消费者和商业伙伴

---

① 阿尔韦·托布吕纳：《中国攻占非洲》，墨西哥《进程》周刊 2009 年 12 月 27 日。

② 《法国被"中属非洲"倾轧》，法国《费加罗报》2009 年 10 月 15 日。

③ Lan Birrell, "This massire Invasion Will Benefit the Continent", The Independent, October 15, 2009.

的地方，视角完全不同。对非洲国家的政府而言，应该向中国人学习更多的经验，以使自身摆脱贫困。① 英国《金融时报》指出，一些西方评论人士——还有一些非洲人士——强烈谴责中国与非洲大陆欣欣向荣的经贸往来，称这是一种新形式的殖民主义，建立在搜寻矿藏的基础上。但这些批评在很大程度上是站不住脚的。由西方主导的各种发展战略无论本意多么美好，都没有打破非洲的欠发达循环。因此，中国方面本着理性商业逻辑做出、并起到提振就业和增长等实际作用的各项投资，带来了新的希望和另一条发展途径。② 美国《时代》杂志认为，"中国真正带给非洲的是世界对这块大陆的观念发生了变化。中国已使人们对非洲的观念从施舍目的地转变为了商业之地"③。南非贸工部长罗布·戴维斯对中国在非洲大举投资给予了高度评价，认为中国并未推行新殖民主义政策，中国对非洲日益增长的兴趣将带来巨大益处。④

2. 中国拉美关系继续加强

2010 年中国与拉美关系成为中国外交的另一亮点。11 月 5 日，中国政府发表《对拉丁美洲和加勒比政策文件》。这是新时期中国政府发展对拉关系的政策宣示，也是中国外交的重要战略举措。11 月中下旬，胡锦涛主席在出席完 20 国集团领导人金融峰会后，奔赴拉美对古巴、哥斯达黎加和秘鲁进行国事访问，并参加在秘鲁首都利马举行的亚太经济合作组织（APEC）第十六次领导人非正式会议。这是胡锦涛主席继 2004 年出访拉美四国、2005 年访问墨西哥后再次访问拉美，对哥斯达黎加的访问也是中国国家元首首次访问中美洲地区，对中拉关系发展具有重要意义，因而也引起了国际舆论的关注。胡锦涛主席 20 日在秘鲁国会发表了题为《共同构筑新时期中拉全面合作伙伴关系》的重要演讲，就发展中国和拉美各国友好合作关系做了全面阐述。胡锦涛主席指出，中国作为最大的发展中国家，拉美作为世界上重要的发展中地区，双方更加紧密地团结起来，开展更高层次、更宽领域、更高水平的合作，既是时代潮流的要求，也是各自发展的需要。中国愿同拉美和加勒比国家一道，努力构筑双方平等互利、共同发展的全面合作伙伴关系。

中国拉美关系的发展有坚实的经贸基础。2010 年 5 月，世界银行拉美首席经济学家奥古斯多·托雷本月指出，10 年前中国在拉美几乎还没有什么经济影响力，长期以来都是美国在该地区占主导地位，但是现在，中国已经取代美国成为巴西和秘鲁等拉美国家的最大贸易伙伴，并成为该地区许多国家经济增长的重要推动力。⑤ 根据联合国拉加经委会 2010 年 9 月 2 日发表的报告称，中国市场带动拉美经济增长。报告指出，中国将在 5 年后取代欧盟成为该地区第二大贸易伙伴。中国这条亚洲经济巨龙已经是巴西

---

①　《中国在非洲做得比西方聪明》，美国国际新闻社 2010 年 7 月 18 日电。

②　Editorial, "China's New Scramble for Africa", *The financial Times*, August 26, 2010.

③　Alex Perry, "China's New Focus on Africa", *TIME*, July 5, 2010.

④　Jamil Anderlini, "Pretoria defends China's Africa policy", *The financial Times*, August 24, 2010.

⑤　《中国—拉美经贸关系》，《美国之音》2010 年 5 月 30 日。

和智利最大的出口对象，是阿根廷、哥斯达黎加、古巴和秘鲁的第二大贸易伙伴，同时是委内瑞拉的第三大贸易伙伴。①

中国对拉美的强势介入也引起了西方尤其是美国的担忧。2008 年 6 月 11 日，美国国会以《新挑战：中国在西半球》为题举行了中拉关系听证会，分析中国拉美关系发展可能对美国带来的影响。② 约翰霍普金斯大学拉美研究主任罗埃特认为，中国正在巧妙地向拉美地区施加影响力，而奥巴马政府则延续了美国长期以来对拉美的忽视。③

美国智库詹姆斯敦基金会指出，虽然中国从拉美进行这样的能源进口赶不上从其他地区的进口，但中国在阿根廷、巴西和其他地区做出的大量承诺清楚地表明了其加紧进入这一地区的决心。中国与拉美国家的合作，表明中国对该地区的兴趣明显增加，"进而揭示了北京旨在确保能源供应多样化和发展与拉美国家战略伙伴关系的地缘政治战略"④。

3. 中国—葡语国家峰会：拓展中国与发展中国家合作新平台

葡语国家共同体于 1996 年成立。成员包括葡萄牙以及葡萄牙在南美的前殖民地巴西，葡萄牙在非洲的六个前殖民地——安哥拉、佛得角、几内亚比绍、莫桑比克、圣多美和普林西比。东帝汶从印度尼西亚独立出来后于 2002 年加入共同体。葡语国家有超过 2.23 亿的人口遍布全球，有相似的文化及共同的历史。除葡萄牙外，其余成员国都为发展中国家。

近年来，随着中国经济地位的不断提高和葡语国家发展对华经贸关系的愿望日益增强，双方加强互利合作已成为共识。2003 年，中国—葡语国家论坛成立。论坛成立以来，中国与葡语国家贸易和双向投资快速增长。2003 年论坛成立时，中国和葡语国家的贸易额刚过 100 亿美元。2010 年中国与葡语国家贸易额高达 914 亿美元，同比增长 46.4%。截至 2009 年年底，葡语国家已在华设立 700 多家企业，对华投资累计金额超过 5 亿美元。中国对葡语国家投资方兴未艾，累计金额超过 10 亿美元。2010 年 11 月 3 日，胡锦涛在对葡萄牙进行国事访问前指出，中国—葡语国家经贸合作论坛成立以来，已成为联系中国和葡语国家的重要桥梁和促进各方共同发展的重要平台。这一多边政府间合作机制将提升中国同葡萄牙等葡语国家的经贸合作水平。

2010 年中国—葡语国家关系中的一件大事是中国—葡语国家经贸合作论坛第三次部长级会议于 11 月 13 日在澳门开幕，出席论坛活动的共有安哥拉、巴西、佛得角、几内亚比绍、莫桑比克、葡萄牙、东帝汶等七个葡语国家政府代表团。葡语国家政府代表团团长在开幕式上分别发表讲话，对论坛在推动中国与葡语国家合作所发挥的作用表示

① 《中国市场带动拉美经济增长》，《德国之声》2010 年 9 月 4 日。

② 《美国智库对中拉关系的新判断》，《中国社会科学院院报》2008 年 9 月 9 日。

③ 《路透精英汇》，英国路透社 2010 年 5 月 5 日。

④ L. C. Rnssell Hsiao, "Brazil and Argentina: China's Growing Foothold in Latin America", *China Brief*(The Jamestown Foundation), Volume 10, Issue 11, May 27, 2010.

肯定及赞赏。各方签署了 2010—2013 年《经贸合作行动纲领》，推动各方在包括经贸、农业、自然资源、教育等多个领域开展更深层次的合作。本次论坛也开拓了新的合作领域，增加了教育、金融、旅游、文化、卫生、科技、土地规划等领域。在贸易方面，《行动纲领》提出采取积极措施扩大中国与葡语国家间进出口贸易，力争到 2013 年，贸易额达到 1000 亿美元，并注重优化贸易结构。中国政府还承诺在 2010 年至 2013 年，在双边合作框架内提供 16 亿元人民币优惠贷款，用于支持非洲和亚洲葡语国家减贫发展战略。成立中葡合作发展基金，以促进中国与葡语国家间的金融合作。

参加中国—葡语国家经贸论坛的葡语国家纷纷对论坛在推动中国与葡语国家合作所发挥的作用表示肯定及赞赏。葡萄牙共和国总理索克拉特斯表示，首次由各国元首及政府首脑出席的论坛第三届部长级会议，成为推动中国与以葡萄牙语为官方语言的国家群体间贸易和投资发展的独特机遇。东帝汶共和国总统奥尔塔认为，中葡论坛是一个具有活力、充满灵活性和不断锐意进取的机制。莫桑比克共和国总理阿里认为，自中葡论坛成立以来，各项决议得以落实，并取得显著进步，中葡论坛的作用越来越明显，与会各国均广泛承认中葡论坛在推动国际发展合作方面发挥的积极作用。①

中葡论坛的成功表明，它是中国和葡语国家开展互利友好合作的重要平台和纽带。论坛充分利用澳门联系中国和葡语国家的独特优势，以经贸合作为重点，有效地推动了中国与葡语国家之间的交流与合作。正如温家宝总理在中国—葡语国家经贸合作论坛第三次部长级会议开幕式上的致辞中指出的那样，实践证明，中葡论坛既是合作的桥梁，也是友谊的桥梁。它不但给双方带来了实实在在的经济利益，而且拉近了中国与葡语国家的距离，加深了双方人民的友谊，密切了国家间的友好关系。

大事记 6-1　2010 年中国参与系列多边峰会

日　期	事　件
6 月 10 日至 11 日	国家主席胡锦涛出席上海合作组织塔什干峰会并发表题为《深化务实合作，维护和平稳定》的重要讲话。会议发表了《上海合作组织成员国元首理事会第十次会议宣言》和《成果新闻稿》
10 月 4 日至 5 日	中国国务院总理温家宝出席比利时首都布鲁塞尔第八届亚欧首脑会议开幕式并致辞
10 月 28 日至 30 日	国务院总理温家宝出席了在越南首都河内举行的东亚峰会等东亚领导人系列会议并致辞。中国与东盟发表了《中国—东盟领导人关于可持续发展的联合声明》
11 月 13 日至 14 日	国家主席胡锦涛出席在日本横滨举行的 APEC 峰会第十八次会议，亚太经合组织工商领导人峰会上发表《共同发展　共享繁荣》重要演讲
11 月 13 日至 14 日	国务院总理温家宝赴澳门出席中国—葡语国家经贸合作论坛第三届部长级会议开幕式并视察澳门特别行政区

---

① 《七国元首部长肯定论坛作用》，香港《文汇报》2010 年 11 月 14 日。

第七章 携手共进：
坚持和平发展推动大国合作

2010 年对于中国和一些大国的关系来说可谓希望与挑战并存。首先，中美关系在波折中继续走向深化。随着中国国力迅速持续的上升，中美之间长期存在的战略关切上的矛盾、经贸领域的纠纷以及价值观的对立等问题，虽然有尖锐化的趋势，却不能从根本上阻止两国关系合作共赢的发展潮流。同样的道理，中国与近邻日本和印度的关系，虽然受到国力对比变化、美国战略重心东移以及历史遗留问题等影响，在某些方面呈现出不稳定的一面，但是，这些问题却不能改变经济全球化背景下彼此相互依赖的关系特质，事实已经证明并且将继续证明，中国的发展给其他大国带来的机遇远远大于挑战，大国之间在应对全球性和区域性的诸多挑战方面加深理解、加强合作的前景，值得期待。

一、中美关系：从经历波折到应对共同挑战

1. 中美关系再现波折的原因

2010 年前三个季度，中美关系经历了一段新的波折，出现这种情况，既有美国内部的原因，也有中国持续迅速发展给世界力量格局带来变化的因素。

就美国内部因素而言，美国国内经济严峻形势短期内难以扭转，导致保守思潮抬头，政客们忙于向外转嫁矛盾，再一次使中国成为美国国内政治经济矛盾的替罪羊。

2008 年爆发的国际金融危机对于美国经济无疑是一次沉重打击。奥巴马政府上台后，采取了一系列措施来稳定金融秩序、创造就业机会、增加中低阶层的抗风险能力、提高美国企业的国际竞争力、更新基础设施，应当说，这些措施对于帮助美国走出金融危机的阴影起到了一定的积极作用。2010 年 9 月 20 日，美国国民经济研究所公布了一份研究报告，认为始于 2007 年 12 月的美国经济衰退已经在 2009 年 6 月结束，报告显示，美国经济在 2010 年保持复苏态势，一些行业的就业压力有所缓解。① 不过也有很

---

① Jeannine Aversa, " Economists Say Recession Ended in June 2009", *The Washington Times*, September 20, 2010.

多事实表明，奥巴马政府应对金融危机的措施，对解决美国经济深层次问题存在局限性，而且已经成为世界经济新的不稳定因素。例如，奥巴马新政产生的大量公共财政支出导致美国财政赤字居高不下，美国财政部 10 月 15 日公布的一份报告显示，截至 9 月 30 日，美国联邦赤字为 1. 294 万亿美元，占 2010 年美国 GDP 的 8. 9%①；美国金融市场信贷紧缩的现象也没有得到解决，企业融资仍旧困难重重，失业率居高不下。美国劳工部 2011 年 1 月 7 日公布的数据显示，2010 年 12 月份美国非农业部门失业率虽然较 11 月有了显著下降，但仍然保持在 9. 4% 的水平上。制造业部门是工作岗位流失的重灾区，数据显示，从 2008 年经济衰退至 2010 年 10 月，制造业就业人数下降了 15% 。② 为了扭转国内通缩局面、带动就业率的上升，美联储采取了所谓"量化宽松"的货币政策，企图通过间接地增印货币，为银行体系注入新的流通性，同时通过降低长期利率，带动对企业的投资活动。这一措施导致美元的"弱势"难有改观，由之引起的大宗商品和农产品价格上涨，将全球经济置于了较为严峻的通胀风险之下。

由于国内经济在严峻的局面中起起伏伏，美国社会矛盾趋于尖锐，失落情绪、仇外情绪大有抬头之势，舆论界充斥着关于美国衰落的预言、外部阴谋论以及经济民族主义的吁求。部分利益集团及其代言人更是把美国经济的困难局面归咎于外国实行了不利于美国的经济政策，而对中国之非难尤甚。例如，2010 年 1 月，美国 19 个商业团体联合给政府高官写信，指责中国自 2009 年以来实施的多项增加本土拥有和开发的创新产品及知识产权的政策，把外国高科技公司排除在了中国市场之外，损害了美国最具创新和竞争力的制造和服务业，呼吁美国政府对此做出强硬回应。③ 3 月 23 日，美国经济政策研究所发布了一份由经济学家罗伯特·斯考特撰写的报告，把美国巨额贸易赤字居高不下的主要原因归咎于"中国操纵货币"，认为中国不公平的对外贸易和操纵货币的行为，令美国在 2001—2008 年间失去了 240 万个职位。④

与此同时，不同党派及其代表的各种利益集团之间的权力竞争也趋于激烈，都企图借用中国来为自己开脱、给竞争对手抹黑。

作为执政党的民主党，是 2010 年美国国内不满情绪主要针对的目标，在 11 月举行的中期选举中，民主党失去了对众议院的控制权，在参议院的席位也有所减少；从 7 月至 11 月不到半年时间内，包括国家经济委员会主任劳伦斯·萨默斯在内的六名奥巴马经济政策的设计师和关键推动者，相继迫于压力宣布离职，中期选举的失利以及政府高

---

① Humberto Sanchez, "Deficit Tops $1 Trillion for the Second Year in A Row", *CongressDaily*, October 15, 2010.

② "Statement of Secretary of Labor Hilda L. Solis on December Employment Numbers", January 7, 2011, Website of US Department of Labor, http://www.dol.gov/opa/media/press/opa/OPA20110034.htm.

③ 《美国多个商业团体申诉中国排斥外国高科技公司》，新加坡《联合早报》2010 年 1 月 28 日，http://www.zaobao.com/special/china/sino_ us/pages8/sino_ us100128.shtml。

④ Robert E. Scott, "Unfair China Trade Costs Local Job", *Economic Policy Institute Briefing Paper*, No. 260, March 23, 2010. p. 1.

级经济顾问团队的改组，反映了奥巴马的改革计划在国内遭遇了一定程度的信任危机。出于维持国内支持率的需要，政府内的一些人企图转移矛盾，把经济恢复乏力的责任推到中国头上来。例如，9 月 16 日，财政部长蒂莫西·盖特纳在国会作证时，就对中国的人民币汇率以及一些涉及知识产权和进出口问题的政策措施，"提高了"指责的调门。[1]

　　作为民主党主要竞争对手的共和党，日子并不比民主党好过，根据《纽约时报》和哥伦比亚广播公司联合进行的一项民意调查显示，许多民众对共和党的认同度甚至低于民主党[2]，而陷入身份内认同危机的共和党内部发生的裂变，也削弱了共和党的政治影响，例如，2009 年从共和党内分离出来的茶党，在这次中期选举中就抢走了一些原来可能属于共和党的票数。面对这种形势，共和党为了争取支持率，也拿中国做起了文章，他们指责奥巴马政府对中国的劝服和谈判策略没有产生多少效果，要求它以更强硬的姿态向中国施压。以致中期选举中出现了这样的现象：民主、共和两党的议员们竞相指责对方"过于同情中国"，将大量美国的就业机会拱手让予中国。两党候选人甚至纷纷打出了以中国为借口攻击对手的竞选广告，企图将美国选民最关切的问题——缺乏工作机会的责任——推到对手身上。对于这种现象，连美国国内一些人士也看不下去。美中贸易委员会前任会长罗伯特·卡普表示，虽然中美之间过去也出现过一触即发的紧张关系，但没有见过中国像今天这样被美国政客当成了出气筒，他认为这种做法"既可悲，也可耻"。[3] 担任过克林顿政府劳工部长的罗伯特·赖克在《基督教科学箴言报》上撰文指出，仇外和孤立主义情绪在美国泛滥，而经济的深度危机给煽动者增加了口实，他们将经济恐惧转化为对"外人"的政治怨恨。赖克警告说，指责中国不能让公众真正懂得症结何在，也不能让公众明白今后应该怎么做。[4]

　　除了美国国内因素外，中国持续迅速发展带来的世界和地区力量格局的变化，也在很大程度上加重了美国决策者对自身霸权地位前途的担心，促使奥巴马政府调整战略配置，力图"重返亚洲"。

　　在经济上，中国是最早走出国际金融危机的国家之一，在 2010 年，相比于在经济衰退的泥潭中苦苦挣扎的美国和西欧国家，中国经济保持了两位数（10.3%）的增长，中国稳定的社会政治环境、开放的对外政策、迅速发展的基础设施、西部和中部的区域开发等因素，继续吸引国际资本在中国寻找投资增值的机遇，也推动了许多产业继续从欧美发达国家向中国转移。2010 年第二季度，中国经济总量超过日本，跃居世界第二大经济体。作为 20 国集团成员和"金砖国家"之一，中国积极与国际社会合作，共同消除国际金融危机的负面影响，为稳定世界和地区经济做出了重要贡献，国际地位也随

---

① Sewell Chan, "U. S. Steps Up Criticism of China's Practices", *New York Times*, September 16, 2010.

② 《纽约时报与 CBS 新闻联合民意调查报告》，"The New York Times and CBS News Poll, October 21, 2010", Registered No. 1073, pp. 9, 11, 12, 16。

③ Robert A. Kapp, "China Emerges as a Scapegoat in Campaign Ads", *New York Times*, October 9, 2010.

④ Robert Reich, "Xenophobia and the Economy", *Christian Science Monitor*, October 11, 2010.

之进一步提高。例如，通过向陷入债务危机的欧洲国家伸出援手，中国与许多欧盟成员国的关系得到了加强；而处于发展中的东亚一体化进程也越来越显露出某种围绕中国的发展向心力。上述情况不仅意味着中美两国的实力差距正在缩小，中国发展模式和中国价值观也在客观上对美国主导下的西方发展模式和价值观的权威性构成了挑战。《华盛顿邮报》与美国广播公司联合进行的一项民意测验显示，41%的美国受访者已经把中国视为了全球经济的主导力量，不少受访者还越来越担心美国在世界上的作用会逐渐降低。① 这种情况自然加深了美国战略分析界一些人士对美国霸权地位前途的担忧。例如，美国的德国马歇尔基金会高级研究员丹尼尔·特文宁（Daniel Twining），撰文对亚洲会出现一个基于中国区域扩张之上的以中国为中心的地区秩序表示担心，认为美国应当强化在东亚的军事部署和提升军事能力，阻遏中国搞所谓亚洲版的"门罗主义"，他建议美国政府巩固同包括日本、印度在内的该地区其他大国的战略合作关系，推动所谓"开放的地区主义"（open regionalism），并与欧盟进行跨洋合作，对中国加以牵制。② 不少美国政策分析人士认为，随着中国国力的增强，中国在对台军售、处理地区争端、人民币汇率等一系列问题上的态度开始趋于强硬，如果不是已经放弃了"韬光养晦"的国策，也是表现出了这种趋势，认为在这种情况下，美国政府展示对中国的善意，反而会被中国理解为是"示弱"，因此主张在一系列与中国存在分歧的问题上展现强硬姿态。③

正是存在这样的背景，中美之间在 2010 年前三季度陷入了一系列的矛盾当中。

2. 中美关系再现波折的主要表现

（1）奥巴马政府挑战中国核心利益，并再度挑起中美价值观对立

2010 年 1 月 30 日，奥巴马政府宣布批准一项总金额约 64 亿美元的对台军售案，军售项目中包括了 60 架黑鹰直升机以及爱国者 PAC-3 导弹等先进武器。对于这一举动，中国外交部、国防部、全国人大、全国政协一致发出措辞严厉的抗议，不仅如此，中国政府还宣布暂停与推迟中美两军的互访、交流项目，并宣布将对参与售台武器的美国公司实施制裁。对台军售给中美关系带来的阴影尚未淡化，巴拉克·奥巴马总统又于 2 月 18 日在白宫地图室会见了到美国窜访的达赖喇嘛，并在随后发表的书面声明中宣称支持保护西藏人的人权免遭中国的侵害，使中美关系雪上加霜。④ 此外，包括奥巴马总统、希拉里国务卿在内的美国政要们，还利用谷歌事件以及刘晓波获得诺贝尔和平奖等事件，对中国的人权状况和现行政治体制进行批评，遭到了中国政府以及舆论界的强烈

---

① John Pomfret and Jon Cohen, "Poll Shows Concern About American Influence Waning As China's Grows", *Washington Post*, February 25, 2010.

② Daniel Twining, "Democratic Partnership in Asia", *Policy Review*, October and November 2010, pp.55-70.

③ Mark Landler and Sewell Chan, "Taking Harder Stance Toward China, Obama Lines Up Allies", *New York Times*, October 25, 2010.

④ Helena Cooper, "Obama Meets Dalai Lama, and China Is Quick to Protest", *New York Times*, February 18, 2010.

谴责。

（2）奥巴马政府插手中国与邻国的主权争端，以朝鲜半岛出现紧张局势为借口，向东亚地区集结兵力，企图"重返亚洲"

2010 年 5 月 31 日，美国国防部长盖茨在新加坡参加第七届亚洲安全大会期间，抓住一些与中国存在领土和资源争议的国家对中国崛起感到担忧这一点，通过向中国的所谓"强硬外交"发出警告，展现出美国不会坐视中国"欺压邻国"的姿态。7 月 23 日，美国国务卿希拉里在 17 届东盟地区论坛外长会上，宣称南海的自由通航"关乎美国的利益"，呼吁有关各方通过谈判和平处理南沙群岛和西沙群岛的争端，暴露出将中国与有关国家双边争端"多边化"的企图。就全球军力部署而言，冷战结束后，美国政府把军力主要集中于打击苏联势力范围和中东地区存在的各种反美力量，在东亚则主要扮演了维持地区现状的角色。然而进入 2010 年，美国全球军力布局出现重大调整：8 月 19 日，美军结束了长达七年半的驻伊作战，从伊拉克撤出了最后一支作战部队，根据奥巴马总统的命令，驻阿富汗美军也将从 2011 年 7 月开始陆续撤离回国，分四年撤完。同年 12 月底，美国国会批准了美国和俄罗斯政府于 4 月签署的新的《削减和限制进攻性战略武器条约》，为缓和因北约东扩而导致的美俄紧张关系创造了条件。然而与此同时，美国政府却以维护南海的自由通航和应对朝鲜半岛的紧张局势为借口，向东亚地区集结兵力，与日本、韩国、澳大利亚、新西兰等亚太盟国在中国周边海域高密集地举行军事演习，与印度、越南、新加坡等国紧锣密鼓地开展军事交流活动，在这个过程中，美国所拥有的航母战斗群中的三支（即乔治·华盛顿号、卡尔·文森号、罗纳德·里根号）先后被调往该地区，在中国周边海域游弋，将包括中国首都北京在内的东部沿海大片区域置于其射程之下，引起了中国国内关于美国战略意图的讨论。① 12 月 3—10 日举行的美日联合军演，更是公开把中国作为假想敌，通过将中日之间存在主权争端的钓鱼岛划入军演区域，美国政府等于改变了过去对中日钓鱼岛争端的模糊姿态，支持了日本的主权要求。延坪岛炮击事件发生后，美国政府积极推动美、日、韩三国之间的战略协调，不仅使日韩两国政府同意在本土部署美国的导弹防御系统，还以建立美韩自由贸易区、推动韩日自由贸易区等形式，防止美国同日韩之间的经济联系被中日韩经济合作冲淡。美国全球战略配置的这种变化，造成了中国海上安全问题从南到北连成一线，显示美国决策层已经把中国当做了一个主要的挑战。

（3）美国政府针对中国推出了一系列严厉的经济措施，对中美经济关系的健康发展构成了干扰

首先，对从中国进口的产品进行所谓"反倾销和反补贴"制裁。2010 年 2 月 6 日，美国商务部以产自中国大陆的礼物盒及包装丝带售价严重偏低为由，决定对相关产品征收最高超过 231% 的反倾销税。24 日，又以中国销往美国的无缝钢管得到中国政府不合

---

① 参见《美韩联合军演，究竟为"威慑朝鲜"还是"挑衅中国"？》，《南方报业网》2010 年 7 月 26 日，http://nf.nfdaily.cn/huati/content/2010/07/26/content_ 14169096.htm。

理的补贴为由，宣布对从中国进口的无缝钢管征收从 11.06% 至 12.97% 不等的反补贴关税。4 月初，宣布对中国销美钢管倾销调查做出最终裁决，决定对用于油井和天然气井的中国所产钢管课以 29.94% 至 99.14% 的反倾销税。6 月，又宣布对用于工业厂房地板、码头、围栏、沟渠盖等的中国产钢格板，征收 136.76% 至 145.18% 不等的反倾销惩罚性关税，还对相关产品征收 62.46% 的反补贴惩罚性关税。10 月 15 日，美国贸易代表罗恩·柯克宣布启动对中国的 301 条款调查，也就是调查中国是否违反世界贸易组织规则、不公平地补贴本国清洁能源厂商。

其次，继续施加压力促人民币升值。2010 年 9 月 23 日，奥巴马在与温家宝总理会晤时，对人民币币值提高幅度过小以及进展过慢表示失望，他希望中国政府在未来几个月尽速采取更多措施让人民币以更大幅度升值，否则美国将"采取行动"来保护本国经济利益。[1] 6 天后，美国众议院就以 348 对 79 票通过了《汇率改革促进公平贸易法案》，该法允许美国商务部将所谓"基本面被低估的货币"作为"非法出口补贴"来处理，使美国企业能够要求商务部对进口自中国等相关国家的产品征收补偿性关税，以抵消这些产品的价格优势，众议院的这一举动被外界视为美国首次在立法上采取措施来应对人民币汇率升值过慢的问题。[2] 美国政府还企图利用 11 月 11—12 日在首尔召开的二十国集团第五次峰会，联合二十国集团其他成员一起在人民币汇率议题上向中国施压，在为会议准备的联合公报中，企图给中国扣上"竞争性货币贬值"的帽子。

最后，以国家安全为由对中国企业在美投资设置障碍。例如，7 月份，美国国会"两党钢铁业促进联盟"极力阻挠中国鞍钢集团根据与美国钢铁发展公司订立的协议在美国投资建厂。同月，美国政府阻挠美国埃默克公司将其 60% 的光纤业务出售给中国唐山曹妃甸投资公司。

针对美国政府上述严厉的经济措施，中国政府也针锋相对地采取了一些措施。2010 年 4 月 10 日，中国商务部终裁认定，原产于美国的进口取向性硅电钢存在补贴，使中国国内产业受到了实质损害，决定自 4 月 11 日起对其征收反倾销和反补贴关税。9 月 26 日，商务部最终裁定，原产于美国的进口白羽肉鸡产品存在倾销，决定自 9 月 27 日起对其征收 50.3% 至 105.4% 的反倾销税，实施期限为 5 年。此外，针对美国方面指责中国操纵货币导致中美贸易失衡的问题，胡锦涛主席、温家宝总理、王岐山副总理等党和国家领导人通过中美首脑会晤以及中美战略经济对话等多条渠道，向美国方面指出，美国基于安全考虑限制对华出口一些高科技产品，是导致中美贸易不平衡的一个客观因素，在西方各国已逐步对外开放技术的情况下，美国坚持对华高科技出口限制已经越来

---

① Rob Quinn, "Obama Pressures China on Currency", *Newser*, September 24, 2010. http://www.newser.com/story/101351/obama-pressures-china-on-currency.html.

② 刘丽娜、蒋旭峰：《美国众议院通过〈汇率改革促进公平贸易法案〉》，新华网 2010 年 9 月 30 日，http://news.xinhuanet.com/world/2010/09/30/c_ 12621339.htm。

越缺乏实际意义，美国重新评估对华出口管制政策有利于减少中美贸易逆差。①

3. 中美有识之士极力维护两国关系稳定大局

尽管美国国内以及国际因素导致中美关系在 2010 年前三个季度经历了新的波折，但是，由于美国继续能够从相互依赖的中美经济关系中获得巨大利益，在应对许多全球性和地区性的挑战方面有赖于中国的配合，而 2010 年的中美矛盾又凸显了中国崛起的进程之不可阻挡，加上中美有识之士努力维护两国关系稳定大局，中美矛盾不仅没有滑向全面对抗，反而在 2010 年最后一个季度出现了回暖的势头。

（1）美国政府和社会在面对中美矛盾时，难以忽略美国从相互依赖的中美经济关系中获得巨大利益的基本事实

2010 年，中美互为第二大贸易伙伴，贸易额达到 3800 亿美元，是 1979 年中美建交时贸易额的 160 倍。就中美贸易结构而言，物美价廉的日用消费品占中国对美出口商品大部分的格局没有改变，统计显示，2003 年至 2009 年，这些产品节省了美国消费者开支达 6000 亿美元，使美国在巨额"双赤字"压力下仍得以维持较低的通胀率。此外，中国还是美国出口增长最快的市场，美中贸易全国委员会的统计数据显示，从 2000 年至 2009 年，美国对华出口增长了 33%，而对除中国以外的所有贸易伙伴的出口仅增长了 29%。特别是中国自 2009 年成为世界第二大进口国后，为奥巴马实现其出口 5 年倍增计划提供了更为广阔的市场。在美国深陷经济衰退的背景下，中国继续保持美国债券最大持有国的地位，到 2010 年 10 月，中国增持美国国债达到 9068 亿美元，远远超过了奥巴马 7870 亿美元的经济刺激计划，为美国应对经济衰退做出了突出贡献。②

（2）随着中国成为处于变化中的国际格局一支分量日益加重的力量，美国保守势力在国际上打压、孤立中国的企图难以得逞

例如，企图利用中国周边国家对中国崛起的担忧构建平衡中国的地区格局的努力进展并不顺利。2010 年 9 月，第二次美国—东盟峰会在纽约召开，美国方面在为峰会准备的联合声明中，提到了南海争端、解决办法以及美国的立场，显然是想利用南海问题把中国置于同所有东盟国家对立的境地，然而连美国的盟国菲律宾、泰国都不是反对美国插手南海争端、就是反对撇开中国来和美国讨论南海问题。最终，会议没有接受对中国具有冒犯性的联合声明版本。分析人士认为，出现这种情况，很大程度上是因为近年

---

① 《胡锦涛同美国总统奥巴马通电话》，《人民日报》2010 年 4 月 3 日；吴绮敏、温宪等：《胡锦涛主席同美国总统奥巴马在华盛顿举行会晤》，《人民日报》2010 年 4 月 13 日；《胡锦涛会见美国总统奥巴马》，《人民日报》2010 年 6 月 27 日；吴绮敏、莽九晨：《胡锦涛会见美国总统奥巴马》，《人民日报》2010 年 11 月 12 日。《温家宝同美方就经济形势和朝鲜半岛局势等交谈》，中国网新闻中心 2010 年 5 月 25 日，http://news.china.com.cn/txt/2010/05/25/content_20115975.htm；田帆、曾虎：《温家宝与奥巴马举行会晤：妥善处理分歧携手前进》，人民网 2010 年 9 月 24 日，http://politics.people.com.cn/GB/12799447.html；《王岐山：希望了解美方消除对华高技术出口障碍等措施的"时间表和路线图"》，人民网 2010 年 5 月 24 日，http://politics.people.com.cn/GB/1024/11678956.html。

② 周世俭：《美国是中国经济的最大受益国》，《环球时报》2011 年 1 月 13 日。

来中国对东盟投入最多，与东盟的关系已经具有了深厚的基础①。此外，美国企图利用二十国集团第五次峰会就人民币汇率向中国施压的图谋也未能得逞，美国媒体认为，最后发表的二十国集团联合公报没有采纳美国所谓"竞争性货币贬值"的提法，清楚地表明华盛顿在国际舞台的影响力正在下降，尤其表现为在经济事务上话语权的下降。就像美国前国务卿亨利·基辛格指出的那样，中美双方谁都不具备控制对方的能力，如若爆发冲突只能是两败俱伤、得不偿失。②

（3）中国领导人从战略的高度出发，为稳定中美关系大局做出了重要的努力

2010年4月12日，胡锦涛在出席于华盛顿召开的核安全峰会期间，与奥巴马举行了2010年度的首次会晤。胡锦涛就中美关系发展向奥巴马提出了五点重要主张：一是始终坚持中美关系的正确方向，采取切实行动稳步建立应对共同挑战的伙伴关系；二是尊重彼此核心利益和重大关切；三是保持高层和各级别交往；四是深化务实合作，中方愿同美方深化经贸、反恐、能源、环境、执法等领域交流合作，积极开拓民用航空、高速铁路、基础设施建设等新的合作领域；五是加强在重大国际和地区热点问题及全球性问题上的沟通和协调。6月26日，胡锦涛在加拿大多伦多出席二十国集团领导人第四次峰会期间，再次与奥巴马会晤。在这次会晤中，胡锦涛强调，当前国际形势继续发生深刻复杂变化，中美面临推动世界经济进一步复苏、应对各种地区热点和全球性问题等共同挑战，需要继续发扬同舟共济、合作共赢的精神。11月11日，胡锦涛在参加20国集团领导人第五次峰会期间，与奥巴马举行了该年度的第三次会晤，重申了中方愿与美方一道推动两国关系沿着积极合作全面的轨道前进的态度。③ 国务院总理温家宝也对维护中美建设性关系的大局寄予很大的期待。9月23日，他在纽约联合国总部出席联合国千年发展目标高级别会议期间，与奥巴马举行会晤，表示相信中美之间的所有分歧都可以通过对话来解决，认为中美可以建立更大规模和更紧密的财政金融和经贸关系。④ 12月6日，国务委员戴秉国发表题为《坚持走和平发展道路》的文章，针对美国国内对中国取代美国霸权的担心时指出，中国不谋求霸权，如果把中国的发展看做机

---

① 《第二届美国—东盟峰会纽约召开，象征意义大于实际意义》，中国广播网2010年9月25日，http://www.cnr.cn/china/gdgg/201009/t20100925_507097618.html。

② Donald Kirk, "Curtain Closes on G20 Summit, What Was Achieved-And What Wasn't", *Christian Science Monitor*, November 12, 2010; Henry A. Kissinger, "Power Shifts and Security", Keynote Address Delivered at the 8th Global Strategic Review Sponsored by International Institute for Strategic Studies in Geneva on September 10, 2010, http://www.iiss.org/conferences/global-strategic-review/global-strategic-review-2010/plenary-sessions-and-speeches-2010/keynote-address/henry-kissinger/watch-the-address/.

③ 吴绮敏、温宪等：《胡锦涛主席同美国总统奥巴马在华盛顿举行会晤》，《人民日报》2010年4月13日；《胡锦涛会见美国总统奥巴马》，《人民日报》2010年6月27日；吴绮敏、莽九晨：《胡锦涛会见美国总统奥巴马》，《人民日报》2010年11月12日。

④ 田帆、曾虎：《温家宝与奥巴马举行会晤：妥善处理分歧携手前进》，人民网2010年9月24日，http://politics.people.com.cn/GB/12799447.html。

遇，并且善于抓住这个机遇，就会从中受益。[1]

随着中国国际影响力的增强，美国在应对全球性的挑战方面，如防止核扩散、防范全球气候变暖、保障海上运输航道安全、应对地区危机等全球性和地区性问题上，都离不开中国的配合。坚持把中美关系看成是"零和游戏"、进而奉行阻碍中国崛起的政策，显然与美国自身的利益背道而驰。对此，美国有识之士看得十分清楚。在伦敦国际战略研究所于 2010 年 9 月 11—12 日在日内瓦举行的一场研讨会上，基辛格就指出，随着国际事务的重心由大西洋向太平洋转移，美国必须强化与中国的关系，而且这种关系无论就广度、深度还是信任度而言，都应达到美国与欧洲国家之间关系的那种水平。他相信，在当今存在的大多数问题上，中美两国都能够进行充分合作。[2] 参加这次会议的现任常务副国务卿詹姆斯·斯坦贝格也指出，对于美国来说，没有比与中国的关系更重要的双边关系了，中美之间建立战略互信非常必要。[3] 美国前总统国家安全事务助理兹比格涅夫·布热津斯基指出，中国在制造业、城市化方面已经具备全球大国的特性，但美国对中国不应该是对抗的，因为中美在全球金融和经济体系中有重合的利益，他注意到中国在国内和国际上都追求有成效、负责的政策，在这种情况下，他认为双方产生巨大的敌意既不符合美国，也不符合中国的利益。[4] 其实，奥巴马总统对于中美关系的重要性也是有深刻认识的。在与胡锦涛主席和温家宝总理的交流中，他表示美国全面确认将奉行长期以来坚持的"一个中国"政策，继续承认这是中国的核心利益，认为两国都希望实现全球经济强劲、平衡、可持续的发展，表示同中国在双边和国际领域有一系列的议题需要交换意见。在 6 月于多伦多与胡锦涛会晤时，奥巴马郑重邀请他于 2011 年年初对美国进行国事访问。

美国有识之士从维护中美关系的大局出发，对国内强硬派的过分举动加以钳制，使得美国政府在决定是否要把中国列为"汇率操纵国"的问题上采取了谨慎态度。7 月 8 日，美国财政部正式向国会提交 2009 年下半年度《国际经济和汇率政策报告》，没有像一些议员起初所期望的那样，认定中国"操纵汇率"。有评论认为，这一举动说明美

---

① 戴秉国：《坚持走和平发展道路》，中华人民共和国外交部网站 2010 年 12 月 6 日，http://www. mfa. gov. cn/chn/gxh/xsb/xw/t774662. htm。

② Henry A. Kissinger, "Power Shifts and Security", Keynote Address Delivered at the 8th Global Strategic Review Sponsored by International Institute for Strategic Studies in Geneva on September 10, 2010, http://www. iiss. org/conferences/global-strategic-review/global-strategic-review－2010/plenary-sessions-and-speeches－2010/keynote-address/henry-kissinger/watch-the-address/.

③ James B Steinberg, "The United States and China: Visions of Global Order", Address Delivered at the 8th Global Strategic Review sponsored by International Institute for Strategic Studies in Geneva on September 11, 2010, http://www. iiss. org/conferences/global-strategic-review/global-strategic-review－2010/plenary-sessions-and-speeches－2010/first-plenary-session/james-b-steinberg/.

④ 冯郁青：《布热津斯基：中国或将成为全球大国》，《第一财经日报》2010 年 12 月 24 日，http://www. yicai. com/news/2010/12/636491. html。

国财长盖特纳决心与中国就汇率问题进行谈判，而非对抗。[①] 在应对朝鲜半岛紧张局势方面，美国政府也保持同中国的密切沟通，不敢轻言放弃六方会谈。美国政府的这种慎重态度，防止了中美关系的进一步恶化。

不仅如此，中美经贸关系在 2010 年得到了继续发展。2010 年 5 月 24—25 日，第二轮中美战略与经济对话在北京举行，由王岐山副总理与盖特纳财长共同主持经济对话、国务委员戴秉国与希拉里国务卿共同主持战略对话，两国共有 40 多个部门的近 50 名负责人参加对话。作为这次会谈的一个主要成果，中美双方在北京签署了七项合作协议，涉及能源、贸易、融资、核能利用等多个方面。这些协议包括：《中国国家发展改革委与美国国务院关于绿色合作伙伴计划框架实施的谅解备忘录》、《中华人民共和国海关总署与美国国土安全部海关与边境保护局关于供应链安全与便利合作的谅解备忘录》、《中国国家能源局与美国国务院中美页岩气资源工作组工作计划》、《中美进出口银行贸易融资总结合作备忘录》、《中美主权担保融资合作湖南卫生厅购置医疗设备项目贷款协议》、《中美主权担保融资合作安徽淮南光华光神机械电子有限公司购置生产环保型特种电线电缆设备和检测仪器项目贷款协议》、《中国国家核安全局和美国核管制委员会关于进一步加强西屋 AP1000 核反应堆核安全合作备忘录（续签）》。在第二轮中美战略与经济对话举行期间，中美双方还签署了《中华人民共和国卫生部和美利坚合众国卫生与公共服务部关于新发和再发传染病合作项目的谅解备忘录》。[②] 12 月 14—15 日，在华盛顿举行了第 21 届中美商贸联委会，王岐山副总理和美国商务部长骆家辉、贸易代表柯克共同主持了这次会议。中美双方围绕贸易投资、农产品、检验检疫技术及标准、知识产权、双边交流合作等议题广泛深入交换了意见，在重型商用机械进口关税、农业和知识产权问题上取得重大进展，签署了一系列协议，在这些文件中，中国承诺逐步恢复开放美国牛肉进口、解除美国禽肉进口限制以及承诺增加采购合法软件。美方则表示会认真考虑中方就美国进出口管制体制提出的意见，继续推进相关改革，力求做到遵循世贸组织规则、慎用贸易救济措施，尽快解决中国熟制禽肉输美问题，并认真考虑中方对市场经济地位的关注，愿意与中方就此加强沟通与交流，以便加快最终承认中国市场经济地位的进程。[③]

此外，中美其他领域的交流也得以开展和恢复，例如，2010 年 5 月 13—14 日，两国于北京重开人权对话；10 月 11 日，在越南河内参加东盟国防部长扩大会议的中国国防部长梁光烈与美国国防部长盖茨举行会晤，决定恢复于 2010 年年初中断了的双边军

[①] Rebecca Christie and Ian Katz, "U. S. Says China's Yuan 'Undervalued', Not Manipulated", *Bloomberg Business Week*, July 8, 2010, http://www. businessweek. com/news/2010/07/08/u-s-says-china-s-yuan-undervalued-not-manipulated. html.

[②] 韩洁、罗沙：《中美经济对话中方成果情况说明发布》，中国网 2010 年 5 月 25 日，http://www. china. com. cn/economic/txt/2010/05/29/content_ 20144895. htm。

[③] 《第 21 届中美商贸联委会取得实质性成果》，《中国日报》2010 年 12 月 16 日，http://www. chinadaily. com. cn/hqgj/fzlm/2010/12/16/content_ 1404766. html。

事交流，12 月 27 日，中国国防部宣布盖茨将在 2011 年 1 月 9 日至 12 日访华。

应奥巴马总统邀请，胡锦涛主席定于 2011 年 1 月 18—22 日对美国进行国事访问，中美双方都对胡锦涛主席这次访问取得积极成果抱有很高期待。10 月 30 日，国务委员戴秉国在海南省三亚市与希拉里国务卿举行非正式会晤，核心内容就是讨论这次访问的安排问题，外交部副部长崔天凯、中央外事办公室副主任裘援平、美国驻华大使洪博培等参加了这次会晤。双方一致认为，胡锦涛主席 2011 年年初对美国进行的国事访问，对新时期中美关系发展意义重大，双方将密切沟通，认真筹备，共同营造良好氛围，确保访问取得成功。

总结 2010 年的中美关系，不难看出，尽管由于美国国内的形势结合中国国际地位的上升，给中美关系造成了一些波折，然而，在经济全球化的世界格局中，中美之间存在的共同利益仍然大于彼此之间的分歧，这导致了和平共处与互利合作仍然是两国关系的主流，也构成了中国坚持走和平发展道路的基本外部环境。如果说 2010 年中美关系出现波折有什么积极的意义，那就是它给予了双方决策者一个机会，来认识维持两国建设性关系的重要性，从而坚定其推动中美互利共赢关系的决心。还应当看到的是，中美作为两个有着不同社会制度、文化背景、历史经历的国家，围绕世界体系、地区秩序、国际关系准则、国家发展模式和重要议题的设定等问题的观点分歧将长期存在，随着中国综合实力的上升以及对于获得美国对等尊重的强调，中美之间围绕上述分歧难免还会出现矛盾，这就使得作为新兴大国的中国同超级大国美国之间怎样相互适应、应对共同面临的诸多挑战，成为今后一个值得长久关注的课题。

大事记 7-1　2010 年中美关系

1 月 21 日	围绕谷歌事件，美国国务卿希拉里发表演说，抨击中国的互联网缺乏言论自由，遭到中国政府抗议
1 月 30 日	美国政府宣布批准了一项总金额约 64 亿美元的对台军售案，中国政府宣布暂停与推迟中美两军的互访、交流项目
2 月 6 日	美国商务部宣布对中国征丝带反倾销税
2 月 18 日	奥巴马总统会见达赖喇嘛，使中美关系雪上加霜
2 月 24 日	美国商务部宣布对中无缝钢管征收反补贴税
3 月 1 日	美国副国务卿斯坦伯格、白宫国家安全委员会亚洲事务高级主任贝德访问北京，试图修补中美双边关系
3 月 23 日	谷歌公司宣布将其搜索服务由中国内地转至香港
4 月 2 日	胡锦涛主席和美国总统奥巴马通过越洋电话，就中美各自关切的议题进行交流
4 月 8 日	美国财政部长盖特纳前往北京，就两国经贸问题与王岐山副总理举行会谈
4 月 9 日	美国商务部宣布将对用于油井和天然气井的中国制钢管课反倾销税
4 月 10 日	中国商务部终裁认定对从美国进口的硅电钢征收反倾销和反补贴关税
4 月 12 日	胡锦涛主席在华盛顿出席核安全峰会期间，与奥巴马总统举行了年内首次会晤
4 月 28 日	中国商务部决定对产自美国的白羽肉鸡产品采取临时反补贴措施

续表

5月3日	奥巴马总统在世界新闻自由日的政府声明中指责包括中国在内的多个国家限制言论自由
5月13—14日	中美于北京重开人权对话
5月15日	美国商务部长骆家辉率庞大贸易代表团访问中国
5月24—25日	第二轮中美战略与经济对话在北京举行
5月31日	美国国防部长盖茨在新加坡参加第七届亚洲安全大会时，警告中国不要以"强硬外交"欺压邻国，企图挑拨中国与亚洲邻国的关系
6月3日	美国商务部裁定对进口自中国的钢格板实施"双反"制裁
6月18日	中国增持美国国债首次突破9000亿美元
6月26日	胡锦涛主席在加拿大多伦多出席二十国集团领导人第四次峰会期间，与奥巴马总统举行年内第二次会晤
7月4日	美国政府以国家安全为理由，阻止美国光纤制造商埃默克公司与中国唐山曹妃甸投资公司建立合资企业
7月8日	美国财政部公布半年度汇率报告，未将中国认定为"汇率操纵国"
7月23日	希拉里国务卿在参加于河内举行的第17届东盟地区论坛外长会议上，宣称中国同邻国之间存在的南海主权争端"事关美国国家利益"，遭到中国外长杨洁篪的抗议
7月30日	中国向世界贸易组织投诉美国禁止从中国进口加工鸡肉，世贸组织调查委员会裁定中方胜诉
9月4日	中国外汇管理部门披露，中国外汇储备中美元占比重65%
9月23日	温家宝总理在纽约出席联合国千年发展目标高级别会议期间，与奥巴马总统举行会晤
9月26日	商务部裁定对美国进口白羽肉鸡产品征收反倾销税
9月27日	金融数据供应商Dealogic的数据显示，中国金融交易规模首超美国
10月1日	美众院通过"逼"人民币升值议案
10月11日	中美两国决定恢复于2010年年初中断的双边军事交流
10月30日	国务委员戴秉国在海南省三亚市与美国国务卿希拉里举行非正式会晤，讨论胡锦涛主席2011年1月访美的安排问题
11月11日	胡锦涛主席在首尔参加20国集团领导人第五次峰会期间，与奥巴马总统举行年内第三次会晤
12月8日	美国众议院通过支持刘晓波的决议案，对中国内政进行干涉
12月14—15日	第21届中美商贸联委会在华盛顿举行
12月27日	中国国防部宣布美国防部长盖茨将在2011年1月9日至12日访华

187

二、中日关系：在震荡中前行

2010年，中日关系出现了比较重大的变化，在曲折中发展。在经济上，中国GDP

超过日本成为世界第二大经济大国。特别是，世博顺利结束，促进了中日经济关系进一步稳步增长。在政治领域，菅直人代替鸠山由纪夫出任日本首相以来，中日战略互惠关系继续稳定发展，两国在东亚一体化政策方面尽管存在战略性分歧，但两国均在深化合作关系。在文化领域，中日两国国民交流也进一步增多，日本国民访问上海世博之际，扩大了两国的旅游，加深了中日两国国民的了解。

但是，在安全领域，2010 年出现了严重的事态。由于日本政府的强硬政策主张，中国渔船船员在钓鱼岛海域被日本那霸地方检察当局拘留后，中日两国围绕钓鱼岛领土争端问题日益激烈，两国之间，无论是政府还是民间，都出现了强烈的反应。在某种程度上，造成了中日关系"政冷经冷"的局面。从维护中日关系的大局出发，中国政府保持冷静态度，对日本进行了有理有节的反制措施，有效地控制了事态的进一步恶化。

1. 中日关系起伏震荡的原因

2010 年中日关系从总体上看，上半年中日关系较为缓和，下半年中日关系相对紧张。

2010 年 6 月 4 日，日本民主党政权出现变化，菅直人取代鸠山由纪夫当选日本民主党党首，成为民主党第二届内阁总理大臣。鸠山政权和菅直人政权的外交政策存在着较大的分歧，因而在 6 月 2 日鸠山首相辞职以后，中日关系也开始出现较大的转变。2010 年 9 月以来，由于钓鱼岛事件的发生，中日关系出现了严重的倒退。日本海上保安厅在我钓鱼岛海域非法抓扣我国船长、激化中日领土争议。日本 2010 年版《防卫白皮书》凸显"中国军事威胁"。菅直人的咨询机构发布指导新《防卫计划大纲》的战略设想报告，日本鼓励东南亚与我国存在领土争议的相关国家助推"南海问题国际化"等，采取了一系列恶化中日关系的措施，不但严重干扰了中日战略互惠关系，而且给中国的周边外交带来新挑战。

中日关系起伏震荡的原因很多，既有日本国内政权更迭等国内因素的影响，也受到国际形势的影响，例如，日美关系的变化、中日民族主义情绪的互动影响等等。

（1）日本国内政权更迭的变化

以 2010 年 6 月为节点，随着鸠山政权与菅直人政权的更迭，日本对华政策发生了重大的变化。

2009 年 9 月—2010 年 6 月，在对外政策方面，鸠山内阁执政以来，继续纠正小泉政府的亚洲外交失败的教训，力图挽回日本失去的两个"十年"，平衡对美政策，加强亚洲外交，推进积极的对华外交。

由于自民党政权"一党优位体制"崩溃①，以民主党为主体的鸠山政府表示要建立一个更平等的日美新同盟。围绕在鸠山内阁周围的战略家们认为，一个相对协调的对美

---

① ［日］野中尚人：『自民党政治の終わり』，筑摩书房 2008 年 9 月 15 日，第 229 頁。

政策和相对协调的亚洲政策可以齐头并进，日本今后应实行相对独立的外交。鸠山内阁宣称其外交支柱是：一为"东亚共同体"构想；二为"对等的日美关系"。

鸠山外交理念是"友爱外交"，重视自由、民主、人权、友爱。在具体政策层面，鸠山政权强调联合国以及美亚政策的综合平衡。具体政策主张是：第一，在联合国改革中发挥主体的、积极的作用。在联合国维和行动、贸易投资的自由化、地球温暖化对策方面发挥主体作用。第二，建构与美国的紧密而对等的相互信赖关系，构筑主体外交战略，明确日本主张，确立新时代的日美同盟。具体政策是：与美国缔结自由贸易协定FTA，进行贸易、投资自由化，主张修订日美地位协定，讨论调整在日美军再编，在日美军基地的使用方法等。第三，以强化亚洲外交为目标，全力与中国、韩国为首的亚洲各国构筑信赖关系。以东亚共同体的建设为目标，在通商、金融、能源、环境、灾害救援、感染症对策等领域，确立亚洲太平洋地区的区域内合作体制。为了对东亚以及世界的稳定与和平做出贡献，须强化日韩两国的信赖关系，特别是应构筑日、韩、中三国的强有力的信赖、合作关系。

由此可见，鸠山政府的对外政策呈现出重视美亚政策平衡的、所谓中道外交①的自由理想主义色彩。在民主党政权时代，鸠山外交的立足点依然是"亲美入亚"，但是，以"东亚共同体"的主张为标志说明，鸠山政权的亚洲意识更为明显。较之自民党的保守政治，鸠山政府提出了一些更为倾向于亚洲的政策主张，富有很强的理想主义色彩。

鸠山由纪夫刚上任不久，就在《纽约时报》发表文章批评美国，认为美国式的自由市场经济代表了一种普遍的、理想的经济秩序，是造成本次危机的根源，指责美国推行的全球经济"已经破坏了传统经济活动，破坏了地方性社区"。② 鸠山由纪夫在《呼声》（VOICE）2009 年 9 月号刊登的《我的政治哲学》③ 一文中批评了美国主导的全球化，指出伊拉克战争的失败和本次金融危机预示着美国的单极霸权已经走向尽头，并对美元的世界货币地位进行质疑，引起美国对日本民主党的对美政策的不满。为了打消美国的疑虑，日本随后在强调建立与美国的"紧密而对等的相互信赖关系"的同时，多次强调日美同盟是日本外交的基轴，这一点并未改变。

另外，改善对华政策对于鸠山内阁来说尤为重要。鸠山指出："我们不能忘记自己的身份——我们是个位于亚洲的国家。我还认为，由于伊拉克战争的失败和金融危机的发生，美国主导的全球主义的时代正走向终结，我们正迈向一个多极化的时代……中国将成为世界上主要的经济体之一。在不太遥远的未来，中国经济的规模将超过日本……

189

---

① 中道外交：日语称为"中道外交"，"中间体外交"，或『ミドルパワー』（middle power）外交。大体包含两层意思：第一，定位为中等国家的中间力量体外交。第二，作为中间协调力量的平衡外交。具体内容参见：[日] 添谷芳秀：『日本の「ミドルパワー」外交戦後日本の選択と構想』，ちくま新書、2005。

② YUKIO HATOYAMA(鸠山由纪夫)，"A New Path for Japan"，"The New York Times"，Aug. 26, 2009.

③ 鸠山由紀夫：《私の政治哲学》，http://www. hatoyama. gr. jp/masscomm/090810. html。

日本夹在美国和中国之间。这个问题日本关注，亚洲中小国家也关注。它们希望美国的军事力量有效地发挥作用，以维护该地区的稳定，但是也希望约束美国在政治和经济方面的过分行为。"① 为此，鸠山会见中国国家主席胡锦涛时表示，日方诚挚希望发展日中战略互惠关系②。鸠山将友爱的观念具体地融入到几个对华的敏感问题之中，他对首相参拜靖国神社的行为进行了批评，同时主张应该在不影响中日两国互信关系的基础上进行对话，"应该共同开发，把东海变成'友爱之海'"。

在鸠山政策的影响下，2010 年上半年中日关系相对稳定，中国国内也对此报以良好的回应。根据 5 月底环球网的调查，有 59.5% 的网民对鸠山政府的对华政策表示满意，但与此同时也有 55.3% 的网民认为鸠山的辞职会对中日关系造成影响。③

另外，民主党与国民新党、社民党三党组成的鸠山政府，各党政治主张差异较大，即使是民主党内部也存在不同声音。由于党派意见时有摩擦，这为鸠山外交政策的顺利实施带来一定困难。日本民主党成分复杂，许多成员来自保守派的自民党，并容纳了原社会党右翼与保守党左翼，其中多为城市自由派政治家。在具体政策主张上，鸠山政权主要成员存在意见分歧。例如，小泽一郎主张"联合国中心主义"，而前原诚司及其追随者主张日本摆脱对美国"一边倒"的从属外交，同时寻求日本在日美同盟和联合国间保持平衡的外交。④

此外，鸠山执政后，经济政策推进乏力，缺乏必要的财政支撑。民主党竞选纲领中向选民承诺的一些事项，遇到财政困难。例如，儿童补贴是否与家庭收入挂钩，燃油费维持原价，高速公路取消收费等，由于财政赤字，政府无法提供相关费用。特别是随着日元升值，日本产业能力下降，日本产业界，尤其是制造业压力很大。

特别是受到基地搬迁、政治献金丑闻等事件的影响，鸠山最终在 2010 年 6 月 2 日辞职。在鸠山谋求对等的日美关系受挫之后，新任首相菅直人的外交政策开始出现较大转变，菅直人内阁又开始回到传统的"以日美同盟为基础"的传统外交轨道。菅直人内阁调整了"友爱"的对华政策，进而转向现实主义的外交，并启用了主张对华强硬的前原诚司担任外相。尽管在历史问题上，民主党首创了全体内阁成员都不参拜靖国神社的记录，但是在参议院选举落败后，菅直人内阁开始频繁对中国发难。在东海争端和钓鱼岛问题上，菅直人内阁采取强硬立场，并在汇率问题和朝鲜问题上对中国施压，使得一度缓和的中日关系又趋于紧张。

在外交政策上，修复受损的日美关系成为民主党政权的当务之急，菅直人政府外交理念主要调整为，放弃"平衡外交"，借美国全球战略东移亚太，修复、强化日美关系。为此菅直人政府急切地希望改善鸠山政权时期一度冷却的日美关系。菅直人缄口不

---

① YUKIO HATOYAMA（鸠山由纪夫），"A New Path for Japan"，"The New York Times"，Aug. 26, 2009.

② 中国新闻网：http://www.chinanews.com.cn/gn/news/2010/04/13/2221425.shtml。

③ 环球网：http://www.huanqiu.com/zhuanti/world/zhuantijiushan/，2010 年 12 月 9 日访问。

④ 吴寄南：《浅析民主党外交安保团队及其政策构想》，《日本学刊》2009 年第 3 期，第 3 页。

提民主党在众院竞选纲领中所强调过的"紧密且对等的日美关系"，而是利用东北亚紧张局势，强调日美关系是维持地区稳定的重要基础。另外，2010 年 8 月 10 日，菅直人在东京的首相官邸内发表讲话，开启了对韩国的道歉外交。民主党政权坚持"为维护东亚地区以及世界的和平与稳定，将进一步加强与韩国的信赖关系"既定方针，进一步突出韩国在日本对外关系中的重要地位。加快构筑日韩信赖关系，力求形成日美韩安全合作。此外日本政府强调日韩的"同质性"与合作的重要性，相应地，中国作为"异质"① 国家被放到了日、美、韩三角的对面。

（2）美国因素加大，日美修复关系

2010 年上半年，由于日本民主党政府在对待日美关系上谋求对等外交，因此其对外政策向亚洲倾斜。但是种种迹象表明，这种政策遭到了挫折。普天间机场终究未能搬迁以及鸠山的辞职预示着日本平衡外交的失败，修复日美关系成为民主党政府不得不面临的一个重大课题，菅直人的首要任务是要协调好日美关系，以实现平稳过渡。

菅直人内阁上台以后，迎合美国的亚洲战略，特别是在与中俄两国的领土纠纷在此浮上台面之后，日本政府更加坚定地回到传统的日美同盟的外交轨道之中。在延坪岛炮击事件之后，菅直人很快与李明博通电话，表示日本坚决支持韩国，"会给予韩国政府直接支持"，其后对朝鲜提出谴责，呼吁加强日韩安全和防务合作迎合美国重返亚洲的攻势。②

日本联合美国和韩国的背后自然有针对中国之意。2010 年 12 月 3 日，日美两国在日本冲绳东部及日周边海域、空域举行为期 8 天的联合军事演习，演习规模达到韩美黄海军演的 6 倍，并且日本舆论普遍认为，这是第二次世界大战以来日美首次以中国为假想敌的实兵军事演习。日本防卫大臣北泽俊美双方表示要加强日、美、韩三国防卫合作，并将这种合作提升至战略水平。在朝鲜半岛局势紧张的情况下，中国外交部部长杨洁篪呼吁重启六方会谈，但是美、日、韩三国外长 12 月 6 日在华盛顿会晤后发表共同声明，重申除非朝鲜改善与韩国的关系并表现出去核化的诚意，否则不会恢复六方会谈。

由于日本跟随美国对朝鲜采取强硬政策，并配合考虑美日韩联合军演日程表，导致东亚局势处于持续紧张状态中。

除了军事安全方面的合作，日本还在经济层面加强了与美国的政策协调。例如，日本积极配合美国的政策，日美两国首脑在 TPP（环太平洋经济伙伴协定）问题上达成了紧密协议意向。

2010 年 11 月 13 日，菅直人首相宣布开始 TPP 协商。在此之前，菅直人与美国奥巴马总统首先进行了首脑会谈，表明日本参与 TPP 的意愿。奥巴马总统欢迎日本的参与，并指出期待日本在亚太地区的贸易扩大、市场开放方面的积极作用。以此为前提，

191

① ［日］今村卓：『米中関係 2 尖閣沖衝突事件から浮上した中国異質論』，『丸紅ワシントン報告』2010 年 9 月 29 日。

② 新华网：http://news.xinhuanet.com/world/2010/11/30/c_12827990.htm，2010 年 12 月 10 日访问。

美国表明支持日本加入联合国常任理事国。并且，在针对中国问题上，日美采取了经济军事方面联手牵制的政策①。奥巴马指出，欢迎"中国的经济发展，但是中国作为国际社会的一员必须遵守国际规则"，奥巴马重申将中日之间存在领土纠纷问题的钓鱼岛纳入日美安保条约对象范围内，此外，日美两国达成一致，将进一步加强资源能源合作，以应对中国对日停止出口的稀土资源等问题。另外，在某种意义上，加入 TPP 等同于签订日美 FTA。

此外，日本希望借助 TPP，建立日美主导的亚太自由贸易区制度规则。不仅在市场准入领域，在物品贸易、原产地规则、海关手续、贸易救济措施、卫生植物检疫措施、贸易技术壁垒、竞争政策、知识产权、政府采购、服务贸易、入国规定、纷争解决、战略合作、行政及制度条款、环境合作规定、劳动合作等 TPP 谈判的 20 项相关领域②，建立有利于日本企业的贸易、投资活动的制度规则。

TPP 本来只是少数几个国家的合作设想，是多边经济合作协定（EPA）的一种。为了促进各国间的人员自由流动，发展物品、金融交易等，2006 年，新加坡、文莱、智利、新西兰缔结了《泛太平洋战略经济伙伴关系协定》（TPP），建立了横跨太平洋的伙伴关系。由于 APEC 作为论坛存在功能性限制，美国关注到 TPP 作为跨越亚太地区的双边、多边 FTA 的现实性价值，试图以 TPP 为突破口，建立美国主导的亚太合作体系。③

美国的积极加入，无疑大大增加了 TPP 的分量，既避免了被排除在东亚一体化的框架之外，同时，通过多边 FTA，可以进入未开放的重要市场，建立高质量的 FTA。④此外，奥巴马政府借加入 TPP 的契机，提出美国的新亚太经济战略，即要在亚太地区建立"21 世纪贸易协定的标准"，促进美国国内的就业和经济繁荣，建立美国主导的亚太一体化机制。

美国致力于将 TPP 打造为 21 世纪高水准的自由贸易协定。⑤ 从 2010 年 3 月开始，美澳等 9 个国家开始政府间谈判，内容涉及物品贸易、投资、服务、政府采购等广泛领域，计划在 2011 年 11 月，在夏威夷召开的 APEC 会议上正式签订 TPP⑥。但是，由于

---

① ［日］『日米首脳中国を牽制』、『朝日新聞』夕刊、1ページ、2010 年 11 月 13 日。

② ［日］石川幸一：『環太平洋戦略的経済連携協定（TPP）の概要と意義』、季刊国際貿易と投資 Autumn 2010/No. 81。

③ New Zealand Ministry of Foreign Affairsand Trade, The New Zealand-Singapore-Chile-Brunei Darussalam Trans-Pacific Strategic Economic Partnership, p. 12，2005.

④ ［日］佐々木高成：『オバマ政権の通商政策：ドーハラウンド・FTA 政策の展望』、国際貿易投資研究所『季刊国際貿易と投資』第 76 号、176—179 頁，2009。

⑤ ［日］経済産業省通商政策局経済連携課（2010）『日本の通商政策と今後の経済連携のあり方』、参见：石川幸一：『環太平洋戦略的経済連携協定（TPP）の概要と意義』、季刊国際貿易と投資 Autumn 2010/No. 81。http://www. mofa. go. jp。

⑥ 包括的経済連携に関する検討状況，p. 4 内閣官房 2010 年 10 月 27 日，http://www. mofa. go. jp/ mofaj/gaiko/fta//pdfs/siryou20101106. pdf。

澳新等其他 8 个国家市场规模较小，难以帮助美国进一步摆脱金融危机的困境、扩大出口，为此，美国力劝世界第三大经济体日本参加 TPP，以增强 TPP 的实力，最终扩大包括中国在内的所有亚太国家参与的 TPP 潜在市场规模。

在美国的影响下，日本调整其地区合作战略构想，逐步向美国靠拢。2009 年，日本首相鸠山由纪夫提出的东亚共同体的最初构想没有明确邀请美国，为此美国一直耿耿于怀。菅直人政府上台后，逐步修复对美关系。2010 年 6 月，日本内阁会议通过《新成长战略》，其中国际战略是"构建亚太自由贸易区，实施经济伙伴关系战略"。日本政府制定《框架性经济伙伴关系的基本方针》，希望与包括亚洲国家在内的主要国家和地区建立经济伙伴关系。2010 年 10 月 8 日，日本菅直人首相在《新成长战略》实现会议上指出，日本与美国、韩国、中国、ASEAN、澳大利亚、俄罗斯等亚太国家一起实现共同发展十分重要，EPA、FTA 是十分重要的机制，另外，尽管存在农产品压力，日本仍然决定参与协商进入 TPP 的工作议程，以防止被孤立。

日本把 TPP 战略与国家总体战略相结合，提出实现"平成开国"的目标①，力图重振日本经济活力，进行全方位的开国战略，提高日本的国际信用与影响力。在此政策指导下，日本制定了"投资促进项目"，旨在实现日本成为世界最高水平的业务环境，促进对日本的投资，降低法人税等等，试图在投资、金融、经济结构等领域进行全面改革，推进民主党政权执政以来的具体政策纲领，进一步消除金融危机造成的严重影响。

（3）中国 GDP 超过日本，引发日本民众心态失衡

根据日本内阁府 2010 年 8 月发表的 4—6 月份 GDP 数值显示，按照美元换算，日本 7—9 月份的 GDP 总值为 1.3719 万亿美元，而中国在同一时期的 GDP 总值为 1.4154 万亿美元，低于中国。② 这就意味着中国的名义 GDP 总量首次超越日本成为世界第二经济大国。

中国国内民众对此反应冷淡，认为 GDP 并不能代表国内的真实生活水平，甚至不乏有人对"带血的 GDP"大加批判。然而这则消息在日本国内却引起了热议，在日本网络上，网友们纷纷留言发表看法。从留言的情况来看，多数网友都把关注点放在中国是否有实力超越日本以及如何才算是超越了日本。有部分日本网友认为，中国现在所展示的实力只是"虚胖"，谈超越日本还言之过早。还有不少网友在留言中对中国充满冷嘲热讽甚至恶意攻击，"日本政府不能再给你们任何经济援助了！中国人不仅不领情，还报之以怨言、有毒食品。这以后谁要是说继续给中国援助，我真怀疑他的人性！"③

从以上言论中也不难看出，日本民众对于中国 GDP 超越日本的心态是复杂的④。

---

① "課題乗り越え、平成の開国へ一歩 TPP 閣議決定"，MSN 産経ニュース. 2010 年 11 月 10 日。

② 每日新闻：http://mainichi.jp/select/biz/news/20101116k0000m020030000c.html。

③ 环球网：http://world.huanqiu.com/roll/2009/07/503195.html。

④ ［日］日本経済新聞社編、『日中逆転—膨張する中国の真実』、日本経済新聞出版社 2010 年 5 月出版。

一方面，他们对中国的经济增长质量表示怀疑，认为中国的人口是日本的十倍，人均 GDP 不到日本的十分之一，并且有学者认为"中国的通货膨胀和日本的通货紧缩共同作用，造成了统计上的假象"，如果扣除通货膨胀的水分按实际 GDP 来计算，那么日本仍是中国的 3 倍。另一方面，又因为名义 GDP 被中国超越而产生民族虚无感，使得日本国内的中国威胁论又开始甚嚣尘上，因而表现出这种既自大又自卑的岛国心态。如果从国际政治经济的角度来看，也许更加好理解一些，由于中国的经济仍然长期持续的高速增长，使得日本亚洲经济霸主和世界第二经济强国的地位不复存在，传统的现实主义理论认为这种"不平衡的发展就会导致权力的重新分配"①，从而破坏了原先建立起来的经济政治秩序，乃至东亚的均势。而日本固有的文化传统中，相信秩序和等级制度的"安守本分"的传统②则加剧了日本民众的这种不安与焦虑，造成他们的心态失衡。因此尽管这一时期中国作为一个新兴大国并没有主动去挑战日本，但是中国一直成为许多日本民众心中的假想敌，一旦朝鲜或者东海出现摩擦，民间对华不友好的声音便会充斥日本的朝野，同时也会通过民主政治的途径迫使民主党政府采取对华强硬措施。

（4）中日民族主义情绪的互动发展

上半年的鸠山执政让中日关系回暖，客观上也对中日民族主义情绪产生了部分正面影响。到年中我们可以观察到中日民族主义矛盾尤其是中国方面的民族主义情绪有了一定的缓解。但这种缓解部分是由于中日官方互动良好所带来的自上而下的浅层影响，因此我们不能忽略日本政权的更迭为这种缓和埋下了不稳定的根源。同时我们可以看到中国民间倾向于随着政府对日本政权和政策改变做出被动反应，使得中国的民间情绪紧紧伴随着日本政权的更迭和中日关系激烈地上下起伏。不过正是这样的改变，也可以看出中日民族主义情绪摇摆空间中所体现的些许端倪。

根据中国人民日报社和日本国际组织"言论 NPO"在 2010 年 8 月份公布的世论调查显示③，在调查的有效样本中方 1617 人、日方 1000 人当中，日本人对中国的印象并没有显著的改善，抱有负面印象的人依然很多。持有恶感的为 11%（去年 10.5%），而印象较差的是 61%（去年为 62.7%），总体来说，超过 7 成的日本民众对中国抱有负面印象，比起去年几乎没有进步，当然也没有后退。与此对应的，中国人的对日印象有所改善。对日本人抱有恶感的占 18.9%（去年为 29.6%），印象不好的是 37%（去年为 35.6%），虽然依然有近六成的负面印象，比起去年 65.2% 的比例有十个百分点的改善。而在负面印象中，占最大比例的原因仍然是过去的战争（69.9%）和对侵略历史的不正确认识（53.4%）。

在对中日关系的现状和走向的判断方面，认为"好"的日本人有 22%，比去年回升了 15%，认为不好的从去年的 36.9% 减少到 28.7%，不过还是有半数（48.1%）的

① 罗伯特·吉尔平：《世界政治中的战争与变革》，上海人民出版社 2007 年版，第 213 页。

② 参见鲁思·本尼迪克特：《菊花与刀》，九州出版社 2005 年版，第 34—35 页。

③ http://tokyo-beijingforum.net/index.php?option=com_content&view=article&id=664&Itemid=240.

日本人无法判断中日关系的好坏。而中国人方面，对中日关系判断为好的达到74.5%，比去年的71%增加了，而判断为坏的则不到18.6%。中国人认为这一年间中日关系没有太大变化的占49.3%，而相应不好的也占到了43.1%，对将来的中日关系判断"将变好"和"将变得较好"的共占到六成之多，十分的乐观。

在问到中日两国关系的重要性时，有81.5%的日本人和92.5%的中国人判断其重要，而这种倾向数年来都没有变化。有趣的是，在选项关于中日关系和各自同美国关系的重要性选择中，选择两方面都重要的均占超过半数，其次两国民众均认为美国比较重要，但中国人对中美关系的重视度则大大提高了。

在具体问题上，两国人民都认为中日经济发展很重要。有49.5%的日本人认为中国的经济发展对日本是必要的，比2009年增加了3个百分点。认为是威胁的有33.8%，和2009年相比没有显著变化。在中国有65.8%的人认为日本经济发展是对中国有益的，比2009年下降了5%，认为是威胁的为30.3%，增加了5%。

关于2009年日本民众相当关注的中国产品安全性问题，已经从2009年的46.2%下降到28.7%，可见已经解决。而最关心的问题开始变成领土问题（钓鱼岛）（34.6%）和围绕海洋资源的纷争（24.6%）。中国人和2009年同样是关心领土问题（36.5%）的人数最多。此次调查新加入的选项"两国国民的信任缺失"受到双方很多人的选择。日本方面为第二多的32.8%，而中国方面也同日本一样有29.9%的人选择，居第二位。

值得注意的是，根据调查，中日两国国民仍然感到对方的军事威胁。认为有威胁的日本民众，相比朝鲜的81.9%，中国为47%，居于第二，而中国方面，感到日本是军事威胁的也次于美国的65.2%，为52.7%

从以上的民意调查中我们大致可以对中日民族情绪的总体基调做出以下几个判断。从整体上讲，两国民众一如既往地重视与对方的关系。这种重视具有两方面的含义，既代表了民众对两个相邻大国经济依存重要性的判断，也包含了对对方军事威胁警惕的成分，这决定了中日关系充满矛盾和黏连的特点。由于重视且重要而产生摩擦，也因为同样的原因止于摩擦，相应地体现在主观印象上，即使在2010年上半年有所回升，两国民众情绪依然是以恶感为主，这种恶感根植于历史，被现存的各种问题所催化生长，又受到长期存在的现实利益诉求和政治大环境微调的抑制，在摇摆中成为中日民族主义情绪的基调。2010年上半年的稳定即是在这个摇摆周期中的上升点，这个上升点不出意料地在下半年被打破了。

首先必须明确中国民族主义情绪的两个层面：其一是情绪层面的，其二是认识层面的。历史和战争记忆始终是中国对日恶感的主要原因，这种恶感在日本民众那里得到负面的回馈，无论中日关系如何波动，这种情绪层面的负面影响一直不曾改变，短期内也很难看到改变的希望。而认识层面的情绪则要实际和复杂得多，日本民众由于作为战争记忆的施加方，倾向于把更多重点放在实际上，正是由于现实问题的复杂性，才会使中日关系呈现出震荡的态势。虽然作为认识的基调，负面情绪给双方相互正确看待制造了阻碍；但另一方面负面情绪往往通过具体事件被激发成为恶劣情绪，此时才具有破坏

195

力，因此我们不必过分夸大历史和战争记忆的作用。正如调查中所看到的，虽然中国民众依然因为情绪层面的原因对日本持有恶感，但 2010 年年初中日的良好互动大大提升了认识层面的好感度，这个"恶感"和"好感"其实并不是同一维度上的对立关系。因此通过认识层面的积极推动，或可以抑制情绪的滋生和蔓延，至少不令其成为中日关系的反向催化剂。

基于以上的总体判断，就不难看出在各具体问题上何以产生调查所得出的结果。撇开不可调和却也并不起到主要作用的历史认知，经济、军事、食品安全等问题都是现实交往中的认识问题，对这些问题的判断直接影响中日关系的内容和走向。从调查中我们可以看到，日本民众对华认知的内容改变并不大，但在重视程度上却有了提高，这和近年来日本国民对外交事务的关注度提高有关。而中国国民的对日态度在鸠山政权上台之后做出了积极的反应，在上半年显得非常乐观。

有趣的是，观察以往的中日民族矛盾，两国的政府外交政策变动和国民认知变动十分不同，中国的民族主义情绪往往随政府对日政策变化而正相关，而日本政权的频繁更迭使得日本对华政策与日本民众的心理没有明显的相关，日本人的对华认知更容易受到具体事件（如食品安全）的影响。但是从此次调查中可以看到，日本民众开始将领土和资源问题提上了首位，暗示了民间舆论中更加积极向外的倾向，这与下半年的钓鱼岛事件不是毫无关系的。

值得一提的是，美国因素的重要性在民众层面也得到了认可，而这种重要性又是不尽相同的。由于美国是日本的盟国，加上中日之间强烈的不信任感，日本民众对美国的重视首先受到了东北亚日趋不明朗的安全问题影响，特别是朝鲜和中国的军事、经济压力的影响，为了保护日本"海上生命线"，日本的亲美倾向和脱美倾向都与对华关系有着负相关的态势。在日本国内，美国影响至深，美日同盟在日本国内有深厚的民意基础，政府必须处理好美日关系，否则将面临政治风险。鸠山政府大步调的脱美入亚亲华政策显然不能维持，很快就在菅直人上台后彻底逆转了，这当中民意对外交政策调整的作用也是不容小觑的。

2. 中日关系发生变化的具体内容

由于国内外形势的影响，2010 年中日关系发生了重大变化。具体表现在以下四个方面：第一，钓鱼岛事件，使得中日关系发生逆转。第二，从经济层面，日本减少对中国经济的依赖程度。第三，由于日本突然决定参加 TPP 协商谈判，使得中日关于东亚一体化机制方面达成的一定共识，即以东盟为中心，逐步推进"东盟+3"以及"东盟+6"的设想出现了一定的矛盾困境。第四，日本舆论发生变化，两国国民的相互认知出现摩擦。

（1）钓鱼岛事件，中日关系发生逆转

2010 年 9 月 7 日，突发钓鱼岛事件。其时日本正在进行部分地方政府和议会改选，菅直人政府忙于应付国内政治斗争，另外，日本正处在对亚洲平衡外交失败，民主党对外政策自民党化倾向的转折点上，为此，钓鱼岛事件作为 2010 年中日关系的晴雨表，凸显出下半年中日关系的急转直下趋势，中日关系发生逆转①。

钓鱼岛目前实际由日本政府控制，中日两国都声明对其拥有主权，中国大陆及台港三地的民间都有活跃的保钓力量，台湾及大陆的渔船不时出入钓鱼岛海域作业，这些捕鱼活动是历史形成的。中国渔民与日本巡逻船在钓鱼岛附近海域一直有摩擦，但此前日本一直都是谨慎处理，不让事件对中日关系造成冲击。1996 年和 2004 年，两岸"保钓"人士先后成功突破日方阻碍，登上钓鱼岛随后被日方抓扣，也迅速得以获释返回。但 2010 年 9 月 7 日的撞船事件日方却表现出了前所未有的强硬态度，特别是选择在被一度视为"底线"的十天留置期到了后，继续坚持不放人，坐等中国的反制措施出台，最后对峙长达 14 天。

日方外务省在表示遗憾的同时，提出要对船员基于国内法做严肃处理，抗议中国的一切反制措施②。值得注意的是，日方多次对中方强调，"只要詹其雄认罪并缴纳一定罚款，即可获得释放"，这显示了日本早有意或者说刻意要制作一个依照国内法来处置"中国渔民违法进入日本钓鱼岛海域"的案例，在达到自己设定的目的后才可能放人。菅直人政府此次一反常态的强硬态度并不是偶然的，显示了日本整个外交政策的急速转向。

日本政府的外交决策日益受到民意的影响。根据上半年的民意调查，对领土主权问题关注的日本民众越来越多，参议院选举失败的民主党想要保护自己的执政地位不得不通过外交手段刺激民意。近年来中日国力对比和相互依存关系正在发生历史性变化。在中国的国内生产总值赶超日本的国际舆论下，日本对华关系存在着变数，民众在安全、经济上也存在相当恐华的心态。虽然民主党主张继续发展中日既定的、以追求共同利益为目标的战略互惠关系的姿态，但为了迎合日本民众的主权诉求③，菅直人政府在处理钓鱼岛这个具体问题时冒险逾越雷区。

但是，从民主党解决撞船问题的举动来看，菅直人政府实行了一定的克制政策。对比自民党在小泉时期也奉行强硬的对亚洲政策，但 2004 年 3 月中国"保钓"人士登上钓鱼岛后，被日本抓捕的 7 名中国人很快就得以遣返。而这次菅直人采取比小泉更加冒险的举动，出乎意料地遭到中国的全面反制，使得日本利益，特别是经济利益受到了损害，最终在日本国内外压力下，放还了中国船长，暂时平息了中日关于海上领土的争端。

钓鱼岛事件发生后，中日关系迅速降到冰点，东海资源开发政府换文谈判、中日议会交流、上海世博日本青年派遣，以及日本海上自卫队在中国港口停靠等活动全部延

①　[日]『特集尖閣"衝突"と日中関係』、『世界』、2010 年 12 月号。
②　日本外务省网站：http://www.mofa.go.jp/mofaj/area/china/pdfs/senaku-gyosen_1010.pdf。
③　[日]田母神俊雄著『新たなる日中戦争！—中国を屈服させる30の戦略』，德間書店 2010 年 11 月出版。

期，而中国国内也爆发了大规模的反日游行，民间情绪从年初鸠山政权时的友好状态再次跌入低谷。

（2）日本减少对中国的经济依赖程度

尽管在改革开放以后的很长时间里，中国对日本保持着较大的经济依赖，但是随着中国的经济发展和日本经济的停滞不前，在进入 21 世纪以后，中日之间相互依赖的脆弱性开始向中国方面倾斜。① 在 2007 年，中国成为日本第一大贸易伙伴；而日本从 2004 年则下降为中国的第三大贸易伙伴，到了 2010 年由于自由贸易区的建立，这一地位很可能被东盟取代，因此中日贸易关系发生了似乎不利于日本的变化。表 7－1 的数据更能说明这一情况。

表 7－1　2001—2010 年中日贸易占各自总贸易额的百分比②

年份	2001	2002	2003	2004	2005	2006	2007	2008	2009	2010
对日贸易占中国总贸易额的百分比（%）	17.2	16.4	15.7	14.5	13.0	11.8	10.9	10.4	10.4	10.1
对华贸易占日本总贸易额的百分比（%）	11.8	13.5	15.5	16.5	17.0	17.2	17.7	17.4	20.2	20.5

从以上表格中可以很直观地看出，日本对华的贸易依赖程度要远远大于中国对日本的依赖程度，并且这种脆弱性相互依赖仍然还有扩大的趋势。尽管在 9 月份的钓鱼岛撞船事件之后，10 月份中日贸易总额仍然有 279.8 亿美元，甚至还高出了前 9 个月贸易总额（2170.1 亿美元）的平均值（241.1 亿美元）。③ 但是由于这种相互依赖的脆弱性本身就包含了战略意义，正如基欧汉所说的那样，"在向行为体提供权力资源方面，脆弱性相互依赖的重要性大于敏感性相互依赖"④。因而在钓鱼岛事件之后，日本便更加热衷于谋求摆脱对中国的经济依赖以避免在华政策上处于弱势。

2010 年，一个明显的特征是，日本逐步减少对中国稀土资源的依赖程度。在钓鱼岛事件之后，日本认为中国因为两国关系紧张而限制了稀土的开采，希望在资源上减少对中国的依赖。为消除稀土资源供应危机，日本拟订稀土战略计划，要把目前对中国的

---

① ［日］座談会、小川真二郎（司会）、『2010 年中国経済の行方と新たな日中経済関係の構築』、『日本貿易会月報』、2009 年 12 月号。

② 根据下列网站数据计算得出，部分数据来自王毛平：《中日经济相互依赖的敏感性与脆弱性分析》，《日本研究》2009 年第 4 期，第 37—38 页。日本财务省：http：//www. customs. go. jp；国别数据网：http：//countryreport. mofcom. gov. cn/index. asp；中华人民共和国商务部：http：//www. mofcom. gov. cn/。2010 年日本对华贸易数据仅是 1—10 月份，中国对日贸易数据仅是 1—9 月份，2010 年 12 月 20 日访问。

③ 根据国别数据网数据计算得出：http：//countryreport. mofcom. gov. cn/new/view. asp？news_ id=22057，http：//countryreport. mofcom. gov. cn/record/view. asp？news_ id=21716，2010 年 12 月 20 日访问。

④ 罗伯特·基欧汉、约瑟夫·奈：《权力与相互依赖》，门洪华译，世界知识出版社 2002 年版，第 17 页。

依赖程度，从90%降低为70% 。日本相关部门官员指出，"若中方禁止对日出口稀土，对其汽车和家电生产业造成前所未有的威胁"①。日本外相前原诚司指出："进口完全依赖一个国家不利于维护资源安全，应该通过多边资源外交来减少风险。"他表示将与亚洲和非洲的稀土生产国合作，加强双边关系。

因此，日本在资源外交上动作频繁。2010年9月25日，日本外相前原诚司与哈萨克斯坦外长绍达巴耶夫就稀土开发达成一致。10月25日，日本首相菅直人与印度总理辛格举行会谈，承诺两国将发展更为紧密的战略关系，日印签署一项双边经济合作协议，并且决定在核能、稀土及稀有金属开发、循环再用及寻找替代品方面展开合作。②10月31日，日本和越南举行首脑会谈，达成相关稀土合作的协议，并表示要提升和越南的战略伙伴关系。11月16日，蒙古总统额勒贝格道尔吉在东京发表演讲表示期待日本参与开发稀土资源。11月24日，澳大利亚外长陆克文日前称，由于中国限制稀土出口政策给这一市场造成影响，澳大利亚考虑填补这一"空白"，并将自身打造为日本主要稀土供应商。此外，日本政府还同美国、加拿大、南非、丹麦格陵兰岛等就稀土问题进行协商。由于日本将稀土问题外交化，因此这一系列的行为似乎有在资源问题上避开中国之嫌，给中日关系带来了一定的消极影响。

（3）中日对于亚洲合作机制的设想出现摩擦，日本推进TPP

金融危机之后，随着经济合作关系日益加深，东亚地区一体化迅速发展。但是，由于东亚一体化的开放性特征，区域内成员国准入条件模糊，导致东亚地区的合作机制出现了两种不同形式，即东亚共同体和亚太共同体。其中，作为亚太共同体的过渡方式，TPP（环太平洋经济伙伴协定）成为2010年APEC会议前后的一个热点话题③，引起中、日、美等亚太国家的高度关注。

2010年11月13日，日本横滨召开亚太经合组织首脑会议，日本菅直人首相宣布日本将与有关国家开始TPP协商谈判，并提出以参加TPP为契机，推动日本的"平成开国"战略，引起日本国内外的广泛争议与讨论。

日本政府决意进行TPP谈判准备，实施"平成开国"战略，其实是经过了国内多次讨论，并且顶住国内反对的压力下的结果，其原因有四个。

第一，日本希望构建高水平的地区经济合作机制。

自20世纪90年代末以来，日本在地区合作事务中，一直希望建设与亚洲地区相对经济发达国家之间进行合作的、所谓高水准的合作机制，为此，日本首先推动了与新加坡等国的FTA谈判。菅直人首相认为，日本的繁荣离不开与世界各国，特别是亚太地

---

① 联合早报：http://www.zaobao.com/special/china/sino_ jp/pages4/sino_ jp101003b. shtml。

② 参见路透社：http://cn. reuters. com/news/article/CNTopGenNews/idCNCHINA - 3222420101026。

③ ［日］石川幸一：『環太平洋戦略的経済連携協定（TPP）の概要と意義』、季刊国際貿易と投資 Autumn 2010/No. 81。

区的成长，因此日本希望推动广义的地区合作①。

TPP 是一个号称"面向 21 世纪的"、"高标准的"自由贸易协议，到 2010 年 10 月为止，参加谈判的有美国、澳大利亚、秘鲁、越南、马来西亚、新加坡、文莱、新西兰和智利等 9 国。根据 2009 年数据统计，这 9 个国家经济总量合计 57.8 兆美元，占世界经济总量的 27.7%；人口 67.3 亿人，占全世界人口总和的 7.4%。其中，占日本对外直接投资总额的 40.6%，达到 7404 亿美元；在贸易方面，占日本出口总额的 25.7%，达到 5805 亿美元，占日本进口总额的 24.6%，达到 5518 亿美元。其中，单纯从日本对外直接投资总额来看，日本对于 APEC 国家的投资总额占 59.8%，日本对于 APEC 国家（FTAAP）的投资总额占 59.8%，日本对于 TPP 国家的直接投资总额已占 40.6%，因此，日本与 TPP 国家之间的投资关系十分重要。此外，据日本内阁府估计②，与 2009 年日本 GDP 525 万亿日元相比，如果加入 TPP 的话，日本出口增加，日本每年的 GDP 将最大增加 3.4 万亿日元，另外，日本加入 TPP，将促进与欧盟、中国的贸易、投资自由化，因此日本每年的 GDP 将最大增加 7.3 万亿日元。另外，日本经济产业省则估计，如果加入 TPP 的话，日本每年的 GDP 将增加 10.5 万亿日元③。尽管日本内阁府和日本经济产业省之间存在计算数字差异，但是，显然 TPP 对于日本经济具有极大的重要意义，因此，日本政府希望在 TPP 谈判的初期阶段，能够尽早进入谈判，以便在 TPP 制度安排中抓住主动，尽可能地获得最大的经济利益。

第二，改革日本农业。

日本政府对于农业问题一直采取高度保护措施，以高额关税限制进口。从日本设定的配额外进口产品的关税率来看，大米为 778%，小麦为 210%，黄油为 330%，魔芋为 990%。农产品问题是日本在进行东亚一体化谈判时高度敏感、也久拖不决的一个难题。无论是自民党执政时代，或者民主党时代，对此都是一筹莫展。为此，菅直人政府希望此次排除众议，以参加 TPP 为契机进行农业改革④。日本希望，在进行自由贸易的同时，改革农业，实现日本优质农产品大力出口的目标，提升日本农产品的海外竞争力。

第三，提高菅直人政府的支持度。

菅直人代替鸠山由纪夫出任日本首相以来，致力于全面修正日本的内政、外交政策，但收效甚微。在首相菅直人在民主党党魁选举连任后，根据日本经济新闻的调查显示，支持率一度升至 71%。⑤ 但钓鱼岛撞船事件之后，菅直人政府支持率急速下降。为此，菅直人政府希望另辟蹊径，跟随美国的倡议，加入 TPP，建立有效的地区合作战

① ［日］青木健：『日本と東アジアの貿易構造変化』，青木健、馬場啓一編著：『グローバリゼーションと日本経済』文眞堂、2010。

② ［日］『TPP 試算合戦』、『朝日新聞』朝刊、6ページ、2010 年 10 月 23 日。

③ ［日］『試算、各省ばらつき』、『日本経済新聞』朝刊、2ページ、2010 年 10 月 23 日。

④ ［日］『太平洋 FTA 通商国家の本気を示せ』、『朝日新聞』朝刊、3ページ、2010 年 11 月 8 日。

⑤ 凤凰网转载新加坡《联合早报》16 日报道：http://news.ifeng.com/mainland/special/zrczdydxz/content－2/detail_ 2010_ 09/16/2533448_ 0.shtml。

略，以便争取民众的支持率。

第四，在构建 21 世纪亚太地区的贸易投资规则方面占据主导地位。

日本担心在贸易投资领域落后于其他国家，将来丧失雇佣机会。日本认为，必须深化与不断发展的亚洲重要市场国家以及新兴国、欧美各国、资源国等的经济关系，构建日本未来发展的重要基础。日本确定了"开国"、"开拓未来"的国策，希望推进与世界主要贸易国之间的高水准的经济合作。同时，推进国内改革，增强竞争力。特别是日本认为，亚太地区对于日本来说，是最重要的政治、经济、安全保障地区，必须确保该地区的繁荣与稳定。日本希望充分发挥日本的积极作用，以加入 TPP 为前提，在构建 21 世纪亚太地区的贸易投资规则方面占据主导地位①。

当然，日本能否参加 TPP、顺利实现"平成开国"战略，依然是一个未知数。

第一，日本面临的最大阻碍来自于国内，特别是来自农民对该协议强烈的反对。日本政界、财界等展开了激烈的争论。

以经济团体为首的推进派提出，韩国与欧盟、韩国与美国的 FTA 将于 2011 年 7 月生效，韩国与中国的 FTA 谈判将正式开始，为此，日本将丧失在汽车、电机等制造业的出口竞争力，如果中韩签署 FTA，日本 GDP 将减少 10 万亿日元。因此，经济界人士希望日本政府扭转因农业问题阻碍双边 FTA 的困境，加入 TPP 以改变现状。此外，参加 TPP 并不意味着日本农业死亡，进行农业规模化经营的农民希望农产品出口市场进一步扩大自由化政策。一些日本消费者也希望购买到廉价优质的国外产品。日本经团联米仓会长明确指出，不加入 TPP，日本将成为世界的孤儿。此外，高桥洋一、藤泽数希等经济学专家也积极支持②。

以农业团体为首的反对派则认为，日本对农产品进口实施高额关税限制措施，如果加入 TPP，必须在 10 年内消除成员国间所有的关税③。日本如果实行农产品零关税，无疑将使得脆弱的日本农业经济遭受严重打击。据农林水产省估算，日本农产品自给率将由当前的 40% 下降到 14%，日本农业生产额将因此减少 4 万亿日元，日本 GDP 整体上将减少 7.9 万亿日元，环境方面损失 3.7 万亿日元，日本总计损失 11.6 万亿日元。特别是日本 340 万人将失业。此外，一部分人士认为，TPP 不是万能药，并不能确保日本制造业的竞争优势。例如，液晶电视等主要家电产品方面，在韩国的 FTA 协定生效之前，日韩之间已经出现了优势逆转现象。此外，出于贸易差额主义因素的考虑，原日

---

① 参见［日］『包括的経済連携に関する基本方針』，平成 22 年 11 月 9 日閣議決定，日本内阁府网页，http://www.mofa.go.jp。

② 参见［日］高桥洋一：『TPPはなぜ日本にメリットがあるのか誰も損をしない』，『貿易自由化の経済学』，講談社，現代ビジネス。

③ New Zealand Ministry of Foreign Affairs and Trade（2005），The New Zealand-Singapore-Chile-Brunei Darussalam Trans-Pacific Strategic Economic Partnership.

本经济产业省官僚、京都大学副教授中野剛志①等人认为加入 TPP 不符合日本的国家利益。

此外，在政界，社民党、国民新党等，也反对日本加入 TPP。特别是由于涉及农产品零关税障碍，日本民主党内部的分歧开始浮上表面②。2010 年 11 月 10 日，日本全国农业协同组合中央会、全国森林组合联合会等第一产业生产者团体以及消费者团体，共计 3000 多人，在东京日比谷公园召开全国集会，反对加入 TPP。11 月 21 日，山田正彦前农林水产大臣以及民主党议员大约 120 人联名反对加入 TPP。

第二，日美之间在进行 TPP 谈判时，不可避免地陷入一场艰难的博弈。

根据 TPP 的谈判规定，新加入国必须取得现行 9 个成员国的同意。在 TPP 的 9 个谈判国里面，日本已经与马拉西亚、智利等五国签订了 FTA，与秘鲁的谈判也大体结束。对日本来说，加入 TPP 的关键问题是与美国的经济合作。

但是，美国农产品出口对日本农业存在强大压力。日本农林水产省指出，由于美国等主要农产品出口国将加入 TPP，一旦撤销关税，日本农业将面临沉重打击。此外，美国在牛肉、非关税壁垒等方面也将对日本提出强硬要求。

第三，日本政府内部关于东亚一体化的制度设想存在分歧。

日本认为，与 FTAAP 相关的机制是三个：（1）TPP；（2）"东盟+3"；（3）"东盟+6"。也就是说，由于 TPP 要求所有参加国必须相互之间全部实现零关税，如果最终实现 FTAAP，必须要求 APEC 加盟国 21 国全部实行零关税，这是十分困难的。因此，日本并不认为 TPP 是实现 FTAAP 的唯一路径，亚洲地区合作的第二条路径是"东盟+3"，第三条路径是"东盟+6"。

日本主要的政策思路是坚持"东盟+6"，然后扩大推进的方式。例如，2010 年 10 月，日本提出，在 2015 年年底前实施统一原产地规则等贸易促进政策。日本提出"东盟+6"等所谓 16 国构想，包括东盟 10 国外加日本、中国、韩国、印度、澳大利亚和新西兰 6 国。2010 年 11 月 14 日，菅直人首相发表《横滨宣言》，明确指出，APEC 的目标是最终实现 FTAAP，必须发展"东盟+3"的合作，同时也要发展 TPP 合作，以 APEC 最初制定的成长战略为基础，重点进行结构改革、绿色增长等活动，加强财政、金融方面的管理。由此可见，即使是菅直人本身，对于 TPP 的判断也不是独立于"东盟+3"、"东盟+6"之外的，而是考虑采取并行措施加以落实。菅直人政府考虑需要收集 TPP 相关信息，尽快建设国内环境，与相关国之间开始协议谈判。

第四，菅直人政府的支持率持续下降引发了日本国民对这一届政府能否持续信心不足。因此，此次菅直人政府宣布参加 TPP 协议谈判的政策能否长期延续，仍有待观察。

---

① ［日］ドミナントストーリー（優先される物語，三橋貴明オフィシャルブログ，『新世紀のビッグブラザーへ blog』への寄稿。

② ［日］大滝康弘、犬童文良：『農業解放覚悟問う』、『日本経済新聞』朝刊、3ページ、2010 年 10 月 25 日。

日本计划在 2011 年 6 月做出正式决定。为此，首先进行国内体制建设，设立内阁总理大臣为议长、国家战略担当大臣以及农林水产大臣为副议长的"农业结构改革推进本部"，研究财政措施以及财政来源，分析各种信息，确立中长期行动计划①。2010 年 11 月 30 日，成立"食品与农林渔业再生推进本部"，由首相、阁僚以及民间人士等 11 人设置了"食品与农林渔业再生实现会议"，召开了第一次会议②。12 月 3 日，TPP 9 个成员国在新西兰召开第四次磋商会议，日本提出以观察员身份参会。

到目前为止，泰国、菲律宾、加拿大、墨西哥、中国台湾等国家或地区表示对加入 TPP 有兴趣，引发了亚太各国对于 TPP 的高度关注。中国也正在严密观察之中。

目前，亚洲各国寻求经济伙伴的多样化，寻求开放性的地区经济一体化建设③。但问题是，现在亚太地区出现了过多的地区性合作机制的安排，例如，"ASEAN＋3"（ASEAN 10 国＋中日韩）、"ASEAN＋6"（ASEAN 10 国＋中日韩＋澳新印），现在又出现了 TPP。在参加 TPP 谈判的国家中，有许多国家已经建立了双边、多边的 FTA 关系，并且各自拥有许多的谈判国家。例如，参加 TPP 谈判的 9 个国家中，涉及双边合作的案例有 36 件，其中，没有进行双边等 FTA 谈判的国家总计有 10 件案例。此外，APEC 21 个成员中，有许多国家或地区已经签订了双边或多边 FTA 协议。在 2009 年，APEC 成员全体区域内贸易额达到 3 万 7594 亿美元，占 FTA 生效国间的贸易比率为 51.3%。

由此可见，到目前为止，东亚一体化过程中，出现了机制上的重叠，出现了体系准入国成员范围的混乱局面，使得东亚一体化的发展前景日益扑朔迷离，这是值得警惕的。特别是亚太大国间对于国际秩序前景的判断尚未形成高度的政策协调，中日之间也没有形成稳定的成熟关系④。日本认为，中国以巨大市场为背景，致力于发展本国产业，因此日本与中国的经济合作谈判空间有限，日本参加 TPP，可以提升谈判能力，扩大谈判自由度。

（4）日本舆论的变化

在钓鱼岛撞船事件发生后，日本读卖新闻联合瞭望东方周刊进行了一次"日中共同世论调查"，这一次的民意调查与上半年《中国日报》和《言论 NPO》所得出的结果产生了明显的差别，也和 2009 年的同类调查大不相同，有非常戏剧性的对照效果。⑤

样本选取数中，中日双方分别为 1045 人和 1040 人。最一目了然的变化就是在钓鱼

---

① ［日］"包括的经济连携に関する基本方針"，2010 年 11 月 9 日阁议决定、"经济连携交涉と国内对策の一体的实施"，首相官邸，http://www.kantei.go.jp/jp/kakugikettei/2010/1109kihonhousin.html。

② ［日］"食と农林渔业の再生推进本部"。首相官邸，（2010 年 11 月 30 日），http://www.kantei.go.jp/jp/kan/actions/201011/30syoku.html。

③ 参见［日］末廣昭：『東アジア経済をどう捉えるか？ —開発途上国論から新興中進国群論へ—』，『環太平洋ビジネス情報 RIM』，2010 Vol.10 No.38。

④ 参见［日］船橋洋一：『自由で開かれた国際秩序を築け』、『朝日新聞』朝刊、14 ページ、2010 年 11 月 3 日。

⑤ 数据均来自于读卖新闻 2009 年世论调查：http://www.yomiuri.co.jp/feature/fe6100/koumoku/20091208.htm；2010 年世论调查：http://www.yomiuri.co.jp/feature/fe6100/koumoku/20091208.htm。

岛冲突发生后，日本民众有 32% 的人认为围绕着钓鱼岛的相关问题是促进中日良好关系需要优先解决的问题，而这个数据 2009 年 11 月的同题调查中只有 14%。

当问到对中日关系的判断时，回答积极的中日双方分别只有 7% 和 5%，回答不好的中方约占 81%，日方则高达 90%。而对中日关系未来走向的判断，态度积极的中方为 36%，日方为 18%，态度消极的中方为 27%，日方为 19%。认为不变的则分别占 23% 和 58%，这和 2010 年上半年的乐观态度截然不同，2009 年的同类调查中认为关系将变坏的中日各自也只有 12% 和 11%。

同样是经济和安全两个领域的看法在钓鱼岛事件后都产生了惊人甚至逆转的变化。在经济领域，日本人有 49% 的人认为中国的经济发展对日本有负面影响，超过了正面影响的 38%，2009 年这个数据只有 31%。而在安全领域，认为中国对日本有军事威胁的占了 79%，接近朝鲜的 81%。

读卖新闻还调查了一些具体问题领域的民意。在东海油气田共同开发问题上，认为开发可以顺利进行的日本民众只有 16%，而不看好的则占到 78%。

值得一提的是，日本对基于日美安保条约的美国驻军产生了积极的态度。认为美军驻日对东亚区域稳定有作用的日本人占到了 75%，远远超过了认为没用的 15%。另外在政治层面，认为美国与日本关系更为重要的日本民众达到了 60% 之多。

人民网转引内阁府民调内容也印证了读卖新闻的调查。内阁府 2010 年 9 月 18 日公布的结果显示，对中国"有亲近感"的日本人仅占 20.0%，比上年下降了 18.5 个百分点，创下了 1978 年实施该调查以来的新低。对中国"没有亲近感"者高达 77.8%，增加了 19.3 个百分点，创下历史新高。据共同社报道，该调查于 10 月实施。外务省分析认为，9 月的日中撞船事件导致两国关系紧张，对国民感情造成巨大影响。中国主张拥有钓鱼岛主权的强硬态度和中国国内相继发生反日游行等情况被认为在调查中得到了反映。认为日中关系"良好"者也从 38.5% 骤减至 8.3%，创下 1986 年设置该问题以来的新低。"不认为日中关系良好"者则从 55.2% 急剧上升至 88.6%。①

由日本 2010 年下半年的民意调查结果可见，经过钓鱼岛撞船事件后的中日民间关系变得不容乐观。日本的强硬态度在遭遇中国政府反制的同时，也遭遇了中国国内民众的强烈反弹。在朝鲜核问题不明朗化的情况下，日本民众的不安全感日趋加深，借由此次钓鱼岛事件所反映出来的在主权、领土和强有力的对外关系上的关切也更加明显，在外交选择上倒向对美国安全上的依赖。

这种不安全和不信任感是认识层面的，而日本在认识层面的消极选择导致了中国民众在情绪和认识层面的双重下滑，具体表现在各问题领域，即经济、资源共同开发、民间交流进程等都出现了阻碍，长此以往将会对两国健康关系造成十分不利的影响。

---

① 人民网：http://world.people.com.cn/GB/13519233.html。

3. 中日两国：维持稳定关系，推进战略互惠

尽管中日关系出现了上述变化，特别是出现了严重的摩擦。但是，中日两国政府从中日战略互惠关系的大局出发，采取种种措施，努力增进沟通，维护中日关系的顺利发展。

（1）中国与日本稳定派一起，推动中日关系的修复与发展

在钓鱼岛撞船事件中中日关系降到冰点之际，两国希望通过各种方式化解这一尴尬局面。2010 年 10 月 4 日在布鲁塞尔亚欧首脑会议期间，中国国务院总理温家宝和日本首相菅直人在晚宴大厅的走廊举行了非正式的简短会面。当时，两位首脑在走廊椅子上交谈了约 25 分钟。事后，日本媒体称之为"简短会谈"，中国媒体则认为这是"非正式会面"，称之为"交谈"。也有人将这次会谈称为"走廊外交"。在会谈时，双方都强调了本国对钓鱼岛的主权所有，但对重启省部级以上交流达成了共识，意图重新推进民间交流，也重申了两者的战略互惠关系①。

紧接着 2010 年 10 月 11 日上午，中国国防部长梁光烈和日本防卫长官北泽俊美在河内出席首届东盟（ASEAN）防长扩大会议时见了面。这是中日在钓鱼岛主权问题上冲突后两国防长的首次见面。双方没有约定会谈场所，而是选择了在宾馆电梯旁偶遇的方式。他们在记者们面前握手，之后移步到一旁的咖啡厅，进行了 20 分钟左右的简短交谈，被外界称为"电梯外交"。在交谈中，梁光烈说，近期中日关系因日本在钓鱼岛海域非法抓扣中国渔民和渔船事件受到严重伤害，这是我们不愿看到的。梁光烈对重启两国防务交流依旧态度谨慎。北泽 11 日要求尽快和中国建立海上联络机制以防范发生突发事件。北泽还提出希望能够按照原定计划实现日本海上自卫队训练舰本月中旬停靠青岛，但是梁光烈对此没有积极回应。梁光烈表示，关于此事必须慎重考虑中国人民现在的心情与态度。希望两国军方继续增加互信，增进交流，但日本应该采取更多行动恢复两国关系。《中国面露难色，日本如何是好?》②，《读卖新闻》通过这一题目表达了对中日关系前景的不安。

短短一个月内，从"走廊外交"到"电梯外交"，中日因扣船风波而全面冻结的高层互动得以逐步恢复。与高层互动复苏迹象紧密伴随的，是民间互动的初步恢复。400 名中国大学生访问团 2010 年 10 月 12 日起程赴日访问；与此同时，暂时推迟的日本千名青少年世博访问团活动也重新开启。中日两国围绕钓鱼岛主权的矛盾已渐渐平息，但两国的外交还没有回归正常轨道，中日关系还没有完全冰释前嫌。虽然日本以国际会议为契机，积极推进首脑会谈，试图恢复关系，但中国的态度并不积极，所以不断上演利用走廊和大厅的"灵活外交"，采用"Pull aside meeting"（邀请对方到会议场的隐蔽地方，进行简短谈话）方式来实现对话。

---

① 参见日本外务省网站：http://www.mofa.go.jp/mofaj/kaidan/s_kan/asem_8/jc_gaiyo.html。

② 参见新华网：http://news.xinhuanet.com/mil/2010/10/13/c_12655764_2.htm。

从 2010 年 10 月底开始，中日双方的高层会晤不断举行。10 月 29 日的外长会面，杨洁篪外长和前原诚司外相就东海资源开发、军事交流及稀土开发等问题交换了意见，并且对北朝鲜六方会谈重启寄予了希望，此后新日中友好 21 世纪委员会第二次会议顺利举行。11 月 13 日在横滨举行的 APEC 首脑会议上，双方最高首脑会面，胡锦涛指出，双方应共同努力，持之以恒开展民间和人文交流，增进两国人民相互了解和友好感情。中日互为主要经贸合作伙伴，双方应继续深化双边互利合作，在国际事务中加强对话协调，共同致力于亚洲振兴，共同应对全球性挑战。菅直人完全赞同胡锦涛关于中日关系发展的意见，希望双方加强各领域交流合作，推动两国关系进一步改善和发展。会议始终在良好的气氛中进行。

在钓鱼岛问题的后续方面，菅直人曾公开主张，禁止任何人登陆钓鱼岛，后 4 名宣称巡视钓鱼岛以宣示主权的日本议员，最终也只是空中飞行巡视。外相前原诚司虽然表示要强化对钓鱼岛的巡航护卫，但也呼吁中日今后应加强该问题的磋商，防止再度出现意外。菅直人首相在会见中日友好 21 世纪委员会成员时说："自己本以为同中国领导人已经建立起一定的信赖关系，没想到在撞船事件发生后中国政府采取了那么强硬的措施，感到很吃惊。"1985 年中曾根康弘首相参拜靖国神社引起的轩然大波。中曾根当时也自以为和中国领导人建立起个人信赖关系，结果在国内另搞一套使中日关系严重受损。中日关系"从善如登，从恶如崩"，祸福凶吉有时就在于决策的一瞬间。[①] 可见对于此次事件的误判所造成的中日关系下挫，民主党政权也是始料未及，虽然此次的莽撞冒进和无奈退缩给日本带来了不小的负面影响，但菅直人的"吃惊"也使将来很长一段时间内日本对钓鱼岛以及相关的敏感问题保持一定的克制态度。

但另外必须注意的是，2010 年 12 月 10 日日本防卫省公布了新《防卫计划大纲》最终方案的概要。这份"新大纲"的核心是提出构建"机动防卫能力"新概念，强调日本将削减本土防卫力量，以大力加强对"西南海域"的防卫。"新大纲"一出炉，立即引起国际社会的极大关注。由"基础性防卫力量构想"转变为"机动性防卫力量构想"，"新大纲"的这一突破标志着日本防卫政策将出现重大调整。同时 2011 年 4 月起的未来 5 个年度日本将斥资 23 兆 4900 亿日元，用于国防预算。

（2）继续推进经济关系

2010 年以来，世界贸易复苏乏力，人们担心依赖出口的经济体将失去动力。2010 年第三季度全球商品贸易增速放缓到 0.9%，这是自 2009 年第二季度全球贸易急剧下滑以来的最小增幅。美国资本经济咨询公司首席国际经济学家朱利安·杰索普认为，贸易增长放缓威胁到日本和中国等国，因为这些国家的复苏在相当大程度上依赖出口。[②]

在这样的全球经济趋势下，中日经济互惠和合作也显得尤为重要。中日经济关系不

---

① 参见刘江永：《中日关系如何重新起航》，人民日报海外版，2010 年 12 月 16 日，http://world.people.com.cn/GB/13494194.html。

② 参见新华网：http://news.xinhuanet.com/world/2010/11/27/c_ 12822247.htm。

是零和博弈。在贸易方面，2007 年中国已经成为日本的第一大贸易伙伴；在投资方面，日本在中国的投资收益颇丰，但目前仅占日本海外投资的 10% 略多，还有很大的发展空间；在外汇资产方面，日本和中国都是美国最大的债权国家，同时面临着美元资产安全、保值的严峻挑战；在区域合作方面，中日作为东亚最重要的两个经济体，可能对区域贸易、金融合作、稳定起到重要作用。

在 2010 年 8 月份的第三次中日经济高层对话中，循环经济、绿色经济成为双方下一步经贸合作的新领域；高端制造、节能环保、信息通信、物流流通、食品安全成为双方热议的新焦点。双方还同意以实际行动破除技术转让、农产品贸易等方面的障碍，制定可操作、可评估的具体合作措施。双方还在加强东亚财金合作，于 2012 年如期完成中日韩自贸区官产学联合研究等方面达成了共识。由此看出在后金融危机时代，中日经济依存度不仅没有减小，反而在逐步增大。新形势还要求中日两国扩大在全球范围及区域内合作。中日经济增长均高度依赖国际市场，联手反对贸易保护主义，不仅有利于中日两国，也有利于保持世界经济逐步向好的势头。此外，中日企业均重视开拓新兴国家市场，双方优势互补。日本企业在技术、营销网络和资金上有优势，中国企业则在价格、产品适用性、产能等方面有优势，非常适合两国共同开发第三国市场。

从中日经济关系来看，"互补"是中日经济关系的基础，两国之间的互补性体现在发展时期与结构两方面。目前，世界上经济增长速度最快、全球第二大经济体中国以及第三大经济体日本之间正在进一步加强经济合作关系，特别是 2008 年以来美国爆发金融危机后，中日两国都受到了不同程度的重大冲击，美国在谋求增强与中日经济合作的同时，以汇率、美元国债等问题对中日两国施加压力。为此，在应对美国的压力方面，中日两国存在相同的利益诉求。[①]

第一，在汇率问题上，日本提醒中国吸取日本在 20 世纪 80 年代的教训，防止重蹈覆辙。冷战结束后 20 年来，日本由于经济低迷，没来得及上美国"汇率操纵国"的调查名单，但实际上，日本人认为自己是美国"汇率操纵"阴谋的最大受害者[②]。冷战后，在美日同盟的框架下，日本实施"出口导向"战略，对外贸易迅猛增长。但由于日本与美国经济发展阶段性不平衡、两种经济模式的差异、贸易制度及贸易管理体制的冲撞以及相互依存中产生的摩擦等原因，自 50 年代中后期以来，日美贸易摩擦日渐加剧，美国多次指责日本"操纵汇率"。终于在 1985 年，美国逼迫日本签下"广场协议"，日元迅速升值近一倍。日元的快速大幅升值，使得日本产品的竞争力大幅衰退，加上日元大幅升值后带来的经济泡沫破灭，日本经济持续 20 年低迷不振，至今还没有真正恢复过来。

随着中国对美贸易顺差的不断扩大，汇率水平和汇率制度的确定成为中美两国争论的焦

① 参见 [日] 藤村幸義、『中国はいま，何を日本に期待しているか』、国際学術シンポジウム『中日戦略互信与戦略合作』。中国研究月報 64（9），第 42—45 頁，2010 年 09 月 25 日。

② 参见木春山、纪双城等：《"汇率操纵国"成美国政治牌》，《环球视野》2010 年 3 月 2 日第 281 期，摘自 2010 年 2 月 23 日《环球时报》。

点。在新一轮的金融危机中，美国的制造业遭受了沉重打击，致使美国的失业率急速攀升。

为了创造更多的就业机会，振兴制造业成为美国的当务之急。然而美国却认为人民币被低估，是中美贸易逆差的根本原因。为此，美国不断对中国施加压力，要求人民币升值。美国财政部递交给国会的报告中，建议将中国列为汇率操纵国。实际上，此次金融危机产生的原因是世界经济运行周期调整的一个结果，金融监管缺失是其直接诱因，而全球治理结构不完善，加剧了经济波动幅度，不应该将危机归结为贸易收支不平衡的全球失衡。

第二，关于美元国债问题。日本和中国都持有大量的美元资产，主要是国家债券。中国是美国国债的第一大持有国，日本则是美国国债的第二大持有国。

日本一直是美国的最大债权国，直到 2009 年前 9 个月中国一下子增持美国国债 1074 亿美元以后，才取代日本成为美国的第一大债权国。但是，从 2009 年 11 月份起，各国对美国国债的持有情况又发生了新的变化，此前一直增持美国国债的中国、俄罗斯等新兴经济体国家开始减持，而日本、英国等经济发达国家却开始增持。2009 年 12 月份，日本增持了 115 亿美元，至 7688 亿美元，重新成为美国最大债权国。中国当月减持了 342 亿美元，持有美国国债 7554 亿美元，降为美国第二大债权国。日本 2010 年 6 月持有美国国债金额为 8036 亿美元，5 月时为 7867 亿美元。2010 年 6 月，中国所持美国国债的规模缩减了 240 亿美元，至 8437 亿美元，不过仍是美国国债的最大持有国。

中国成为美国的主要债权国，甚至第一大债权国。截至 2010 年 6 月底，中国官方外汇储备为 24543 亿美元。其中，美国国债市场对中国来说是一个重要的市场。中国外汇储备经营强调安全、流动和保值增值，根据自身的需要和判断，在国际金融市场上进行多元化资产配置。2008 年年底至 2009 年年初，是中国大量增持美国国债的时期。从 2009 年 6 月以来的一年之内，中国持有美国国债共经历了 7 次减持、4 次增持，还有 1 次持平。美国国债其实不单单是一种投资，中国减持美国国债还在于表明一种态度，为争取中美之间更公平的话语权。由于过去我国是美国国债最大持有国，所以在有些问题上被其左右，中国连续减持美国国债是在争取更公平的话语权。此外，从中长期来看，美国经济复苏缓慢，艰难程度与欧洲相比甚至有过之而无不及，不排除美国会通过令美元贬值而降低自身全球债务的负担，这是中国减持美国国债的原因之一。

为了加大外汇储备的多元化，规避风险，中国在减持美国国债的同时，增持日本国债。日本国债市场的封闭性和最近几年来日元对美元汇率的强势，是中国增持日本国债的重要原因。由于日本是一个贸易顺差国，其大部分的债务属于内债，所以日本国债相对于美国更稳定一些。此外，自美国次贷危机爆发后，日元汇率走势比美元强劲，这是中国选择增持日本国债的有利一面。日本财务省的报告显示[1]，截至 2010 年 6 月底，中国 2010 年累计增持了 1.73 万亿日元国债，几乎相当于 2005 年中国买进日元国债总

---

[1] 参见崔子常：《中国 6 月份继续增持 53 亿美元日本国债》，《21 世纪经济报道》2010 年 8 月 9 日。

量的 7 倍，中国已成日本第二大债主。

值得关注的是，虽然中国对日经济依存度相对下降，但日本经济对中国增长仍具有重要性。一是带动中国就业增长。据估计，目前在华日资企业直接和间接吸纳的就业人数高达 900 万人左右。二是带动中日贸易增长。中国内需扩大造成"中国特需"是拉动日本对华出口主要原因。截至 2010 年 10 月为止，日本在中国设立的三资企业约 3 万家，其产品的 60% 左右返销日本市场。三是带动中国企业对日本投资不断升温。据商务部研究院分析，目前中国在日投资企业有 129 家，投资额 8900 万美元，中国的一些名牌企业已进入日本市场。对日投资也会拉动中国对日出口继续增长。

事实表明，中国经济与日本经济具有较强的互补性，中国经济的发展不构成日本经济发展的障碍，持续稳定增长的中国经济有利于日本经济早日走出低谷。中日经贸合作尚有巨大空间，在区域经济合作日益加强的世界经济中，作为亚洲两大经济国应进一步加强合作。只有加强中日两国的经济合作才能有利于发挥两国的比较优势、规模优势和地缘优势。

总之，虽然经过钓鱼岛事件后中日各项经济合作陷入了暂时的停滞状态①，但是由于中日经济关系已经进入了成熟稳定的发展阶段，很快双方又逐步重启合作。例如，2010 年 12 月 20 日新任驻华大使丹羽宇一郎访问南京时说，"经济规模大省江苏有 7100 多家日本企业入驻，希望能更进一步地推进草根交流"。有媒体评论说，作为第一位民间背景的驻华大使，丹羽宇一郎到访中国地方城市，可以定位为是推进中日经济外交的一环。丹羽甚至还发表了"中日关系超越夫妻关系"的观点，引起了民众的热议。近日，日本政府的官员纷纷提出中日友好的言论。日本首相菅直人发表新年贺词说，将致力于推进中日战略互惠关系。

从种种迹象上来说，日本正通过更深入推进已经十分紧密的中日经济关系来缓解紧张的政治格局。日本认识到，日本的企业发展、就业的改善、民生的提升都需要和中国加强经济合作。

（3）中日青年交流

两国之间青年的频繁交流为中日友好打下了民间的基础。总体来说，中日两国青年交流受政治影响较大，交流活动在 2010 年上半年十分活跃，到了钓鱼岛事件之后部分交流活动受到冲击迅速跌至低谷，但是由于中方的克制，两国之间仍然保持着较为友好的交流活动。

例如，2010 年 6 月 3 日，当时还未担任首相的众议院议员菅直人偕夫人菅伸子，在东京都内中国料理店举行日中青年交流招待会，50 名东京工业大学的中国留学生和 50 名日本青年参加了联谊交流活动，这已是菅直人连续第 21 年操办这项活动。6 月 26 日，日本中国留学人员友好联谊会在中日两国各方的大力支持下，再度与早稻田大学孔

---

① 参见 ［日］濱本良一、『尖閣と反日デモで急冷却した日中関係―中国の動向』、2010 年 9―10 月、『東亜』（521），第 44―56 頁，2010 年 11 月。

子学院携手，在早稻田大学共同举办中日青年友好文化交流大会。交流大会的主旨就是通过要共同努力，让中日友好的种子广泛播撒，让中日友好的旗帜代代相传。2010 年 9 月 11 日，由中日青年交流中心（中国）和亚洲和平贡献中心（日本）共同主办的"2010 北京日本高等教育展"，在北京举办，这次会展给中国青年进一步加深了解日本高等教育的良好窗口。8 月 8 日至 13 日江苏省举办首届"2010 年中日红十字青少年互访与交流"活动，来自日本石川县的红十字青少年代表团一行 11 人，在团长北川信之先生的率领下，至江苏省进行了为期一周的访问和交流。

在钓鱼岛事件之后，中日之间大量的交流活动被中断，省部级以上交流全部被取消。甚至原定于 2010 年 9 月 21 日来沪参访的"日本青年世博访问团"也因为中方拒绝而推迟访华。所幸的是中方在这一事件上仍然保持理性，没有迁怒于普通的日本大学生，此后这一团体又在 10 月 28 日到达上海参观了世博会，并与中国学生进行了交流。

但是，受发生在中日两国之间的不愉快事件的影响，11 月份赴日访问中国人数较 2009 年同期大幅度减少。日本政府观光局统计结果显示，11 月份赴日中国人共约 6 万 8500 人，较 2009 年同期减少 15.9%。相关部门分析指出，减少的主要原因是受到 9 月份发生在钓鱼岛海域的中国渔船船长冲突事件影响。另外，由于日本羽田机场的国际化以及亚洲太平洋经济合作会议（APEC）的部长级会议在日本召开等利好因素的影响，赴日外国人总人数达到约 63 万 5000 人，较 2009 年同期增加 12.4%。①

（4）世博会日本馆的影响

为期半年的上海世博会成为 2010 年中日关系的缓冲剂。中国 2010 年上海世博会日本馆位于世博会东侧，它不仅是日本展示国家文化及探索建筑节能环保新技术的平台，也是中日两国人民加深相互了解、表达睦邻友好的重要窗口，这个从日本馆的外观、内容和理念中都可见一斑。

日本馆的外观远看犹如一个巨大的蚕宝宝卧在黄浦江边，因而又称为"紫蚕岛"。蚕在中国是长寿吉祥的象征，制丝的工艺是从中国逐渐传入日本，某种程度上这也是中日之间一种连接的象征。似乎是为了迎合中国对和谐社会的提倡，日本馆的核心设计理念是"心之和，技之和"，它强调的是心灵与技术的和谐连接。日本馆分为过去、现在和未来三大部分。

参观日本馆，游客首先就会看到遣唐使，鉴真东渡等一系列反映中日两国源远流长的精美展示。这些由一位位历史先驱用心灵和信念写就的传奇，历经千余年，仍然拥有激荡人心的力量，在日中之间呼唤着"和"与"信"的回音。展厅绘制着日本遣唐使的历史故事，李白、鉴真等中日交流代表性人物的形象及作品，来自中国香港和日本的导演联手打造的以中日科学家合作拯救朱鹮为主题的音乐剧，以日本能剧和中国昆曲结合的形式讲述日本国鸟朱鹮的故事，馆内一系列书法作品均由旅日中国书法家熊峰执

---

① 参见中日新华侨报网：http://www.jnocnews.jp/news/show.aspx?id=42864，2010 年 12 月 10 日访问。

笔，连日本馆的工作人员都是一半中国人一半日本人。

从中国历史人物、中国昆曲、中国绘画、中国民歌到中日合作保护朱鹮，日本馆从外形到内容，从展示到表演，中日友好处处彰显，中日交流贯穿始终，可谓是上海世博园中中国元素最浓郁的外国展馆。日本馆开馆以来中日友好活动频繁。例如，2010 年 5 月 8 日，一艘按 1∶1 比例复制的日本遣唐使船从日本大阪港起航，于 6 月 12 日日本国家馆日驶入世博园区内的黄浦江水域，重现了当年中日交流的传奇；6 月，以"旅行和影像"为主题，展现了上海友好城市大阪和横滨的魅力；7 月，"21 世纪的遣唐使——上海奈良周"开幕，再现中日交流使者阿倍仲麻吕的故事；8 月，举办孙中山与梅屋庄吉世博史料展和日中书法家联合表演；9 月，举办"上海友好城市之旅——心系未来"活动。日本馆馆长江原规由称，日中友好合作是日本馆要传达的最重要的信息，传递日中友好合作的信息是日本馆最重要的主题。

2010 年 6 月 12 日是日本馆日，日本前首相鸠山由纪夫以日本首相特使的身份前来参观上海世博会。他在致辞中对上海世博会的成功举办表示祝贺。他希望日本馆能在其中起到帮助作用。他表示，相信上海世博会能推动日中两国关系进一步发展，同时促进世界的合作交流。

尽管在钓鱼岛事件之后，两国关系出现波折，但是日本馆的参观人数并未下降，维持正常水平，参观者中绝大多数是中国人。截至世博会闭幕时，大约 550 万游客参观日本馆。对于日本馆的细心与精致，中国人报以了极大的热情，不论是炎炎夏日，还是临近闭幕时候的秋风瑟瑟，日本馆外一直排着长龙。日本馆作为一个中国人查看日本的窗口也促进了两国人民的友好交流和相互理解，在这两国关系紧张的一年里，成为无论是官方还是民间的一道缓冲剂。

4. 结语

综上所述，2010 年中日关系发生了急速的变化，上半年中日关系平稳发展，6 月份以后中日关系发生逆转，出现了一定程度的紧张态势。由于中日双方的共同努力和克制，中日关系总体上保持了相对稳定的发展。

实际上，2010 年以来，由于国际国内格局的变化，日本面临着如下的课题①。第一，明确日本的基本立国理念。即日本需要进一步研究平成开国战略，推进自由贸易。第二，实现与主要国家之间高水准的经济合作，形成日美主导的 21 世纪亚太秩序。第三，进行国内改革。

日本正处于历史的分水岭。在世界经济格局中，新兴国经济迅速发展，日本经济地位相对下降。此外，一个重要趋势是，今后通过 WTO 谈判强化国际贸易规则，主要贸易国之间正在扩大高水准的 EPA/FTA 网络，但是日本的行动迟缓。

---

① ［日］"包括的经济连携に关する检讨状况"，2010 年 10 月 27 日。日本内阁官房国家战略室网页。http://www.npu.go.jp/date/pdf/20101027/siryou1.pdf。

因此，日本希望在巩固民主党政权的同时，妥善处理对外关系。一方面，日本营直人政府希望修正鸠山政权的对美政策，继续追随美国在亚洲的安全、经济、地区合作战略，等等。另一方面，继续推进中日战略互惠关系。由于朝鲜半岛危机的扑朔迷离，各方都在寻求这一焦点问题的解决，日本的外交政策短期内仍将保持强化日美同盟、加强日韩合作，保持对华协调的路线。从长远来看，作为中日关系发展强大基础的中日经济关系已经步入稳定和成熟阶段，中日战略互惠关系的发展方向不会发生重大的变化，但是由于中日之间存在领土主权争端等现实问题，中日关系依然脆弱[1]，如果处理不当，中日关系将会出现一些不和谐的、甚至是紧张的局势。维护中日关系的稳定，促进东亚地区的和平发展，是中日两国的共同利益。中日两国都是世界上对国际社会负责任的大国，为避免冲突及由此导致的中日关系恶化，必须建立一个对话机制，增进了解与政治互信。因此，需要中日双方共同努力，从中日相互依存的大局出发，推动中日关系的顺利发展。

大事记 7-2　2010 年中日关系大事记

（1）中日撞船事件使两国关系急剧恶化	日本海上保安厅巡逻船和中国渔船于 9 月 7 日在钓鱼岛相关海域相撞，翌日中国渔船船长被日方非法抓扣，直到当月 25 日才被放回。在此期间，中方接连要求放回中国船只并宣布推迟第二轮东海油气田条约谈判，随后还陆续取消或推迟了一系列中日交流活动。中日首脑会谈也屡遭"挫折"
（2）日本 GDP 被中国赶超，日企寄望拓展在华市场	日本内阁府的数据显示，2010 年二、三季度 GDP 已被中国赶超，而全年 GDP 被中国反超、经济规模滑落至世界第三已成定局。日本财务省 2010 年上半财年的贸易统计显示，对华出口和进口分别为 6.6 万亿日元和 6.8 万亿日元，增幅高达两成以上。随着中国逐渐从世界工厂变为重要市场，日企竞相将经营重点转向中国，希望用中国需求带动业绩走出低迷。与此同时，中国企业也积极开展了对日本企业的参股和并购活动
（3）日本关切中国军队动向，决定加强西南防卫	日本政府 9 月通过了 2010 年版《防卫白皮书》，在强调驻日美军必要性的同时，还对中国海军的"频繁活动表示关切"。12 月日本又出台了作为今后 10 年日本防卫力部署指南的新《防卫计划大纲》，首次把中国海军等的军事动向定位为"地区和国际社会的关切事项"，明确表示将转向"机动防卫"来应对恐怖袭击、"朝鲜导弹"等各种事态。新大纲还决定增强"南西诸岛"防卫，把海上自卫队潜艇数量从 16 艘增至 22 艘，以此来警惕中国
（4）签证条件放宽促使中国赴日游客激增	日本政府从 7 月 1 日起放宽对中国个人游客的签证发放条件，发放对象不再限于富裕阶层。各地政府与商家积极合作宣传当地魅力，推出"医疗观光"、"体育观光"等项目，加强针对中国游客的导游导购以及银联卡支付等服务。日本各大机场和航空公司增加中日航线。1 月至 9 月赴日中国游客数量达到了创纪录的 117.8 万人，不过受 9 月发生中日撞船事件影响，10 月起中国游客数量大减。日本政府观光局决定加大宣传力度，迎接明年 2 月的中国春节出游高峰

---

[1]　参见［日］高原明生、『インタビュー中国にどのような変化が起きているか—日中関係の脆弱性と強靱性』、『世界』（特集尖閣"衝突"と日中関係）、(811)，第 100—107 頁，2010 年 12 月。

（5）日本企业面临"中国风险"	自中国 2010 年宣布将逐步减少稀土出口以来，日本一方面通过官民合作加快分散稀土进口的来源，另一方面积极研发可替代材料。此外，5 月至 7 月间，本田、丰田等公司的在华工厂相继发生工人要求加薪的罢工情况，如何处理在华发展问题成为了日本企业需要解决的首要问题
（6）上海世博会搭建中日交流平台，两国交流异彩纷呈	5 月 1 日至 10 月 31 日的上海世博会成为中日两国在经济、文化、科技等诸多领域开展交流的契机。日本政府在此宣传各地美食美景，日企则突出展示最先进的科学技术。日本参观世博会者达 53.4 万人次，居亚洲境外参观者的第二位。日本馆入场总人数达 542 万人次，举办了 6619 场舞台表演和展示。两国国民还通过儿童绘画比赛、共同制作雕塑、时装秀、Cosplay 等热情互动。受益于世博效应，日航和全日空的日中航线上座率均有显著增加
（7）中国警方逮捕"饺子事件"嫌疑人	有关中国产饺子在日本致人中毒案，中国警方 4 月 2 日以涉嫌"投放危险物质罪"逮捕嫌疑人，检察机关 8 月 10 日对其提起诉讼，公安部当天向日本政府进行了通报。至此，导致日本民众对中国食品安全问题大为担忧的"饺子事件"告一段落。此外，两国政府 5 月底签署《促进食品安全倡议备忘录》，确定每年定期召开一次部长级磋商，对安全对策进展情况进行确认，同时允许两国相互对对方的相关设施进行现场检查
（8）日本援助中国青海玉树大地震	4 月 14 日中国青海玉树地区发生大地震后，日本政府向地震灾区提供约 1 亿日元的紧急无偿援助。日本国际协力机构和中国地震局今年春季正式启动"地震紧急救援能力强化项目"，由日方派遣救援活动专家传授相关技术，并帮助中方制定震时应急对策指南。日本官方长官仙谷由人 8 月底指出，应着手研究防灾等领域的中日共同项目
（9）日籍毒贩在华被执行死刑	4 月期间共有 4 名日籍毒贩在中国被执行死刑，这是 1972 年日中恢复邦交以来中国首次处决日本人。中方称，执行死刑是中国主管部门严格依据法律做出的公正处理，希望日方予以理解。5 月，日本高知县高等法院对 3 名走私 120 公斤冰毒的中国毒贩做出二审判决，判处每人 12 年有期徒刑并罚款 700 万日元
（10）日本首次启用民间人士出任驻华大使	原伊藤忠商事社长丹羽宇一郎 7 月 31 日正式出任日本驻中国大使，成为日本首位来自民间的驻华大使。丹羽力推促进两国经济合作的"经济外交"，并于 11 月考察了天津和唐山两地，着力缓和因中日撞船事件等造成的紧张关系，推动两国在节能、环保等领域的经济合作。丹羽首次作为驻华大使于 12 月前往南京，会晤当地领导并与普通市民进行交流，在谈及对过去战争的"重大责任"的同时，强调需"面向未来加强关系"

三、互惠互利：中印关系全面进入战略伙伴层面

2010 年，中印双边关系持续健康稳定向前发展。

1. 2010 年中印关系进入新的历史发展时期

中印关系正站在继往开来、携手并进的新的历史起点上。2010 年，是中印双边关系史上极其重要的一年：2010 年正值中国与印度正式建立外交关系 60 周年，又逢上海 2010 世界博览会和广州亚运会在中国举行，两国以此为契机开展了一系列高层互访与

接触的活动，中印双方举办了一系列庆祝活动，两国领导人互致贺电，各领域交流合作更趋活跃，进一步有力地推动了双边关系的发展。

（1）印度总统成功访华，揭开了两国纪念建交 60 周年的序幕

应中国国家主席胡锦涛的邀请，印度总统帕蒂尔于 5 月 26 日至 31 日对中国进行了正式友好访问。这是印度国家元首 10 年来首次访华。帕蒂尔总统与中国国家副主席习近平还共同出席了中国政府举办的庆祝中印建交 60 周年招待会。帕蒂尔还赴洛阳、上海等地访问，出席了白马寺印度风格佛殿落成仪式，并参观了上海世博会场馆。帕蒂尔总统的访华行程内容涉及政治、文化、商业等领域，随帕蒂尔总统访华的还有由印度企业界 60 多位代表组成的商贸代表团，这些代表分别来自汽车、制药、教育、能源、金融、基建、包装、软件等多个行业。帕蒂尔总统的访问成为"善意之旅"和"经贸之旅"，印度有意打开中国市场，为印度扩大对华出口打下基础，促进和深化对华经贸合作。印度积极寻求中国向印度的医药、IT 和工程设备产业开放市场。

由于缺乏常设性的协调机构，尽管中印两国政府在过去几年都在尝试缓和贸易逆差问题，中国政府还在 2008 年首次组织了中资企业赴印度采购，印度对华贸易逆差问题并未得到有效的缓解。在帕蒂尔总统访华前夕，印度内阁通过了决议，决定在印度驻华使馆设立经济处，以提升对华经贸合作，充分挖掘两国经济的互补性，真正实现互利互惠，经济处的核心任务是：促进印度对华出口，挖掘商业和贸易领域新的合作点。在驻华使馆中设立经济处，表明印度政府实现了对华经贸政策的重大调整，有利于印度企业与商品进入中国市场。

近年来，中印经贸合作突飞猛进。两国签署了一系列经贸合作文件，双边经贸额、投资额稳步提高，中国跃升为印度最大贸易伙伴，印度则是中国在南亚地区的最大贸易伙伴。但是，两国经贸摩擦却逐渐增多。贸易逆差成为中印两国经贸摩擦的主要问题。自 2006 年之后，中印贸易失衡逐渐显现，且印度的逆差额逐步扩大。中印贸易逆差的根本原因在于两国发展模式和经济结构存在的差异。中国走的是一条以制造业带动出口的模式；而印度主要以国内消费为主，制造业相对落后。因此，中国产品在印度具有很强的竞争力。中印两国贸易结构的不同也造成了双边贸易失衡。中国出口商品较印度具有更高的附加值，且数量多，自然会导致贸易逆差。

但是，中印双边关系中也存在着一些不利因素：诸如收紧中国劳工赴印签证、对华频频发起反倾销、禁止进口中国电信设备等事件。

近几年，印度解决对华贸易逆差的思路相对消极，诱发了两国贸易摩擦。但是，在 2010 年中印建交 60 周年之际，印度方面对华贸易政策调整的动向更趋于明显。2010 年年初，中印两国签署了《关于扩大贸易和经济合作的谅解备忘录》，以及在驻华使馆设立经济处等举措，表明促进对华出口已成为印度发展对华关系的重要形式。

印度扩大对华出口也可顺势推动国内产业的发展。打开中国市场，有助于为印度制造业的发展提供更多的外部刺激。中印经济互补性强，印度经济的快速增长可以为中国相关产业进入印度市场提供契机，促进中国产业结构的升级。

　　中印友好对促进亚洲乃至世界的和平、稳定和发展至关重要，印度把发展同中国的睦邻友好关系置于最重要的位置。牢固的政治互信来自相互尊重和理解。中印同为发展中国家，面临着发展经济、改善民生、维护稳定的共同任务。中印在很多方面可以实现优势互补，在科技、教育、文化等领域的合作空间广阔、潜力巨大，两国要共同努力推进互利合作，更好地造福于双方人民。

　　中印两国已逐步形成高层互访机制，进一步促进了双边关系的发展。帕蒂尔总统这次访华为中印战略合作伙伴关系谱写出新的篇章，使中印关系进入一个新的历史发展时期，具有十分重要的现实意义。

　　（2）中俄印三国外长在中国武汉举行了重要会晤

　　2010 年 11 月 15 日，中国外交部长杨洁篪、俄罗斯外长拉夫罗夫和印度外长克里希纳成功在中国中部重镇武汉市举行了第十次对话。三国外长就共同关心的国际及地区问题交换了意见，承诺将在智库、工商界、农业、减灾救灾、医药卫生等继续展开合作，并挖掘在能源、高科技、创新、航天等领域的合作潜力。中、俄、印三国外长们在三国框架内就一系列问题进行了深入交流，尤其是三方在多边组织和机制框架内的配合问题，包括金砖四国、二十国集团、上海合作组织等各种亚太地区的对话机制和合作机构。此次外长会晤期间，俄印两国表示将支持和配合中国筹办 2011 年金砖国家领导人第三次正式会晤的有关工作。中印也欢迎俄罗斯加入亚欧会议与东亚峰会，支持俄罗斯加入世界贸易组织。三国外长讨论的话题还涉及了阿富汗问题、伊朗核问题、国际贸易、能源安全、反恐等多个方面。三方立场趋于一致或相近。

　　中、俄、印三国外长对话机制自 2002 年建立以来，已成为建立全球多极化世界的一个重要合作平台，意义重大，有助于亚太地区的和平与发展。

　　中、俄、印三国有许多共同点，目前，中国、俄罗斯、印度三国总人口已占世界总人口的 40% 以上，其国内生产总值已超全球 20% 以上。在国际事务中的作用越来越重要，三国都处于亚太地区，幅员辽阔，人口众多，历史悠久，尽管金融危机席卷全球，但是，中、俄、印三国在经济、社会发展方面势头仍十分强劲，已成为带动世界经济走出阴霾的驱动机。而中、俄、印三国外长会晤机制的建立与不断发展，有利于深化三国在国际与地区事务上的协调与合作，进一步促进本地区的繁荣与稳定，有助于推进多边主义和国际关系的民主化。

　　近年来，亚太区域合作不断深化，各种合作机制蓬勃发展。在全球化和区域一体化深入发展形势下，各方合作应对各种挑战的愿望也日趋强烈。中、俄、印三国是世界多极化进程中三支重要力量。三方合作不仅有利于增加三国之间的战略互信，更好地解决领土、边界等棘手问题，更有利于推动世界多极化发展。

　　随着世界政治和经济的重心逐渐转移至亚太地区，面对当前国际形势的大发展及国际格局的调整，中、俄、印三个大国都在努力寻求民族振兴，彼此协调和沟通的意愿与需求在不断上升。三国外长的频繁会晤、三方务实合作反映出中俄印在重大国际和地区及三边问题上的共识在逐渐增加。中、俄、印三方的合作日益广泛，逐渐从务虚走向务实。俄、中、印三国的合作机制的不断发展与完善，正成为当代国际关系中一种充满生机与务实的合作机制。中、俄、印三国之间可在互利平等的基础上优势互补，解决共同关心问题。而且，2010 年以来，中、俄、印三国在经济贸易领域的交流合作也取得了迅猛发展。

（3）周永康率中共高级代表团访问印度

发展中印友好关系，是中国党和政府的既定方针和战略决策，加强政治互信是深化合作的关键。10 月 31 日至 11 月 2 日，应印度政府邀请，中共中央政治局常委、中央政法委书记周永康率中国共产党代表团对印度进行了友好访问。

周永康出席了中国共产党和印度国民大会党联合举办的第二次中印关系研讨会，会晤了印度政府和朝野主要政党领导人，坦诚相见，推心置腹，传递中国人民与印度人民世代友好的真诚愿望，共同探讨深化两国互利合作，取得了积极成果。进一步加深了彼此了解与互信。

（4）第 14 次中印边界问题特别代表会晤在北京成功举行

2010 年 11 月，第 14 次中印边界问题特别代表会晤在北京成功举行。

2010 年，中印两国领导人还利用各种场合举行会晤，就双边关系和共同关心的问题深入交换了意见。随着中印两国的崛起，中印两国在全球事务特别是在国际金融体系改革、应对气候变化、维护能源和粮食安全等重大国际和地区问题上保持着良好的沟通和协调，并在 G20、"金砖四国"，中、俄、印合作等多边机制框架下开展了良好的合作。2010 年中印两国贸易额有望超过 600 亿美元。为印、美双边贸易额的 1.5 倍。

（5）温家宝总理访印，把中印建交 60 周年纪念活动推向了高潮

2010 年 12 月 15 日，应印度共和国总理曼莫汉·辛格的邀请，中国国务院总理温家宝率有 400 名企业家参加的庞大代表团访问印度。与印度方面签订了总值超过 200 亿美元的 45 个合作协议，涉及电力和医药等诸多领域。中国和印度 16 日在新德里发表了联合公报，双方决定建立两国国家元首、政府首脑定期互访机制，双方还同意建立中印外长年度互访机制。并开通两国总理电话热线。同意建立战略经济对话机制，并确立 2015 年双边贸易额达到 1000 亿美元的新目标。同时，联合公报宣布 2011 年为"中印交流年"。中方将邀请 500 名印度各界青年于 2011 年访华。

温家宝总理此次访问具有十分重要的战略意义与现实意义：

从地缘战略来看，南亚是中国睦邻外交的重点，也是中国和平崛起的西部依托带及边陲稳定与发展的联动区，在战略上具有十分重要的意义。中国坚持与邻为善、以邻为伴，奉行睦邻、安邻、富邻的周边外交政策，积极发展与周边各国的友好关系，中国的周边外交政策服务于中国的国家大战略，发展与南亚各国的友好合作关系，符合中国的国家利益，也有利于中国实施和谐的周边外交政策，打造稳定、和平的周边环境。温家宝总理此次访问将进一步深化中印关系，促进南亚地区和平、稳定与发展，温家宝总理此次访印，将正式开启两国总理热线，进一步增进中印两国战略互信，凝聚双方共识，扩大双边贸易，加强相互投资、基础设施建设等领域合作，相互交流发展经验，实现优势互补、互利共赢；推进人文等各领域交往，增进相互了解，夯实民意基础，实现中印

世代友好。作为两个新兴发展中大国和重要邻国，中印两国在国际和地区事务上加强沟通协调，共同为本地区和平、稳定和发展做出努力。进一步改善印中关系，对提升印度的国际影响力、增进两国工商界的实力具有十分重要的意义。

从经济角度来分析，亚洲是世界经济恢复与增长的主要力量，而中国和印度是亚洲经济腾飞的"引擎"，近年来，中印两国的经济保持了持续强劲增长的发展态势，而日本和亚洲多数新兴国家转弱或相对持平，中国和印度正处在崛起的上升期。中印两国没有理由不合作，印度已成为中国企业最大的海外工程承包市场之一。两国相互投资方兴未艾，给双方带来了丰厚的回报。从两国交往史来看，中印两国是合作伙伴，不是竞争对手，世界有足够空间供中印发展，也有足够空间供中印合作。两国经贸合作互利共赢。中、印市场空间十分广阔，只要相互开放市场，就能为双方经济增长提供强有力的支撑；两国产业各有特长，可以优势互补，相互促进；两国致力于深化改革开放，可以在扩大交流与合作中相互学习、相互借鉴；两国在国际经贸体系中拥有广泛的共同利益，在许多重大经贸问题上都持相同或相近立场，可以加强沟通协调，维护共同利益。中印两国共同和谐发展，将开启亚洲"新的世纪"，并将在国际事务中发挥越来越重要的作用。

中国政府高度重视发展与印度的战略合作伙伴关系，中印关系具有全球影响和战略意义。中国十分看重印度迅猛发展的经济和日益上升的国际影响力。温家宝总理访印将印中之间的合作提升到新的发展高度。

全世界有足够的空间使中印两国同时实现快速发展。互补性与竞争性构成了中印合作的基石，中印两国不同的发展模式互为对方提供了有益的借鉴和启示。

中、印互利共赢正成为两国的共识，中国的和平发展可以为印度更好地融入东亚和中亚地区合作创造条件，印度的发展也促使中国的制度建设和企业家精神培育的进一步发展，中印两国应加强战略互信，全方位展开互利合作，真正实现战略互赢。积极处理和解决影响两国关系发展的边界问题和其他政治问题。

在21世纪复杂多变的国际关系格局中，世界上其他主要大国与中印两国的互动，既给中印关系的发展带来有利条件，也带来了某些不确定因素，中印两国应正确把握有利时机，努力提高双边关系的质量，通过发展战略友好合作伙伴关系，真正使中印两国成为构建国际新秩序的一支重要力量，不断推动国际关系朝着健康、有序的方向发展。

尽管中印两国也存在着一些不和谐之音，如在经贸领域，中、印之间的贸易结构不合理、贸易规模较小、投资规模小、两国的经济结构类同、发展水平接近、两国经济同质性较强，互补性较弱，两国存在着产业竞争等现象。在文化、教育领域的双边交流也不尽如人意，文化与教育的双向交流并没有得到很好地开展，彼此对对方的文化了解不深，交流合作的层次不高，交流的人数较少。中国应与印度一起共同克服和妥善解决彼此矛盾，注重优势互补，积极培育新的经济增长点，以真正实现互利共赢。

2. 努力提高中印双边关系的质量，促进双边关系更快更好地发展

作为世界上两个最大的发展中国家，中国与印度发展双边关系具有长期性、全局性和战略性的特征。中印双边关系中合作多于竞争，呈现出一种"互利双赢"的发展态势。中印关系的发展对亚洲和世界的和平与稳定产生了重大影响，必将成为当代国际关系的主要变量之一。目前，中印两国在经贸、科技、教育、文化等领域展开了互利互惠的合作，中国与印度的深入合作已经超越双边关系的范畴，具有世界性意义，正在改变亚洲的地缘政治经济格局，并成为建立稳定的、可持续的全球新秩序一个必不可少的先决条件。

发展中印战略合作伙伴关系，既有利于实现中国的睦邻友好外交战略，又体现了中国维护世界与地区和平、促进共同发展的外交政策宗旨。中印战略合作伙伴关系的巩固与发展，将为各自国家的崛起创造有利条件，促进中印两国更好地实现各自的国家战略，符合两国的根本战略利益。中印战略合作伙伴关系的不断深入，有助于提高两国在国际事务中的话语权，有利于两国在全球金融危机中发挥更大的积极作用，提高中印两国的国际地位和国际影响力。中印两国可以在国际事务中发挥更大的作用，中印两国战略合作伙伴关系发展的本身就是为亚洲乃至全球的繁荣与稳定做出了贡献。在中印双边关系发展进程中，双方应不断加强中印两国之间的战略互信、密切两国高层交往、消除影响两国战略伙伴关系的杂音，共同维护边境地区和平与安宁，努力使影响中印关系正常发展的边界问题与西藏问题处于可控状态，并逐步得到公正、合理的解决。因此，需要在以下几个方面进一步发展中印战略合作伙伴关系。

第一，增进双边战略互信，构建双方政治、安全等领域的相互信任机制。当前中印之间存在某些误判，主要是由于彼此之间的不理解及相互信息不对称所致。因此，中印两国应努力消除两国之间的猜疑与不信任感，正确把握两国战略合作伙伴关系的发展方向，努力培养相互尊重的良好气氛。就印度而言，还要克服对华摇摆与疑惧心态，并努力克服针对中国发展的民族主义情绪。

第二，提高和深化两国合作的层次与质量，拓宽中印两国新的战略合作领域，在经济领域，深化双边经贸互利合作，鼓励相互投资，扩大工程承包合作，力争实现双边贸易额到 2010 年达到 600 亿美元的目标。在安全领域，加强双边防务合作。同时，中印两国应进一步加强双边人文友好交流，促进中印两国人民彼此之间的相互了解，加强两国在全球气候变化、温室气体排放和能源等领域的合作，实现双赢。

第三，加强在非传统安全领域的合作。特别是在反恐、打击海盗、防核扩散和反贫困等领域进一步加强合作。面对全球能源需求日趋激烈的态势，中印两国应致力于建立一个安全的环境，为国际贸易和经济发展扫清障碍。

第四，适应变化中的国际新格局的需要，进一步发挥中印两国在国际事务中的作用。中印双方应充分利用现有的国际体系进一步提高各自的国际地位与影响力。中、印两国在地缘政治方面拥有共同的利益，印度可以与中国等大国和睦共处，建立信任与合作，以防止彼此冲突和美国及其他西方大国的插足。①

---

① V. P. Dutt, India, China Russia Syndrome: Is It Illusion or Reality? *Tribune*, April, 17, 1999.

中、印两国同为亚洲国家，都愿意接受现有国际秩序，都是经济处于上升阶段的富有希望的国家，中、印两国担负着亚洲的团结与未来，中、印两国的发展，可促进和带动整个亚洲的发展，两国也将共同改造世界经济秩序和战略格局。①

印度与所有的大国，包括与中国接触和友好，如此才能服务于符合印度的国家利益的地区秩序。② 进一步改善中印关系，对提升印度的影响力、增进两国工商界的实力具有重要的意义。

中华文明和印度文明是世界最重要的文明体系，同为亚洲两大文明体系应具大国心态，以开放包容的胸襟互相善待、和谐共进。③

随着中、印这两个亚洲超级大国的先后崛起，它们之间的关系将对世界政治产生深远影响，中国和印度应该在 21 世纪形成的新秩序中起到更大的作用。

两个文明古国和人口大国之间的关系不仅影响亚洲的局势，而且关乎整个世界的和平与稳定。需要中印两国政府和人民共同用智慧在实践中探索互利共赢的和平相处之道。④

中、印两国应通过更广泛的、有建设性的对话来共同处理两国关系中的双边、区域性与全球性的问题。建立多渠道联系与沟通的机制，加强协调。呼吁印方放宽对中国公民的签证；开放市场，为中资机构和个人进入印度市场提供便利；主动抵制"中国威胁论"，正确理解中国和平发展的理念，增加政治互信；取消不合时宜的贸易壁垒，对包括中国在内的外资企业创造公开、公平、透明的投资环境。⑤

随着中、印合作的不断深化，两国在维护地区稳定，提升发展中国家的地位上发挥着日益重要的建设性作用。

中、印两国应加强两国民众之间的友好往来，在教育合作、学位互认、旅游开发、文体交流等多方位加强合作与交流，培养中印战略合作伙伴关系深广发展的民意基础。两国媒体和个别专家也应多多克制，理性客观报道双边关系。⑥ 印度某些媒体甚至认为中国在政治、经济与军事领域对印度构成了主要的战略挑战。⑦

由于印度与中国在崛起进程中面临着相似的困境与挑战。因此，印度和中国两国在全球气候变暖问题上的立场最为接近，中、印两国都坚持"共同但有区别的责任"原则，坚持认为作为发展中国家，不应承担强制减排义务，为各自国家争取未来发展空间，在技术转让与资金援助等具体问题上，中国与印度的立场基本趋于一致，这就给中、印两国在今后国际事务中的合作提供了有利条件。在全球经济复苏过程中，中、印

---

① 参见施君玉：《印度高官对华政策争鸣或促外交转型》，(香港)《大公报》2010 年 5 月 17 日。
② C. Rajia Mohan, Nuclear Balance in Asia, *The Hindu*, June 11, 2008.
③ 参见杨柳：《中印发展和谐共进》，(英国)《经济学人》2010 年 8 月 19 日。
④ 参见杨柳：《中印发展和谐共进》，(英国)《经济学人》2010 年 8 月 19 日。
⑤ 参见施君玉：《印度高官对华政策争鸣或促外交转型》，(香港)《大公报》2010 年 5 月 17 日。
⑥ 参见施君玉：《印度高官对华政策争鸣或促外交转型》，(香港)《大公报》2010 年 5 月 17 日。
⑦ V. K. Shrivastava, Indian Air Force in the Years ahead: An Army View, *Strategic Analysis*, Nov. 2001.

两国的经济快速增长，加速了世界经济的复苏。

但是，21 世纪以来，中国的迅速发展与崛起，无形中给印度带来了巨大的压力和竞争。① 如何化解这种压力，变竞争为合作，成为印度领导人不得不考虑的现实问题，也可能会成为影响两国关系深入发展的桎梏。

3. 中印关系中的大国因素

中、印两国的同时崛起，对亚洲的地缘政治产生了一定的影响，在 21 世纪复杂多变的国际关系格局中，世界上其他主要大国与中、印两国的互动，既给中、印关系的发展带来有利条件，也带来了某些不确定因素，中、印两国应正确把握有利时机，努力提高双边关系的质量，通过发展战略友好合作伙伴关系，真正使中、印两国成为构建国际新秩序的一支重要力量，不断推动国际关系朝着健康、有序的方向发展。

综观 2010 年印度外交，印度奉行的现实主义多边外交战略已结出了丰硕成果：2010 年以来，美国总统奥巴马、法国总统萨科齐、英国新任首相卡梅伦和中国总理温家宝相继访问了印度，俄罗斯总统梅德维杰夫也于 12 月访问了印度，为印度的发展带来了雄厚的资金和人力支持，助推了印度的经济建设。同时，印度总统帕蒂尔和总理曼莫汉·辛格 2010 年出访了亚洲、欧洲、非洲和美洲等多个国家，向世界展现了一个务实的印度，由于对印度经济充满信心，外国机构投资 11 月在印度资本市场上注资达47.8 亿美元，使本年度 FII 总投资额达到了 390 亿美元，超过了印度 FII 年度投资额387.6 亿美元的历史最高纪录。表明了外国机构投资十分看好印度经济强劲增长的预期。大量外国机构投资的涌入，使得印度股票市场本年内上涨了 11%。

（1）印、日关系进一步走向深入

2010 年 10 月 24 日，印度总理曼莫汉·辛格访问了日本。为促进与日本的贸易联系，双方签署了稀土与民用核能的相关合作协定。日、印两国从 2010 年 6 月开始就缔结核能合作协定举行了谈判，以实现日本向印度出口核能发电技术。

作为亚洲地区两个大国，作为拥有共同价值与原则的国家，印度和日本两国希望在亚洲与国际更广泛的领域里扩大传统的双边合作关系。从印、日两国发展战略来看，双方在政治、经济与军事安全等领域加强全面合作，源于各自的大国战略目标的需要。尽管印、日两国的大国战略各有不同，但双方在政治、经济、军事安全方面存在着利益的结合点。随着印度在国际事务中的地位不断上升和经济持续快速增长，日本希望加强与印度的双边合作关系，向这个拥有 12 亿人口市场的新兴国家出口更多的家电产品、汽车及汽车零部件，从而带动本国经济的持续发展。进入 21 世纪以来，印、日两国全面合作的伙伴关系逐步建立。印度与日本在政治、防务与经济等领域重点加强了密切合作。

印度与日本建立全面合作的战略伙伴关系是两国出于各自的"大国情结"与大国

---

① John. W. Garver, *The China-India-U. S. Triangle: Strategic Relations in the Post-Cold War Era*, The National Bureau of Asian Research, 2002, p. 11.

战略目标的相互需要，也反映了共同防范中国崛起与制约中国发展的心态。

2007 年 8 月，日本首相安倍晋三访问了印度，双方就政治与安全保障、经贸合作、环境能源等共同关心的话题举行了会谈，发表了《关于新时代日印全球战略伙伴关系路线图的共同声明》和《日印环境与能源共同声明》。联合声明称：印、日两国建立的全球战略伙伴关系进入了一个新阶段。安倍提出了建立"四国联盟"（日本、印度、美国和澳大利亚）的构想。

2008 年 10 月，印度总理曼莫汉·辛格访问了日本，双方发表了《关于推进日印全球战略伙伴关系的共同声明》与《关于日印安全保障合作共同宣言》。制定了印、日两国开展安全合作的路线图。这是日本与美国以外的国家签署的第二份安全合作宣言。宣言确认海上通道安全是两国的共同利益，两国将在反恐、防止核武器和核扩散等方面共同努力。该宣言的具体内容包括：两国通过外交部长和国防部长的"2+2"磋商增进合作，印、日两国将在 10 个领域开展安全合作。而安全合作的框架涉及外交、防务和非传统安全三大范围。

2009 年 12 月，日本首相鸠山由纪夫访问了印度，这也是 2009 年日印两国首脑之间的第四次会晤。双方发表《新时期印日战略和全球伙伴关系》共同声明。双方正式启动了"日印 2+2 会谈"机制，以提升印日双边国防和战略关系。双方决定今后日本与印度每年定期举行外交和防务部门的副部长级对话，这是继美国后，印度是日本第二个与之签署此类协议的国家。

221

日本对印度的经济援助是印、日双边关系的基础，也是加深双边合作的基础。经济关系支配着印、日关系的全部。日本把印度作为政府间资金合作的重点，2004 年起，印度成为日本海外开发援助（ODA）的最大受援国。目前，日本已成为印度第三大投资国和第四大贸易对象。2003 年，日本政府宣布把对外援助的重点从中国转移到印度，在对华经济援助连续两年被削减 25% 的同时，对印度的经济援助增加 20%。使印度取代中国成为日本贷款的最大受援国。

近年来日本与印度的经济合作和直接投资呈逐年剧增趋势。

而且，近年来印、日两国在安全保障领域的合作也不断扩大。印度积极深化与日本之间的国防合作。作为两国在 2006 年开始的"战略和全球伙伴关系"的一部分，印度和日本正致力于在海上安全、反恐、防止核扩散、灾难处理和能源安全上联手行动。2000 年 11 月，印、日两国海军在印度举行了首次联合反海盗军事演习。2003 年年底，印、日两国在日本东京连续召开了数次国际会议，正式建立了印日安全对话机制。2004 年 11 月，印、日两国在日本举行了海洋安全保障对话，全面讨论了在海洋安全保障方面加强双边合作的可行性，并达成了保障海洋安全的情报共享、防止大规模杀伤性武器扩散与加强双边防卫交流等共识，双方同意在港口建设、造船、海运和海洋调查等领域加强合作。2008 年 10 月，印度总理曼莫汉·辛格访问了日本，两国首脑签署了《关于日印之间安全保障合作的联合宣言》，该宣言制定了两国安全合作的路线图，促进了印、日两国在防务领域的深入合作，特别是加强了印、日两国在海上安全领域的合作。

日本迫切希望与印度建立机制化的海上安全合作关系，其战略意图就是借两国安全合作，强化日本在印度洋地区的军事存在与战略影响力，并确保海上战略通道的安全。

印、日关系的发展，在一定程度上给中、印关系的发展带来了某些压力，在中、日、印三角关系中，中国应积极应对，努力克服中、印关系给中、印关系所带来的不利因素。

（2）印、美关系持续升温

①印、美首轮战略对话

2010 年 6 月在华盛顿举行了印、美首轮战略对话，受到国际社会的广泛关注。印、美战略对话政治意义不言而喻，美国在南亚实行的"均衡战略"已经产生了效力。

首轮美国—印度战略对话于 2010 年 6 月 1 日—4 日在美国首都华盛顿举行，美国国务卿希拉里·克林顿与印度外交部长 S. M. 克里希纳共同主持了这次对话。此次双边战略对话的内容主要包括高科技贸易与民用核能合作等问题。

印、美双方于 6 月 3 日发表了联合声明，该声明指出：印、美两国关系的发展具有了全球性的意义，印、美两国将为自身利益而进一步加强在安全、经济等多领域的合作，并将在阿富汗和反恐等问题上加强双边与多边框架内的合作。

在此次双边战略对话中，印、美双方再次强调了彼此共同利益与价值观，双方都表示要进一步加强两国在安全与经济领域的合作，并在维护全球安全和推动全球经济发展方面开展合作。同时，印、美两国强调将在阿富汗和反恐等问题上加强双边与多边框架内的合作。此次战略对话充分表达了印、美双方寻求双边关系新的明确定位的愿望。

②奥巴马总统访问印度

2010 年 11 月 6 日，美国总统奥巴马开始访问印度等四个亚洲国家，这是奥巴马上任以来第一次访问印度，美国对印度的访问将成为奥巴马此次亚洲之旅的第一站，也是最重要的一站，因为，美国在全球战略布局中非常需要印度的加入，希望在南亚以外的地区，印度应当更多参与诸如东亚峰会等亚洲地区性论坛，就贸易、政治和安全合作问题发挥"更积极的作用"。美国将印度视为东亚大国。奥巴马将印、美关系定义为"21世纪起决定性作用且不可或缺的伙伴关系"。奥巴马的此次访问旨在加强美国与印度的战略关系，并促进印、美两国在经济和军事领域更广泛的合作。美国将亚洲特别是印度看做今后一个主要的市场。而美国与印度签订的 100 亿美元的贸易协定将为美国创造大约 5 万多个就业岗位，进一步刺激了美国经济的复苏。

印度正在努力提升军事实力，以实现世界"大国梦想"。近年来印度军费预算逐年增长，2010 年财政年度，军费预算达 284 亿美元，比上一财政年度增加了 24%。同时，印度每年从外国购买武器的费用高达 60 多亿美元，已成为世界上最大的武器进口国。美国希望借助为印度军方提供现代化武装，与印度发展战略军事盟友关系。随着全球政治、经济新秩序的变革，21 世纪美国的南亚政策主要围绕印度而展开。21 世纪印度将成为美国外交政策的一个关键因素，印度在美国全球战略中地位的重要性日显突出，特别是印度在美国亚洲战略中的地位明显上升。实际上，美国积极鼓励和支持印度参加亚洲事务，特别是支持印度积极参加东亚合作，此次访问表明美国对印度正在实施一种

"战略性拉拢"的政策。充分反映了美国加强与印度关系的本质就是平衡中国在亚洲的影响力，而印度倾向与美国建立"有限的事务性"关系，避免成为美国在这一地区的重要基地。

美国认为：一个强大的印度有助于维护美国在亚洲的战略利益，特别是在抗衡"中国崛起"的政治和经济影响方面更需要印度。美国在南亚地区以"印度牌"来抗衡中国的崛起。美国在南亚采用了战略平衡的手段，与印度和巴基斯坦发展双边关系，避免"零和"游戏，但在某些政策方面美国进一步偏向于印度，以拉拢印度。印、美关系得到迅速发展。

美国在南亚的战略定位为：与南亚国家在维护地区稳定、增加透明度和防务合作方面确立共同利益，并将此作为解决地区冲突和核扩散等根本安全问题的第一步。美国通过发展与印度的双边关系，将印度纳入其全球战略框架之内，积极推进印度成为"世界大国"，利用印度应对中国的崛起。

美国政府持续在南亚展开外交攻势，扩大影响力，为中亚石油的输出做准备。美国外交开始向南亚倾斜，在政治上明显含有进一步遏制俄罗斯南下印度洋和堵截中国能源"西进"需求的战略意图。

21世纪以来，随着中国和印度这两个世界上人口最多的发展中国家的崛起，亚洲在美国全球战略中的地位日益上升，美国的战略界和领导层越来越意识到印度的战略潜力，美国最终从全球战略利益考虑，将印度作为潜在的战略伙伴，与印度结为战略伙伴关系成为美国南亚战略的首要目标。从2004年下半年开始，美国的战略决策层开始实行了"重印轻巴"的南亚新战略，而在实际上认可了印度在南亚地区的主导地位，美国把印度作为其亚洲战略的一个重要部分，积极寻求发展与印度的友好关系。印度在美国新的南亚战略框架中将得到前所未有的发展空间，在地缘战略乃至全球战略中印度凭借其有利的"核大国"地位将会得到更多的回报。印度通过与美国签订民用核能技术合作协议，将在军事及空间技术、军备等方面与美国展开"实实在在"的合作。同时美国支持印度在政治、经济等领域发挥更为积极的作用。

为了在南亚获取更多的政治与经济利益，美国从2009年下半年陆续将在伊拉克战场上的美军士兵调往阿富汗，并宣布阿富汗增兵计划，以保持在南亚地区的军事存在，挤压和遏制中国和俄罗斯在南亚的战略发展空间，并通过经济援助、投资等方式积极向南亚地区渗透、扩张，开拓南亚市场，维护美国的经济利益。

21世纪以来美国南亚战略的目标就是最终在南亚形成以美国为主导的安全体系，使南亚地区处于可控状态的战略态势。

美国加快发展对印关系表现出了其明显的战略需求，加大对印关系发展的力度完全为美国全球战略、亚洲战略和南亚政策服务。而"拉印制华"是美国强化对印关系最重要的战略意图。作为地区大国的印度自然成为美国心目当中遏制中国的"战略链条"。印、美两国在商品自由流通、保护印度洋海上通道、打击恐怖主义和建立战略稳定的亚洲方面具有共同的利益。印、美两国在军事领域的合作也得到了发展，包括联合军事演习等。但与此同时，由于印、美双方在全球战略格局、地区安全形势、国家安全战略以及与其他大国关系上存在着一定的分歧。而且，印度对美国在南亚的战略意图始终持怀疑和保留的态度，两国关系的进一步发展也存在着一定的限度。同时，印度政府的对美政策还要受到国内政治的制约。

与此同时，美国在阿富汗问题上也遇到不少麻烦。阿富汗安全局势严峻且日益恶化，开战至今，美军和北约军队伤亡惨重，给奥巴马的阿富汗新战略笼罩了一层阴影。2009 年 12 月 1 日，奥巴马又宣布向阿富汗增兵的新战略。同时，美国抛出了在 2011 年 7 月开始撤军的计划。但是，从阿富汗"脱身"并不意味着"放弃"阿富汗，美国仍将对阿富汗保持强大的影响力。美国需要在包括阿富汗在内的中间地带有效控制冲突、遏制地区动荡，形成有利于美国的地区性国际秩序，为美国的亚欧战略服务。因此，美国急需印度在阿富汗问题上予以支持和帮助，这也是美国与印度双边关系进一步密切的一个重要因素。

（3）印、俄伙伴关系全面发展

随着俄罗斯总统梅德韦杰夫到访印度，美国、中国、英国、法国和俄罗斯 5 个联合国安理会常任理事国的领导人 2010 年都成功访问了印度，显示了印度作为迅速崛起中的大国正在全球外交版图上的地位不断上升。俄罗斯明确表示支持印度谋求联合国安理会常任理事国的努力，并支持印度成为上海合作组织正式成员，支持印度加入核供应国集团、"导弹及其技术控制制度"和包括"瓦森纳安排"在内的多国出口管制机制。同时，还表示理解印度在反恐问题上的关切。

印、俄双方签署了 15 项协议，涉及印、俄关系的诸领域：核能、宇航、军事技术、航天技术合作以及两国在教育文化领域的联系。印、俄两国正式签署了印度史上最大规模的军购项目，印度将斥资近 300 亿美元，与俄罗斯联合研发制造约 300 架第五代战机。此款第五代战机将具备极强的隐身性能、多功能多地形作战能力、强大的对空对地火力等特点。第五代战机项目的签订标志着印、俄两国在军事装备领域的合作得到全面升级，已走向共同研发和制造的新阶段，表明印度将进一步提高自身的军事科技水平。

此前印度决定向俄罗斯购买并在本土企业特许生产苏－30MKI 战斗机，未来战斗机的总数将达到 280 架，印、俄双方已就联合多用途运输机达成协议，重点项目将是联合设计开发和生产第五代战机。印、俄两国签署了双边 2020 年全面长期科技合作计划。

印、俄双方在在军事技术及装备领域良好的合作关系成为了两国战略合作伙伴关系的"支柱"。

目前，印、俄关系的持续深入发展，促进了中印关系的良性发展。中、俄、印三角关系正形成为国际体系中一支重要力量，中国应更积极主动地在中俄印三角关系中发挥更大的作用。

总之，中、印关系今后的发展主要取决于双方的共同努力，但大国因素不可忽视，中、印两国应从维护南亚地区稳定入手，努力促进双边关系的良性发展，使中、印关系的发展不受大国关系的影响，真正实现互利双赢的战略互进局面。

第八章　稳定周边：

地缘政治环境呈现多种变数

一、朝鲜半岛风波再起中国力挽全局

朝核问题自 2003 年爆发以来，成为东北亚地区的一个火药桶，持续牵动着相关各方的敏感神经。由于中国力主推动的六方会谈机制，将相关利益方纳入该机制框架来讨论朝核问题，这些年谈判进程尽管出现些许反复，但在实现无核化进程和维护地区和平稳定方面还是取得了相当大的进展。然而，2010 年 3 月的天安舰事件，打破了朝鲜半岛格局中维持的脆弱平衡，将朝鲜半岛推向战争的边缘。美韩加紧对朝施压以及频繁的联合军演，将地区内海上安全问题提前引爆。中国在应对不断升级的事态过程中，为维护朝鲜半岛和平与稳定表现出负责任的大国形象。

1. 天安舰事件引发半岛局势紧张

2010 年 3 月 26 日晚，在韩国西海白翎岛西南方 1.8 公里海域，在此执行警戒任务的韩国海军天安舰（1200 吨级）因不明原因的爆炸事故而沉没。"天安舰"沉船事故造成韩国 46 名官兵丧生。该事件迅速令半岛内局势骤然紧张，引发各方的强烈关注与不安。3 月 29 日，朝鲜就"天安舰"在朝韩有争端海域沉没事件发表声明，韩国在非军事区域的举动对这一区域的安全造成了威胁，违反了《朝鲜半岛军事停战协定》，指责韩国正在发动反朝心理战，并警告这些举动将可能引发"不可预测的结果"。[①] 3 月 31 日，由 74 名成员组成韩国军民联合调查团，包括 24 名来自美国、澳大利亚、英国和瑞典等国的专家，对大安舰沉船事件展开调查。5 月 20 日，该调查团公布的正式调查结果说，综合各种证据来看，"天安"号警戒舰是遭朝鲜小型潜水艇发射的鱼雷攻击而沉没。这将朝鲜再次推向风口浪尖，半岛局势也随即趋于高度紧张。

调查结果公布当天，相关各方对此均做出反应。朝鲜国防委员会发表声明，拒绝接

---

① 《朝鲜就韩军舰沉没事件警告：韩国在发动心理战!》，2010 年 3 月 29 日，中国日报网：http://www.chinadaily.com.cn/hqgj/2010/03/29/content_ 9655629. htm。

受韩国宣布的朝鲜潜水艇发射鱼雷袭击"天安"号的调查结论，称沉舰事件是韩国当局策划的"阴谋和骗局"，并要求派团到韩国核查证据。美国白宫发表声明说，导致"天安"号沉没的行为令人无法接受，这起袭击构成了对国际和平与安全的挑战。日本首相鸠山由纪夫与相关阁员磋商，向媒体记者表示"强烈谴责"导致"天安"号沉没的行为，并决定向韩国提供支持。中国外交部发言人马朝旭在例行记者会上表示，中方主张各方应冷静克制，妥善处理有关问题，避免局势紧张升级。中方一贯根据事情的是非曲直，公正、客观地对待和处理国际和地区事务，一贯主张并致力于维护本地区和平与稳定，推进六方会谈和半岛无核化进程，反对与此相悖的行为。① 中方试图通过呼吁各方冷静克制，避免调门过高加剧半岛紧张事态的升级。然而，作为受害方的韩国旋即对朝发起外交攻势。

2010 年 5 月 24 日，韩国总统李明博就"天安"号警戒舰沉没事件对国民发表讲话，表示将禁止朝鲜船只进入韩国领海，中断韩朝贸易、合作与交流，并将与有关国家协商后把这一事件提交联合国安理会。同日，朝鲜国防委员会发言人表示，李明博就"天安"号事件发表的"对国民讲话"是一场"拙劣的骗局"。朝鲜外务省发言人表示，为了保卫国家的最高利益，朝鲜有权继续扩大和加强必要的核遏制力。② 5 月 25 日，朝鲜祖国和平统一委员会发言人在平壤发表讲话，宣布对韩国的八项措施，称将全面冻结朝韩关系，废除朝韩互不侵犯协议，全面停止朝韩合作。朝韩中断外交渠道，致使两国紧张关系急剧升级，半岛地区安全环境急转直下。与此同时，美、日均发表支持韩国的言论，并表示将对朝鲜实施经济、军事等制裁措施。

面对不断紧张的半岛局势，5 月 28 日，中国总理温家宝访问韩国并与李明博总统会谈时指出，中国是负责任的国家，重视韩方和其他国家进行的联合调查及各方的反应。中方将根据事情的是非曲直，客观、公正地做出判断，决定立场。中方一贯主张并致力于维护朝鲜半岛和平稳定，反对和谴责任何破坏半岛和平稳定的行为。温家宝呼吁各方保持冷静克制，防止事态升级，尤其要避免发生冲突，共同维护半岛来之不易的和平稳定。有关各方应着眼长远，积极推进六方会谈进程，解决朝鲜半岛核问题，实现半岛的长治久安。希望韩国政府妥善解决此次事件，中国愿与韩国保持密切沟通。③ 中国政府采取的不偏不倚的立场，并没有能够劝服韩国放弃将事态扩大化的强硬政策。

2010 年 6 月 4 日，韩国政府将事件调查报告提交联合国安理会，旨在"明确追究朝鲜责任，向其传递强有力的警告讯息，让朝鲜深感压力"④，并希望安理会通过谴责

---

① 外交部发言人马朝旭举行例行记者会，2010 年 5 月 20 日，中国外交部网：http://www.fmprc.gov.cn。

② 《朝鲜称韩国总统就军舰沉没事件讲话是骗局》，《人民日报》2010 年 5 月 25 日。

③ 《温家宝与韩国总统李明博举行会谈》，2010 年 5 月 28 日，中国外交部网：http://www.fmprc.gov.cn。

④ 《联合国通过〈主席声明〉各界褒贬不一》，韩联社首尔 7 月 9 日电，韩联网：http://chinese.yonhapnews.co.kr/allheadlines/2010/07/10/0200000000ACK20100710000100881.HTML。

并对朝鲜实施制裁的决议。然而，这必然会遭致朝鲜的强烈抗议，半岛局势更加紧张。中方呼吁各方保持冷静克制，并与各方加强协调、沟通，致力于维护朝鲜半岛和平稳定的大局。最终，经各方权衡利弊与妥协，联合国通过了没有公开谴责朝鲜的主席声明。7月9日，联合国安理会一致通过了谴责导致"天安"舰沉没的攻击行为的主席声明（Presidential Statement），认为"天安"舰事件危及区内和区外和平与安全。该声明没有具体指出朝鲜就是攻击方，"呼吁全面遵守《朝鲜停战协定》并鼓励以和平手段解决朝鲜半岛未决问题，通过适当渠道尽早恢复直接对话和谈判，争取避免冲突，防止局势升级。"① 可以说，主席声明兼顾了各方利益关切，暂缓了不断急剧紧张的半岛局势。

2. 天安舰事件对国家间关系以及东北亚海上力量格局的影响

"天安舰"事件调查结果公布后，中国采取了"既不接受、也不否认"的态度，主张各方保持冷静、克制，以和平方式开展对话以缓和紧张局势，尽量在朝韩之间保持平衡，避免事态进一步升级，甚至失控引发不必要的冲突。然而，中方的立场态度没有得到韩、美两国的积极回应。韩美不断将局势推高，力主通过国际社会强大压力孤立、制裁朝鲜，以及韩、美联合军演加强对朝军事威慑。这不仅恶化了朝鲜半岛的紧张局势，还对中国的周边外交、国家海洋安全利益及东北亚海上安全态势产生重大的负面影响。

（1）加剧了中国与韩、美之间的不信任感

在天安舰事件处理方面，中国反对将此事件提交联合国安理会，韩、美则要求提交安理会，而且敦促中国支持在安理会通过一项具有约束力的谴责、制裁朝鲜的决议。2010年5月28日，温家宝总理访韩期间，韩国总统李明博要求中国"起到积极的作用，促使朝鲜承认错误"。② 但是，中方的表态与韩国政府的要求存在距离。当天，美国国务院发言人菲利普·克劳利（Philip J. Crowley）也表示："鉴于未来几天我们考虑在联合国安理会采取适当行动，我们希望中国支持国际社会以及韩国的努力。"③ 然而，联合国最终通过的主席声明与韩、美最初的计划相去甚远。韩国媒体就认为，这份声明并没有达到预期目标，因为中国始终不同意将北韩描述为攻击性主体。④

2010年8月26日至30日，朝鲜领导人金正日对中国进行非正式访问，引发韩国国内对朝中关系走近的焦虑。韩国媒体发表社论称，朝中蜜月关系将会使朝鲜半岛的紧张进一步深化和长期化。朝中亲密将会使朝鲜"迅速中国化"，这将大大增加半岛统一的费用。⑤ 可以看出，韩国国内对中国在朝鲜半岛所发挥的作用开始表示质疑，认为中国

---

① Presidential Statement S/PRST/2010/13, http://www.un.org/News/Press/docs/2010/sc9975.doc.htm.

② ［美］《华盛顿邮报》2010年5月28日。

③ Daily Press Briefing, Washington, D.C., May 28, 2010, http://www.state.gov/r/pa/prs/dpb/2010/05/142359.htm.

④ 参见朴宗世、郑佑相：《安理会天安舰主席声明韩中美都做"让步"》，《朝鲜日报》2010年7月10日。

⑤ 参见《美日韩复杂面对金正日访华》，《环球时报》2010年8月30日。

的对朝政策会引发朝鲜半岛局势更加紧张，朝中友好关系是对朝鲜半岛统一的阻碍。这种观点掩盖了美、韩对朝的错误政策才是引发朝鲜半岛局势紧张的真正动因。中国从维护半岛稳定大局出发所做的种种努力没有得到客观、公正的评价，却被指责中国的行为导致了半岛局势的恶化。这种误解对中韩战略合作伙伴关系造成一定程度的负面影响。

（2）美核动力航母开进黄海威胁中国海上安全利益

在朝鲜半岛处于高度敏感时期，韩、美宣布在黄海海域开展联合军事演习，美国欲将"乔治·华盛顿"号核动力航母开进此海域。这不仅将加剧地区紧张局势，而且对中国的国家安全利益也将构成威胁。中国政府对此表示公开反对，外交部发言人秦刚2010 年 7 月 8 日表示，"我们坚决反对外国军用舰机到黄海及其他中国的近海从事影响中国安全利益的活动"①。韩国外交通商部发言人金英善则表示："此次军演是'天安舰'事件应对措施的一部分，事关韩、美同盟关系。将根据我国所处的情况，独自做出决定"，"我认为中方已经明白军演的宗旨"。② 韩国军方希望在黄海开展联合军演，由于中国政府和军方直接、间接对韩、美在黄海军演的反对，以及美方决策者在考虑许多技术性因素之后，美国取消航母参加黄海的演习。

韩、美军演的方式、地点发生改变，但是联合军演的目标、规模及强度并没有因中国的反对而变化。2010 年 7 月 15 日，美国国防部发言人莫雷尔表示，中国"是一个地区强国，所以我们当然会尊重以及考虑他们的意见"，但是，通过军演"我们要传达的信息是，为提高韩、美联合战力，将与韩国保持紧密合作，并向韩国国民展示坚定不移的联合遏制力。韩、美联合军演是在国际水域，而不是某个国家的领海上进行的训练。因此，这并不是让中国等其他国家感到威胁的事情"。③ 美国宣布改变军演的暂定计划后遭致美国国内反对声音。一些美国分析人士警告说，如果华盛顿这次不能将航母部署在黄海，将开创新的先例，并且是在向中国示弱。美国战略与国际问题研究中心太平洋论坛主席拉尔夫·科萨（Ralph A. Cossa）说，"我们将开创一个糟糕的先例，允许中国扩大对其核心利益的定义，这样下次我们再去黄海就会变得更加困难及有争议"④。11 月，延坪岛炮击事件之后，美国全然无视中方反对，毅然将核动力航母开进黄海开展联合军事演习，这对中国的海上安全利益直接构成威胁。

（3）美国强化在东北亚军事同盟关系加剧地区海上安全不稳定态势

天安舰事件发生之前，朝鲜半岛主要围绕朝核问题而展开，大国通过六方会谈的机制推动半岛无核化进程方面取得一定进展，这有效地防止了朝核问题的失控，也维护了半岛多年来的和平与稳定。自 2008 年以来，半岛无核化进程一度陷入僵持阶段，但和

---

① 外交部发言人秦刚举行例行记者会，2010 年 7 月 8 日，中国外交部网：http://www.mfa.gov.cn/chn/gxh/tyb/fyrbt/jzhsl/t714888.htm。

② 韩联社首尔 7 月 8 日电，转引自《参考消息》2010 年 7 月 9 日。

③ 韩联社华盛顿 7 月 16 日电，转引自《参考消息》2010 年 7 月 17 日。

④ Brian Spegele, U. S., China Avoid Tiff Over Plans For Naval Exercises off Korean Coast, *the Wall Street Journal*, July 15, 2010.

平稳定的大局并没有发生根本性变化。

天安舰事件的爆发彻底打破了多年来维持的格局。沉船事件给韩国军方造成重大损失，促使韩国政府大幅度调整对朝政策，其中强化韩、美同盟成为对朝采取强硬政策的关键。这起事件也为美国、日本调整东亚地区政策提供了契机。美国、日本在事发之后均表示支持韩国，并开始加强彼此间的政策协调与磋商。例如，韩、美邀请日本海上自卫队官员观摩韩、美联合军演。2010 年 7 月份，韩、美在日本海开展联合军演时，日本政府派遣了四名海上自卫官以观察员身份观摩该演习。2010 年 11 月 23 日，朝鲜半岛爆发延坪岛炮击事件，将朝鲜半岛局势再次推向持续紧张的战争边缘。11 月 28 日至 12 月 1 日，韩、美举行大规模海上联合军演，其规模和强度更是创下历年来的新高。

尽管中国反对美国动用航母在黄海海域开展军演，但是这并没有能够阻止美国将航母开进中国的近海门户进行大规模演习。2010 年 11 月 28 日，乘延坪岛炮击引发的紧张局势，美国派遣"乔治·华盛顿"号航母战斗群（Carrier Strike Group）参加在韩国西部海域（黄海）举行的联合军事演习，两国军队展开航母大队训练和海上防御等高强度军演。同时，我国的山东半岛大部分和江苏等沿海地区均被纳入到了美军航母的"防空识别圈"中。12 月份，韩国单方面的实弹射击训练等军演密度史无前例，朝鲜被迫发出准备打一场"基于核威慑圣战"的言论。在此背景下，美国政府 12 月 26 日宣称，美国决定加派"里根"号核动力航母赶赴东亚海域。目前，美国在西太平洋已经部署了"华盛顿"号和"卡尔·文森"号两艘核动力航空母舰。三大航母战斗群会师西太平洋，大大增添朝鲜半岛的紧张气氛。[1] 持续的海上联合军演不但无助于朝鲜半岛核危机的化解，反而加剧了半岛内及其周边海域安全态势的进一步恶化。

3. 中国为稳定朝鲜半岛局势做出巨大贡献

朝鲜半岛一波未平，一波又起。2010 年 11 月 20 日，美国核专家、斯坦福大学教授西格弗里德·赫克发表报告，朝鲜有 2000 台离心分离机已投入生产，拟建设大规模铀浓缩设施，这为各方重启六方会谈增添新的不确定性因素，中方在六方会谈的调停工作也变得更加困难。尽管如此，中方依然强调中国在朝鲜半岛无核化上的立场，呼吁各方共同努力，为重启六方会谈创造条件，"使朝核问题尽快回到对话协商轨道，在六方会谈框架内通过对话协商妥善解决各自关切，全面落实 9·19 共同声明中的各项目标。"[2] 11 月 23 日下午，朝鲜向朝韩争议海域的延坪岛附近发射数百枚炮弹，造成延坪岛上两名韩国海军陆战队员和两名平民死亡。这是自 1953 年签署停战协定以来最为严重的冲突事件，半岛局势处于一触即发的紧张状态。

---

① 参见莊敬千:《北京观察：美防长访华或缓和东亚局势》，2010 年 12 月 28 日，中国香港新闻网：http://www.hkcna.hk/content/2010/1228/81212.shtml。

② 外交部发言人洪磊举行例行记者会，2010 年 11 月 23 日，中国外交部网：http://www.mfa.gov.cn/chn/gxh/tyb/fyrbt/jzhsl/t771394.htm。

中国政府呼吁各方敦促朝韩双方保持冷静克制，通过对话来解决问题。2010 年 11 月 23 日，中国外交部发言人洪磊在记者会上表示，中国对事态表示关注，对事态发展感到忧虑。希望各方保持冷静克制，并敦促朝韩双方为半岛和平与稳定而努力。中国积极与六方会谈各方展开紧急磋商与沟通。11 月 25 日，中国国务院总理温家宝与俄罗斯总统梅德韦杰夫会晤时表示，中方反对任何军事挑衅行为；有关各方应保持最大限度克制；重启六方会谈是维护朝鲜半岛稳定、实现半岛无核化的根本途径。中方开展了一系列外交活动，通过各种方式与各方保持密切沟通。26 日，中国外长杨洁篪会见了朝鲜驻华大使池在龙，还分别与韩国外交通商部长官金星焕、美国国务卿希拉里通电话，就当前半岛局势等交换意见。27 日，中国外长与俄罗斯外长拉夫罗夫举行电话磋商，两国"强调需要防止紧张局势进一步升级，并朝着缓解朝韩紧张关系及重启六方会谈的方向努力"。① 最后，中国外长杨洁篪与日本外相前原诚司进行了电话会谈，双方确认将紧密合作，防止朝鲜炮击韩国后的事态进一步扩大②。

2010 年 11 月 27 日，中国国务委员戴秉国访问韩国，"希望中韩双方能为半岛和平加强战略层次的沟通"③，并表示中国会为朝韩和平做出积极的努力。当天从韩国返回北京后，戴秉国又应约与美国国务卿希拉里·克林顿通了电话，美方表示愿意同中方共同努力，保持半岛局势和平稳定。中方朝鲜半岛事务特别代表武大伟 11 月 28 日举行记者会表示，中方建议 12 月上旬在北京举行六方会谈团长紧急磋商，为各方提供一个接触对话的平台，早日使半岛问题重新回到对话协商的轨道上来。应该说，这符合各方的共同利益，也是国际社会的普遍期待。12 月 9 日，国务委员戴秉国访问朝鲜并会见了朝鲜领导人金正日，双方就中朝关系和半岛局势达成共识，回来后向相关各方传达了此次访问的信息。

然而，韩、美、日对中方的提议持消极态度，并对举行会谈设定前提条件，不断要求中国对朝施加压力。中国立足于半岛和平稳定大局，努力与来访的美、日朝鲜问题特使进行沟通并传递积极信号。其中，中国对美展开积极的外交工作，国务委员戴秉国在会见到访的美国副国务卿斯坦伯格时表示，朝鲜半岛要缓和、不要紧张，要对话、不要对抗，要和平、不要战争。中、美应加强协调合作，尽快推动重启包括南北对话在内的谈判进程。六方会谈是解决半岛问题、实现东北亚长治久安的唯一正确有效途径。斯坦伯格则赞赏中方长期以来在半岛问题上发挥的重要作用，认为美、中在维护半岛和平稳定、实现半岛无核化方面拥有共同利益。美方愿继续与中方共同努力，推动包括南北对话在内的接触谈判进程。④

---

① 法新社莫斯科 11 月 27 日电，转引自《参考消息》2010 年 11 月 28 日。
② 共同社东京 11 月 27 日电，转引自《参考消息》2010 年 11 月 28 日。
③ 韩联社首尔 11 月 28 日电，转引自《参考消息》2010 年 11 月 28 日。
④《戴秉国会见美国常务副国务卿斯坦伯格》，2010 年 12 月 17 日，新华网：http://news. xinhuanet. com/politics/2010/12/17/c_ 12889154. htm。

美、韩、日在军事上对朝依然保持着强大的进攻态势，朝鲜半岛"火药桶"似乎随时可能引爆。中国加紧与俄罗斯进行密切的沟通协调，力促避免局势失控。应俄罗斯的提议，12 月 19 日，联合国召开了紧急会议讨论当前半岛形势。中国常驻联合国副代表王民表示，当前朝鲜半岛局势千钧一发，高度复杂敏感。如果朝鲜半岛发生流血冲突，首先遭殃的是半岛双方人民，酿成南北同胞相残的民族悲剧，也势必破坏地区和平稳定，殃及周边国家。① 随后，朝鲜表现出相当的克制态度，表示朝鲜允许国际核查人员重返其主要核设施、对韩国实弹演习不予以还击，还同意成立一个由美、朝、韩三方组成的军事委员会，并在朝韩军方之间设立热线电话。韩国总统李明博亦表示："我们别无选择，只有通过六方会谈以外交的方式解决去除北韩核项目的问题。"② 朝鲜半岛紧张局势逐步缓和下来。

这表明，维护地区稳定符合各方的共同利益，也是时代发展的大趋势。半岛各方都不希望发生大规模的军事冲突乃至战争，因为任何一方都无法从冲突中获益。持续的紧张态势和强硬的政策表态与行动，体现的是相关各方在地区内的利益竞争与战略试探。美国通过半岛的紧张局势重新确立并强化其在该地区的力量存在，但不希望卷入一场大规模的军事冲突之中。正如 12 月 27 日朝鲜《劳动新闻》发表评论所说，美国企图通过激化局势确保在朝鲜半岛地区的霸权，在紧张局势和对抗加剧中获得渔翁之利。③ 日本希望在半岛事务中能够发挥更大的影响力，但半岛局势升级并不利于日本的国家安全利益。中俄与朝鲜半岛接壤，地区的和平与稳定关乎各自边境安全。因此，稳定已成各方共识的情况下，今后朝鲜半岛还会出现波动，但总体稳定形势不会发生大的改变。

二、钓鱼岛事件：东亚安全环境扑朔迷离

钓鱼岛及其附属岛屿自古就是中国的固有领土，中国对此拥有无可争辩的主权。第二次世界大战后，美国对钓鱼岛及其附属岛屿实施军事占领。1971 年 6 月，日、美签订《归还冲绳协定》，并将钓鱼岛划入"归还区域"一并归还日本，钓鱼岛主权归属成为中、日之间悬而未决的领土问题。无论当时的中国政府还是中国台湾当局，对此从未予以承认，也从未放弃过对钓鱼岛及其附属岛屿的主权要求。之后，日本一直强占钓鱼岛及其附属岛屿。近年来，随着日本国家海洋战略的推行，开始在岛屿周围加强警戒巡逻与部署，提升对岛屿控制的能力。钓鱼岛及其附属岛屿附近有着大片丰富的渔业资源

---

① 参见白洁、顾震球：《中国代表敦促朝韩双方保持冷静克制》，2010 年 12 月 20 日，新华网：http://news. xinhuanet. com/video/2010/12/20/c_ 12900623. htm。

② South Korea backs six-party talks with North, 29 December 2010, http://www.bbc.co.uk/news/world-asia-pacific－12087986.

③ 《朝中央媒体发表评论警告韩国：朝鲜的忍耐"是有限度的"》，2010 年 12 月 28 日，http://www. dongfangtime. com/news_ show. aspxil=25748。

和油气资源，同时在安全方面具有极高的地缘战略价值。因此，由岛屿主权归属所引发的领土之争逐步发展为中日两国海洋资源和海上安全的利益之争。

1. 钓鱼岛撞船事件引发外交风波

2010 年 9 月 7 日，在钓鱼岛附近海域，中国渔船"闽晋渔 5179 号"与日本海上保安厅巡逻船"与那国"号发生碰撞。随后，日本海上保安厅派出两艘巡逻船"水城"号和"波照间"号，"命令"我渔船停船并对其进行追踪时，"水城"号巡逻船再次与中国渔船发生碰撞。日本海上保安官以违反《日本渔业法》为由登船"检查"，并以涉嫌妨碍执行公务逮捕中国渔船船长。

2010 年 9 月 8 日，石垣海上保安部提出，中国渔船在日本领海内进行了非法作业，具有违反《外国人渔业管制法》的嫌疑，并对渔船上的 14 名中国船员进行调查询问。9 月 9 日，石垣简易法院批准检方拘留船长詹其雄至 19 日。事件发生后，中国外交部提出严正交涉，要求日方立即放人、放船，避免事态进一步升级。然而，日方坚持通过国内司法程序非法处理中国渔民，中国政府不得不采取有力行动。9 月 10 日，中国宣布推迟原定于 9 月中旬与东京的第二次东海问题原则共识谈判。9 月 12 日，中国国务委员戴秉国召见日本驻华大使丹羽宇一郎，敦促日方不要做出可能会损害两国关系的政治误判。

中国外交部发言人在例行记者会上多次强调，钓鱼岛及其附属岛屿自古就是中国领土，要求日本巡逻船不得在钓鱼岛附近海域进行所谓"维权"活动，更不得采取任何危及中国渔船和人员安全的行为。经中方多次严正交涉之后，日方于 9 月 13 日允许 14 名被非法抓扣的渔民回国，但日方仍然扣押渔船船长詹其雄。9 月 19 日，日本法院再次宣布延缓放回詹其雄，将非法抓扣期限再延长 10 天。日本不惜以牺牲中日关系为代价的错误行为，严重伤害到中日关系的大局。这种短视的不负责任的行为迫使中国政府采取强硬反制措施：宣布停止中日省部级以上官员的交流活动；暂停中日之间增加航空路线的谈判；推迟了中日煤炭综合会议等。

2010 年 9 月 21 日，中国总理温家宝在纽约会见旅美华侨华人、中资机构及留学生代表时说，日本在钓鱼岛海域抓扣中国渔船和渔民是完全非法的、无理的，强烈敦促日方立即无条件放人。如果日方一意孤行，中方将进一步采取行动，由此产生的一切严重后果，日方要承担全部责任。[①] 这是中国最高领导人第一次做出的强硬表态。最终，在各方的几经努力之下，9 月 24 日，日方在考虑到了对日本国民的影响以及今后的日中关系，冲绳县那霸地方检察厅宣布决定放还非法抓扣的中国渔船船长。9 月 25 日凌晨，船长詹其雄乘坐政府包机启程回国。

---

① 参见廖雷、田帆、荣娇娇：《温家宝敦促日方立即无条件释放中国船长》，2010 年 9 月 22 日，中国外交部网：http://www.fmprc.gov.cn/chn/pds/ziliao/zt/dnzt/wjbcxlhgqnfzmbgjbhy/t754732.htm。

2. 钓鱼岛事件后大国政策调整与变化

这起钓鱼岛撞船事件随着船长詹其雄的回国而落幕，但是其产生的外交后果却对大国关系乃至地区安全态势产生重大的影响。中国开始加强在钓鱼岛海域的维权活动，不时出现渔政船与日方巡逻船对峙的局面；日本通过加强军事部署强化对岛屿的控制，对中国海上力量的发展与活动进行警戒监视；日美同盟在钓鱼岛事件之后进一步强化，美日安保条约适用于钓鱼岛以及日美史上最大规模的军演，对地区安全环境造成极大的破坏。

（1）中日战略互惠关系受损，中国增加对钓鱼岛海域的巡视

中方在处理钓鱼岛事件过程中，始终从维护中日关系健康稳定发展大局出发，强调中方高度重视中日关系，主张通过对话妥善解决两国复杂、敏感问题，共同维护两国战略互惠关系。然而，日方表现出强硬的无理立场致使事态不断升级，激起中国国内舆论的强烈反弹，出现要求对日强硬的声音。2010 年 10 月份，中国各地数度爆发大规模的反日示威游行，抗议日本政府侵占我钓鱼岛并发表不当言论的行径。受此事件的影响，考虑到国民的感情和态度，10 月 11 日，中国国防部长梁光烈在河内与日本防卫相北泽俊美会谈时表示，推迟日方海上自卫队训练舰队停靠青岛港的计划。10 月 29 日，杨洁篪在东亚领导人系列会议期间，会见日本外相前原诚司，重申中方对钓鱼岛问题的严正立场。30 日，因"日方散播不实之词"和"伙同别国炒作钓鱼岛问题"，中方指责日方破坏了会谈气氛，严正拒绝了日方提出的在河内东盟峰会之际，两国首脑正式会面的要求。

同时，为维护国家海洋权益，保护渔民生命财产安全，中国增加了在钓鱼岛海域的经常性巡视。2010 年 9 月 23 日至 10 月 6 日，中国渔政 201 号、203 号船赴钓鱼岛进行长达两周的巡航，期间一直遭到日本海上多艘舰艇、直升机的跟踪、干扰。9 月 27 日，中国渔政指挥中心称，今后将在钓鱼岛附近海域开展常态化巡航，加大巡航力度切实保护我国渔民。9 月 28 日，外交部发言人姜瑜表示，钓鱼岛附近海域是中国渔民传统作业渔场，中方派遣渔政执法船是依据中国相关法律法规开展的渔业管理活动，目的是维护渔业生产秩序，保证中国渔民的生命和财产安全。[①] 10 月 14 日，中国渔政 202 号船、黄渤海区渔政局渔政 118 号船，及江苏省渔政总队公务船再次前往钓鱼岛巡航。在举行的送行仪式上，农业部渔政指挥中心副主任居礼指出，赴钓鱼岛海域巡航护渔，既是维护国家主权，又是保护我国渔民的合法权益。[②] 24 日晚，渔政 118 号和 202 号船航行至钓鱼岛西北偏北约三十五公里处，再次与海上保安厅巡逻船发生对峙。11 月 16 日，中国

---

① 参见《外交部发言人姜瑜举行例行记者会》，2010 年 9 月 28 日，中国外交部网站：http://www.mfa.gov.cn/chn/gxh/tyb/fyrbt/jzhsl/t756810.htm。

② 参见农业部青渤海区渔政局：《中国渔政 118 船赴钓鱼岛海域巡航护渔》，2010 年 10 月 18 日，中国渔业政务网：http://www.cnfm.gov.cn/info/display.asp?sortid=75&id=54484。

最先进、设备最齐全、续航能力最强的中国渔政 310 船首航前往钓鱼岛海域执行护渔任务。自 9 月份中日撞船事件以来，渔政部门加大相关海域巡航护渔力度，截至 2010 年 4 季度，已派遣 9 艘次渔政船赴钓鱼岛附近海域执行了 4 个航次任务，累计巡航 65 天。①

（2）日本坚持强硬错误立场，加强警备力量对我赴钓鱼岛海域执法的船只进行警戒监视

日本首相菅直人在各场合发表钓鱼岛属于日本的不当言论，并表示对中国的军事活动感到担忧，要求加强日美合作。2010 年 10 月 9 日，前内阁大臣原口一博在内的国会议员前往钓鱼岛"空中视察"。10 月 14 日，外相前原诚司声称："日本必须凭借本国力量保卫尖阁群岛（即我钓鱼岛及附属岛屿）。希望国会议员有觉悟舍身捍卫尖阁群岛实际控制权。"② 15 日晚，他在记者会上发表强硬言论，称尖阁群岛问题应"一毫米也不能退让"，并指出首脑会谈不必操之过急。18 日，再次发表中国对中日两国领土争端的反应是"歇斯底里"的言论。21 日，在出席众议院安全保障委员会会议时，前原外相声称，中国已故领导人邓小平提出的搁置钓鱼岛主权争议，是邓小平单方面的言论，日本未曾同意此事。

日本国内还出现右翼团体袭击中国游客、举行游行示威的反华浪潮。2010 年 9 月 29 日，一辆中国游客乘坐的旅游大巴在日本福冈遭日本右翼分子宣传车的袭扰。10、11 月份，在日本多个城市，由日本多个右翼组织发起的日本民族主义团体举行大规模反华示威。12 月 10 日，日本两名冲绳县石垣市议会议员非法登上钓鱼岛群岛中的南小岛。12 月 17 日，日本冲绳县石垣市议会通过一项条例，将 1 月 14 日设为"尖阁诸岛开拓日"。这些不负责任的言论、行为遭到中方的强烈反对，也对脆弱的中日关系造成极大的损害。

同时，日本海上保安厅在钓鱼岛附近加强警备力量，对赴钓鱼岛巡航的中国渔政船进行跟踪干扰、警戒监视。为提高巡逻船的功能，日本海上保安厅决定加快购入 1000 吨级巡逻船并部署新的直升机，还将对通信设备进行更新，加紧使无线电设备由模拟信号升级至数码信号，以保证通信线路稳定并防止窃听。防卫省航空自卫队开始探讨使 E－2C 预警机活动范围扩大至冲绳县那霸基地，以强化西南群岛警戒网。③ 10 月 25 日，日本内阁官房长官仙谷由人就中国渔政船在钓鱼岛附近海域巡航向媒体称，日本政府将加强有关情报的搜集，将和有关部门进行情报共享并采取应对措施。11 月 20 日，为应对中国渔政船在钓鱼岛海域的巡航，日本海上保安厅出动了侦察机和直升机进行非法跟踪，并先后调集了 10 艘巡逻舰艇，在靠近钓鱼岛的内侧海域进行了所谓的"跟踪监

---

① 参见《中国渔政赴钓鱼岛附近海域开展常态化巡航护渔》，2010 年 12 月 10 日，中国农业部渔业局网：http://www.moa.gov.cn/sjzz/yuyeju/zhifa/201012/t20101210_ 1788668.htm。

② 《日本外相呼吁议员"舍身捍卫尖阁群岛实际控制权"》，[日]《产经新闻》2010 年 10 月 15 日，转引自《参考消息》2010 年 10 月 16 日。

③ 《日本强化西南诸岛警戒网》，《日本经济新闻》2010 年 10 月 8 日，转引自《参考消息》2010 年 10 月 9 日。

视"，防止中国渔政船闯入"日本领海"。

（3）美国进一步强化日美同盟并介入中日领土争端

钓鱼岛事件后，日本方面赢得美方就美日同盟条约明确表示对日本的支持。2010年9月23日，日本外相前原诚司在会见美国国务卿希拉里之后表示，美国承诺将遵守双边安保条约第五条款，即一旦"日本管辖下的领土"受到武装冲击，美国可以对日本实施保护。① 美国参谋长联席会议主席迈克尔·马伦（Michael Mullen）在对中日关系紧张态势不断升级进行密切关注的同时，指出"我们坚决地支持我国在该地区的盟友日本"。美国国防部长罗伯特·盖茨（Robert M. Gates）也表示，美国将对日本"履行同盟责任"。② 10月11日，日本防卫相北泽俊美与美国防长盖茨在越南河内举行会谈，双方表示为确保包括钓鱼岛及其附属岛屿海域在内的东海的稳定，日美将根据日美安保条约共同应对。③

2010年10月27日，美国国务卿希拉里与日本外相前原诚司在夏威夷檀香山会谈后向记者表示，钓鱼岛属于《美日安保条约》第五条的（适用）范围。④ 这是奥巴马政府首次公开做出上述表示。30日，希拉里提出召开日、美、中三国外长会议的提案，以期缓和日中之间的紧张关系。这表明美国要正式在钓鱼岛问题上加强与日本的合作，介入中日间领土争端。另据11月21日《读卖新闻》报道，日美两国将制订新的"共同战略目标"，以维护在地区和世界的权益。预计新战略目标的主要课题是日美如何应对中国。12月3日至10日，美国和日本展开史上规模最大的联合军演。日本舆论普遍认为，这是日美以中国为假想敌的实兵军事演习。日本《赤旗》报称，此次日美军演主要内容是对冲绳以东海域的岛屿防卫，虽然没有明说是在撞船事件后针对钓鱼岛的特定演习，但不可否认其主要目的是通过演习来彰显日美军事同盟的强大，进而对中国进行牵制。

3. 钓鱼岛事件折射未来东亚安全走势

（1）中日海洋权益争夺增加了两国关系发展的不确定性

受钓鱼岛事件影响，两国关系短期内无法恢复至鸠山内阁时期的水平。2010年12月17日，日本政府通过新《防卫计划大纲》与《中期防卫力量整备计划》（2011—

---

① Staff Writers, Maehara: Clinton Says Disputed Islands Part of Japan-US Pact, Sept 24, 2010, *Energy Daily*, http://www.energy-daily.com/reports/Clinton_ says_ disputed_ islands_ part_ of_ Japan-US_ pact_ Maehara_ 999. html.

② Bill Gertz, "U. S. 'Watching' Rising China-Japan Tensions", September 23, 2010, *Washington Times*, http://www.washingtontimes. com/news/2010/sep/23/us-watching-rising-china-japan-tensions/.

③ Kitazawa, Thanks Gates for U. S. Including Senkakus in Security Pact, October 11, 2010, *Japan today*, http://www.japantoday.com/category/politics/view/kitazawa-thanks-gates-for-us-including-senkakus-in-security-pact.

④ Joint Press Availability with Japanese Foreign Minister Seiji Maehara, October 27, 2010, http://www.state. gov/secretary/rm/2010/10/150110. htm.

2015）。大纲首次指出中国的军事动向"是地区和国际社会的担忧事项"①，决定加强应对能力以防备冲绳县西南诸岛的岛屿被侵犯。日本将部署移动监控雷达、搭载直升机的护卫舰、增强潜艇部队及增加购置地对舰导弹以西南诸岛为中心做出倾斜。从外交交涉转至互有军事部署，表现出中日之间海上矛盾逐步显现，海洋资源和海上安全问题将在未来中日关系中占据重要位置，中日围绕海洋权益的博弈日趋激烈。这表明，今后中日之间的矛盾正由过去的历史问题发展为领土争端及领海权益问题，这将为未来中日关系的发展增加新的不确定性，对东亚地区的稳定与繁荣也构成日益严峻的挑战。这次事件加剧了两国间的不信任感，修复两国受损的战略互惠关系仍需要较长时间，今后双方的协调能力将极大地考验两国政府高层的智慧。

（2）日美同盟强化加剧东亚地区安全的不稳定性

钓鱼岛事件产生的重要后果之一就是美国对中日领土争端的公开介入，日美同盟强化为复杂、敏感的东亚地区安全环境增加了更大的不稳定性。美国前副国务卿阿米蒂奇（Richard Armitage）认为，"日美正在经受中国的考验"②，要求美国强化同日本的同盟关系，应对中国力量强大后不断发起的挑战。美国助理国防部长格雷格（Wallace Gregson）指出，中国"不顾一切地扩大海洋活动，将会加剧地区很多国家的担忧"。美国海军上将加里·拉夫黑德（Gary Roughead）在堪培拉进行访问时表示，中国海军的实力和潜力不断得到提升引发亚太地区国家的担忧。美国对整个太平洋地区、对西太平洋地区的友邦以及对盟友负有的义务不会改变。③ 美国利用天安舰事件、钓鱼岛事件加强了其在东亚地区的军事存在，通过强化与盟国的军事体系，以及一系列大规模的军事演习展示美国在该地区的军事力量，这不仅加剧了东亚地区安全环境的紧张，也使得东亚地区的地缘政治环境更趋复杂。

三、南海问题：美国政策调整恶化地区局势

南海问题主要是因南沙群岛的主权归属问题而引起的包括岛屿主权、海域划分和资源分配等方面的争端，涉及政治、经济和法律等诸多领域。④ 事实上，在 20 世纪 70 年代之前，并不存在所谓的南海问题，南海周边地区也没有任何国家对中国在南沙群岛及其附近海域行使主权提出过异议。中国最早发现、命名南沙群岛，最早并持续对南沙群岛行使主权管辖，我们有充分的历史和法理依据证明中国对南沙群岛及其附近海域拥有

---

① 《平成 23 年度以降に係る防衛計画の大綱》，2010 年 12 月 17 日，http://www.mod.go.jp/j/approach/agenda/guideline/2011/index.html。

② 《日本产经新闻》2010 年 9 月 22 日，转引自《参考消息》2010 年 9 月 23 日。

③ Rowan Callick, America Easy on China's New Navy, *The Australian*, October 1, 2010, http://www.theaustralian.com.au/news/world/america-easy-on-chinas-new-navy-story-e6frg6so－1111112544360.

④ 参见何志工、安小平：《南海争端中的美国因素及其影响》，《当代亚太》2010 年第 1 期，第 133 页。

无可争辩的主权。对此，国际社会也长期予以承认。然而，70年代开始，越南、菲律宾、马来西亚等国以军事手段占领南沙群岛部分岛礁，在南沙群岛附近海域进行大规模的资源开发活动并提出主权要求。对于这些国家的行为，中国政府一再严正声明是对中国领土主权的严重侵犯，是非法的、无效的。为了稳定地区局势，中国政府提出了"搁置争议、共同开发"的主张，愿意在争议解决前，同有关国家暂时搁置争议，开展合作。同时，中国愿同有关国家根据公认的国际法和现代海洋法，包括1982年《联合国海洋法公约》所确立的基本原则和法律制度，通过和平谈判妥善解决有关南海争议，这已明确写入1997年中国—东盟非正式首脑会晤发表的《联合声明》中。2002年11月4日，中国与东盟各国签署《南海各方行为宣言》，各方宣称在全面和永久解决争议之前，有关各方可探讨或开展合作。

在中国和相关国家的共同努力下，南海争端得以缓和，南海形势保持了稳定。然而，2010年开始，由于美国开始高调介入南海问题，以及个别国家蓄意挑起南海争端，使得原本风平浪静的南海局势开始出现震荡起伏。

第一，越南领头发难，提出多边方式谈判南海问题。2010年，越南利用担任东盟轮值主席国的机会，推动将南海问题多边解决方法作为东盟年度会议的重要议题。1月4日，中国国务院发表《关于推进海南国际旅游岛建设发展的若干意见》，强调要积极稳妥推进西沙旅游，有序发展无居民岛屿旅游。越南立即发表声明表示反对，并借机主张东盟其他国家一起介入，以多边方式同中国进行谈判。[1] 在越南主持东盟领导人年度会议前夕，越南国家主席阮明哲3月31日视察北部湾白龙尾，誓言越南将捍卫其对南海有争议岛屿的主权。他说："我们不会让别人侵犯我们的领土、领海和岛屿。我们绝不会对任何人做出一寸土地的让步。"[2] 在年度会议结束时，越南总理阮晋勇在记者招待会上强调，南海问题对东盟所有成员和其他国家有关，实际上不支持中国主张的双边解决办法。境外媒体认为，越南利用东盟轮值国主席机会，"寻求在南海问题上打东盟牌"，"把南海争端再次列入东盟会议议程"。[3]

第二，美越海军接近，在南海举行联合军演。美国和越南1995年建立外交关系以来，两军在2010年开始积极靠拢，在南海地区展开军事活动，向中国示威。2010年3月底，美军补给舰"理查德·伯德"号进入金兰湾，停靠越南国营金兰湾船厂并进行了超过16天的维修。《南华早报》（英文）报道，这是越战结束以来美国军舰第一次进入越南国营企业接受维修。[4] 8月8日，载有70架尖端战机的美国"华盛顿"号航母驶入距越南岘港约320公里的海域，越南政府和军队高十从岘港出发，到"华盛顿"

237

---

① Edward Wong, "Vietnam Enlists Allies to Stave off China's Reach", *New York Times*, February 5, 2010.

② Vitt Nam Net, "Don't Let Anyone Invade Vietnaml's Territory", http://english. vietnamnet. vn/politics/201004/Don't-let-anyone-invade-Vietnam's-territory‐902118/, accessed on April 4, 2010.

③ Greg Torode, "Hanoi Eyes ASEA Card on South China Sea", *South China Morning Post*, April 4, 2010.

④ Greg Torode, "US Ship Repair in Vietnam Confirms Ties", *South China Morning Post*, April 2, 2010.

号航母参观；8 月 10 日，搭乘了 290 名美国海军官兵的"约翰·麦凯恩"号导弹驱逐舰在越南岘港市仙沙港靠岸，与越南海军进行交流；随后，美国军舰开始展开与越南海军为期一周的海上搜救、灾害控制等非战斗行动演练。由于此次演习在南海地区，令世界关注。很显然，美国军舰赴越维修和美国海军在南海地区同越南进行非战斗演练，说明美越军事交往日益明朗化，是美国在南海岛屿问题上对越南非法主张的支持。另外，美国还同东南亚一些国家在南海地区举行"卡拉特"联合军演。美国的这些军事行动基本上都是指向中国，使得中国周边地缘政治环境不断恶化。

第三，美国高调介入，把南海问题同其国家利益挂钩。2010 年 7 月 23 日，美国国务卿希拉里·克林顿在越南举行的地区安全论坛上发表演讲，宣称南海争端妨碍海上贸易的开展，阻碍其他方进入该地区的国际水域，这一问题"涉及美国的国家利益"。[1] 美国此前在南海问题上采取的是模糊政策，而希拉里的讲话则表明美国开始公开介入南海争端。10 月 12 日，美国国防部长罗伯特·盖茨在越南参加的东盟国防部长扩大会议期间，进一步重申了希拉里的讲话。他声称美国在南海领域的航行自由、不受阻碍的经济开发和商务活动等，关系到美国的"国家利益"。[2] 海上航运自由是美国传统海权理论和战略目标之一，认为维护海上交通线具有极其重要的战略意义，其重要性甚至可以同保持国家实力联系起来。[3] 美国历来重视西太平洋和印度洋之间的南海通道。尤其是从反恐战争以来，美国在东南亚开辟了反恐第二战场，逐步恢复并建立东南亚海军基地，从菲律宾、新加坡到泰国形成了在东南亚沿南海边缘建立起可以相互呼应的海、空军基地，对东南亚和南海地区的公海航道予以全天候监控。从经贸层面上来看，美国与东南亚之间的经贸关系日益加强。目前，美国—东盟贸易额已超过 2000 亿美元，东南亚已经成为美国第五大出口市场；另外，美国对东盟的投资 2009 年是 1230 亿美元，因而该地区也是美国海外投资的重要目的地。在当前金融危机尚未完全克服的背景下，东南亚各国的市场是美国政府扩大出口和创造国内就业的重要突破口。由此可见，南海地区安全和稳定，航道安全和公海自由通行权，在政治、安全和经济上对美国利益有大的影响，是美国当前的重要关切。但是，众所周知，无论在打击海盗还是在维护航道畅通方面，中国和东南亚国家都做出了重大努力和贡献。另外，地区和全球贸易迅速发展也证明南海地区的海上运输和航行自由根本没有受到阻碍。因此，美国声称南海地区的海上运输和航行自由受到了威胁，是不符合事实的，中国也是不能接受的，因而美国的南海政策也是别有用心的。

第四，美国主张多边主义方法解决南海问题，鼓励东盟努力成为一个有效的多边合

---

① Hillary Rodham Clinton, "Remarks at Press Availability", July 23, 2010, http://www. state. gov/secretary/rm/2010/07/145095. htm.

② Robert M. Gates, "Remarks at ASEAN Defense Ministers Meeting Plus", October 12, 2010, http://www. defense. gov/transcripts/transcript. aspx?transcriptid=4700.

③ 参见［美］艾·塞·马汉著：《海军战略》，商务印书馆 2003 年版，第 30—31 页。

作机制来应对南海问题。① 美国国务院亚太事务助理国务卿坎贝尔在 2010 年春季访问东南亚国家期间时，就有关南海问题表态说："美国希望南海主权争议的谈判应该是多边的，也应涉及整个东南亚国家"。② 可以认为，坎贝尔这番南海问题"多边化"解决方法的谈话，就是适时支持东盟部分成员的要求，以东盟为整体与中国谈判南海问题。坎贝尔对南海问题的这一表态，也是美国政府支持东盟以 10 国对中国解决方式的最新政策变动。随着美国南海政策由微调向高调介入不断推进，2010 年 10 月 4 日美国驻菲律宾大使托马斯明确表态，美国要协助东盟和中国制定"南沙行为守则"。③ 美国不是南沙争议方，偏要在涉及中国国家领土主权问题上插上一脚，这种霸权行径，可能会发展成为一种新的中美外交风波，不仅影响中国与东盟国家之间的关系和地区稳定，而且也给中国在南沙地区进行维权带来困难。

第五，美国军方共有地战略，将南海和东南亚海上和空中的"公有地"（commons）纳入美国国防战略重点之一。"全球公有地"已经成为美国新的战略内容，其重点是海洋、天空、太空、网络空间安全。④ 美国军方认为，美国在"全球公地"的利益日益重要，指出"全球公有地自由面临的威胁加大"，"对美构成新的安全挑战"。美国国防部于 2009 年 3 月 25 日公布的《中国军力报告》，称中国南海已经成为东北亚和东南亚国家重要的安全考虑因素。盖茨在 2009 年 5 月的香格里拉对话的演讲中提到，"不论是在海上、空中、太空或者是网络空间，全球性公地代表了一个我们必须合作的领地，在这里我们必须遵守法治和其他帮助我们维持地区和平的机制"。他认为，美国反对南海地区出现任何排他性形势，"支持开放性，反对独占权，以负责任的方式共同利用我们共同的空间，这将持续支持和推动我们相互的繁荣"。⑤ 希拉里在论及南海问题时也强调，美国应该有公开航行在这块"海洋公有地"的自由。⑥ 美国国务卿发表如此尖锐的言辞，这在美国南海政策发展过程中非常罕见。从当前的发展势头看，这一新动向所表达的政策取向，正在影响并修改美国的南海政策。美国军事力量将在南海地区进一步加强活动，试图在南海海域发挥主导作用。

第六，美国阴谋筹建针对中国的海峡阻塞计划。美国太平洋司令部司令托马斯·B.法戈（Thomas B. Fargo）2004 年提出"地区海事安全倡议"（Regional Maritime

239

---

① Pham Thuy Trang, "Eastern Sea Disputes and United States Interests", *Issues and Insights*, Vol. 9, No. 13, July 2009, p. 23.

② 美国国务院助理国务卿坎贝尔在马来西亚吉隆坡答记者问，2010 年 3 月 10 日，http://www. state. gov/p/eap/rls/rm/2010/03/138007. htm。

③ Jim Stevenson, "US Seeks Calm in South China Sea Territorial Disputes", October 5, 2010, http://www. voanews. com/english/news/US-Seeks-Calm-in-South-China-Sea-104328294. html.

④ 参见美国国防部：《2010 年四年防务评估报告》（*Quadrennial Defense Review Report* 2010），第 19 页。

⑤ Robert M. Gates, "America's Security Role in the Asia-Pacific", *Speech to the First Plenary Session of the 8th IISS Regional Security Summit(The Shangri-La Dialogue)*, May 30, 2009.

⑥ Hillary Rodham Clinton, "Remarks at Press Availability", July 23, 2010, http://www. state. gov/secretary/rm/2010/07/145095. htm.

Security Initiative，RMSI），建议美国向南海地区马六甲海峡派驻海军陆战队或特种部队，以加强针对南海地区特别是马六甲海峡的反恐行动。①这是美国军方试图利用反恐进驻马六甲海峡的阴谋，但是因为其涉嫌侵犯相关国家主权，立即遭到马来西亚和印度尼西亚的反对，因此没有成功。美军没有因此停顿，试图推行进驻南海的政策，其策略是通过双边安全合作方式，加强同南海周边国家的防务合作。比如，2005 年 6 月起，美国同东南亚国家开始了一系列的双边海上反恐演习，使之成为代号为金色眼镜蛇（Cobra Gold）年度军事演习计划的一部分。美国同新加坡在南海进行的海上联合演习中，双方共投入 15000 名军人参加，其中包括海军航空部队、一艘潜水艇和 12 艘水面舰艇参加。然后，美国海军还同马来西亚、泰国、文莱、印度尼西亚和菲律宾分别进行了双边海上军演。② 从现实态势分析，美国军方利用打击恐怖主义的机会，以传统安全方式入手，加强其在南海周边以及整个东南亚的军事存在，在中国东部沿日本冲绳南下，同菲律宾连线，再沿着印度尼西亚和新加坡，一直到暹罗湾，试图在南海周边构筑一条军事战略围堵链，使南海地区安全形势更趋复杂化，致使中国周边安全不确定因素进一步增加。现在，美国表面上要维护海上通道安全、确保公海航行自由，背后却阴谋实施针对中国的"海峡阻滞战略"。据美国学者揭露，一旦发生突发性海上安全冲突事件，美国将立即封锁东亚海域重要海峡，阻止潜在敌人中国和其他敌对国家海军进出具有战略意义的东亚各大海峡，包括南海边缘的马六甲海峡、龙目海峡、望加锡海峡、翁拜海峡等，东北亚地区则主要是中国台湾海峡和朝鲜海峡。美国扼制海峡，旨在围堵中国，控制两洋。③

由于美国公然插手南海问题，在公开场合上渲染南海航行自由的重要性和紧迫性，并拉拢地区国家联合制衡中国，从而给国际社会造成了一种南海局势十分堪忧的迷象。事实上，美国南海政策的调整，是要采取更加积极、现实和可行的综合手段抢占美国在东南亚及其海域未来霸权的制高点，这同奥巴马政府不久前发布的《国家安全战略》中所强调的美国应当发挥全球主导作用的概念是一致的。但是我们也要看到，美国南海政策调整的局限性。首先，美国主张通过以东盟为整体与中国在南海问题上进行多边谈判的企图并不容易得逞。事实上，并非所有东盟成员国都牵涉到南海问题，而对于涉及南海问题的东盟各国，它们各自的立场也并非完全一致。例如，柬埔寨和缅甸等国就没有过多地卷入南海问题，而菲律宾、越南和印度尼西亚等国则在关于大陆架和专属经济区的问题上则存在分歧。因此，我们不能将东盟各国看成是一个整体，要认识这些国家

---

① Thomas B. Fargo, "Statement of Admiral Thomas B. Fargo, Commander, U. S. Pacific Command", *Testimony before the Senate Armed Services Committee*, April 1, 2004.

② Eric G. John, "The United States and Southeast Asia: Developments, Trends, and Policy Choices", *Testimony before the House International Relations Committee*, September 21, 2005, www. state. gov/p/eap/rls/rm/2005/53683. htm.

③ Mark Valencia, "US Maritime Security Priorities in East Asia", *Policy Forum Online* 10—011A, February 9, 2009, http://www. nautilus. org/fora/security/10011Valencia. html.

之间在南海问题上的矛盾和分歧，而这些矛盾和分歧必将会削弱美国拉拢南海各国与美国站队的能力。另外，正如两只大象打架最先遭殃的是那块草地一样，中美争斗对本地区而言有害无益。因而，出于自身利益的考虑，很难会看到有任何一个东盟国家会联合美国一起反对中国。例如，2010 年 9 月在纽约举行的美国—东盟峰会上，印度尼西亚战略研究所研究员、印度尼西亚大学国际问题专家班达尔托·班多罗指出，在本次峰会上，东盟仍然坚持独立自主的立场，没有将会议主导权交给美国。① 另外，由于会谈是在联合国大会的会议间隙进行的，东盟国家中的"领头羊"印度尼西亚总统苏西洛也未参会，并且峰会的声明内容主要是给出了粗放框架，务实的内容并不多，因而从最终结果来看，该次峰会在很大程度上象征性高于实质性。该次峰会也真实地反映了当前美国与东盟之间的关系。

当然，在认识到美国南海政策调整的局限性的同时，我们也要防止美国在南海问题上采取新的动作，比如利用其在亚洲的同盟体系卷入南海争端等。针对美国在南海问题上咄咄逼人的政策态势，中国外交部部长杨洁篪在驳斥美国国务卿希拉里在东盟地区论坛上言论时，进一步阐述了中国在南海问题上的立场。②

首先，对话、友好协商和平解决争议是中国的一贯主张，这也成为南海地区国家的共识。中国向来主张有关各方在南沙问题上采取克制、冷静和建设性的态度，并在矛盾显现时坚持通过外交渠道，以和平方式与有关国家商讨解决有关问题，这也充分体现了中国维护地区稳定和双边友好关系大局的诚意。2002 年发表的《南海各方行为宣言》的精神就是要保持克制，增进有关国家之间的互信，为最终解决争议创造有利条件和良好气氛。另外，中国和东盟国家也启动联合工作组会议磋商。2010 年 12 月中国—东盟第五次南海会议在昆明举行，就是贯彻《南海各方行为宣言》推进解决南海问题的重要举措。③

其次，中国高度重视南海地区国际航道的安全和畅通。中国维护在南海的主权和海洋权益并不影响外国船舶和飞机根据国际法所享有的通行自由。事实上，中国过去从未干预过外国船舶和飞机在该地区的通行自由，以后也不会这样做。该地区国家间贸易的快速发展以及中国已成为该地区许多国家最大贸易伙伴国的事实，证明了南海地区的国际航行自由和安全并未出现问题，也反映了中国并没有意愿去妨碍国际航行自由。今后，中国愿同南海沿岸国家一道，共同维护南海地区国际航道安全。

最后，南海问题是中国与有关国家间的问题，中国政府一贯主张通过与声索国之间双边谈判妥善解决分歧，反对外部势力介入和将南海问题国际化、多边化。中国和东盟

241

---

① 参见新华网：《美国—东盟峰会发声明美媒刻意渲染针对中国》，2010 年 9 月 26 日，http://news.xinhuanet.com/world/2010/09/26/c_ 12605765_ 2. htm。

② 参见外交部网站：《杨洁篪外长驳斥南海问题上的歪论》，http://www.fmprc.gov.cn/chn/gxh/tyb/zyxw/t719371.htm。

③ Xin Hua News Agency, "China, ASEAN Agree to Follow South China Sea Declaration", Beijing, December 23, 2010.

一些国家有领土和海洋权益争议，是因为中国和他们是邻国。不能因为这些国家是东盟成员，就要说成是中国与东盟的争议。事实上，东盟中的非声索国对中方说，他们不是争议方，不愿站队，希望通过双边协商解决。另外，历史经验已经证明，当国家之间发生领土或领海争议时，外来势力的介入，往往只会给当事国带来悲剧。外来势力往往会挑动当事国之间陷入不和、纷争，然后以"仲裁者"或"平衡者"的身份介入。名义上是为了维护地区稳定和当事国的利益，实际上却以谋求自身利益的最大化为目的。对南海周边国家而言，争议当事方之间应该通过直接双边谈判来解决问题。中国和东盟国家签署的《南海各方行为宣言》早已指明："由直接有关的主权国家通过友好磋商和谈判，以和平方式解决它们的领土和管辖权争议。"这已为增进有关国家之间的互信、最终解决争议，创造了有利条件和良好氛围。外来势力只会使南海问题复杂化，加大解决问题的难度。①

242

---

① 参见新华网：《警惕外来势力插手南海问题》，2010 年 7 月 27 日，http://news. xinhuanet. com/world/2010/07/27/c_ 12379898. htm。

第九章 异彩纷呈：
世博亚运盛会展示中国形象

2010 年，上海世博会与广州亚运会等大型国际型活动的举行，使中国的软实力继 2008 年奥运会之后得到了新的展示契机。上海世博会作为世界瞩目的全球性活动，起到了中国与世界相互交流与借鉴的战略性窗口作用。上海世博会取得的巨大成功与众多标志性成果，显示出中国作为负责任大国对全球重要问题的引领与关切。这一盛会集聚了前所未有的长时段、大数量、高密集的国际资源，成为我国拓展传统外交、民间外交、经济外交的重要基础。通过上海世博会，中国对发展模式、发展道路、城市化等重要理念得到世界的理解与进一步认同。广州亚运会则进一步体现了中国的文化亲和力与影响力。从世博到亚运，中国的软实力建设在 2010 年取得了新的成就。

一、百年世博梦圆彰显大国责任

2010 年 5 月 1 日至 10 月 31 日，中国 2010 年上海世界博览会在中国上海举办。此次世博会是由中国举办的首届世界博览会。上海世博会在多个领域实现了重要突破，不仅成功地演绎了"城市，让生活更美好"的主体，而且在理念、实践领域都起到了重要的引导作用。世博会期间，中国作为主办国在诸多方面的积极推动，体现出后危机时期中国作为负责任大国，积极履行申博承诺，推进城市化、低碳等全球性重大问题探讨与实践的战略性作用。

1. 世博成功举办的重要成就

2010 年上海世博会，围绕"城市，让生活更美好"的主题，秉承与弘扬理解、沟通、欢聚、合作的世博理念，创造和演绎了一场精彩纷呈、美仑美奂的世界文明大展示，以一届成功、精彩、难忘的世博会胜利载入世博会史册。世博会的成功举办，凸显出中国为世界做出的巨大贡献。上海世博会的成就主要体现在以下几个方面。

（1）上海世博会在诸多领域实现重要突破

在历史意义上，为期近半年的上海世博会是新中国成立以来我国举办的规模最大、持续时间最长的国际活动，同时也是综合类世博会首次在发展中国家举办。这一特点赋予了本次世博会重要的历史方位，标志着中国作为新兴的发展中大国，在促进国际交往、推动南北对话方面的战略性作用，也意味着中国在全球性交往机制向新兴区域转移过程中的主要承担者地位。新加坡国立大学东亚研究所所长郑永年认为，"世博会首次在发展中国家举办表明在全球化的今天，世界体系越来越走向融合，发展中国家在世界体系中的作用变得越来越重要"[①]。中国香港《文汇报》指出，有数据显示，自中国申博成功后的7年多时间内，国际展览局成员国的数量从89个猛增至156个，其中绝大多数新成员为发展中国家。这反映出，"中国效应"同样令一些发达国家热情高涨，争当上海世博会的"主要参与者"，使经济危机中的参展规模依然还创下"历届之最"。

在参与度方面，上海世博会云集了包括190个国家、56个国际组织在内的246个官方参展者，参展主体超出以往历届世博会。在184天中，世博会参观者达到7308万人次，创下参观人数的新纪录。上海世博会上，最多的参与主体、最高的客流规模，充分体现了世博历史上最广泛的参与度，真正实现了世界文化、科技、思想在更大范围内的交融与碰撞。

在规模上，上海世博园区总面积达5.28平方公里，为历届世博会之最。上海世博会园区内约有两万平方米历史建筑得以保留、保护，约占世博园区总建筑面积的1/5，创下历届之最。外国自建展馆数量达到了创纪录的42个，其数量为历届世博会之最。主题馆总建筑面积达14.3万平方米，其中展览可用面积8万平方米，为世博会有史以来室内展览面积最大、展示内容最丰富的永久场馆。79965名园区志愿者、13万名城市志愿服务站点志愿者与近200万名城市文明志愿者，不仅超越了北京奥运，也成为世界上志愿者人数最多的世博会。上海世博会在规模上的诸多突破，充分反映出中国在履行国际承诺方面的负责态度与强大实力。

在理念创新与实践应用上，上海世博会第一次将"城市"作为参展主题。城市最佳实践区和网上世博，成为世博会历史上的两大首创。同时，上海世博会是第一个正式提出"低碳"理念的世博会，世博园区内大规模实施了太阳能、新能源汽车、智能电网、LED照明等示范应用。这些理念上的创新与实践应用，反映出中国在思考、应对全球共同问题上的积极与务实。低碳环保与城市方面的理念创新，后文将有叙述，此处不再赘述。

在举办模式上，作为本届世博会的两大创新，城市最佳实践区和网上世博会项目丰富了世博会举办模式，并有望在2012年韩国丽水世博会和2015年意大利米兰世博会得到延续。城市最佳实践区集中了全球遴选出的城市案例，展示了世界先进的城市发展理念和具体实践，促进了城市间的交流与发展，并直接促成了中外城市的合作项目，例如上海与马德里已达成了廉租房合作计划。"网上世博会"则首次把实体世博会以网络方式呈现，是世博会传播方式的一大创新。它不仅增强了世博会与观众的互动，也让世界

① 孟娜、季明、许晓青：《世博会一个半世纪以来首次在发展中国家举办》，新华网：http://news.xinhuanet.com/world/2010/05/01/c_ 1267424.htm，2010年4月30日。

各地的人们能够远程参与上海世博会，使上海世博会实现"永不落幕"。2010年5月1日至10月31日，网上世博会累计入"园"参观者为8234万人次，页读数（PV）累计超过8.73亿。①

（2）世博过程精彩难忘

在世博会举办过程中，园区内外的诸多活动与展示异彩纷呈，令人难忘，也得到各界的关注与赞许。2010年4月30日20时，上海世博会开幕式在世博文化中心举行，在开幕仪式及文艺表演后，世博园区内的黄浦江两岸，进行了盛大的焰火、喷泉和激光表演。开幕式的盛况吸引了全球媒体的报道与盛赞。

美国《纽约时报》在当日网站首页最显要位置集中报道2010年上海世博会，认为世博会为聚光灯下的上海掀开了新的一页。② 有线电视新闻网（CNN）认为，上海世博会与2008年北京奥运会一样，代表着中国又一次融入全球。美联社以"上海以世博盛会庆祝复兴"为题，专稿指出，世博会的盛大演出可与北京奥运会震惊世人的开幕式相媲美。该文认为，对上海而言，世博会标志着它在数十年大力发展工业之后作为一个世界主要城市引人注目的复兴。像2008年的奥运会一样，世博会将向全世界以及中国人民展示中国不断增长的经济和政治影响力。③

英国《每日电讯报》认为，在上海世博会开幕式上，中国向全世界呈上了一场有史以来规模最大的无与伦比的焰火表演。这场精彩绝伦的焰火盛宴点亮了上海这颗"东方之珠"的夜空，焰火的余晖沿黄浦江绵延两英里之远。德新社的报道用"壮观"来形容世博会开幕式。《法兰克福评论报》刊登题为《世界将为之惊叹》的文章说，上海世博会将创下参展国最多、展览面积最大和投资最高的纪录。

在世博会举办期间，良好的运行使得这一人流、物流创历史新高的盛会得以高效顺畅地进行。数千万规模的游客与全球200余国际行为体的参与者，云集超过2000万人口的中国最大都市，在持续半年的高强度运营下，依然保持了安全、效率与精彩的完美平衡，组织方的应对能力以及保障能力令各界赞叹。

以交通这一困扰大型国际活动组织方的难题为例，上海借助先进的信息化手段，建立了动态掌握实时世博客流和上海交通情况的综合交通系统，汇集了33家与交通保障相关的部门，通过5000多个视频监控点，汇总航空、铁路、陆路等客流信息，推算出当前世博在途客流数量，数据每15分钟更新一次。在综合系统的集约交通、科学疏导保障下，95%以上的客流通过公共交通和集约交通运输，完美地解决了世博会的大客流问题。

2010年10月16日，上海世博会单日入园观博客流总量达到103.27万人，超过

245

---

① 参见中国2010年上海世博会官方网站：《184天空前人类盛会、创下世博新纪录》，http://www.expo2010.cn/a/20101101/000033.htm，2010年11月1日。

② David Barboza, Expo Offers Shanghai a Turn in the Spotlight, *New York Times*, April 29, 2010.

③ Christopher Bodeen, Shanghai Marks Comeback with Expo Extravaganza, *Associated Press*, May 1, 2010.

1970 年大阪世博会单日最高客流 83.6 万人的纪录，创造了 160 年世博史上最高单日客流的纪录。在百万客流"爆棚"的情况下，世博园始终秩序井然、运转平稳。上海世博会组织方的应对能力广受赞叹，法国馆馆长方可对上海世博会组织工作的评价是："这是我见到的最有能力的大会组织方，无论是世博会的全程工作，还是应急能力（都是如此）。"①

世博园区的展示，以其精彩、深邃吸引各界的目光。作为世博展示的创新之举，城市最佳实践区集中体现了世博主题展示的丰富内涵。城市最佳实践区集中体现了伦敦、巴黎、威尼斯、利物浦、大阪等数十个全球具有代表性的城市为提高城市生活质量所做的公认的、创新和有价值的各种实践方案和实物，在解决交通拥堵、治理环境污染、增进人际交流、提高城市居民生活质量等城市重大问题上提供了生动的解决方案，同时也为世界各城市提供了一个交流城市建设经验的平台。城市最佳实践区在开园之后，得到了各界的广泛关注和积极评价。国际展览局秘书长洛塞泰斯表示，城市最佳实践区取得了巨大成功，这一实践区的建立创造了一个新的模式，它为未来的世博会树立了更高的标杆，也更好地诠释了世博会的主题。

展馆建筑成为世博园区荟萃全球文化特性的精髓所在。世博园区的展馆吸纳了各国文化与建筑风格的核心精神，并融合了新建筑技术、理念、方法，使得多样化的世博展馆成为全球文化的集中、具象化展示。世博园区的建筑展示本身，便体现出世界文化的交流与相互借鉴，园区美仑美奂的建筑群，成为世博为全球民众分享的精彩风景。《洛杉矶时报》以"上海世博展馆展示各国精华"为题，对世博展馆的精彩与文化交流含义进行了概括与评价。该文认为，作为全球性活动，世博为 190 个国家提供了重要的展示机遇。世博展馆从先锋派到世俗主义的兼容并包，使每个人都能有自己的收获。在世博的土地上，就如同"古根海姆相遇迪斯尼乐园"，人们能够收获众多的感受。②

对于世博会的精彩与成就，相关国际领导人给予了高度的评价。联合国秘书长潘基文的评价指出："自从 5 月份以来全世界的人们都在谈论着一件非常卓越的历史盛事，所有这些都在美丽灿烂的展馆里得到了展现。"他注意到，来自几十个国家 7000 多万人次的游客们从世界各地纷至沓来，他们亲眼目睹了这一盛世。他们并没有失望，恰恰相反他们感到了惊叹和振奋。国际展览局秘书长洛塞泰斯感叹道："上海世博会是世博会历史上的一座里程碑，它的标准如此之高，此后我们甚至要用几十年去达到它。"2015 年世博会的举办城市意大利米兰市市长、米兰世博会意大利政府特别专员莱蒂基娅·莫拉蒂说，上海世博会创造了一个新的标杆，米兰希望加强与上海合作，努力将世博会办得同样精彩。她认为，"上海世博会使得世博广受欢迎，吸引了这么多观众和参展方，这是我们最希望学习的方面"。

---

① 沈文敏：《世博平稳有序，"中国速度"彰显城市智慧》，《人民日报》2010 年 10 月 22 日。

② Barbara Demick, Shanghai Expo pavilions showcase nations, *Los Angeles Times*, May 27, 2010.

（3）上海世博会在理念引导方面取得巨大成功

世博会作为全球文化、科技、经济交流的全球性平台，随着自身的演变以及外部环境的变化，其主要作用与意义逐渐从科技产品的"硬件"展示向思想、理念等"软件"交流方面转变。2010年上海世博会在异彩纷呈的主题展示之外，其留下的精神财富更能表现出这一盛会的价值。

上海世博会的论坛直接演绎世博会主题，集中体现了世博会精神遗产，也是展望未来的重要平台。上海世博会期间共举办1场高峰论坛、6场主题论坛、1场青年高峰论坛，此前还举办了53场公众论坛。2010年10月31日，上海世博会高峰论坛发布了《上海宣言》（以下简称《宣言》），开创了由联合国、国际展览局和世博会组委会三方共同起草宣言的先河——246个国家和国际组织共同承诺，"激励人类为城市创新与和谐发展而不懈追求与奋斗"。这是建立在上海世博会各参展方对全球城市可持续发展问题共识基础上的一份重要文献，表达了城市时代全球公众对和谐美好城市生活的共同愿景。《宣言》还呼吁将10月31日上海世博会闭幕之日定为世界城市日，让上海世博会的理念与实践得以永续。

高峰论坛还发布了《中国2010年上海世博会青年倡议》，号召全球青年行动起来，积极传播和实践和谐、可持续的发展理念，共同保护地球家园；努力推动不同文明间的理解和对话，共同倡导开放包容的时代文化；继续发扬友爱互助的志愿精神，共同建设一个持久和平、共同繁荣的和谐世界。

世博高峰论坛以"城市创新与可持续发展"为主题，由上海世博会组委会、联合国和国际展览局共同主办。高峰论坛汇集了国家元首和政府首脑、诺贝尔奖获得者、国内外城市市长、国际组织代表、专家学者、企业家、妇女青年代表和媒体代表等近2000人出席，议题分别围绕"信息产业与数字城市"、"知识创新与文化城市"、"绿色发展与生态城市"、"科技进步与创新城市"、"经济转型与永续城市"、"社区治理与宜居城市"以及"青年创造力与未来城市"等重要领域。

从参加者层级、规模，探讨问题的领域角度看，世博高峰论坛无疑是围绕城市问题最高层级、最大规模的国际性会议，这一会议本身，就是人类社会关注城市问题与发展方式问题的重要成果。而高峰论坛上发布的相关宣言与倡议，则体现出世博会对全球城市化问题的理念引领。特别是《宣言》提出的将10月31日设定为世界城市日的倡议，具有重大的开创性意义。这一纪念日若得以确立，将有助于国际社会以这一活动为载体，长期性、高频次地在全球范围探讨城市化的重大问题，并建立探索城市发展模式、应对城市挑战的有效机制。相关的引领作用，后文将有详述，此处不再赘言。

在世博理念的传承与发扬方面，上海世博举办方通过在世博园区内设立长期性的世博会博物馆，努力推动世博精神财富的存续。2010年11月23日，上海市人民政府与国际展览局在巴黎正式签署《世博会博物馆合作备忘录》。这一博物馆旨在传承世博遗产、发扬世博精神、保存世博精髓，全面展示中国2010年上海世博会盛况、1851年以来世博会历史和2010年以后各届世博会情况，以传承世博会的精神和展示世博会的成就。根据《世博会博物馆合作备忘录》，世博会博物馆将成为国际展览局官方博物馆和国际展览局官方文献中心，是全球世博文化与创新方面的知识库，并将为与世博会相关的文化交流提供平台。

2. 世博会对于中国确立大国地位的标志性含义

上海世博会，是中国继北京奥运会后举办的又一全球性重大活动。这一盛会的成功举办，不仅对于中国在相关领域的影响力提升有重大作用，也是中国确立全球大国地位的重要标志。特别在金融危机后的背景下，中国成功举办规模空前、全球行为体广泛参与的国际性交流活动，更反映出中国的大国责任以及国际地位得到国际社会的广泛认同。

（1）世博会与奥运会：大国确立自身地位的战略性表现

2010年上海世博会的成功举办，并不是一个孤立的国际性活动的完结。若考虑其历史含义及对中国的意义，应与两年前的北京奥运会彼此联系，将二者合并作为衡量依据，以此判断全球性事件对于中国地位的涵义。从世博的历史来看，现代意义的世博会从1851年开始，在上海世博会之前已在13个国家的24个城市中举办，这些举办国均为发达国家。奥运会曾在墨西哥等发展中国家举办过。但在2008年之前，同时举办过世博会与奥运会的国家，均为发达国家，特别是大国。因此，从某种程度上来看，同时举办世博与奥运，成为国家强盛、发达的重要标志。

值得注意的是，第二次世界大战后，新兴国家崛起为世界强国的过程中，世博会与奥运会的成功举办，已经成为获得外部认可的重要参考。以日本为例，该国在1964年举办东京奥运会，1970年举办大阪世博会，两个事件的先后举办，其叠加效应得到世界的广泛关注，也被公认为第二次世界大战后日本重新崛起，成为世界发达国家的重要标志。德国的经验也十分典型，1972年慕尼黑奥运会发生惨案，对德国国家形象正常化反而起到负面作用。而2000年德国汉诺威世博会的举行，则成为世人全面了解统一德国的重要机遇。世博会的举办对于德国而言，不仅弥补了奥运会的缺憾，而且成为德国作为强大整体屹立于欧洲的重要标志。

世博会与奥运会合并作为强国标志的特性，从表象上看似乎具有某种历史宿命论的含义，但若探究根本，事实上具有深层次动因。奥运会作为全球性事件，更多具有政治、文化含义，因此，在奥运会举办国的选择上，在某种程度上更多反映国际政治力量的博弈，而与举办国自身发展质量的关系相对有限。而世博会，从其诞生之日起，便作为经济、技术、文化的展示与竞争契机，其主办国的内在发展潜力与整体实力的质量，成为决定性因素。因此，世博会与奥运会的叠加，事实上是一国国家实力与发展潜力、国际认知度的综合作用使然。从这个意义上而言，将上述两个全球性事件合并作为标杆，更具有评判的综合性。

中国在两年内连续成功举办奥运会与世博会，一方面充分反映出中国在承担全球性重大事件的能力上具备了坚实的基础与积极的意愿；另一方面也体现出中国的发展得到了全球性的认同与肯定。同时，北京奥运会与上海世博会举办的阶段，恰逢中国从大国向强国迈进的战略机遇期与转型期，这就使得这两个事件在中国的国家能力、意愿、潜力的展示与外部评判方面具有特别的含义。尽管从目前来看，中国走向全球性强国之路仍面临诸多挑战，但是，奥运与世博目标的实现，充分反映出中国在复杂外部环境影响以及转型、上升期阻力面前，具备的强大综合实力以及取得外部主体认同的意愿与能力。

在上海世博会举办期间，仅从参加世博会的国家数量便能反映出国际社会对于中国大国地位的认同。本次世博会参与的国家主体达到 192 个，这是世博史上前所未有的，54 个国际组织的参与也反映出中国影响力在跨国家与非国家行为体中的扩展。在 192 个参展国家中，有 22 个国家尚未与中国建交。这些国家积极参加世博会，从一个侧面证明未建交国家对于中国地位与国际影响力的认同。世博会的成功举办，折射出中国在非传统外交领域的影响力正在不断加大。

一些国外媒体在关注世博成就的同时，各地不约而同地将上海世博会视为向世界显示中国崛起的展台。美联社的报道认为，举办上海世博会对中国具有十分特别的重要意义。1851 年伦敦世博会宣告了工业革命的开始，1964 年东京奥运会和 1970 年大阪世博会确立了日本作为全球第二大经济体的地位。上海世博会则在宣告一个现代强盛的中国已经走向了国际舞台。① 美国《基督教科学箴言报》就将世博会与奥运会合并，评价二者对地位的意义，该报撰文认为，中国对接连发生的重大事件的应用令人想起经济上升期的日本。日本的第一次奥运会（1964 年）和第一次世博会（1970 年）留下了一个全新的形象：一个以光速摆脱过去形象的、彻底现代化的国家。② 日本《产经新闻》2010 年 11 月 1 日的报道认为，从北京奥运会到上海世博会，时间仅仅过去了两年，中国的自信却是大幅增强。北京奥运会的场馆主要设施基本上是外国人设计的，而上海世博会中国馆则全由中国人设计。中国人甚至说，欧美人的设计和想法已落后于时代。日本建筑家和代理店的设计也都未被采用。韩国《中央日报》说，上海世博之"大"还在于将有 192 个国家和地区、50 个国际机构参加，运行 18 个企业馆和 50 个城市馆，并吸引7000 余万游客。文章说，仅 4 月 30 日举行的开幕庆典就有 20 余名各国首脑出席，各国企业界争相向中国示好，世博会正成为一个预告"中华世纪"的盛大经济外交舞台。

英国广播公司（BBC）报道说，上海世博会是一个为期 6 个月的向世界显示中国崛起的展台。报道引述温家宝总理在世博会高峰论坛上的讲话，形容上海世博会是一次"成功、精彩、难忘"的盛会。英国《每日电讯报》的报道不仅将关注置于英国馆设计的特色与成功，而且注意到上海世博对该国的实际贡献。在该报名为"英国在上海世博会获得最高奖励"报道说，英国馆"与其说是一个展馆，不如说是一件艺术品"，它

---

① Elaine Kurtenbach, Shanghai World Expo showcases China's soft power, *Associated Press*, April 25, 2010.

② Jeffrey Wasserstrom, Shanghai's 2010 Expo: the' Economic Olympics' , *The Christian Science Monitor*, May 14, 2010.

吸引了 800 万参观者的目光。该报道还引述英国官方的说法，认为世博会英国馆使中国对英国有了更多了解，为英国增加了 3 千到 5 千个就业机会，中国在英国的投资项目从 50 个增加到 170 个。中国台湾《联合报》在世博开幕时便发表社论指出，2008 年的北京奥运以及大陆当年因应金融海啸的表现，与 2010 年的上海世博会，都令世人想起同一个话题：中国正在崛起。

（2）金融危机后中国成功举办世博会的标志性内涵

上海世博会的举办，是在金融危机冲击余波尚存，世界经济探底回升的大背景下进行的。后危机的背景因素，使得中国成功举办这一盛会具有特殊的意义。中国在危机之下，依然全力举办世博，并利用这一契机努力推动全球多层次主体的交流与沟通，充分反映出中国承担全球性责任的勇气与积极态度。同时，中国举办世博会，对于外部世界积极应对危机影响，也有重要的激励作用。世博会期间日本前首相福田康夫就说，上海世博会在世界经济缓慢复苏背景下开幕，无疑将给予亚洲和世界各国以勇气和活力。

而危机背景下，各国对于世博会的积极响应，则从"需方"角度表明各国对于中国影响力以及在应对共同问题时积极姿态的认同。在金融危机的影响下，世博会的 246 个参展方，无论国家与组织的大小，并无任何一个主体退展。仅此一个现象，便可表现出金融危机背景下上海世博会的独特意义。虽然国际金融危机对各个国家、地区和国际组织参加上海世博会造成了一定影响，但包括一度陷入"破产"的冰岛，以及处于债务危机中的希腊在内，受危机影响严重的国家主体依然纷纷参展，并积极在世博会的展示中表现本国的吸引力与活力。最早与上海世博会签约的拉美国家智利，在金融危机蔓延之时，决定改租赁馆为自建馆，在经历里氏 8.8 级大地震后依然选择坚守。上海世博会的举办，使全球最大范围的国家与非国家行为体在后危机初期得以聚首、交流，这对于增强国际社会信心、帮助世界经济早日彻底摆脱国际金融危机影响方面，起到了独特的标志性含义与实际的积极推进作用。

以中国、印度等为代表的发展中国家，在拉动世界走出金融危机方面发挥了重要的积极作用。而发展中国家呈现群体性上升的势头，成为目前世界的重要特点。在金融危机的背景下，中国不仅积极争取、吸引各方参与世博，而且通过实际行动，协助发展中国家参展，进一步推动了发展中国家在全球性事件中的影响力与话语权。在推进世博会的筹办与举办的过程中，中国为发展中国家提供了 1 亿美元的援助。而世博会期间，许多国家、特别是发展中国家，均希望借助世博会加深与中国的经济合作。继中国之后，摩洛哥、墨西哥、巴西等一批发展中国家也纷纷表示希望申办世博会。在危机背景下，中国以实际措施对发展中国家的参展鼎力相助，不仅使本次世博会取得了巨大成功，而且使世博事业在发展中国家得到了更为广泛的认同，推进了世博精神在更广泛领域的传播。中国在上海世博会上对于发展中国家的积极支持与推动，既表现出对后危机时代全球力量对比变化的准确把握，也反映出中国推进世博事业在更广阔领域发展的大国责任。

东盟秘书处高级官员安琪表示，上海世博会首次在发展中国家举办，是发展中国家的骄傲。这次世博会给了向世界展示亚洲文化的一个机会，"这也使很多东盟国家倍增信心"①。

中国香港《大公报》在世博会举办前夕的 2010 年 4 月 30 日以"世博成'中国模式'展台"为题发文，当中谈及后危机时代背景与上海世博会的关系。文章指出，上海世博会举行的契机正是国际经济刚刚要走出金融危机阴影但尚未完全复苏，国际金融治理结构亟待改革的关口。作为一个负责任的大国，中国在危机后的声音日益为国际社会所看重，而通过打造一个独一无二的世博会，中国更可彰显自身独特模式的吸引力。②

新加坡《海峡时报》则将观察视点置于金融危机爆发后中国三年中成功举办三次全球性事件的标志性含义。该报认为，在经历 2008 年令人兴奋的北京奥运会和 2009 年令人敬畏的国庆 60 周年阅兵后，世博会完成了中国走上世界舞台的"三连胜"。这三次"展示"不仅仅标志着这个文明古国开始获得广泛认可，它们还很有可能成为历史上的里程碑，后人将以此作为中国拥有重要地位、强大实力和无限荣耀的一个时代的代表。③

3. 上海世博会对于全球城市化问题的积极贡献

城市化，既是本次世博会关注的主题，也是全球性的重要问题。在上海世博会上，各国对于城市问题进行了深入的探讨，形成了对全球城市化的理念共识。世博会对于这一领域的理念引导，成为对全球城市化趋势的重要贡献。中国通过上海世博会，向世界集中展示了本国在城市化上的经验与发展道路，并积极推进相关城市化问题的探索与实践，对世界城市发展做出了积极的贡献。

（1）上海世博的全球城市化趋势背景

上海世博会的召开，与全球城市化的趋势密不可分。理解这一背景，对于探讨上海世博会的意义与贡献具有基础性的作用。

全球城市化与发展中国家城市的迅速崛起成为 21 世纪以来人类生活的重要变化。截止到 2010 年，全球有 50.5% 的居民，或者说 35 亿居民生活在城市，从城市化的定义而言，全球已实现了城市化。而在全球人口结构城市化大背景中，发展中国家的大规模城市化成为突出的现象。发展中国家的新增城市人口，是全球城市化趋势的主要推动力量。根据联合国的预测，从 1950 年到 2030 年，发达国家的城市人口将由 4.46 亿增加到 10.15 亿，而发展中国家的城市人口将由 3.04 亿增加到 40.2 亿，二者分别增加 2.28 倍和 13.49 倍。发展中国家城市人口增加速度远超发达国家的城市化速度，这一趋势使

---

① 燕帅：《东盟秘书处：上海世博是发展中国家的骄傲》，人民网：http://media.people.com.cn/GB/40606/11412338.html，2010 年 4 月 20 日。

② 参见《世博成"中国模式"展台》，中国香港《大公报》2010 年 4 月 30 日。

③ 参见白胜晖：《三大盛事标志着中国崛起》，新加坡《海峡时报》2010 年 5 月 1 日。

得在世界范围内，城市化水平的地区差异将不断缩小。

发达国家进入"新型城市化"阶段。另一方面，发达国家在进入高度城市化阶段之后，城市化率普遍达到80%以上。发达地区的城市在上世纪后半期郊区化趋势向纵深发展的基础上，开始出现人口重新向中心城市以及都市区内次中心城市集聚的趋势。这种趋势被相关人士称为"再城市化"现象。事实上，这种新变化反映出在城市化高度发达地区，以大都市区为核心的人口、资源、环境等核心要素空间组合形式出现内聚式、集约化的发展趋向。这一现象，反映出全球化、经济、科技、环境等领域出现重要变化背景下，城市发展由单向集聚、扩散的"传统城市化"模式向复合集聚、多重治理的"新型城市化"，或称"大都市区化"模式转变的新趋势。在这一过程中，新型城市化带来了经济、社会、文化、环境等诸多新问题与新挑战，如何把握城市化在跨越成熟期之后的发展走向，成为各界关注的焦点。

中国城市在全球城市体系中的地位迅速提升。在世界城市化趋势中，中国城市作用与地位的迅速提升成为多方关注的重要现象。根据联合国的统计，2009年，在全球人口不低于100万的所有城市中，中国占有25%的份额。中国在城市结构方面正经历着重大的转型过程。从20世纪90年代开始，人口超过50万的城市数量显著增长。中国正经历着城市化的重要转型。1980年，中国只有51个城市人口超过50万，自20世纪90年代起，中国超过50万人口的城市数量显著增加。从1980年到2010年的30年间，共有185个中国城市跨过50万人口门槛。报告预测，到2025年，中国又将有107个城市加入这一行列。预计到2025年，中国将再增长107个人口超过50万人的城市。持续且快速的中等城市规模的增长，反映了中国快速的城市化进程。中国的城市化水平从1980年的19%上升到2010年的46.6%，并有望在2025年达到59%。[①] 特别是在大城市方面，中国的大都市区化趋势不断强化，根据联合国的统计，到2025年，世界新增的8个巨型城市（megacities）中，有3个来自中国。2010年3月，联合国人口司司长兹洛特尼克在世界城市人口趋势发布会上指出："中国在过去30年中的城市化速度极快，超过了其他国家。"

城市化带来的全球性问题迫在眉睫。在城市迅速发展的同时，城市人口的急剧膨胀、交通拥挤、环境污染、资源紧缺、城市贫困、文化冲突等现象，也日益成为全球性的问题。从更大的尺度上看，城市作为人类主要居住地，已成为处理人与自然关系的最核心接触界面。对城市事务与问题的调整，是影响人类社会的发展模式与协调人与自然关系的关键性环节。因此，在全球化与信息化将世界城市日益连接的新世纪，人类对于城市问题的探讨比以往任何时候都显得更为紧迫。

2010年世博会在中国上海举行，这不仅是对中国上海能力的肯定，更表现了国际社会对城市问题的深切关注。而这种关切，正是在上海世博会举办方提出将城市作为展

---

① Population Division of the Department of Economic and Social Affairs of the United Nations, *World Urbanization Prospects The* 2009 *Revision*, March, 2011.

示主题的背景下应运而生的。上海世博会，作为中国的国家行为，之所以确定将城市问题作为申办、举办的中心议题，事实上反映出中国对城市化这一全球性趋势的战略关注，以及寻求这一全球共同问题解决方案的大国责任。同时，由于中国城市无论从总量还是增量上的巨大份额，中国对本国城市化的积极推进，借鉴综合全球先进经验对本国城市问题的努力解决，本身也是对于世界城市化的重大贡献。

（2）上海世博对于全球城市问题的引领作用

上海世博会的举办过程中，不仅实现了对于城市问题的全球规模探讨与交流，而且提供了诸多关于城市化问题创新性的解决方案，并在城市发展道路等重要思想性领域进行了深入的探讨，形成了具有先导性特征的城市发展理念与纲要。从理念与实践两方面，上海世博会都显示出对全球城市问题的重要引领。

引发各方关注的城市最佳实践区，无疑是本届世博会的重要创新。这一实践区从设定原则、案例选择到具体展示等诸多方面，均体现出对于全球城市问题的关注与积极应对。城市最佳实践区在展示的案例选择上，从全球申报的一百多个案例中，评审遴选出在宜居家园、可持续的城市化、历史遗产保护与利用、建成环境的科技创新四个方面具有展示和推广价值的实践案例。其案例的选取原则本身，充分体现出"宜居"、"可持续"、"创新"等城市发展的重要原则。

在具体的展示中，本届世博会提供了诸多对于城市重要问题的解决方案。以困扰世界大都市发展的水资源问题为例，瑞典城市马尔默、西班牙城市毕尔巴鄂提供的城市转型方案，土耳其城市伊兹密尔、法国巴黎、瑞士日内瓦、日本大阪、中国成都等多个案例城市给出的水处理方案，充分反映出城市水资源的全新利用理念。而台北市创新的"垃圾不落地"的垃圾分类思路和做法，让众多城市经营者看到了这一难题的解决希望。深圳案例馆提供的城中村的改造思路——用文化产业提升农村的品质，大大开拓了城中村改造以及农村发展的思路。

在城市发展的思想性路径方面，上海世博会通过论坛等形式，推动了全球城市专业群体对世界城市问题的探讨。展示、论坛与活动是上海世博会的三大组成部分，而论坛既是世博会精神遗产、展望世博会未来的集中体现，更成为反映全球城市发展先进理念的重要平台。上海世博会期间先后举办的六场主题论坛，构成城市问题思想交流的主轴主题论坛。这些主题论坛先后在长三角的宁波、苏州、无锡、南京、绍兴和杭州等六个城市举行。主题论坛从城市生活的角度切入，深入探讨全球关注的可持续发展问题，在世博会举办期间，全球政界、经济界、学界的知名人士，就一系列与当前世界城市可持续发展有关的热点问题进行了探讨与交流。探讨的主题包括："信息化与城市发展"、"城市更新与文化传承"、"科技创新与城市未来"、"环境变化与城市责任"、"经济转型与城乡互动"、"和谐城市与宜居生活"。

2010年10月31日发表的《上海宣言》，概括性地展现出世博会对于城市发展新思路的理念成果。在《上海宣言》中，中国的"包容性增长"理念得到了突出，当中指出："追求包容协调的增长方式。城市应统筹经济和社会的均衡发展，注重公平与效率的良性互动，创造权利共享、机会均等和公平竞争的制度环境，努力缩小收入差距，使每个居民都能分享城市经济发展成果，充分实现个体成长。"同时，"和谐"的理念也得到了展示，《上海宣言》明确提出，和谐城市，应该是建立在可持续发展基础之上的合理有序、自我更新、充满活力的城市生命体；和谐城市，应该是生态环境友好、经济集约高效、社会公平和睦的城市综合体。这样的和谐城市是实现"城市，让生活更美好"的有效途径。这一宣言，是世博会展览展示、论坛和城市最佳实践区的重要思想成果。世博会对于和谐城市的倡导、城市生命体与城市综合体的核心思想，是汇集各国城市发展的宝贵经验和人类探索城市发展的共同智慧，对于世界城市发展理念具有重要的引领与探索意义。

国际展览局主席蓝峰表示，《上海宣言》代表了 2010 年上海世博会的最高成就。这一宣言凝聚了全球的思想精华，它提醒关注粗放式城市化带来的各种后果，包括不安全感、气候污染、交通堵塞、人际疏远、贫富分化等，同时指出科技进步能够有助于提供补救的方法。蓝峰进一步指出，希望能与中国有关部门一起，根据有待进一步确定的各项办法，与基层工作者、各大城市市长、建筑设计师、城市规划师、社会学家和非政府组织开展经常性交流，对《上海宣言》在各国的实施情况进行定期评估。

中国通过世博会，不仅展示了本国对于推进和谐发展的积极态度，而且通过东道主的作用，推动发展中国家参与到城市化问题的探讨与探索中来。上海世博会上，广大发展中国家的积极参与，成为世博会的一大亮点。朝鲜、阿富汗、一些非洲国家以及非盟等地区组织都是第一次参加世博。建筑面积达 2.6 万平方米的非洲联合馆，由非洲 42 个国家与非洲联盟共同组成，成为历届世博会参加国家最多、建设规模最大的非洲馆。在非洲联合馆之外，埃及、阿尔及利亚、突尼斯等国还单独设馆；美洲国家尽管设立了联合展馆，但巴西、智利、阿根廷等国仍以凸显本国特色的场馆亮相世博园区；亚洲的印度、巴基斯坦，乃至尼泊尔的场馆也都成为观众的首选参观点。

而发展中国家对于城市化问题的独特理解与创新，也成为本届世博会展现给全球的重要"亮点"。例如，金砖国家的重要成员印度的快速城市化便得到各界的关注，印度馆以著名的佛塔为主题，通过"时空之旅"展现"和谐之城"的主题理念，演绎印度传统文化、多样性的宗教信仰、传统与现代科技的发展、城市与农村的和谐融合历程，传递出"善待家园"的良好愿望和信心。受到参观者追捧的沙特阿拉伯馆，则展现出将城市建设成能源之城、绿洲之城、文化之城和新经济之城的雄心。[①] 广大发展中国家的积极参展与、精彩展示，充分证明这些国家对"全球城市化"进程的高度关注，以及通过上海世博会，交流城市化与可持续发展两大任务解决方案的迫切愿望。从这个意义上看，中国为发展中国家提供了展示城市文明成果、交流城市发展经验、传播城市发展理念的重要平台，并使得发展中国家对于城市化发展模式这一问题发出了自己的声音。

---

① 参见刘军、李金桀：《我心中的理想城市——上海世博会上来自发展中国家的诠释》，《光明日报》2010 年 5 月 7 日。

（3）世博会上中国城市化理念与实践对世界的贡献

在世博会上，中国将自身长期积累的城市化发展经验与理念，充分展现给国际社会。这些经验与思路，充分体现出中国在城市化过程中，运用中华智慧、因应挑战，努力实现城市和谐、可持续发展的精神与实践。

中国馆是中国展示城市发展理念以及实现和谐城市实践的重要平台。中国馆在设计中就引入了最先进的科技成果，使其符合环保节能的理念。四根立柱下面的大厅是东西南北皆可通风的空间，使四季中都有气流在空间中流动，达到节约空调耗能的功效。外墙材料为无放射、无污染的绿色产品，比如所有的门窗都采用 LOM－E 玻璃，不仅反射热量，降低能耗，还喷涂了一种涂料，将阳光转化为电能并储存起来，为建筑外墙照明提供能量。地区馆平台上厚达 1.5 米的覆土层，可为展馆节省 10% 以上的能耗。顶层还有雨水收集系统，雨水净化用于冲洗卫生间和车辆。

中国馆通过"东方足迹"、"寻觅之旅"、"低碳行动"等展示，反映出中国传统城市营建与未来城市发展中的智慧。中国馆的展示，反映出中国通过"师法自然的现代追求"来应对未来的城市化挑战，为实现全球可持续发展提供"中国式的回答"。在展示中，中国国家馆将"水"元素贯穿始终，既是对东方智慧的一种凝练，也是一次对全球水资源紧缺问题的呼应，更是展现了人与人、人与环境、城市发展与自然环境之间的和谐。

众多参观者、特别是国外相关人士对中国馆都做出了高度评价。俄罗斯汉学家、现任台湾淡江大学俄语系教授的弗拉基米尔·马利亚温认为，中国国家馆内部展示最让人感兴趣的，是天人合一、注重和谐的传统思想成为中国城市可持续发展的要义。他说："自古以来，以中国为代表的东方文明，始终强调人与自然的和谐统一。这一中华智慧对全世界都可产生正面而积极的影响，并将进一步激发人们对中国的浓厚兴趣。"

在凸显城市创新精神的城市最佳实践区中，80 个案例中，共有 23 个中国城市案例入选，向世界民众展示中国城市发展的独特经验。入选的主要城市基本上来源于长三角、珠三角、环渤海等中国三大城市群。其中既包括上海、北京、广州、香港等大城市，也有东莞、昆山、佛山等新兴城市，甚至还包括宁波滕头村这一新型农村，展现出中国多层次、多元化的城市发展体系。在具体的展示内容中，生态环境成为主要展示领域，反映出中国城市对于人与环境、城市与自然之间关系的关注，以及在这一领域的智慧与创新。城市更新与文化遗产保护，则是另一个案例聚焦的重点，西安、苏州、澳门等众多城市，均展示了现代化城区迅速扩展的状况下，传统城区通过合理更新，焕发生机的独特经验。

通过园区中国馆、省区市馆、最佳实践区的展示，中国向全球分享了自身在城市化过程中的发展思路与主要创新。世博会的中国城市展示表明，面对城市生态、传统城区保护、城市就业、城乡关系等全球共同性城市问题，中国通过技术创新、巧妙规划、制度创新、社会动员等多种手段，融合传统城市发展智慧，创造出一条快速城市化的稳定发展之路。同时，中国城市发展在因地制宜，发挥自身独特优势的同时，对于环境、人口、资源等全球共性问题上有着深入的思考，并提出自身的多样性解决方案。

另一方面，中国对于各国的城市化经验，也采取积极学习的开放态度，并努力在本国实践先进的城市发展理念。城市最佳实践区的展示成果在世博前后引起中国各省区市官员和建筑专家等专业团队的关注，中共中央党校的干部培训班也分多批次到最佳实践区进行了参观学习。世博会结束前夕，上海、天津、唐山等多个城市与实践区中的案例城市签订了合作意向。加拿大蒙特利尔案例、瑞典马尔默案例等多个实践区的案例均有望在中国得到"复制"。这种学习的态度与合作热情，反映出中国在借鉴各国先进经验、创新城市发展道路方面的积极努力与务实进取。

芬兰总理玛丽·基维涅米在世博主题论坛的主旨演讲中指出，上海世博会"城市，让生活更美好"的主题是时下最受人关注的话题，上海世博会展示了城市创新和城市发展在实现全球可持续发展方面的重要作用。匈牙利总理维克托·欧尔班在世博论坛的主旨演讲中指出，关注城市的未来其实也是关注人类的未来，"整个世界正在经历一场深刻的变革，中国在其中发挥着重要作用"①。

4. 上海世博会在低碳环保领域的贡献

全球城市网络，作为人类主要的空间集聚方式，成为经济与生态之间最为关键的联系形式。上海世博会在探讨、展示城市这一主题时，将人与自然的关系作为理解城市发展的主要角度，在通过推动低碳环保技术与理念应用方面，走出了重要的探索步伐。上海世博会也成为中国推进低碳技术、标准演进，率先履行应对气候变化责任的重要平台。

（1）全球应对气候变化背景下上海世博的独特意义

中国作为一个负责任的大国，如何重视低碳消费习惯的培养，力促低碳经济发展，已成为不可回避的话题。在后危机时代，中国的节能减排所面临的国内、国际压力持续上升。从世界范围内看，2009 年哥本哈根的气候大会上外交摩擦不断，最终勉强达成具体协议，2010 年坎昆气候峰会暗流涌动，艰难通过了两项应对决议。低碳领域的推进，亟待破局，而中国在这一领域的举措，受到全球关注。

在世界诸多行为主体为气候问题喋喋不休，纠缠于责任与利益之争时，作为集聚全球思想前沿的舞台，中国主导的上海世博会率先承担起了"低碳行动的实践者"与"低碳理念的传播者"的重要角色。上海世博会在低碳技术的大规模应用与理念设定方面引全球风气之先，为世界的气候问题应对树立了重要标杆。世博会的实践，在低碳领域走出了坚实的一步。中国的务实之举使人们意识到，低碳与气候变化问题的解决，绝不依赖于以口舌之利争高下，更无法从各怀鬼胎的博弈中取得真正的成果，只有切实推进这一领域的国际合作，积极将低碳技术切实应用于最需要的区域与领域，才能有效解

---

① 世博网：《上海世博会高峰论坛、与全球分享灵感》，http://www.expo2010.cn/a/20101101/000012.htm，2010 年 11 月 1 日。

决全球性气候问题。

（2）世博会上低碳技术大规模应用的成功实践

在上海世博会的总体规划中，"低碳世博"是中国举办世博会的重要目标之一，这也成为世博会历史上的创举。在世博园的筹备过程中，绿色低碳就成为重要的筹办原则。上海世博园区选址于上海黄浦江两岸，通过旧区改造和搬迁改造污染企业，优化城市功能布局和产业结构，有效减少了该地区的碳排放；通过建设大面积的滨江绿地，增加了这一地区的"碳汇"。

世博园区大规模使用了低碳技术与设施。其中最大的亮点就是大规模运用太阳能应用。上海世博会设计应用的太阳能发电项目规模大、运用的新技术多，是世博历史上太阳能发电技术应用规模最大的一次。世博主题馆屋顶太阳能板面积达 3 万多平方米，是目前世界最大单体面积太阳能屋面，年发电量可供上海 4500 户居民使用一年，相当于每年节约标准煤约 1000 吨。园区内主题馆、中国馆、世博中心、演艺中心等主要场馆设施以及部分国家的自建馆，在屋顶和玻璃幕墙上都安装了太阳能电池，总装机容量超过 4.68 兆瓦，年均减排二氧化碳 4000 吨。

在交通方面，上海世博会成为全球规模最大的新能源汽车示范运行项目，世博会投运的纯电动车、超级电容车等各类新能源汽车超过 1000 辆。上海世博园区利用新能源汽车实现公共交通的零排放：120 辆纯电动客车、36 辆超级电容客车和 6 辆燃料电池汽车，通过公交车形式示范运行；140 辆纯电动场馆车和 100 辆燃料电池观光车，通过特定形式满足公共需求。在上海世博园周边区域，符合国 4 标准的混合动力汽车的应用实现了低排放。350 辆上海通用君越混合动力轿车、150 辆混合动力客车和 90 辆燃料电池轿车分别采用出租车、公交车和接待用车的形式示范运行。通过清洁能源汽车的使用，上海世博园区公共交通系统可减少二氧化碳排放 1.3 万吨。

在目前全球关注的半导体照明领域，上海世博园区也诞生了全球最集中的半导体照明技术应用范例。世博园区内共有 10.3 亿颗 LED 芯片使用；世博场馆室内照明光源中约有 80% 采用了 LED 绿色光源，相较于普通白炽灯省电达 90% 左右。

城市最佳实践区则是低碳应用的重要展示区域。在选取展示的案例中，绿色、环保、低碳作为未来城市致力于实现的目标，得到了充分的关注。城市最佳实践区展示了将低碳做到极致的伦敦"零碳馆"、"零能耗"的"沪上·生态家"、"以汽车共享计划减少汽车数量"的不来梅案例等等。世界各地的城市"各显神通"，用各自创新的方法降低能源消耗，实现绿色低碳的城市发展模式。

（3）低碳世博与中国在环保领域的引领姿态

世博园区的低碳实践，为中国成为低碳大国提供了样板，也有助于中国在低碳领域形成话语引领优势。

技术标准是国际专业领域话语权体系的重要因素。中国在世博会上不仅首次大量应用低碳技术，而且在低碳制度与标准上也引领世界风气之先，在低碳话语权与标准制订方面展现了引领性姿态。2010 年 10 月 19 日，在上海世博会联合国馆，《中国自愿碳减排标准》正式发布。这是中国参照国际规则自主研发的首个完整的自愿碳减排标准体系。通过《中国自愿碳减排标准》审定与核查的碳减排量将具有国际权威性，为国内外市场所认可。体系包括章程、碳减排技术标准、碳交易标准、登记注册核销流程、调解与仲裁规则等内容，是将国际形势与中国实际相结合、中国主导与借鉴国际经验相结合、科学性与适用性相结合、政府作用与市场作用相结合的中国自愿碳减排标准体系。《中国自愿碳减排标准》在碳减排领域是中国首个自主研发的标准，表明中国完全有能力自主研发科学的、国际高水平的碳减排标准。① 世博园区中的万科馆、联合国馆等众多展馆与企业和个人均自愿加入减排队伍。

中国在上海世博会上，多层次、大力度、务实性地推动低碳技术与理念的实践与探索，不仅为国内转变经济发展方式，推进生态文明建设提供了战略性引导，而且为全球范围内建设低碳大国提供了重要的样板，显著提升了中国在全球应对气候变化、环境问题方面的地位。

对于上海世博会，以及其中折射出中国在推进低碳环保建设的成就，国际社会予以积极评价。联合国贸易与发展会议秘书长素帕猜·巴尼巴迪指出，上海世博会必将成为一块跳板，为打造 21 世纪的国际化绿色城市提供更多创新与解决方案。它将先进的技术用于城市规划，并使其成为国际化大都市。巴尼巴迪特别指出上海的东滩作为低碳城市实验区的典型意义。他表示，东滩就是一座位于上海周边的新型化城市，它将在其建筑中全部采用可再生能源。它可以通过附近农场实现食物和水的自给自足，同时，东滩还将实现零碳公交，完全使用可再生能源。被誉为"气候经济学之父"的英国社会科学院院士尼古拉斯·斯特恩男爵在评价上海世博会的意义时强调，中国在低碳革命中很可能扮演领军者的角色。中国已经在现有的低碳市场中占有很大份额，并且会进一步增长。他进一步指出，"我非常高兴地看到，中国的'十二五'规划中非常重视能源利用率，也确立了低碳增长的模式，这一规划对中国具有里程碑式的意义"②。

《纽约时报》撰文对世博会与中国生态城市的探索进行介绍。该文认为，2010 年上海世博会最为引人注目的展示并非绚烂的中国馆与英国馆，而是位于长江口的上海东滩——"世界第一个生态城市"。该文援引国外专家的评论认为，中国正在努力推进生态城市的建设，主要原因在于这一领域被视为创建未来可持续经济的重要路径。生态城市的主要目的在于探索可供巨型城市应用的先进技术。因此，尽管生态城市自身或许并非能够提供完美的解决方案，但其可以为更大规模的城市应用提供潜能的测试。③ 巴西《环球报》报道说，上海世博会所要表达的主题是城市的可持续发展。在开幕式上，世界各国贵宾所坐的椅席是用回收物资做成的。中国通过这一举措向全球表明：中国在实

---

① 参见《中国首个自主研发"自愿碳减排标准"正式发布》，《光明日报》2010 年 10 月 19 日。

② 《英国社会科学院院士斯特恩在高峰论坛全体大会上的主旨演讲》，世博网：http://www.expo2010.cn/a/20101031/000063.htm，2010 年 10 月 31 日。

③ Hillary Brenhouse, Plans Shrivel for Chinese Eco-City, *The New York Times*, June 24, 2010.

现城市现代化的道路上重视可持续发展，走节能环保型的发展道路。

二、世博辉煌促进中国形象塑造

上海世博会的举办，对中国的国家形象塑造具有重要的推动作用。世博会的成功，反映出中国在经济实力、发展模式、科技能力方面的巨大进步。在世博的推动下，中国民众对世界发展的认识，全球各界对中国发展的认识都有新的提升，这种双向互动对于中国国家形象的改善具有重要的促进作用。另一方面，上海世博会期间，中国民众、政府在理解全球化意义、践行"以人为本"理念等方面的众多新变化都体现出中国软实力方面的新内涵。

1. 上海世博会体现中国发展成就

世博会作为综合性国际展览活动，对于主办国的政治、经济、文化、科技发展水平既有相应的要求，也有展示与传播的效用。上海世博会的成功举办，突出地反映了中国在综合经济实力、发展模式、科技创新方面的重要成就。

（1）世博会成功举办反映出的中国经济实力

世博会既是全球经济、文化、科技的盛宴，也是举办国展示自身经济实力的重要平台。作为历史上最大规模的世博会，上海世博的成功举办，不仅依托于科技、文化、外交能力的运用，更依赖于中国强大的综合经济实力。世博会前后，国际社会普遍对于上海世博体现出的中国经济实力水平进行了积极的评价。

英国《金融时报》评论说，世博会在历史上总是体现着社会的发展。2010 年的上海也一样通过世博会得益于基础建设的大幅提升，从而实现其在 2020 年成为全球金融中心的目标。该报进一步指出，这场盛大国际展会证明中国的影响力仍日益加强，还表明了中国和上海的信心。

英国广播公司 10 月 31 日称，上海世博会被认为是展示中国"软实力"的一个机会。世界各地的人们通过访问上海，能感受到这座城市正在倡导的"城市，让生活更美好"的理念。[1] 新加坡《联合早报》的文章指出，改革开放以来，中国政经和国际地位发生巨变，没有人会单纯看待上海世博这场创意与文化盛宴，它也被视为经济实力支撑的外交盛事。该文还指出，外交会成为盛事，背景是经济实力。就在上海世博会举行期间，世界银行通过改革方案，第一次提高发展中国家的发言权和投票权，中国成为继美、日之后第三大投票国。[2]

中国台湾《联合报》刊发社论指出，2008 年的北京奥运，及中国当年因应金融海

---

[1]　Shanghai bids farewell to massive World Expo fair, *BBC News*, October 31, 2010.

[2]　参见陈迎竹：《外交与经济的盛世虚实》，《联合早报》2010 年 4 月 30 日。

啸的表现，与 2010 年的上海世博会，都令世人想起同一个话题：中国正在崛起。文章说，世界上重要都市不一样的天际线，代表不一样的发展体制。上海浦东的天际线，则可以说只因"改革开放"四个字，就"一体成形"。而且，浦东不是孤例。中国所有的城市，包括二级三级的，皆在二十年间改头换面、脱胎换骨。文章说，外国人看到浦东的面貌变了，二级三级城市的面貌也变了，谁都会有"中国崛起"的想象；中国百姓看到城市处处争奇斗艳的天际线，而这一切居然不是一幅油画，而是真实景象，自然会受到"中国崛起"的激励效应。而这种"从上而下、由外而内"的发展动线，只有中国做得到。中国台湾《中华日报》也刊发社论文章说，2008 年的北京奥运，让世人见识到中国大陆的经济实力，及其跻身世界大国的企图心，2010 年上海世界博览会的举办，更使中国站上了世界舞台前沿。

（2）世博精神反映出中国成熟、自信的发展价值理念

金融危机前后中国的强劲表现，以及 2010 年中国经济总量跃居全球第二的事实，使得"中国模式"再次成为国际社会关注的焦点。上海世博会的成就，从一个侧面反映出中国在自身发展路径上的成熟与自信，也使"中国模式"得到更为广泛的认同。

英国《经济学家》杂志在世博会期间撰文，对世博会展示的"中国模式"进行分析。该文认为，中国的发展模式赢得了众多发展中国家和发达国家的倾慕者，耗资巨大的世博会象征了这种模式。美国民意调查机构皮尤研究中心的调查表明，2009 年有 85% 的尼日利亚人对中国示善意（2008 年为 79%），在美国这一数字从 2008 年的 39% 提高到 2009 年的 50%，日本从 14% 提高到 26%。中国组织规模空前的世博会的能力，包括上海基础设施建设水平的巨大飞跃，以及最大限度避免了民主国家那种（对重大决策）争论不休的通病，这些都组成了中国模式耀眼的光环。[①]

英国《金融时报》援引中国学者的话说："上海用 15 年时间完成了伦敦用 150 年才做完的事情。"上海地铁系统的建设始于 1995 年，但仅在过去一年，总运营里程就延长了一倍，突破 420 公里。上海主办了有史以来规模最大的世博会，这是为中国重塑品牌的又一幕——重塑品牌始于 2008 年北京奥运会。随着中国几乎毫发无损地摆脱了全球金融危机，这一进程越来越有底气。[②]《日本新华侨报》则把上海世博会与日本爱知世博会相比，报道称：上海世博会处在全球重启繁荣的节点，举办于世界经济"动力之乡"中国，因而令世界更加关注，期待新的变革。上海世博会将引发诸多"世博财富"与"世博红利"，是一次"全球浪潮与中国力量的激情共舞"，有助于探寻全球化时代经济社会发展的新路径，从多个方面提速"中国之变"。

中国香港《大公报》评论认为，上海世博会将成"中国模式"的展台。文章说，上海世博会是一届展示世界多元、丰富的舞台，是一届和平、对话、交流的舞台。中国集中展示最新发展成就，凸显各国根据本国国情选择自己发展道路的权利。文章认为，

---

① The China model: The Beijing consensus is to keep quiet, *The Economist*, May 8, 2010.

② Patti Walmeir, China: Futuristic yet fruitful, *Financial Times*, April 28, 2010.

"中国模式"没有走极端，没有搞单一化，而是实行多元、多样、混合、渐进的方式，创造了经济社会发展史上的奇迹。

（3）园区高科技创新亮点反映出中国创新能力与科技研发实力

上海世博会举办期间，园区内外高新科技成果的大规模应用成为一大亮点，新能源汽车、LED、直饮水、信息化技术在园区管理上的应用、废弃物处理等各种先进科技大放异彩，引起各方关注。这些科技元素的集聚，充分反映出中国在科技创新与研发能力上的长足进步。

上海世博会的科技创新水平源于中国科技力量的整体合力与综合规划。上海申办世博成功之后，中国国家科学技术部和上海市政府合作开展了世博科技行动计划，汇集全国近千家科研单位和企业的上万名科技人员，前瞻性地实施了新能源、生态环保、建筑节能、智能化技术等232项科技攻关项目，取得了1100项左右具有自主知识产权的科技成果，并在世博会上实现广泛应用。

上海世博会的科技创新体现在多个领域。在世博规划建设方面，突出了绿色环保、生态节能、和谐宜居的理念，形成了适用于世博会建设的现代建筑技术体系和现代景观技术体系。在新能源应用方面，突出绿色世博和低碳世博的理念，重点开展了清洁能源技术的科技攻关和示范应用，满足了节能减排的要求。在生态环境方面，突出了生态和谐和循环利用的理念，重点开展了生态环保和资源回用等技术的集成应用，体现了城市与生态环境的和谐统一。在安全健康方面，突出以人为本、安全健康的理念，通过在食品安全、应急防范等方面组织科技攻关，为食品检测、防恐反恐等方面提供了技术手段。在世博运营管理方面，突出高效、便捷的理念，重点开展了园区内外交通管理，高强度客流的安全集散、引导，多语言信息汇聚与发布等科技创新。在世博展览展示方面，突出精彩、互动的理念，开展了相关的新媒体、新创意设计等，为充分演绎和展示"城市，让生活更美好"的上海世博会主题提供了技术保障。[①]

美联社在对世博会的评论中指出，上海世博会充分展现出中国作为现代工业化力量崛起的状态。评论中特别注意到，上海为了实现绿色世博投入使用了电动公共汽车及车辆、节能空调，以及为了减少瓶装水使用而装备的水过滤装置。园区还使用了雨水循环系统与太阳能。[②] 法国《论坛报》的文章以"上海世博会：龙重新昂起头"为题，认为世博会是上海以更显著方式展示自己作为中国窗口的机会，中国的基础设施建设（高速公路、桥梁、公园、楼宇）将向世人展示国家异乎寻常的形象。英国BBC在报道中强调了世博会的科技内涵，"为了与'城市，让生活更美好'的主题相契合，上海已经开始在全城普及使用电动公交车、电动轿车、节能空调和节能水过滤系统"。俄罗斯国家杜马主席格雷兹洛夫在接受采访时评价道："这是一届令人印象深刻的、规模宏大

261

---

① 参见中华人民共和国科学技术部：《世博科技专项行动》，科技部网站：http://www.most.gov.cn/ztzl/lhzt/lhzt2010/tpxwlhzt2010/201003/t20100302_76059.htm，2010 年 3 月 3 日。

② Elaine Kurtenbach, Shanghai World Expo ends; drew 72 million visitors, *Associated Press*, October 31, 2010.

的世博会。我们看到了许多利用高科技手段制作出来的令人惊叹的展品。"

2. 上海世博会与我国对全球化发展的新理解

上海世博会上，来自世界各地，规模空前的各国文化、科技成果乃至民众均得以自由展示与交流，使得园区俨然成为全球的缩影。各国民众在欣赏不同区域文化成果的同时，也交流与展示着彼此对于世界文化的观点与感想。这就使上海世博会的内涵与全球化紧密相连。应当注意的是，这一全球化概念，超越了传统的经济全球化的狭窄范畴，而成为社会、经济、文化等诸多方面合并构成的综合体。

在上海世博会上，对于全球文化、思想、成果相互交流、交往的开放、宽容态度，充分体现出中国对于全球化的全新理念。一方面，中国通过世博会，以论坛、宣言等形式，积极推动各方探讨、思考城市、环境、创新等全球性共同问题，努力促进达成全球共识；另一方面，世博会又以前所未有的参展方数量，达成了全球区域文化百花齐放、各美其美的多样化展示。二者的效应叠加，不仅提升了世博会的普世价值，也折射出中国在促进全球性要素与地方性力量相互包容、和谐共生的全新理念。

在微观层面，相较于2008年北京奥运向世界展示中国的实力与魅力，上海世博会的作用更多体现在国内民众亲身体验世界文化、理解世界前沿思想与理念上。而广大国内游客踊跃观博的热情，反映出中国民众对全球文化接纳、包容的开放心态。根据抽样调查显示，在上海世博会累计7308万人次的参观者中，境外参观者约占入园参观者总人次的5.8%；境内参观者中，上海本地参观者约占入园参观者总人次的27.3%，来自江苏省和浙江省的参观者分别占参观者总人次的13.2%和12.2%，来自国内其他省区市的参观者约占41.5%。

与传统上人们对于全球化的态度有所不同，中国的参观者在面对全球文化展示之时，显示出对于多文化差异性的包容与接纳。在经济全球化快速发展的背景下，多民族的语言、传统文化和生活方式面临巨大冲击。而对于文化差异性的认同，更成为人们对全球化态度不一的重要根源。在上海世博会上，中国民众并非一边倒地涌向美、欧、日等发达国家或所谓"全球化主流文化"区域场馆，而是对不同区域的特色文化都显示出浓厚的兴趣与学习热情。

以非洲联合馆为例，这一发展中国家最集中和文化差异性最大的场馆，却吸引了最大的客流。世博会开幕仅19天，该馆参观人数就超过了百万，至2010年7月27日，不到三个月的时间，参观人数已达千万，10月22日，在不到三个月的时间内，参观人数又翻一番，达到2000万人，这一数字几乎与日本爱知世博会2200万的总参观人数持平，该馆毫无疑问地成为世博观众人数最多的场馆，其参观人次甚至超出中国国家馆两倍有余。几乎每三位世博的参观者中，就有一位参观非洲联合馆。而在观众参观热度最高的场馆方面，沙特馆毫无疑问成为冠军。排队长达十小时的"纪录"，反映出中国民众对于体验阿拉伯文化的热情。此外，土耳其、南非、大洋洲联合馆等发展中国家展馆均得到观众的认可。

而与差异性文化受到广泛欢迎相对应，欧美所谓"主流文化"展示却相对黯淡。尽管法、德、英等国场馆也受到观众热捧，但中国民众并未显示出对欧美文化的特别偏好，欧美场馆的热度仅成为世博园区多元文化异彩纷呈的一部分。而作为全球化主导力量之一的美国，其场馆并未得到想象中的特别关注，观众的排队热情甚至远不如西班牙馆。根据一份针对世博会中国参观者的调查结果显示，与美国在中国民众中的"超级大国"地位不同的是，本次世博会美国馆的综合排名第十，在其他各单项指标上也都居于中间的位置。在外形设计和环保设计的指标上，美国馆的排名靠后，参观完场馆后，人们对于美国的整体评价也居于中游。①

从观众在世博园这一全球文化的微缩景区之中的表现不难看出，中国民众对于全球化的理解，已经逐渐摆脱了对于西方等强势文化及发展模式的倾向性认可或追捧，而显现出对全球文化差异性的尊重与交流渴望。这从一个侧面隐喻了"包容性增长"的精神内涵。另一方面，中国观众参观热情高涨的非洲、沙特、德国、英国、法国等场馆均在不同程度上反映出对城市贫困、资源环境问题、低碳、环保等技术的关注。观众的偏好，也体现出中国民众对于全球共同问题的关注。而解决这些共同问题的关键，恰恰在于加强不同文化主体的对话，加强合作提出解决方案。中国观众的参观热情，不仅是简单的理解，也是大规模参与交流互动的过程，进而把这种对全球共同问题的关注，转化为行动与互动。从这个意义上看，中国民众通过世博会，充分展现出在看待全球化这一现象时，"包容"与"合作治理"两种精神的和谐统一。

欧盟驻华大使赛日·安博在接受采访时指出，上海世博会是中国对全体国民的一次绝佳教育投资，取得巨大成功。它大幅提升了中国软实力。安博说，上海世博会在参展方数量、参观人数和活动组织等各方面都创造了历史，毫无疑问推动了中欧关系向前发展，也证明上海是一个具有国际号召力的城市。他认为，上海世博会使普通中国人在短时间内了解世界文明与发展。大部分中国人还没有走出过国门，通过世博会，他们对世界上的绝大多数国家有了具体了解，世博为中国打开了一扇窗。②

美联社的报道认为，世博的参观者主要是中国的普通民众，他们克服了夏日高温以及数小时等待等不便，热切期待着感受国外的风土人情。该报道援引一位来自江西省退休人员的话指出，"感谢世博，使得无法出国的人们能够体验整个世界"③。美国彭博社援引摩根大通中国首席经济学家李晶（Jing Ulrich）的话指出，从短期看，世博会极大促进了上海零售业和服务业增长，从长远看，大规模基础设施建设带来的好处将难以估量，最重要的是，世博会带来了观念上的变化，上海将变得更加包容、更加文明和现代化。④

---

① 参见上海交通大学人文艺术研究院：《上海世博：各国对华公共外交的大舞台》，"世博与国家形象研究项目"研究报告，2010 年 11 月。

② 参见张蔚然：《欧盟驻华大使：世博提升中国软实力》，中国新闻社 2010 年 10 月 26 日。

③ Elaine Kurtenbach, Shanghai World Expo ends, drew 72 million visitors, *Associated Press*, October 31, 2010.

④ Sophie Leung, Li Yanping, Stephanie Wong, Chua Kongho, Baizhen Chua and Eva Woo, Shanghai Marks End of Record World Expo With Songs and Dance, *Bloomberg News*, October 31, 2010.

3. 上海世博会与"以人为本"精神的彰显

"以人为本"精神，是中国构建和谐社会，推动和谐世界发展的重要思想基础。上海世博会期间，主办方在世博组织、城市管理、志愿精神方面的突出表现，充分显示出中国在处理重大问题上"以人为本"的核心原则与务实作风。

（1）"以人为本"的世博运行管理理念

世博会开幕之后，面对巨大甚至超大客流量的挑战，组织方高效率地应对不断出现的新问题、新挑战，始终坚持"以人为本"的人性化、务实原则，实事求是，正视问题，在处理问题时不急躁、不掩盖、不掩饰、不回避，得到各界的高度评价。

世博期间，史无前例的高客流频繁出现，使得园区运营承受的压力始终存在。主办方因势利导，面对持续变化的情况，以园区观展、参展民众的需求为指导，不断改进工作，及时、创新地应对出现的新问题、新需要，显示出"服务型"政府的务实与高效。以饮用水为例，世博开园后，为了响应大客流的饮水需求，园区内的直饮水点迅速由原设计的 102 个增加到 113 个，饮水龙头由 1172 个增加至 1716 个。2010 年 7 月份进入游客入园高峰后，每天供水量超过 1000 吨，未发生一起水质安全事故。

在公共安全这一众多国际性活动均感棘手的领域，上海世博会努力突出以人为本的安全理念，确保游客的安全与效率。在每日数十万人次的入园人流检查压力下，实现了快速入园前提下的安检措施，并根据摄像和资料对比来判断入园人的安全性。园区通过"电子围栏"实现高精度、低误警率、广识别范围、强环境适应性的检测体系，实施了全天候、全方位的监控，不仅减少了入园游客的安检环节，也起到了减轻值班人员压力的作用。

为解决游客夏季高温观博的问题，组织者不仅在园区设置了超过 2 万平方米的遮阳棚，增加了电风扇、冰块等降温设备，而且在重要场馆、世博轴、世博园广场等人流相对密集的休憩区域结合遮阳篷、高架步道等设置了喷雾设施，喷雾区域约 18 万平方米，在喷雾后 15 分钟内，3 米范围内温度可降低 6℃。这一系统在世博期间极为有效地防止了人群在高温下长时间排队容易发生的中暑、脱水等问题，广受参展民众好评。这一系统在世博后得到了进一步推广，也成为世博科技创意与人性化理念相结合的重要案例。

上海世博会的人本精神不仅体现在园区内，而且反映在整个上海城区。在长达 6 个月的世博会展期中，上海依旧保持着日常的城市运行，主办方努力使世博会对于上海经济生活的影响降到最低。在 184 天的会期中，上海世博会交通经受了数十次 50 万以上大客流的考验，没有一次采取限行措施，部分地段的城市交通甚至好于世博会开幕前。除世博管控区外，上海世博期间实施特殊交通管制措施的区域也极少。在世博结束后，上海几乎"无缝"地恢复了日常的城市运行。在持续半年的长时段与数千万客流的压力下，一座拥有超过 2000 万人口的国际性大都市运行依然如常，其中体现出的不仅是主办方举重若轻的管理水平，更是体现出以城市民众的需求为主要诉求的服务态度与责任意识。

上海世博会展区总代表、指导委员会主席塚本弘在评价上海世博会时说，"我非常钦佩上海世博会的管理与运营以及持续快速改进精神。可以说，在长达6个月的时间里，园区的管理每天都在改善，正是参展方及组织方的共同合作、互相协调，才使得世博会的管理工作得以稳步提高。"

美联社的报道指出，在世博园区之外，这个城市还兴建了新的机场航站楼、地铁线路、高速公路、隧道、桥梁来适应世博会所带来的每天以数十万计的游客数量。从方便外国游客的带有英文的标识、旧建筑上新搭建的遮阳棚、从四川特别运送到上海动物园来的10只矮胖可爱的世博大熊猫……几乎每个细节都被考虑到了，无微不至。

法国巴黎副市长克里斯蒂安·索泰说："对于上海世博会，我的第一印象就是出色的组织工作。由于会址位于黄浦江两岸，组织者安排电动公交车和船只接送乘客，大大方便人们的参观。他们还为参观者提供丰富的信息服务，同时园区内既有各式餐厅让人大快朵颐，又有休闲区域供人小憩，一切都考得非常周到。"

（2）志愿者服务精神的彰显

上海世博会上，志愿者的积极奉献精神成为重要的精神财富，志愿者形象彰显出中国年轻一代服务、奉献、责任的形象，并广为传播。世博志愿者的服务精神，是中国社会推进人性化服务，塑造"以人为本"核心理念的现实体现。无论从世博会历史上，抑或是中国的历次大型国际活动角度来看，上海世博会的志愿者服务都起到了前所未有的支撑作用。上海世博会共招募79965名园区志愿者，其中包括1266名国内其他省区市志愿者和204名境外志愿者。这些志愿者分13批次，为游客提供了129万班次、1000万小时约4.6亿人次的服务，而遍及上海全城的10万城市服务站点志愿者和197万城市文明志愿者提供的服务更是难以统计。如国际展览局秘书长洛塞泰斯所言，志愿者是"支撑世博会众多活动的重要支柱"和"参观者体验世博会的重要组成部分之一"，也是世博会"理解、沟通、欢聚、合作"理念的体现。[①]

被游客昵称为"小白菜"的世博园区志愿者与被称为"蓝精灵"的城市志愿者群体一道，共同将奥运会、抗震救灾等活动展现在各界面前的中国志愿者精神再一次发扬光大。在世博会的运行中，志愿者已然成为世博文明的形象大使，更成为了世博会"城市，让生活更美好"主题的生动演绎和实践者。从另一个层面来看，世博志愿者精神反映出的责任意识，恰恰是公民意识和社会意识的核心。中国的年轻一代，通过世博会平台，向世界展现出一种以责任为核心的全新的生活态度，这种态度，在某种程度上将成为提升中国形象的重要推动力量。

4. 世博效应与中国软实力建设的发展方向

上海世博会集聚了规模空前的国际行为体，大大拓展了中国软实力的影响范围与深

---

① 参见许晓青、赵蔚：《"特殊角色重要支柱"——国展局秘书长感谢世博志愿者》，《解放日报》2010年9月25日。

度。从国际舆论的评价情况来看，中国软实力的提升成为许多媒体与评论者对上海世博效应共同的认定。延续、拓展世博效应，是推进中国软实力建设的重要抓手。另一方面，上海世博会也反映出中国软实力建设的一些不足之处与薄弱环节，对于这些问题的思考，有助于我们更全面地把握我国软实力的实际状况与发展方向。

（1）上海世博会"软实力"资源的常态化与制度化扩展

在上海世博会上，由于展会的巨大扩散与集聚效应，使得中国软实力的释放与影响得到了空前的放大。由于世博会持续时间的有限性，使得推动世博会"软实力"资源的常态化与制度化建设成为充分发挥世博效应的关键所在。

第一，世博会为世界了解中国提供了重要的沟通契机，特别值得注意的是，世博论坛、最佳实践区等世博的沟通体系是多向性的，并非中国单一向外宣传，或国外媒体"进入"性了解。这种多向性的传播体系，使得中国的文化、理念与精神内涵得以同多种文化一道，显示出多样性的特征，从而增强了传播的接受度。持续创设、利用世博带来的国际性、多向性沟通平台，在其中取得主导话语权，是未来中国软实力建设的突破方向。

第二，对于世博品牌的充分发掘与持续利用，需要持之以恒。世博会因其历史悠久、影响深远而具有全球性的品牌内涵，上海世博会更因其规模、特色、理念、创新等诸多方面的巨大成功而具有独特的品牌价值。中国馆、世博园区，乃至黄浦江两岸的诸多特色建筑都因此而带有世博元素，成为中国的新标志。中国在发展模式、城市治理、低碳环保领域的作为，都将因实践世博理念而易于被外界所认可。因此，世博品牌的发掘与持续利用，将有助于以世博会的积极创新形象消除外界对中国的消极看法，取得事半功倍之效。

第三，对于世博理念与世博精神的运用。世博会为中国留下了丰富的精神与理念财富，其中许多是在中国主导下创立的。这些思想性的资源，特别是在城市发展模式领域的新思路，若在中国得到实际应用，不仅有益于中国自身的转型发展，也能大大提升中国在相关领域的话语权与领导力。

第四，体制机制的创新。上海世博会的创新效应，不仅反映在科技、设施等硬件的创新之上，更为突出地表现在体制机制的创新上。主办方创新管理模式，高效应对各类挑战的思路，呼应了"北京共识"中务实、创新的精神内涵。上海世博会期间的创新体制，若得以普及与持续应用，将有效地提升中国在制度层面的吸引力。

（2）从上海世博会看中国软实力建设的不足与发展方向

上海世博会上，中国国家形象、中国模式、中国文化的演绎堪称精彩，国家软实力水平得到各界的公认。但另一方面，若从中国国家综合实力的角度来看，"软实力"的提高程度与中国迅速崛起的速度仍无法匹配。上海世博会上暴露出的一些问题，也表现出中国软实力建设方面仍有待加强之处。

外部的一些评价已经注意到世博会前后中国软实力提升的瓶颈。英国《经济学家》杂志在世博期间的评论文章指出，世博期间中国模式与文化吸引力的展现，并不意味着中国软实力已取得绝对性优势。相反，该文指出，一位西方外交官引用约瑟夫·奈创造的软实力概念，将世博会描述为"软实力的竞争"。但如果事实像很多中国评论员写的那样，中国软实力的冉冉升起伴随美国软实力的徐徐落下，那么至少10月31日结束的上海世博会仍将很难体现这一结局。

澳大利亚广播公司评论员文章指出，软实力是难以"制造"的。这就将中国的问题摆在我们面前。世博会后的现实是，中国软实力的提升有限，而西方拥有的软实力依然如故。在逐步获得能显著扩展其外交软实力资产之前，中国依然任重道远。对于中国来说，（提供软实力）最大的障碍并非内在实质的缺乏，而在于选择的问题。①

外部的评论从一个侧面反映出中国软实力与当前国际主流力量之间的对比仍不均衡，而对于世博会上中国软实力的有待加强之处，具体而言有以下几个方面。

第一，应当区分软实力途径或媒介与软实力本身的差别。本届世博会的成功，事实上在更大程度上是中国成功地营造了软实力的传播途径，但大型国际活动究其实际而言，更多是传播媒介，其本身依然无法产生软实力内涵。真正的国家软实力，在于一国的价值观、文化与意识形态的吸引力，以及这种吸引力形成的无形说服作用。因此，成功举办国际性盛会，只证明中国有能力构建高水平的软实力释放渠道，而对软实力水平的评估，仍应保持冷静的态度。中国软实力的提升，媒介与渠道等外部途径的建设应当增强，但归根结底，依赖于中国构建真正有吸引力的价值观体系，形成创新高效的制度体系，提升中国文化的内在感染力。

第二，"中国模式"的接受度仍有所局限。从世博会的效果来看，中国模式与发展观的确得到各界的关注，但在发展问题上，主流话语权体系依然掌握在发达国家手中。世博会所关注的低碳、环保乃至城市发展模式问题，基本上仍以西方话语体系进行叙述。对中国在发展可持续性、国际责任方面的疑虑与猜忌依然存在。

第三，从世博会的文化展示来看，中国传统文化的传播方式仍然有所局限，如何以国际通行的表达形式，选取中国文化中最有影响力的部分对外传播，目前仍无重大突破。同时，在产业化方面，现代文化产业体系这一软实力建设的重要依托仍有很长的道路要走。

第四，民众的素质直接影响了中国形象的改善。民众素质是中国形象的基础，世博会的传播与放大效应，使得参展民众的行为成为外界理解中国人乃至中国世界观的重要途径。世博会上，中国民众克服高温影响，排队遵循秩序观展的素质提升广为外界关注。但仍有一些素质方面的负面问题，在相当程度上影响了中国的国际形象。参观者插队、大声喧哗、滥用绿色通道、随意触摸展品、辱骂工作人员等问题仍时有出现。这些问题，尽管是个别现象，仍影响了外部世界对于中国民众的观感，使中国国民形象受损。因此，在中国软实力的提升与维护方面，民众素质的提高仍是任重道远的基础性工作。

267

---

① Stephen Minas, *The hard truth about China's 'soft power'*, Australian Broadcasting Corporation, 24 Nov., 2010.

三、世博国际资源体现对外影响力重要突破

上海世博会是国际行为主体高度集聚、舆论媒体高度聚焦的重大机遇，也使中国的国际资源得到极大拓展，这是中国对外影响力取得重要突破的表现，也为中国未来发展全方位对外关系提供了战略性资源。系统梳理世博国际资源与国际网络的层次与作用，探讨这些资源对于中国对外影响力的效应与意义，对于充分利用世博的远期效应，构筑并长期维系中国与相关国际网络的关系，拓展对外影响力途径和通道具有重要的价值。

1. 世博会期间上海在国际资源集聚方面的重要突破

世博会使中国的国际资源得到极大拓展。世博会是国际行为主体高度集聚、舆论媒体高度聚焦的重大机遇。世博会期间，参会的外交主体数量庞大、层次多样、互动复杂，政府外交、公共外交、民间往来等对外交往都达到最高峰。世博会形成的国际资源及交往网络，为中国的对外交流，特别是公共外交，提供了新的经验、路径和模式。

（1）政府外交：数量空前、空间集聚、时间延续

上海世博会上，传统的政府间外交异常活跃，一方面，空前规模的高规格国外政要在重要时点集聚上海；另一方面，政府间外交的持续性超长，在 6 个月的会期中形成稳定的外交流。

大量国际政要集聚——元首外交世博会期间，在开闭幕式、各国国家馆日、各类相关论坛等重要活动中，共有百余名国家的元首和政府首脑到访上海。各国元首、政要集聚上海、云集园区，纷纷利用世博契机展开外交活动，在数量上为中国其他外交活动难以企及，在空间上呈现高度集中的态势。这些国家元首、政要，构成了上海参与政府间外交的重要人脉与网络资源。

世博开幕前夕，上海便迎来史上最大"政要团"入境潮。据上海机场边检站统计，仅 2010 年 4 月 29 日一天就有 6 个总统团、3 个首相团、18 个部长团以及 7 个其他官员团队近 400 名政要入境，创下了单日入境政要人数最多的纪录，形成了首个世博高端要客抵沪高峰。

上海世博会的开幕式上，法国总统萨科奇、韩国总统李明博、加蓬总统邦戈、越南总理阮晋勇、土库曼斯坦总统别尔德穆哈梅多夫、欧盟委员会主席巴罗佐、朝鲜最高人民会议常任委员会委员长金永南等 50 多位外国国家元首、政府首脑、议长、重要王室成员、国际组织负责人以及其他重要外国贵宾共襄盛举。2010 年 10 月 31 日，世博会闭幕式前后，联合国秘书长潘基文、国际展览局主席蓝峰、芬兰总理基维涅米、匈牙利总理欧尔班、莱索托首相莫西西利等十余名国际政要集中来访，从而掀起又一波高规格外交高峰。

各国的国家馆日也是外国政要竞相亮相的绝佳场合，美国国务卿希拉克·克林顿、

德国总统霍斯特·克勒、伊朗总统艾哈迈德·内贾德、瑞典国王十六世古斯塔夫、芬兰总统塔利亚·哈洛宁、黑山总统菲利普·武亚诺维奇、挪威王储哈康、荷兰王储威廉·亚历山大王子、奥地利总统梅因茨·菲舍尔、爱尔兰总统玛丽·麦卡利斯、斯洛文尼亚总理博鲁特·帕霍尔等多国国家领导人均在不同时间出席了自己国家的国家馆日官方仪式，形成了各国政要高密度、高频率云集上海的态势。

政府间外交流——由于世博的长时段属性，使这种大规模的政府间外交活动具有相当的时间延续性，世博每天举办的国家馆日活动，使各国元首或高级别官员不间断访问上海，呈现出"政府外交流"的持续、动态特征。这种持续的外交活动大大提升了中国与上海的国际关注度及影响力。

世博会期间，主办方共接待外国国家元首、政府首脑贵宾 101 批。至 2010 年 9 月底前，上海世博会便已累计接待 70 多位外国国家元首、政府首脑及 600 多批其他重要来访团组；配合完成 150 多个外国国家馆日和国际组织荣誉日活动，成为世博历史上参展方最多、规模最大、出席规格最高的一次盛会。根据统计，世博会日均接待外国政要代表团 1.3 批次。仅 5 月一个月，就来自世界各地的 689 批贵宾光临上海世博园区，贵宾人数近 12200 人，其中，国家元首、政府首脑代表团 30 多批，当月上海世博会每天接待贵宾 23 批，人数共 400 人。其中，由国家元首、政府首脑带队的代表团 8 个，由副元首、副首脑和皇室成员带队的代表团 4 个，其他部长级代表团 15 个，代表团人数最多的达 100 多人。

（2）公共外交：层次多样，方式创新

上海世博会是继北京奥运会之后又一投向中国的聚光灯，是中国再次向世界展示自己积极、正面形象的重要机会，它是公共外交的重要组织模式和实施平台。世博会提供的国家馆活动、非国家行为体网络和友城网络形成了层次多样、方式创新的公共外交平台。

国家馆公共外交网络——园区内各国的国家馆以及中国国家馆、省区市馆等政府主导场馆，承担了公共外交空间的职能。馆日活动为促进高端对话提供了互动良机。世博会开幕以来，几乎每天都有国家馆日和国际组织荣誉日活动，来访政要络绎不绝，相关活动高潮迭起，中外领导人深入交流对话，共谋发展大计，有力推动了双边务实合作。各国百余次的国家馆日活动以及"国家/区域周"活动，充分反映了各国的文化、政治、经贸、科技成就，也使中国社会发展的成果与文化影响力通过相关场馆活动得以广泛传播。国家馆的公共外交网络，使各国与中国的联系空前频繁。

馆日互动：在国家馆日和省市周活动中，各国/地区都在世博园区举办创意独特、风采各异的官方仪式和活动，通过音乐、舞蹈、国家形象大使等各种形式展示国家/地区的文化特色，巧妙地运用软实力，运用世博舞台开展公共外交。整个世博会期间举行了 188 场国家馆日、39 场国际组织荣誉日活动，充分体现出公共外交的重要作用。

国家馆活动：各国的国家馆均成为该国与中国民众，乃至世界各地政要、名人进行联系的重要节点。以德国馆为例，该馆在世博期间接待了约 400 万名访客，其中接待了 6000 多名记者，1000 多名艺术家，50 多个文化、政经团队；贵宾室接待了 1.8 万名贵客，其中有德国总统等政治首脑，也有来自世界各地的名门贵族、演员、运动员等。

非国家行为体网络——世博会期间，上海集聚了空前规模的国际非国家行为体，参展的 57 个国际组织、百余家参展跨国公司、近百个各国主要城市不仅集聚于相关场馆及最佳实践区，而且通过国际组织、城市、企业特别日活动以及省区市活动周等形式，创新性地发挥了独特的外交作用。

国际组织：数量众多的国际组织与非政府组织的活跃是世博会非政府行为体网络资源价值的重要表现。2006 年 9 月初，世界水理事会正式确认参加中国 2010 年上海世博会，成为第一个确认参展的非政府组织，此后包括联合国、世界气象组织、联合国教科文组织、欧盟、联合国环境规划署、国际海事组织、联合国粮农组织、世界卫生组织、国际红十字会与红新月、联合国儿童基金会、国际博物馆协会和世界银行等共 57 个国际组织参展。世博期间，上述国际组织与非政府组织的活动十分活跃，参观人数不断刷新纪录，相关组织的官员与人士也频繁亮相世博。

跨国企业：世博会也是跨国企业展示自身实力、加强与各界交流的平台。苏伊士环能集团前董事长兼首席执行官热拉尔·梅斯特拉莱说，"世博会是讲述我们与中国市场以及与中国老百姓生活紧密联系的绝佳场所，同时也是展示我们在国际金融危机形势下加强在华业务的最好平台"。世博开幕以来，跨国公司的影子更是随处可见。园区中 18 个企业馆汇聚了大批中外企业。西门子、美国通用汽车公司、可口可乐公司和日本资生堂等世界一流企业则积极成为世博会的赞助商，其中西门子是上海世博会确认的首个外交全球合作伙伴，通用是汽车业中唯一在世博会设馆的公司。在 5.28 平方公里的世博园里，存在着数百家企业和品牌的身影，它们都在竞相通过世博这一国际性平台，加强影响。

上海友城网络——国际友城活动已是城市外交的重要支撑，在国际合作与交流中发挥着重要影响。世博会期间，中国的国际友城网络得到重要拓展。一方面，通过园区内外的展示与交流活动，特别是相关的"友城周"活动，上海与 70 多个传统国际友城的关系得到了巩固，在经贸、文化、科技、教育、旅游等方面合作更为深入；另一方面，上海利用世博契机，与更多国际城市建立了良好活动与联系，为进一步拓展友城网络提供了机遇。

上海不仅通过世博加强了自身与友城的关系，还推动了中国城市与世界城市的交流。利用世博契机，9 月 27 日，上海举办了 2010 年中国国际友好城市大会，来自 48 个国家的省、州、市代表及地方政府组织、姐妹城协会领导人等约 700 人出席了会议。大会举行了专题论坛、双边区域论坛、友好城市签约仪式、国际友好城市颁奖活动。

（3）民间交往：规模空前，潜力巨大

民间交往是外交活动的重要基础。世博会期间，超过 7000 万的客流，350 万人次海外游客，形成了规模巨大的民众交流网络。这些网络虽然在层级上较低，但因其微观上的频繁互动性质以及基础特性，事实上形成了中外交流中起潜移默化作用的巨大潜力。

普通民众交流网络——世博会期间，近亿游客在园区内外的集聚流动，特别是大量国外游客的进入、生活、体验，使上海成为国内外民众直接交流的重要平台。同时，国内外游客在上海的交流互动，也使区域内构筑起国外民众与本市居民在文化、商业、娱乐、通讯等领域的民间网络。

世博会园区内外，数千万人次的国内外观博民众与国外参展方工作人员的交流，构成了世博期间民间最频繁、最基层的交流网络。2010 年，在世博效应的推动下，从上海入出境人员数超过 2379 万人次，同比增加超过 25%，创历史新高。根据上海出入境检验检疫局的消息，从 5 月 1 日至 10 月 22 日，上海口岸共对约 1215 万人次进出境旅客进行了检疫查验，其中入境旅客达 613.7 万人次。这些外籍客流主要包括各国参展方工作人员、世博志愿者、媒体记者、各国使节和代表团以及参观世博会的众多旅客。入出境人数的增加尤其是外籍人员入出境流量的直线上升充分体现了世博中外涉博民众交流的倍增效应。

在世博期间，国外游客不仅在世博园中感受中国文化，同时他们还在上海城市之中，与本地居民进行了充分交流。世博游客与境外参展方也在观、参博之余，进入市区，与中国市民进行了广泛的文化交流。例如，8 月份，40 个国家和国际组织的 100 余名参展方官方代表来到上海卢湾区，参与"世博会国际参展方进卢湾互动活动"，他们参观了该区的社区文化活动中心，欣赏了民俗工艺、琴棋书画、民乐舞蹈等现场展示，感受了文化创意与市井生活的巧妙融合。

国际教科文卫网络——世博期间，国际媒体、国际学者、民间团体、国际级文体演出团体长时间云集上海、聚焦世博，极大地促进了上海的相关领域及延伸领域主体的交流合作网络。国际学界及民间团体共同参与的 1 个高峰论坛、6 个主题论坛、数十场公众论坛以及超过百场的各国举办的专题论坛，形成了国际论坛与国际会议共同构成的思想库网络。世博会每天 100 余场演出，共 2 万余场文化演出，其中一半由国际文艺演出团体举办，国际优秀文体演出团体的大量集聚以及与本地文化机构部门的互动合作，形成了国际文体演出网络。

媒体是世博会的重要参与者，在世博的推广活动中，中外媒体的大量报道产生了积极的社会效果。上海世博会吸引了世界各地的媒体纷至沓来。世博会期间，新闻中心共接待了 18.6 万人次的中外记者，还为近 400 名参展方新闻联络官、288 场重要官方活动、198 个媒体参访团提供了服务。[①] 在 8 月份，尽管上海出现百年不遇的极端高温天气，每天进入园区的媒体注册人员仍有 500 人次至 600 人次，其中约十分之一是境外记者。根据上海世博会媒体注册中心累计向中外媒体发放的 12389 张注册证件推算，每名

271

---

① 参见《数字世博》，中国 2010 年上海世博会官方网站：http://www.expo2010.cn/a/20101031/000194.htm，2010 年 10 月 31 日。

持证记者往返世博园超过 10 次。国际领导性媒体与中国媒体及相关管理机构的互动，形成了以世博为核心的国际化传播网络。这一网络的维系与拓展，将为中国形象的传播提供空前规模的媒介资源。

上海世博会吸引了众多政界、学界、企业界的专业人士，这些群体关注的领域相近，且具有彼此的交流意愿，因此构成了世博独特的思想库网络。世博论坛是 2010 年上海世博会的三大组成部分之一，该论坛吸引了大量学界与思想界知名人士共聚上海。六场主题论坛，均邀请参展方展区代表、各国相关政府部门官员、国际组织、政界、学界、企业界代表参加，每个论坛的规模约 500 至 800 人。高峰论坛则邀请了联合国秘书长、各国元首或政府首脑、各国部长级领导人、国际展览局主席及国内外城市市长、参展方展区总代表、企业界代表、学术界代表、优秀青年代表、媒体代表等共 1500 至 2000 人参加。除了主办方的论坛，展馆内的论坛也吸引了众多各界专业人士参加。

此外，世博会提供了全球性文化交流、文艺演出的重要契机，184 天会期中，共有超过 1200 个中外演出团体来园演出，节目总数超过 1100 个。世博园区共上演各类文化演出活动 22900 余场，累计吸引观众逾 3400 万人次。200 多个国家、国际组织、城市、企业参展者精心准备的文艺活动，以及一大批具有民族、民间、民俗特色和浓郁地域文化特色的文艺节目，展示了世界文化的多样性和中华艺术的独特魅力。在这 184 天的世博会中，西班牙弗拉门戈舞蹈、俄罗斯马林斯基芭蕾、英国伦敦爱乐交响乐、加拿大太阳马戏、黎巴嫩卡拉卡拉舞蹈等都一一上演。这些文化盛宴，构成了独特的世博文化资源。

在盛大的文化交流中，众多世界知名文化团体与知名人士纷至沓来，形成了覆盖全球的文化主体网络。著名的费城交响乐团、英国 BBC 交响乐团、斯图加特广播乐团、意大利都林皇家歌剧团等经典音乐团体齐聚上海，世界各地的民间艺术团体也在世博园区各大广场登台。在世博会巨大影响下，德国科隆歌剧院还将在上海大剧院演出了古代艺术经典剧作《尼伯龙根的指环》。这些知名艺术团体在世博期间的集聚，为中国提供了重要的文化交流途径与网络。

国际舆论网络——世博会期间，数量庞大的国际商业、文化、影视、体育、娱乐等领域知名与公众人物频繁造访园区与上海各级部门，大量公开发表有关于世博、上海以及中国的评论与其他言论，并进行经济、文化、社会交流活动，形成了国际公众人物的舆论网络。上述名人群体是国际舆论界的重要影响力量，同时掌握国际政治、经济、文化、社会方面的重要资源。维系与涉博国际公众人物的紧密联系，有助于中国在国际社交界构筑相关交流网络。这一舆论网络的建立，不仅有助于提升上海"海纳百川"的国际知名度与影响力，也将使中国的文化和价值观在世界范围内得到有效的传播。

世博会的巨大影响力吸引了众多国际、国内明星汇聚上海，他们成为国际舆论的重要影响力量。其中，世博会的形象大使群体，作为与世博关系十分密切的公众人物，具有十分独特的作用。世博会主办方任命了多位形象大使，很多国家展馆也任命了国家形象大使。日本著名歌手谷村新司、时装设计师小筱顺子、乒乓球运动员福原爱成为日本推广形象大使；英国歌手莎拉·布莱曼在伦敦"上海周"开幕式上，被正式聘任为世博会的"代言人"，成为向英国民众推介上海世博会的重要力量，她多次强调，将尽所能让更多人知道 2010 年上海世博会，世博会开幕后，她又担任了英国推广形象大使；法国影星阿兰·德龙成为世博会法国馆的形象大使，世博期间，法国设立了一个"法国馆频道"，阿兰·德龙在其中讲述他对中国以及中国人民的感情。这些知名人士作为各自领域的明星，不仅在积极推介世博会方面有巨大作用，也有助于形成对中国有客观评价与倾向的国际舆论力量。

世博期间，一些著名文化、体育、娱乐界人物也纷纷造访世博会，利用世博影响进行相关推介活动。例如，时任美国加州州长、著名影星阿诺·施瓦辛格 2010 年 9 月 12 日造访上海世博会，并在美国馆正式宣布，加州将申请在硅谷举办 2020 年世博会。美国著名影星哈里·贝瑞、"美国小姐"利玛·法基和 NBA 冠军湖人队球星德里克·菲舍尔则在美国国家馆日造访了世博园美国馆；巴西著名歌星、乐团流行巨星何贝尔塔·莎在世博中心举办音乐会；深受日本和亚洲观众喜爱的超级偶像团体——日本 SMAP 组合（木村拓哉、香取慎吾、中居正广、草剪刚、稻桓五郎）也在世博期间的 10 月 9 日、10 日首次在上海体育场举行"We are SMAP"演唱会。这些公众人物，具有各自领域内的独特号召力和吸引力，他们的言论对于各国的舆论体系有强大的影响力。因此，世博公众人物网络的有效利用，对于形成中国的对外舆论影响体系，具有重要的现实意义。

2. 世博会国际资源对中国提升对外影响力的作用

世博会集聚的国际资源，具有规模大、层次多、持续性长等重要特征。这些国际资源对中国推动传统外交、公共外交向纵深发展，具有十分突出的作用，因此，应被视为对促进中国对外交往有重要意义的战略性资源。从总体上看，世博会国际资源有助于中国提升政府间外交水平、拓展民间外交渠道。同时，该资源在促进形成中国的非国家行为体集聚区，提升国家软实力方面也具有重要价值。

（1）世博会国际资源对于中国政府间交往的重要作用

在未来中国发展为世界性大国的进程中，相关国家利益的领域、范围将有重要变化，所需国际交往的广度与层次也将相应大为拓展。上海世博会国际资源因其影响的全面性与可持续性，对于我国构筑全方位外交格局，获取公共外交、民间外交等当前稀缺外交资源具有重要的支撑作用。因此，应从国家战略层面，看待世博园区内外的国际网络、承载空间等，发挥国际化大都市在推动中央政府对外交往积极发展的独特作用。

全球化向纵深发展的背景下，政府间国际事务的互动逐渐超出以首都为代表的传统政治中心城市，开始倾向于国际化服务能力强、经济实力雄厚的世界城市。在这种趋势下，利用上海在世博期间建立的政府间交往网络，强化与国际领导人及重要政治人物的联系，为国外元首、官员、机构的国际交往与联系事务提供渠道与平台，将有助于使上海成为促进国际双边、多边外交的重要桥梁。

从世界城市的发展规律来看，高等级世界城市的一个重要标准就是对国际政治有重要影响力。在被广泛认同的世界城市概念中，其具备的政治资源和政治作用得到了关注。而这种政治要素的独特优势使其在发挥国际政治作用方面有着较其他城市更大的空间和潜力。世博会集聚的国际资源与网络体系，不仅为上海提供了拓展世界城市国际政治与交往功能的重要基础，还能在更高层级上提供中国在国际政治互动中所欠缺的非官方外交渠道以及公共外交、民间外交资源。因此，这一宝贵资源，对于中国形成多层次、全方位的政府间外交格局意义重大。

（2）世博国际资源对于中国形成非国家行为体集聚地的特殊作用

国际组织、非政府组织、跨国公司等非国家行为体的集聚度，越来越成为影响一国对外影响力、特别是软实力的重要因素。中国国际地位的迅速提升，对于相关城市形成非国家行为体集聚区的需求将日益提升。从目前的发展现状来看，我国的北京、上海等重要城市在吸引国际组织落户方面有很大欠缺。目前仅有联合国亚太农业工程与机械中心、上海合作组织秘书处和国际竹藤组织三个机构的总部设在北京。总部集聚度甚至远低于印度、泰国等亚洲国家。这种情况大大制约了中国世界城市发挥其国际政治，特别是公共外交的作用，同时也与我国的国际地位和发展水平不相称。因此，利用世博契机，吸引相关国际组织总部在上海落地，不仅能够对上海的国际地位提升起到重要的支撑作用，也将为中国提升国际影响力做出重要贡献。

上海世博会期间，相关国际组织、跨国公司、非政府组织在世博园区高度集聚，并与我国相关群体进行了频繁的互动。若在维系与上述非国家行为体网络联系的前提下再进一步，推动相关组织与机构的落地，将有助于中国作为东道国，凭借自身得天独厚的优势，成为相关机构中的重要成员，并在相关领域的国际事务中具有特殊的发言权与重要作用。此外，对于世博国际网络资源的利用，还有利于增加相关的国际活动和国际交往，为非国家行为体的集聚构建重要的外部环境。

（3）世博会国际资源对中国拓展公共外交、民间外交能力的推动作用

世博会作为中国继北京奥运会后又一重大的国际性活动，也是一次通过公共外交方式向世界展示中国的极好机会。公共外交和民间外交，是指国家间非政府主体之间的政治、经济、文化交往。它具有稳定性、包容性、灵活性和草根性等特点。通过世博会的国际资源，能够在以下几个方面为推进公共外交和民间外交做出贡献。

第一，以文化为主题推动文化学术界与外国同仁的对话与交流。文化是国家的根脉。面对激烈的国际竞争，只有认识文化的价值，重视文化建设，才能大有可为。世博会是多元文化的碰撞与融合，世博国际资源中包含了集聚于上海的多方文化主体。利用这一宝贵资源，推动国内国际文化团体、学术界、教育界的相互访问、交流，并以研讨会等各种形式加强民间的文化交流和对话，以加深彼此了解，具有重要的现实意义。

第二，以经济为主题推动国内经济界与海外的密切交流。由于中国巨大的经济、市场前景，世博会期间形成的跨国公司、企业界等经济行为体网络具有相较其他类型国际

资源更大的持续性和稳定性。因此，借助世博会的契机鼓励并推动产业协会、经济团体、企业界和财政金融界积极与国外经济界的交流与合作，将对中国的经济外交提供重要的推力。

第三，以个人为主题推动市民的对外交往。世博期间形成的民间交往资源规模空前，其中大量的外国参观者除了在世博会场所体会中国的发展，更有大量的时间直观上海，了解中国。同时，世博期间，从青年学生到社区民众的支援精神、对外交往能力和良好形象已广为认可，并成为中国构建微观层面外交网络的宝贵财富。这些个体、市民层面的民间外交能力提升，是世博会对上海对外交往能力推升的基础。

第四，以城市为主题推动城市相关组织的交流和合作。城市外交是民间外交的重要组成部分。世博期间，与城市相关国际资源得到巨大扩展。相关的城市政府、研究机构、民间组织频繁聚集于世博园区，对城市问题进行交流。通过本次世博会，不仅可为城市建设找到交流、对话和合作的平台，也使得这一领域成为对外交流的一个新突破口。通过世博会这一平台，促进我国城市建设的机构与民间团体或组织积极与海外相关部门、组织的交流、互动，不仅能够学习和借鉴国外在此方面的经验，探索符合我国发展的城市建设方略，也能在传统外交部门之外找到新的对外交往热点领域及主体。

（4）世博会国际资源对中国国家软实力的提升作用

按照提出"软实力"概念的著名学者约瑟夫·奈的观点，软实力是通过吸引而非强迫或收买的手段来达己所愿的能力。它源于一个国家的文化、政治观念和政策的吸引力。而软实力往往通过迂回方式获得其所想达到的结果，这是因为其他国家羡慕其价值观，渴望达到目标的繁荣和开放水平。这种迂回方式，往往意味着国际通行的语言体系与表达方式。在一国文化、制度、价值观内涵确定的情况下，传播水平与媒介能级往往决定了软实力的影响效力。

从效果上看，世博会国际资源为中国发挥软实力效应影响提供了绝佳的渠道与平台，也有助于将软实力与硬实力转化为"巧实力"。世博国际资源一方面能够提供官方和民间渠道两种手段，提升软实力传播的有效性；另一方面能够以国际话语体系对海派文化、中国的价值观念、制度等软实力要素进行阐释和创新，丰富上海软实力的内涵与可接受度。此外，世博品牌的国际关注度，也使之在软实力的发挥方面作用独特。通过世博国际资源的持续利用与深化开发，中国文化和价值观在国际间传播的广度与深度有望得到新的拓展，中国的国家形象建设也将受益良多。

四、广州亚运会成就斐然

广州亚运会是北京奥运会后在我国举办的最大规模国际性体育赛事。亚运会的成功举办，对于提升中国在亚洲范围的国家影响力作用巨大。亚运会内外展现出的和谐和睦气氛，增加了亚洲对于本区域文化与中国积极作用的认同感，也从一个侧面反映出中国的发展模式与中国价值观在本地区得到了认可。

1. 广州亚运成功举办

2010 年 11 月 12 日至 27 日，第 16 届亚洲运动会在广州举办。广州是中国第二个取得亚运会主办权的城市。而此次亚运会的举办，其成功与精彩，与历届亚运会相比均不遑多让。广州亚运会不仅在规模与赛会成就方面取得新高，而且推动了中国文化的对外传播，促进了亚洲各国民众的交流，其文化凝聚作用更为凸显。

（1）赛事规模空前、成绩优异、组织完美

在赛会的规模上，在主办方的积极推动下，广州亚运会的参与主体、竞赛项目涵盖面与参赛成员都创下新高。广州亚运会上，亚奥理事会的 45 个成员全部参赛，再次实现了亚奥理事会大家庭的团聚。同时，竞赛项目的设置也为历届之最，共设置包含 28 个奥运会项目、14 个亚洲特色非奥项目，总共 42 个竞赛大项、476 个比赛小项。参赛人员方面也达到历史新高，亚运会报名运动员达到 10156 人，比 4 年前卡塔尔多哈亚运会的 9520 人多了 636 人。参加赛会的技术官员则超过 400 人。

在竞赛成绩上，广州亚运会充分体现出亚洲体育运动的新发展，来自亚洲 45 个国家和地区的近万名运动员在 16 天的竞赛中刷新了 3 项世界纪录、15 项亚洲纪录和 27 项亚运会纪录。29 个国家和地区获得亚运会金牌，36 个国家和地区获得亚运会奖牌。从奖牌覆盖面上看，"金牌成员"比上届增加 3 个，有 80% 的代表团获得了奖牌，这反映出广州亚运会很好地实现了亚奥理事会让更多参与者"分享奖牌"的目标。中国代表团再度登顶，共获得 199 枚金牌、119 枚银牌、98 枚铜牌，金牌数和奖牌数都高居榜首。本届亚运会也成为中国代表团夺金最多的一届亚运会。

在赛事的组织保障上，广州亚运会的运行堪称完美。本次亚运会空前的赛事规模、竞赛项目和场馆数量，都给赛事组织运行带来了极大的挑战。但相关的竞赛组织工作有条不紊，运行良好，取得到了各方的一致赞誉。在各方关注的兴奋剂问题上，亚运会期间，在超过 1500 次的抽检中，只有两例呈阳性。赛会的公正性得到了充分保证。

在运动员的居住与服务方面，广州亚运会进行了全面创新。广州建设了"亚运城"，取代了以往亚运村的概念。这座号称"亚运史上第一城"的庞大建筑群，面积达 2.7 平方公里，完全颠覆了"亚运村"的概念——它包括运动员村、技术官员村、媒体村、主媒体中心、后勤服务区、体育馆区及亚运公园共七大部分，有效实现了城市各功能建筑的综合配套。同时，亚运城的建设与广州的城市建设紧密相连，亚运赛事之后，这里将成为广州一个重要的城市功能区"广州新城"的启动区。

亚奥理事会主席艾哈迈德亲王充分肯定了广州各方面的工作，并评价本届亚运会"非常成功"。他说，"广州亚运会在亚运历史上无疑是非常成功的一届。我要特别感谢亚组委和广州所付出的努力。一些亚奥理事会的官员曾告诉我，他们个人觉得广州亚运会的开幕式甚至赶上了北京奥运会。而且，从与一些运动员的交流来看，他们认为运动员村内设施也都赶上或超过了奥运水准"①。

（2）创新传播形式展现中国文化吸引力与包容度

广州亚运会，作为万众瞩目大型国际性活动，在传播中国文化，展现中国国家形象方面具有重要的作用。亚运会上，主办方通过开闭幕式表演的精心筹划，以大量富于创造力和中华智慧的形式，将中国文化元素与中国对世界的理解，充分进行了演绎，取得了良好的效果。

作为亚运最重要的国家形象展示平台，广州亚运会开幕式大但创新，相关仪式、表演并未在体育场中进行，而在珠江上的海心沙岛上举行，令人感觉耳目一新。国际大型体育赛会的开幕式从封闭的体育场走向开放的空间，实现了时间与空间的延伸和张扬，成为广州的首创。开幕式以"水"为核心思想，体现出中国传统哲学中对于人与自然和谐共生关系的特征。同时，广州亚组委将开幕式看台和舞台打造成一艘扬帆远航"和谐"号航船，意寓面向东方，向太阳升起的方向前进。不仅具有中国特色，而且以地域和标志，体现出深厚的亚洲气息。

此次亚运会开幕式对中国文化的演绎中，特别展示了中华文化中强调交流、共享的积极内涵。开幕式上多次出现的航船、海洋、航海元素，与"水"的主体相结合，折射出中国通过海上丝绸之路，开放性地与亚洲各种文明和平交往，共享文明、友谊和繁荣的思想。

开幕式中，现场演员、观众和全体广州市民共同将自家的一盆绿色植物搬到窗外、阳台、天井、楼顶等露天的地方浇水。这一被称为"绿色一分钟"的简单动作，汇成一个规模空前的城市行为艺术，所有市民都是其中一分子，以此倡导环保意识、彰显亚运理念。全城市民参与开幕式环节，广州当属首创。同时，这一行为凸显的环保理念，不仅是对奥林匹克运动需求的回应，也是对世界范围内所倡导的绿色低碳发展方式的积极响应。

在开闭幕式上，主办方还着力体现了亚洲不同文明的汇聚。在开幕式上"序曲"部分，主办方创新性地以45条风格各异的彩船分别代表亚洲45个国家和地区沿珠江巡游，共同向主场地汇聚。闭幕式上，来自亚洲各国的著名歌手各自演绎了日本、哈萨克斯坦、印度、印度尼西亚、黎巴嫩、蒙古等国知名亚洲歌曲。同时，300名身着印度民族服装的新郎、新娘表演的印度风情舞蹈也令人印象深刻。在闭幕式尾声，开幕式时抵岸的船队，代表45个参赛国的彩船在海心沙重新启航，代表将亚运精神财富带回各国。这些来自亚洲文化的集聚与交相呼应，突出地体现出中国对于亚洲不同文化的包容与欣赏，也反映出中国文化对多文化交流的渴望与肯定。

广州亚运会引起日本媒体广泛关注，共同社、《朝日新闻》、《读卖新闻》、NHK 等主要媒体都对开幕式盛况进行了报道。在"共同社"的日文网站上，广州亚运会将于

① 王继晟：《亚奥理事会主席盛赞广州亚运会完美成功》，人民网：http://sports. people. com. cn/ GB/198868/13334841. html, 2010 年 11 月 27 日。

12 日晚开幕被列为当日头条新闻之一。该社对广州亚运会的规模、开幕式安排、温家宝总理出席等都做了详尽的报道。该社评论说，这是 1990 年北京亚运会以来中国 20 年后再次举办亚运会，是继"北京奥运会"和"上海世博会"后中国举办的又一次国际大型活动，将展示中国的威信。《每日新闻》以《广州亚运会举行盛大开幕式》为题说，北京奥运、上海世博、广州亚运，接连举办大规模国际性活动反映了中国不断增长的经济实力。①

巴基斯坦总统扎尔达里表示，"广州呈现了一次成功的亚运盛会。它告诉世界，中国不仅有强大的经济实力，而且有优秀的传统、深厚的文化底蕴。将来承办亚运会的国家和城市必须要来中国取经"②。

法新社的报道指出，在亚运会上，广州向国内外贡献了一场"突破性"的开幕式，运动会的组织者也希望观众能够长久地记住本届盛会。本届亚运会的筹备工作和 2008 年北京奥运会的开幕式不相上下，但是广州官员仍然希望凸显自己的特色。

马来西亚发行量最大的报纸《星洲日报》大篇幅报道了亚运会开幕的消息，并盛赞开幕式构思新颖，特色突出。该报的报道认为，依托珠江绝美的自然风光和两岸现代的城市景观，广州亚运会打造了一个绝无仅有的开幕式序曲，珠江巡游，一江欢歌。

尼泊尔主流媒体在头版或体育版面大幅报道广州亚运会开幕式，一些主流英文媒体更盛赞开幕式是史无前例的盛大壮举，是开幕式历史上的"破纪录"。该国官方英文日报《新兴尼泊尔》报道称，开幕式有很多创举，很多"破纪录"。惊艳的灯光秀出了浓郁的岭南文化，民俗舞蹈、传统鼓乐、水上表演和珠江夜巡的船只让人感觉到真正的"和谐"。③

（3）促进亚洲文化交流不遗余力

本届亚运会以"弘扬中华文化、凸显岭南文化、融合亚洲文化"为目标，致力于推动亚洲多元文化的交流融合。从体育项目的设置到民间文化互动，广州亚运会以体育竞赛为契机，推动了中国与亚洲以及亚洲各国之间文化的交流，从而使亚运会的意义超越了体育领域，成为促进亚洲和谐的重要平台。广州亚运会的经验证明，不同文化间的交流与和谐可以通过体育盛会实现。中国在推动多文化交流上的努力，充分体现出作为区域大国在促进本区域和谐交流方面的负责任态度。

体育竞赛项目，本身就是文化的载体。本届亚运会竞赛项目的设置，就充分利用这一特点，努力将亚洲各地区具有鲜明体育文化特色的运动项目尽可能列入其中。借亚运平台，承载着各地历史文化的特色体育项目得以全面亮相。这些运动，或许在普及性上有所欠缺，但恰恰体现了各区域独特的历史和文化传承，包括东亚地区的柔道、围棋、象棋；南亚地区的卡巴迪、板球；东南亚地区的藤球、台球等具有非常浓郁亚洲特色

---

① 参见谢国桥：《日本媒体关注广州亚运会共同社称展示中国威信》，中国新闻社 2010 年 11 月 14 日。
② 谭晶晶：《巴基斯坦总统：广州亚运向世界展示中国软实力》，新华社 2010 年 11 月 14 日。
③ 参见何险峰：《尼泊尔媒体称广州亚运会开幕式"破纪录"》，新华社 2010 年 11 月 13 日。

的非北京奥运会项目，被设定为本届亚运会的比赛项目，数量为历史上最多。带有浓厚中国文化气息的龙舟、围棋、象棋，也在广州亚运会首次亮相。这些项目，已经不能单纯地理解为体育比赛，而是一种文化载体。这些项目的进入，充分考虑了亚洲各个国家和地区的优势项目和受众的喜爱，并在小项设置上给予了适当的照顾，为这些国家和地区获得更多的奖牌创造条件，推动了亚洲各国各地区运动员广泛参与。同时，也增加了综合性运动会的吸引力和趣味性，令体育成为传承区域文化的重要载体。

对亚洲文化的推广与交流，是本届亚运会的重要成就。从 2009 年开始，广州亚运会的"亚洲之路"文化推广活动访问了 37 个亚洲国家和地区，166 个亚洲志愿信使团前往 16 个国家 96 个城市推广亚运会。亚运会举办前夕，11 月 8 日，广州亚运会文化活动已拉开序幕，在至广州亚残运会结束的一个半月中，来自 20 个国家和地区的 2000 多名艺术家，陆续在广州市 17 个演出场所展开 317 场表演。在这 317 场演出中，都是来自亚洲各国的艺术精品，包括近邻日本、韩国的现代歌舞剧，西亚波斯湾阿联酋、伊朗和叙利亚的音乐与回旋舞，蒙古草原谣曲与图瓦的喉音，南亚柬埔寨和缅甸的雅乐歌舞等。① 在文艺演出之外，主办方还举行了 78 项亚运展览展示和 27 项群众文化活动，以及超过百项的各种赛事文化活动。这些文化活动，成为亚洲各国文化以广州亚运为契机相互交流的重要平台，也推进了中国民众对于亚洲文化的认知。

广州亚运会在推进各国文化交流的同时，也成为推介中国和岭南文化的重要契机。与往届国际体育赛事有所不同，本届亚运会对于中国文化的展示，更多从区域文化入手，从而体现出中华文化异彩纷呈、百花齐放的多样性特征。广州所在区域的岭南文化是中华文化的重要组成部分，广州市 2000 多年历史名城的深厚文化底蕴则成为展示这一文化的重要基础。在亚运会开幕式珠江巡游岸上演出活动中，舞狮、麒麟舞、功夫茶、西关婚俗等精彩表演，全方位地展示了岭南文化。在亚运会举办期间，主办方对粤剧、粤曲、广东木偶艺术、惠东渔歌、广东汉乐等非物质文化遗产的展示进行了精心设计，以多场次、持续性的演出与交流充分满足了各国来宾欣赏岭南文化传统艺术的需求。

2. 广州亚运的重要作用与含义

广州亚运会的成功举办，不仅在体育与文化领域对亚洲各国的合作交流起到了推动作用，而且对于促进亚洲的和平稳定具有重要的标志性含义。"和谐亚洲"的提出，充分体现出中国促进亚洲区域稳定、繁荣的积极愿望与外交原则。同时，广州亚运会与上海世博会在同一年中举办，两个处于不同区域的中心城市连续承担国际性大型活动，且均取得了巨大的成功，标志着中国国家综合实力与经济社会稳定性的巨大提升。

---

① 参见吴潇怡：《广州亚运：亚洲文化和谐交流的舞台》，《光明日报》2010 年 11 月 22 日。

（1）广州亚运会对亚洲地区共同追求"和谐开放"的标志性含义

广州亚运会举办前后，亚洲区域出现了新的复杂态势。部分区域的安全局势出现错综复杂的状况，外部大国试图利用复杂局势，加大对亚洲的事务的影响与控制。在这种情况下，广州亚运会的成功举办，以 45 个亚洲国家齐聚一堂的空前规模，反映了亚洲各国人民和谐共处、互助共赢；亚洲各国文明交流互鉴、共同进步的重要积极信号。广州亚运会上，在中国的推动下，各国运动员与民众平等竞赛、积极交流，各国文化平等相处、求同化异。广州亚运会的成功，增强了亚洲各国对本地区文化、价值观的认同感，有助推进地区的稳定与繁荣。

在广州亚运会上，众多国家代表团的到来带有非常重要的象征意义。阿富汗国内动荡不安，财政困难。但仍有 60 多名阿富汗运动员由世界各地汇聚到广州。由于国内连年战火，这些运动员无法得到基本训练和生活条件，只能散居在其他国家，他们只能从阿富汗奥委会得到每人 45 美元的月薪。这些运动员选择参加亚运，反映出阿富汗人民对于亚洲团结的认同，对于和平的渴求。伊拉克代表团、东帝汶代表团的参加，也同样体现了亚洲各国勇于克服困难局面，追求和平、和谐的精神。

亚奥理事会总干事侯赛因·穆萨拉姆的评价充分体现了亚运会的凝聚作用。他指出，亚洲是最具文化多元性的大洲，尽管亚洲现在还存在政治冲突，但体育无国界，体育文化具有穿透力，可以从东到西，从印度洋穿过中东、海湾，将亚洲融为一体，传递和平的信息。广州亚运是体育的机会，也是和平体育文化交流的机会。

（2）"和谐亚洲"思想反映中国促进区域稳定、繁荣的负责任态度

本届亚运会以"激情盛会、和谐亚洲"作为主旨，当中的"和谐亚洲"思想，体现了中国追求区域和平、和谐，以开放、包容心态处理对外事务的原则精神。作为亚洲人口最多的国家，中国的发展离不开亚洲，亚洲的繁荣稳定也离不开中国。因此，对于"和谐亚洲"的理想构建，中国既有强烈的期待也有重要的责任。

从中国的角度来看，"和谐亚洲"思想的内涵，一方面基于中国的和平发展，同时推动亚洲地区的经济、文化、安全合作，从而实现亚洲整体的振兴和安全。在中国的推动下，"和谐亚洲"有望成为亚洲的政治共识，因为和谐本身也是亚洲人民对世界文明的贡献。通过广州亚运会，中国以宽广的包容度和开放姿态，吸引亚洲各国主体共聚广州，构建"和谐亚洲"提供了体育、文化交流的独特平台。在广州亚运会举办前后，中国以"和谐亚洲"为宗旨，始终不渝地推动亚运精神在亚洲各国的传播，促进各国文化在亚运举办城市的交流，共享亚运文化财富。这种对于亚洲不同文化的尊重、包容，对于亚洲不同主体相互交流的积极推进，一方面显示出中国在促进区域持久和平与繁荣方面的努力、决心与信心；另一方面也体现出中国努力承担与推进亚洲整体振兴、和平、繁荣任务的负责任态度。

（3）广州新发展反映出中国持续发展、日益进步的形象

继北京奥运、上海世博之后，广州亚运会成为世界瞩目的又一"中国样本"。而广州的独特历史地位，也为本次亚运会带来特别的意义。广州是中国古代海上丝绸之路的

重要节点，同时也是中国近代史上最先被打开门户的城市。改革开放之后，广州又成为当代中国对外开放的前沿。在亚运会期间，广州出色的赛事组织与管理机制，不仅赢得了各界的赞誉，也使这座城市的快速发展与务实创新，成为中国在进入 21 世纪之后，在改革开放道路上锐意进取、开拓创新的形象写照。

作为改革开放的先行地区，广州亚运会向外界充分展现了经济社会发展取得的巨大成就。亚运体育场馆具有高度现代化程度，市区标志性建筑拔地而起，交通发达，地铁网络已然形成规模。同时，广州在城市管理与规划方面也体现出可持续发展的精神，亚运城的建设和配套既考虑了亚运会本身的需求，又结合了广州城市战略发展的布局需求。赛后亚运城可以迅速转换为能容纳百万人口的优质居住社区，而区内所需要的学校、医院、商场、交通等配套设施都已齐备。在市民动员方面，广州以庞大的志愿体系为赛会提供各类服务。

作为国家中心城市，广州市通过亚运会展现出的这些不仅是一城、一地的实力提升，也反映出中国改革开放 30 年来建设的成就，是中国社会日益进步、发展水平不断提高的缩影。广州在亚运会上反映出的创新与活力，也折射出中国经济社会发展的动力。印度尼西亚媒体《苏北日报》评论说，"参加本届亚运会，人们从中了解到广州改革发展的社会面貌，等于了解中国的改革，因为它是中国改革开放的缩影"。日本共同社的报道也指出，广州亚运是继北京奥运、上海世博后又一次向世界展示了中国的发展成就。中国香港《镜报》12 月号刊文说，广州亚运不仅搭建了亚运史上规模空前的竞技舞台，让亚洲各地健儿共享"激情和谐"亚运的欢乐；大大促进广州经济建设和改善了社会民生；同时，也将在广州城市发展史上留下一座令人永恒记忆的丰碑。

（4）局部之力办国际赛事反映出中国综合实力的巨大提升

在评价广州亚运会之时，1990 年北京亚运会成为重要的参照系。20 年前，北京亚运会的举办，得益于全国支持的"举国体制"。广州则是继广岛、釜山后第三个举办亚运会的非首都城市，这也是广州承办的最大型综合性国际体育赛事。而本届亚运会的筹备与举办，基本由广州独立承担。两相对照，广州以区域之力独立成功承担洲际赛事，显示出中国整体实力在 20 年间的极大提升。

1989 年，在举办北京亚运会前夕，中国 GDP 为 15677 亿元，而 2009 年的广州一市，GDP 已超过 9000 亿元，2010 年将超万亿元；而广东省 2009 年的 GDP 达到了 39081 亿元，若忽略人民币购买力差异，已是 20 年前全国经济总量的两倍半。广州亚运会完全站在一个更高的起点上。正是在这一基础上，广州得以在保持城市正常运行的情况下，以区域力量承担起国际性活动的运行与组织。

在赛事运行模式上，广州承办亚运也走出了一条新路。除部分基础设施建设费用外，广州亚运会的赛会运营费用主要通过市场开发筹集等多种方式取得，从而减少了国家与市民的负担。这种重视市场开发的活动财政运行模式，既符合国际大型活动的通行做法，也体现了中国对大型国际活动运营思路的重大转变。从以往压力巨大的"重中之重"到依靠多种力量共同推进的"举重若轻"，反映出中国作为崛起大国从经济状态到思想观念方面的成熟与自信。同时，广州亚运、上海世博等活动的密集举办表明，举办大型赛事和庆典已经成为中国作为世界大国的常态活动。而这种常态化的背后，是强大经济实力的支撑与民族自信心的提升。

大事记 9－1　2010 年世博、亚运大事记

2 月 8 日	2010 年上海世博会标志性建筑中国馆"东方之冠"正式竣工
3 月 31 日	经过两年零三个月的建设施工，上海世博会 5 个永久性建筑中最晚开始进行建设的世博文化中心，31 日在浦东世博园区正式竣工。至此，中国 2010 年上海世博会永久性建筑"一轴四馆"全面竣工
4 月 30 日	中国 2010 年上海世博会开幕式在世博会演艺中心举行。中共中央总书记、国家主席胡锦涛出席开幕式并宣布本届世博会开幕
5 月 1 日	上海世博会开园仪式 1 日上午 8 时半在世博中心举行。随着中共中央政治局常委、全国政协主席贾庆林与国际展览局主席让·皮埃尔·蓝峰共同启动开园按钮，中国 2010 年上海世博会正式开园
5 月 12 日	广州亚运会 12 个新建场馆全部实现主体结构封顶
5 月 20 日	广州亚运会首阶段门票销售启动，20 多万张的门票面向全球公众发售
10 月 1 日	2010 年上海世博会迎来中国国家馆日
10 月 9 日	广州亚运会圣火采集暨火炬传递启动仪式在北京天坛公园举行
10 月 12 日至11 月 11 日	广州亚运圣火在广东省 21 个地级以上城市传递
10 月 9 日	截至 9 日中午，上海世博会文化演艺活动突破 2 万场次，来自全世界 170 多个国家和国际组织、中国 29 个省区市，以及上海市 17 个区县的表演团队已在世博园区 33 个活动场地上轮番演出了 900 多个节目，超过 2700 万人观赏了这些各具特色的演出
10 月 16 日	上海世博会迎来开园以来极限客流高峰，全天客流达到 103.28 万，累计参观者达到 6462.08 万人次。这两个数字，双双刷新世博会历史纪录
10 月 18 日	上海世博会南非馆在园区众多展馆中率先举行闭馆仪式
10 月 24 日	截至 24 日 10 时 17 分，上海世博会参观者累计突破 7000 万人次，提前达到预期目标
10 月 31 日	上海世博会高峰论坛在世博园区举行，会议包括开幕式、全体大会、七个平行论坛和闭幕大会。包括联合国秘书长潘基文、中国国务院总理温家宝在内的 21 个国家和地区的 60 余位演讲嘉宾在论坛上发表演讲或参与讨论
10 月 31 日	在上海世博会高峰论坛闭幕大会宣读了《上海宣言》和《世博青年倡议》，国际展览局主席蓝峰和联合国副秘书长沙祖康将作闭幕演讲，上海世博会组委会领导致闭幕辞并宣布论坛闭幕
10 月 31 日	20 时，中国 2010 年上海世博会闭幕式在世博会演艺中心举行，中国国务院总理温家宝宣布上海世博会闭幕

11月5日	广州亚运城运动员村在升旗广场上举行了开村仪式
11月12日	广州亚运会开幕式在珠江海心沙岛特制的船型会场拉开帷幕。这是奥运会、亚运会历史上首次走出体育场举行的开幕式。中国国务院总理温家宝出席开幕式并宣布本届亚运会开幕，亚奥理事会主席艾哈迈德亲王、国际奥委会主席罗格以及来自亚洲各地的贵宾出席开幕式。来自亚洲45个国家和地区万名运动员参与476枚金牌的激烈角逐，亚运会共有42个大项、476个小项，共设630个比赛单元
11月13日	第29届亚奥理事会代表大会在广州召开。亚奥理事会主席艾哈迈德·法赫德·萨巴赫亲王，国际奥委会主席罗格，中国国家体育总局局长刘鹏以及广东省委常委、广州市委书记张广宁出席了本次代表大会
11月27日	广州亚运会闭幕式在广州市海心沙岛举行，中国国家领导人和亚奥理事会主席以及运动员代表出席闭幕式。亚奥理事会主席艾哈迈德·法赫德·萨巴赫亲王致辞，并宣布第16届亚运会闭幕。在此次亚运会上，中国代表团以199枚金牌、119枚银牌、98枚铜牌，总共416枚奖牌继续蝉联金牌榜和奖牌榜的首位

第十章　积极推进：
加强国际合作参与全球治理

　　无论是学界还是政界，在 2010 年对全球治理的认识都有了一些新的理解，也采取了一些新的政策措施。新时期全球治理总的趋势是困难增加：第一，哥本哈根会议之后，各国在全球治理中的利益差别增加，合作难度加大。第二，金融危机后，美国对全球金融体系的改革不热心，反而利用既得权势为自己谋私利，从而增加了全球治理的难度。第三，新兴市场国家对于全球治理提出更多要求，但利益差别大，难以达成一致。第四，气候问题成为全球治理的重要领域。二十国集团（G20）开始成为全球经济治理的主要平台，国际金融机构的改革稳步推进。在加拿大和韩国的两次 G20 峰会上，虽然分歧依旧，但仍取得了积极进展。不过，未来 G20 仍然面临一些挑战：美国的机会主义立场会影响 G20 未来的前景，进入后危机时代如何保持 G20 发挥作用的动力也是一个疑问，G20 与 G8 的关系也有待理顺，G20 的执行力也有待加强。此外，2010 年也是全球治理在各个领域取得突破成果的重要一年。在这一年里，国际社会召开了首届核安全峰会，就核材料和核设施安全达成了公报和工作计划；"金砖四国"整体崛起，四国领导人于巴西利亚再会晤，积极推进全球治理结构改革；联合国安理会改革在形式上取得重大进展，相关政府间谈判进入"以案文为基础"的新阶段，但"四方两派"围绕实质性问题展开激烈博弈。

一、国内外对全球治理的新认识与当前全球治理的特点

1. 国内学界及中国政府对于全球治理的新认识

　　自从中国政府提出"和谐世界"理念以来，国内学界有不少学者都认为这实际上就是中国的全球治理主张[①]，庞中英从七个方面论述了如何加强中国在全球治理中的作

---

① 参见庞中英：《和谐世界：全球治理的中国主张》，《国际先驱导报》2005 年 12 月 29 日；蔡拓：《和谐世界与中国对外战略的转型》，《吉林大学社会科学学报》2006 年 9 月第 5 期；刘雪莲：《论全球治理中和谐世界的构建》，《吉林大学社会科学学报》2006 年 9 月第 5 期；陆晓红：《"和谐世界"：中国的全球治理理论》，《外交评论》2006 年第 6 期；俞可平：《和谐世界与全球治理》，《中共天津市委党校学报》2007 年第 2 期；吴梅兴：《和谐世界：全球治理的中国诠释》，《暨南学报》（哲学社会科学版）2007 年第 4 期；赵海月、王瑜：《全球治理与和谐世界》，《理论与改革》2010 年第 5 期。

用，包括：通过深化国内改革来推动全球治理；加强中国参与全球治理的能力；继续在地区治理中扮演特殊的角色；成为解决全球发展问题的推动者；成为联合国维和行动和缔造和平的主要力量；加入更多的国际机制；成为全球秩序的维护者和改革者。[①] 但是，也有学者认为这两者之间存在区别。有些对"全球治理"概念持怀疑甚至否定态度的学者，就把"全球治理"与"建设和谐世界"视为相互对立的理念，认为"'和'与'治'的不同哲学思想背景显示了'和谐世界'与'全球治理'的根本不同"，"'全球治理'同'和谐世界'是完全不同的国际政治理念"。[②] 也有学者认为两者的确存在差异，但并非截然对立。两者都否定强权政治，"建设和谐世界"是中国融入国际体系，参与全球化过程中为应对全球性问题而提出来的，具有中国特色但也与"全球治理"有一定的契合。由于"建设和谐世界"的思想基础是马列主义的和平共处国际关系理论，又与建设有中国特色的社会主义紧密相关，且强调中国传统文化的"和为贵"理念，因此不能简单地认为它是中国的"全球治理"理论，因此，"建设和谐世界"比"全球治理"理念更具包容性，它不仅能参与"全球治理"，而且能超越"全球治理"。[③]

在党的十七届五中全会公报有关中国实施互利共赢开放战略的内容中，出现了"积极参与全球经济治理"这一新提法，而在 2010 年的中央经济工作会议上也指出，要"准确把握世界经济治理机制进入变革期的特点，努力增强我国参与能力"。这表明中国开始从以前被动的，危机应对式的策略性参与向积极主动的战略性参与转变，这就要求中国主动参与设置议题，争取影响全球经济发展进程。这一转变既是维护中国国家利益的客观需要，同时也是国际社会希望中国承担负责任大国义务所提出的要求。从这次金融危机演变至今的情况来看，在经济全球化和相互依存日益深化的当今世界，没有哪一个国家能完全主导建立新的国际秩序，相比于以前"建立国际政治经济新秩序"的提法，"积极参与全球经济治理"是符合现阶段国际力量对比的更务实的提法。

目前，随着中国国力的不断增强，许多国际事务尤其是经济问题，缺少中国的参与就很难有所突破，这已是不争之事实。但中国能否成功参与全球经济治理，不仅仅取决于中国自身。众所周知，当前主流的国际体系规则是在西方发达国家主导下建立起来的，因此，这些国家自然会想方设法为自身牟取最大利益，中国的积极参与必然会和既得利益产生冲突，尤其会削弱美国的霸权。美国当然不可能心甘情愿地把它本来独享的好处与中国分享，这从最新的 IMF 投票权份额变化就可以看出，虽然美国赞同提高发展中国家的投票权份额，但它只是向欧洲国家施压，压缩欧盟国家的投票份额以转移给

---

① 参见庞中英发表在德国艾伯特基金会的论文"New Powers for global Change? Some Approaches to Boosting China's Pivotal Role in Tackling Global Challenges", http://library.fes.de/pdf-files/iez/global/04471.pdf。

② 吴兴唐：《"全球治理"的置疑性解读》，《当代世界》2007 年第 12 期，《众说纷纭的"全球治理"》，《红旗文稿》2010 年第 12 期。

③ 参见叶江：《"全球治理"与"建设和谐世界"理念比较研究》，《上海行政学院学报》2010 年第 2 期。

新兴市场国家，但仍然保持自己原有的 17.67% 份额从而确保对国际货币体制的一票否决权。

正是这种美国实质操控 IMF 的局面使得广大发展中国家在接受其援助时受制于人，IMF 在提供贷款时往往附加开放市场、进行政治体制改革等条件，这点在 1997 年亚洲金融危机时体现得最为明显。这也是部分学者把全球治理看成是西方发达国家干预发展中国家内政的借口，也正是这种担心，中国外长杨洁篪在十一届全国人大四次会议接受采访时才指出，"全球治理"的核心是国际社会各方要普遍参与、普遍受益，方式应当是平等协商、合作共赢，平台主要是以联合国为代表的多边机制，依据是公认的国际法、国际关系准则和惯例。"全球治理"应该为广大的发展中国家发展创造更加有利的条件和环境，而不是相反。

从这一点来说，中国应充分认识到全球治理体系变革的渐进性和复杂性，不要有毕其功于一役的冲动。一方面，基于中国目前的国力，当然应该发出自己的声音，进一步参与全球治理，但另一方面也应该对自身的能力有清醒的认识，在处理多边事务时尽可能联合多方力量，防止成为全球治理体系的矛盾焦点。就现阶段而言，中国仍然应该坚持以经济领域的全球治理为核心，逐步提升在国际金融、国际货币以及国际贸易体系中的地位。而在安全领域，应以非传统安全的全球治理为主，以地区安全治理为基础，逐步积累应对全球安全治理的经验和实力。

如何参与全球经济治理？十七大五中全会公报提出了三个"推动"：

第一，推动国际经济体系改革，促进国际经济秩序朝着更加公正合理的方向发展。全球经济治理的根本目标是推动经济全球化朝着均衡、普惠、共赢方向发展，建立一个公平、公正、包容、有序的国际经济秩序。这就需要坚持全面性、均衡性、渐进性、实效性原则，继续深化改革，不断健全和完善现有国际经济组织机构，形成一个更有利于兼顾公平和效率的国际经济体系和全球经济治理体系。参与构建多层次的世界经济治理架构和机制安排，发挥各种机制在世界经济治理中的综合效用。一是全球多边层面的治理机制，如联合国、世界贸易组织、国际货币基金组织、世界银行、二十国集团等。二是同类国家、跨地区层面的治理机制，如经济合作与发展组织、西方七国（八国）首脑会议、"金砖国家"等。三是区域层面的治理机制，如欧盟、亚太经合组织、北美自由贸易区、上海合作组织等。四是双边合作、协调的治理机制，如"中非合作论坛"、"中国—东盟自由贸易区"等平台和机制。

第二，推动建立均衡、普惠、共赢的多边贸易体制，反对各种形式的保护主义。世界贸易组织作为全球多边贸易机构，是世界经济治理机制的重要支柱之一，其框架内的多哈回合谈判即将进入密集谈判的关键期，当前应继续推动多哈回合谈判早日取得全面均衡的成果。同时，应坚定不移地反对各种形式的保护主义，坚持平等对话协商，妥善应对和处理贸易摩擦与分歧，推动形成自由开放、公平公正的全球贸易环境和全球贸易体制。

第三，引导和推动区域合作进程，加快实施自由贸易区战略，深化同新兴市场国家和发展中国家的务实合作，增加对发展中国家的经济援助。区域一体化是当前世界经济发展的重要趋势，加强区域经济合作是改善世界经济治理的重要方面。据世界贸易组织统计，目前全世界登记并仍然生效的区域贸易安排达207个，其中85%是自由贸易区。新世纪第一个10年，中国参与构建的自由贸易区已经有14个。应继续引导和推动区域合作进程，加快实施自由贸易区战略。世界经济最大的失衡是南北不平衡。因此，世界经济治理机制变革的一个重要方面应是重视发展中国家的利益诉求，缩小南北差距。国际金融危机爆发以来，中国已经通过提供优惠贷款、免除重债国债务和产品免关税待遇等各种方式和渠道，向一些发展中国家提供援助。应进一步深化同新兴市场国家和发展中国家的经济合作，在世界经济治理机制内和南南合作框架内继续努力帮助其他发展中国家实现发展。①

由此可以看出，中国把参与全球经济治理的突破点放在具有大量共同利益的国际经济合作领域。在这些领域中，不但中国有切身利益，其他大国也是利益攸关，这样在合作的过程中各方都愿意投入资源而不会遇到太多的矛盾和冲突，即使出现了不同的看法，往往也是利益分配问题，而不是利益对立问题。例如，各国原则上都反对贸易保护主义，虽然可能在特定时期内出于国内政治需要出台带有保护主义色彩政策的情况，但从长期而言，国际社会推动自由贸易的趋势仍将是主流。

中国财政部副部长李勇在2010年11月10日出席"全球经济治理与可持续发展"的研讨会上明确表示，全球经济治理是未来发展方向，各国应共同努力推动全球经济治理与改革发展。具体而言，一是加强国际经济政策协调。主要发达经济体要承担起应尽的责任和义务，通过结构改革解决其自身在增长就业和贸易失衡方面存在的问题，发展中国家应加快经济结构调整和发展方式的转变，为全球经济增长做出力所能及的贡献。二是加快国际金融体系改革。首先，要加快国际金融监管改革；其次，在国际货币基金组织的份额和投票权改革取得阶段性成果的基础上继续深化治理结构改革；再次，应创造性地改变和完善现行国际货币体系。三是促进国际贸易投资自由化和便利化。四是进一步推动全球减贫和发展。

2. 国际社会对于全球经济治理的态度

"全球治理"这一概念从学术层面进入政府层面是20世纪90年代才发生的。而在史无前例的金融危机发生后，发达国家和发展中国家对"全球治理"能够在未来协调世界经济中发挥重要作用达成了共识，这一概念也从理念开始走向实践。欧盟是全球治理的主要推动者，实际上，欧盟在2003年就全面阐述了"有效多边主义"这一概念②，

---

① 参见《世界经济治理机制进入变革期》，《人民日报》2011年1月5日。

② 根据一些学者的解释，理论上所谓的"有效的多边主义"，是指"指导和限制一个集团集体行动的正式的和非正式的进程和制度"，当传统国际合作理论不能成为分析全球合作的普遍适用概念时，这一概念能够更加准确地找出集体行动中不同地区关键驱动者和机制间的差异。一项新的合作理论通常包含了四种要素：一是全球治理的潜在规则；二是合作的地区差异；三是集体行动的条件；四是在正式—非正式基础上演化的集体行动过程。参见［德］潘德：《有效的多边主义与全球治理》，《世界经济与政治》2010年第6期。

通过这些年欧盟的扩张，欧盟一直把周边地区作为实践全球治理的实验。全球金融危机爆发后，英法德等抢抓机遇，积极推出重组国家经济新秩序的相关主张。英国前首相布朗主张在紧急金融领域实行"全球新政"，建立更具合作性的"全球社会"；法国总统萨科奇率先倡议召开全球金融峰会，呼吁建立国际"社会新秩序"，主张传统大国和新型大国分担全球治理的国际责任；德国总理默克尔倡议成立联合国经济理事会，制定经济宪章，建立真正反映全球政治经济现状的制度架构，确立金融市场秩序及其相关的国际标准。

奥巴马政府上台以来，摒弃小布什政府单边主义的做法，积极寻求通过多边机制解决全球性问题，尤其是金融危机爆发以来，美国对全球治理的态度明显出现积极转变：

经济领域，积极参与和引导应对金融危机的国际合作，推动 G20 伦敦金融峰会在改革国际金融机制方面取得积极成果，并承办匹兹堡峰会。能源和气候变化领域，大幅调整气候变化政策，实施积极减排；实行"新能源战略"，大力倡导"绿色新政"、"绿色复苏"和"低碳经济"。安全领域，倡导建立"无核世界"，大力推动国会批准《全面禁止核试验条约》，承诺强化国际核不扩散机制、推进核裁军进程，与俄启动谈判新的双边核裁军协议。发展援助领域，宣布对外援助金额加倍，达到 500 亿美元。新建立20 亿美元的国际基金，用于促进教育。承诺在减贫和解决粮食危机、水资源短缺等方面承担更多国际责任。不过，在对待全球治理的问题上，美国具有更强的功利心态，本质上是想借用这一理念希望其他国家分担其渡过金融危机的代价，而并非真心实意地让其他国家分享其在国际体制中的独大权力。

发展中国家在对待全球治理的问题上则态度各异。由于实力不等、处境不同、利益取向不一，发展中国家在全球治理问题上立场分化明显，难以形成合力。新兴大国积极进取，谋求在区域性和全球性治理中发挥更大作用。俄罗斯将全球治理作为实施强国战略的新平台，不断提出新倡议，抢抓话语权；印度主张建立更加民主、更具代表性的全球治理体系，发展中国家应在其中发出更大声音；巴西注重构建发展中国家合作机制；南非积极主张"多边治理"。金融危机爆发以来，新兴大国积极参与 G20 峰会，在国际金融体系改革问题上加强协调合作，地位和影响日益提升。中小发展中国家多对全球治理持实用主义态度。多数发展中国家主张改变美国与西方主导国际事务的局面，构建更为均衡、公正的全球治理体系，增加发展中国家的发言权。非洲国家积极推动联合国改革，将其作为平等参与全球治理的重要平台。一些小岛国着眼维护自身生存和发展，在有关加强气候、环境等全球治理问题上姿态积极。[①]

在 2010 年 10 月 5 日结束的亚欧首脑会议上，加强全球经济治理是与会的亚洲和欧洲国家领导人讨论的焦点议题。会后，领导人专门发表了一份宣言，阐明在国际货币基金组织改革等问题上的共同立场。在宣言中，亚欧首脑们表示，鉴于新兴市场和发展中

---

① 参见敖云波：《当前全球治理的态势及对策建议》，《中国党政干部论坛》2010 年第 8 期。

国家经济增长强劲，他们支持在 2010 年 11 月于韩国首都首尔召开的二十国集团峰会上落实 IMF 份额改革，以充分反映 IMF 各成员在世界经济中的分量和责任。宣言重申，IMF 份额必须向新兴市场和发展中国家转移，以现行份额计算公式为基础，代表权过多的成员至少要向代表权不足的成员转移 5% 的份额，同时要兼顾最贫穷国家的投票权。与此同时，更多的 IMF 内部治理问题也应当得到解决，诸如总裁的选任、执行董事会的人数和代表性、中高级官员的多元化和表决机制等。亚欧领导人还对世界银行 2010 年 4 月通过的发达国家向发展中国家转移投票权的改革方案表示欢迎，并期待世行最高权力机构理事会及时通过。

亚欧领导人还重申，坚决反对任何形式的贸易保护主义，避免设置新的贸易和投资壁垒，保持市场开放。在强调应尽快完成世界贸易组织多哈回合谈判的同时，亚欧领导人还指出，促进亚欧之间以及亚欧内部的经济融合也是帮助全球经济复苏的一个途径，亚欧国家将推动全球经济和金融政策协调。在这份总计 12 条的宣言中，亚欧领导人强调，应将规划中的金融监管改革落到实处，以建立起一个更加高效、可靠、稳固的金融环境。他们呼吁采取行动，通过市场准入、跨境投资、国际援助、削减债务和技术转让等手段帮助发展中国家发展，消除贫困。

3. 当前全球经济治理的主要特点，总的趋势是困难增加

第一，哥本哈根会议之后，各国在全球治理中的利益差别增加、合作难度加大。后金融危机时代的国际体系进入到一个新的阶段：美国陷入百年不遇的金融危机难以自拔，其向国际社会提供公共产品的能力不断下降，而以联合国、国际货币基金组织、世界银行以及世界贸易组织为代表的传统国际机制在面临众多新的全球公共问题时显得力不从心，尤其是随着以"金砖四国"为代表的新兴市场国家的崛起并在世界经济结构中所占比重不断增加，以往依靠 G8 这些发达国家协调世界经济的手段也显得不合时宜，而新兴市场国家也不愿意再在传统的全球经济治理体制下完全按照发达国家的意愿接受旧的游戏规则，从政治意愿上希望参与全球经济治理的议程设定。

不过，发达国家并不愿意轻易放弃其既得利益，建立什么样的有效全球治理机制？如何建立这种机制？双方的利益差别不可能在短时期内得以解决。例如，在防止核不扩散机制的问题上，美英法等发达国家一直反对伊朗发展核能，即使在联合国通过了对伊朗实施制裁的决议后，美国和欧盟还决定对伊朗实施更严厉的单边制裁，意图迫使伊朗放弃铀浓缩进程。但巴西和土耳其却与伊朗签署了核燃料处理协议，土耳其外长认为联合国没有必要对伊朗实施新制裁，这种态度实际上表明他们并不完全赞同欧美在伊朗核问题上的立场。

其实，从 G20 的构成就可以看出全球治理开始呈现利益集团化的趋势。表面上看，G20 是由发达国家和发展中国家构成，但实际上它是根据不同的议题分别组合成为不同的功能板块。如俄罗斯、沙特和澳大利亚是能源资源出口国，美国、中国和日本是能源资源进口国，这使他们在全球能源和资源分配上构成不同的利益集团。而在气候问题

上，欧盟和日本是主张大幅降低碳排放的激进派，而美国和中国则可能成为主张逐步降低排放的相对保守派。而在国际金融体系安排上，美国孤立地维护美元霸权，而欧盟和"金砖四国"则倾向于主张"超主权储备货币"。所有这些组合都具有很大的不确定性，全球治理的不同议题会引发不同国家之间的利益组合。传统的东西方之间、南北之间、体制内外之间的集团纽带趋于松弛，而这一趋势恰恰可以成为全球治理超越意识形态和制度差异的动因。①

正如有研究所指出，全球性问题与议题是不同的概念。前者是指客观存在的涉及并影响全人类的、需要共同努力解决的困难、威胁或挑战。而全球性议题通常指所有全球性问题中最受关注并纳入国际社会议事日程中，各国通过国际制度或非制度安排讨论、合作并努力达成一致的问题，这意味着议题设定决定着全球治理的话语权，影响未来全球治理的模式。所以，议题设定目的的公正度与合理性，治理价值观与目标的统一度，制度与非制度安排的透明度，各国发展水平和在国际体系中所处地位的差异度，治理模式的完善度等一系列变量都影响着最终的治理效果，各国在不同区域和领域的利益分歧也势必随着力量对比的变化和国际体系的重构而激化。②

第二，金融危机后，美国对全球金融体系的改革不热心，反而利用既得权势为自己谋私利，从而增加了全球治理的难度。

美国次贷危机所引发的全球性金融危机爆发后，发达国家经济体意识到世界经济格局正在发生深刻的转变，如果还固守原有的世界经济协调机制，不但解决不了危机，而且可能因为忽视新兴经济体的作用而导致危机延长甚至恶化。正是在这种背景下，二十国集团机制开始取代过去八国集团在全球经济治理方面发挥的作用，以美国为首的发达国家也试图借此将新兴经济体纳入其体制以维护其既得利益。不过，新兴经济体也不再甘心扮演单纯的配角，而是希望直接参与制定新的全球经济治理机制。

美国在危机时期为了借重新兴经济体的力量也同意改革原有的国际金融体制，例如，从第一次 G20 峰会到第三次 G20 峰会，美国与其他国家在诸如改革金融监管制度，帮助发展中国家获得融资渠道，反对保护主义以及同意新兴市场国家扩大在国际金融机构中的代表权等方面达成了共识。但是，随着危机的进一步发展，美国国内失业率居高不下，而在联邦基准利率接近零的情况下，为了刺激投资和消费，美联储推出了第二轮量化宽松货币政策，即在 2011 年 6 月底前购买 6000 亿美元的美国长期国债，也就是间接多印钞票，为市场注入更多的流动性。此举固然可在短期内刺激美国国内经济，但滥发美钞一方面埋下了通货膨胀的种子，另一方面是将美元资产的风险转移给了其他国家。

美联储宣布这一政策是在 G20 首尔峰会的前夕，这种"自扫门前雪"的利己主义政策实际上是一种变相的货币贬值政策，在各国努力实现经济复苏的背景下，这一政策自然招致国际社会的广泛批评，德国、巴西、中国、南非等国的官员们都对美联储的行

---

① 参见黄仁伟：《新兴大国参与全球治理的利弊》，《现代国际关系》2009 年第 11 期。

② 参见赵隆：《试析议题设定对全球治理模式的影响》，《国际展望》2010 年第 3 期。

动表示担心，认为美联储印钞票将削弱美元、推高商品价格，让投资资金失控性地涌向新兴市场。如果二十国集团未能解决这些全球性的紧张形势，这可能会让投资者更加担心各国政策制定官员渐行渐远，使世界经济无力抵御下一轮动荡。南非财政部长戈尔丹称，美联储的举措"削弱了二十国集团领导人在目前危机中极力维持的多边合作精神"。德国财政部长朔伊布勒的言论则更为直率，他认为美国正在破坏货币市场的"公平赛场"，他还称："美国在指责中国，其实美国在用另一种方式做同样的事"。美国的政策"令人摸不着头绪"。耶鲁大学管理学院 Jeffrey E. Garten 说："美国使针对国内问题的考虑完全超越对全球问题的考虑，这影响了法国、中国和其他一些国家的看法，他们认为整个货币体系就是美国失调政体的政治玩具。"

第三，新兴市场国家对于全球治理提出更多要求，但利益差别大，难以达成一致。当 G20 逐渐取代 G8 成为全球经济治理的主要平台时，更多的中小国家担心 G20 成为一种俱乐部治理的特殊利益集团。例如，在 2010 年，一个由 23 个中小国家组成的非正式联盟就在新加坡的领导下向联合国秘书长提出了正式抗议，它们担心 G20 会僭越联合国成为全球治理的最终决策者。他们要求秘书长参与 G20 峰会并使相关活动制度化，并要求在特定议题上把非 G20 成员国纳入共同讨论的范畴。他们还建议，诸如非盟和东盟这些地区组织也应该成为正式参与方。这些发展中国家实际上担心的是，目前 G20 当中的 7 个新兴市场国家可能与其他更多的发展中国家越来越疏远，只为自身谋取利益而罔顾其他。

此外，新兴大国之间相互竞争、互补性差，难以构建稳定有效的全球事务协商机制。例如，俄罗斯和巴西是主要的能源资源出口国，而中国和印度则是主要的能源资源进口国，它们在全球治理体系中显然属于不同的利益集团。一旦出现全球分工体系和价格体系的剧烈震荡，新兴大国之间如何保持合作仍然是个问题。而且新兴大国又分为"金砖四国"这样的"超级发展中大国"和印度尼西亚、南非、阿根廷、墨西哥这样的"二流发展中国家"，甚至在一个地区内存在着若干个相互争夺地区主导权的新兴大国，由此影响着这些地区的一体化进程。与欧盟、北美自由贸易区相比，"金砖四国"在各自所在的区域都没有真正实现地区治理机制。这也同样影响着它们在全球治理体系中发挥作用。①

第四，气候问题成为全球治理的重要领域。从长远的角度来说，全球治理的最大挑战除了协调世界经济，就是气候变化，气候问题不是简单的环境保护，本质上而言是发展问题。G20 峰会重点是讨论世界经济问题，但从会后宣言可以看出各国已经越来越重视在气候问题上加强国际合作。第一次华盛顿峰会只象征性地用一个词提到气候问题，而到了伦敦峰会则用了三行字阐述 G20 对气候问题的态度。到第三次匹兹堡峰会，各国已经就气候问题提出了原则性意见，承诺提高能源市场透明度和市场稳定性，合理调

---

① 参见黄仁伟：《新兴大国参与全球治理的利弊》，《现代国际关系》2009 年第 11 期。

整并逐步取消化石燃料补贴，为应对气候变化威胁，承诺推动清洁能源、可再生能源和能源效率的投资。这标志着国际社会开始从更广泛的意义上推动全球治理。

欧盟一直标榜自身是国际气候变化谈判的主要推动者，而美国长期以来对减排持不积极的态度，而且也没有签署《京都议定书》，但在奥巴马上台以后，美国政府对待气候问题的态度发生了转变。目前国际气候谈判重点围绕共同愿景（即全球减排的长远目标）、减缓、适应、资金和技术这五大议题而展开，这些议题相互关联、相互影响，如果一个议题不能达成，则所有议题的谈判都会停滞不前。发达国家和发展中国家的严重分歧导致了最初寄予厚望的哥本哈根气候大会令人失望，仅达成了两个充满争议的工作组主席案文和一个不具有法律地位的哥本哈根协议。同时，一系列关键议题上的分歧不断加深，资金落实存在困难，双轨制的谈判格局和协商一致的原则受到挑战。而在2010年12月的坎昆联合国气候会议上，会前各方期许不高，最后却通过了两份意义有限但积极的决议。虽然从内容上而言，两份决议没有完成《哥本哈根协议》的使命，但重要成果体现在通过维护"双轨制"谈判机制和"共同但有区别的责任"原则，落实资金援助，促进人类共同应对气候变化。坎昆会议体现了发展中国家坚持发展的需求，在解决发达国家向发展中国家、小岛屿国家和最不发达国家提供财政援助的资金来源上向前迈进了一步，设立了"绿色气候基金"，落实发达国家300亿美元快速启动气候融资来满足发展中国家的短期需求，并在2020年之前募集1000亿美元资金，帮助贫穷国家发展低碳经济，保护热带雨林，共享洁净能源新技术等。[1]

更重要的是，坎昆气候变化会议重建了国际社会对在联合国框架内应对气候变化的这一多边进程的信心。2009年的哥本哈根气候变化会议之后，国际上对联合国的批评不绝于耳，认为联合国拖沓而低效的表决程序导致了不可能在194个缔约方之间就任何关于气候变化的问题达成任何协议，甚至主张使用MEF、G20等机制来取代联合国。然而，坎昆气候变化会议通过了决议，表明了联合国框架内的多边气候变化谈判取得了新进展，国际气候变化谈判仍然并将继续按照"巴厘路线图"确定的双轨方式进行，从而巩固和推动了联合国框架内的多边气候变化治理体系。[2]

二、G20有望成为全球经济治理的主要平台

1. 两次G20峰会取得积极进展

2010年6月26日至27日，G20领导人第四次峰会在加拿大多伦多召开。多伦多峰会举行时，世界经济正处在逐步复苏进程之中，但复苏基础并不牢固、进程也不平衡，

---

[1] 参见于宏源：《坎昆会议为世界贡献了什么》，《解放日报》2010年12月13日。
[2] 参见薄燕：《联合国在气候问题上不可取代》，《东方早报》2010年12月13日。

存在较大的不确定性。欧洲部分国家的主权债务风险持续上升，一些重要性金融机构的问题集中暴露，国际主要货币汇率大幅波动，国际金融市场动荡不定，大宗商品价格高位震荡，各种形式的保护主义明显增多。这些都表明，国际金融危机的深层次影响尚未消除，世界经济系统性和结构性风险仍十分突出。多伦多峰会的主题是"复苏与新开端"，主要讨论了世界经济形势，欧洲主权债务危机，强劲、可持续、平衡增长框架，金融监管改革，国际金融机构改革，促进全球贸易增长等议题，并通过了《G20多伦多峰会宣言》。

多伦多峰会召开前，一些新兴经济体已经基本摆脱危机并开始走上正轨，美国则失业率居高不下，经济持续复苏乏力，急需进一步强化刺激措施，而欧盟饱受债务危机折磨，担忧刺激措施会加剧债务赤字，力主推行紧缩政策。由于各国存在明显的利益差别，较之于前三次峰会面临危机时的团结一致，多伦多峰会的分歧明显增多。最终经过妥协，各国一致认为，G20的当务之急是巩固和促进复苏，承诺致力于采取协调一致行动推动可持续复苏，增加就业，实现更强劲、更可持续、更平衡增长，并将根据各自国情而有所区别。发达国家继续完成财政刺激计划并公布"增长友好型"的财政整顿计划，承诺在2013年前将财政赤字至少减半，在2016年前稳定或降低政府债务占GDP的比重。一些新兴市场国家需加强社会保障网，推进公司治理改革，发展金融市场，加大基础设施建设支出，增强汇率灵活性。

293

在金融监管改革议题上，各国表示欢迎并支持巴塞尔银行监管委员会在建立全球性的银行资本和流动性新机制方面取得的进展。各国支持在首尔峰会时就新资本框架达成一致，以提高资本标准。所有成员都同意执行"新巴塞尔资本协议框架"，并争取于2012年年底前全部落实到位。新标准的逐步实施要考虑到各国国情和起点的不同。法国和德国等主张在全球范围内征收银行税和金融交易税，但美国、中国、加拿大及日本等国均表示反对。由于分歧较大，各国没有达成妥协，与会各国讨论的结果只是承诺金融业应该对解决金融危机的成本做出"公平的"贡献，但其贡献金额的多少以及何时收取，则由各国自行决定。

在反对贸易保护主义、促进贸易和投资方面，各国一致认为开放市场对促进增长、扩大就业，实现强劲、可持续、平衡增长极为重要。各国承诺在下一个3年里，即至2013年年底，不提高投资和贸易（包括货物、服务）壁垒，不设置新壁垒，不设置新的出口限制，不施行违反世界贸易组织规则的出口刺激措施，并承诺纠正任何此类措施。各国将努力把各自的国内政策举措，包括财政政策、扶持金融部门的行动等，对贸易和投资造成的负面影响降至最低，并要求世贸组织、经合组织、联合国贸发会议继续根据各自职责监督形势发展，每个季度公开报告上述承诺落实情况。

中国国家主席胡锦涛在峰会上发表了题为《同心协力　共创未来》的重要讲话，全面阐述了中国对当前世界经济形势的看法，呼吁各方继续发扬协作精神，推动世界经济尽早进入强劲、可持续和平衡增长的新阶段。胡锦涛主席为此提出三点重要建议：一是推动G20从应对国际金融危机的有效机制转向促进国际经济合作的主要平台；二是加快建立公平、公正、包容、有序的国际金融新秩序；三是促进建设开放自由的全球贸易体制。胡锦涛主席的讲话高瞻远瞩，寓意深刻，既反映了中方主张和关切，又符合国际社会共同和长远利益，引起与会各方、国际社会和舆论热烈反响，普遍认为中国正在以更加成熟、负责任的态度出现在国际舞台，越来越成为国际政治经济事务的重要角色。

针对后危机时期 G20 机制发展方向，胡锦涛主席强调应该着眼长远，推动 G20 从协同刺激转向协调增长、从短期应急转向长效治理、从被动应对转向主动谋划。呼吁要加强 G20 成员宏观经济政策协调，本着循序渐进、互利共赢的原则推进 G20 机制化建设，妥善处理各种矛盾和分歧，确保 G20 峰会机制在健康轨道上向前发展，在促进国际经济合作和全球经济治理中发挥核心作用。这些看法和主张得到与会领导人普遍认同和呼应。与会领导人表示，G20 无论从代表性、有效性还是灵活性来看，都应当在全球经济治理中发挥核心作用，其国际经济合作主要平台的地位不可替代。

在如何实现"强劲、可持续和平衡增长框架"问题上，胡锦涛主席强调，要牢牢把握强劲、可持续、平衡增长三者的有机统一。强劲增长是世界经济发展的基础，可持续增长是目标，平衡增长是手段。胡锦涛主席还介绍了中国在推动强劲增长，保持宏观经济政策连续性和稳定性，实现可持续发展和平衡增长的政策主张，阐述科学发展观和中国加快转变经济发展方式的战略部署，强调中国转变经济发展方式与"框架"理念相通，中方愿同各方相互借鉴、取长补短、平等合作、共同发展，引起与会各方尤其是发展中国家强烈共鸣，普遍认为胡锦涛主席讲话客观、平衡、深刻，论述透彻，切中要害，引导了世界经济发展的正确方向。

在各方普遍关注的加强国际金融监管问题上，胡锦涛主席提出推进国际金融监管的基本原则。针对国际货币基金组织份额改革，胡锦涛主席在会上强调，要加快完成国际货币基金组织份额调整，提高发展中国家代表性和发言权，加强国际货币基金组织能力建设和监督改革。针对当前主权信用评级被少数评级机构垄断的情况，胡锦涛主席指出关于国际信用评级机构改革的方向。胡锦涛主席的建议得到发展中国家和多数发达国家的欢迎。

2010 年 11 月 11 日至 12 日，G20 领导人第五次峰会在韩国首尔召开。首尔峰会是 G20 领导人峰会首次在非 G8 成员国召开，也是首次在亚洲召开。此次峰会举行之际，世界经济正处于缓慢复苏之中，但总需求依然不足，缺乏新的经济增长点。各国经济政策目标存在差异，宏观经济政策协调难度增大，世界经济复苏的脆弱性和不平衡性进一步显现。主要发达经济体复苏动力不足，失业率居高不下，财政和债务风险加大。新兴经济体面临资本大量流入、内需不足、通胀风险上升等多重压力。国际金融市场起伏不定，主要国际货币汇率大幅波动，大宗商品价格高位震荡，保护主义明显增强。这些表明，国际金融危机的深层次影响仍在发酵，全球发展问题更加突出。首尔峰会的主题为"跨越危机，携手成长"，主要讨论了世界经济不平衡、汇率、全球金融安全网、国际金融机构改革和发展问题，并通过了《G20 首尔峰会宣言》。

世界经济不平衡问题是首尔峰会讨论的重点问题。对于美国以中国等一些国家贸易顺差较大为由提出的为经常项目设定量化上限的提议，由于很多国家提出质疑和反对，该提议未得到峰会采纳。峰会期间，美国等国家认为 G20 应就判断一国经济外部不平衡制定一揽子"参考性指南"，并限时尽快完成。鉴于这一问题涉及诸多专业性、技术性很强的准备工作，包括中国在内的不少成员提出首先由专家们充分讨论，形成成熟建议后向 G20 财长和央行行长会议汇报。峰会最终接受了这一思路并达成共识，决定由 G20"强劲、可持续、平衡增长框架"工作组负责研拟上述指南，并借助国际货币基金组织和其他国际组织的技术支持。G20 财长和央行行长将在 2011 年上半年讨论其进展情况。这一决定照顾了各方关切，没有预断结果，体现了 G20 成员寻求互利共赢的正确做法。

与货币相关问题是峰会前国际社会广泛关注的一大焦点。首尔峰会就汇率政策与协调提出四项建议，这些建议明确了 G20 韩国庆州财长和央行行长会议的成果，指出要迈向更为市场化的汇率形成机制，令汇率变动能够反映内在的经济基本面，同时要避免各国货币的竞争性贬值，缓解了人们对"货币战"的担忧。美国联邦储备委员会在峰会前宣布实行第二轮量化宽松货币政策后，人们对热钱冲击国际金融市场的担心加剧，峰会特别指出，发达经济体，包括那些拥有储备货币的国家应该对汇率的过度波动和无序运动保持警惕，减少其可能带给新兴经济体的风险。

与会领导人承诺加强全球金融网建设和加强金融监管。2008 年 9 月，美国发生的雷曼兄弟倒闭事件导致了全球金融危机，之后 G20 为了防止大规模的资本跨境流动，提议建立全球金融安全网，首尔峰会在这一方面取得了具体的进展。全球金融安全网由两个阶段组成：第一阶段是若资本流动出现剧变，相关国家可向国际货币基金组织贷款；第二阶段，连接 IMF 的贷款体系和区域金融安全网络，以避免国家因短期流动问题而濒临延期偿付危机。此次峰会已完成了第一阶段，同时提出了走向第二阶段的路线图。作为其具体措施，峰会批准了 IMF 贷款制度改善方案，具体内容为提高灵活授信额度（FCL）、开设紧急信贷安排（PCL）。在金融监管方面，G20 支持巴塞尔银行监督委员会新通过的银行资本和流动性框架。这表明，全球性的金融监管改革不断推进，这对于防范金融危机意义深远。

此次峰会通过了"增长共享的首尔发展共识"和跨年度行动计划。这是 G20 峰会举办以来首次将"发展"作为会议主题之一。通过这样的"共识"，G20 承诺将与发展中国家特别是最不发达国家合作，帮助这些国家开发增长潜力，缩小发展差距，推动全球平衡发展，推动联合国千年发展目标的实现。各方都赞同发展问题成为 G20 峰会的长期议题。这也标志着 G20 对发展问题的认识和投入上升到一个新层次，有利于凝聚各方共识，缩小南北发展差距，从根本上缓解世界经济不平衡问题。

在全球贸易方面，峰会承诺坚定不移地抵制各种形式的贸易保护主义措施，推动多哈回合谈判尽早取得成果，而 2011 年成为谈判成功的"机遇窗口"。此外，在应对气候变化、缓解油价过度波动、增加就业以及防止腐败方面，峰会做出的承诺也将在全球范围内起到积极促进作用。这样的政治意愿及后续行动，对增进全世界的福祉和 G20 自身影响力的发挥，都有着十分重要的意义。

中国国家主席胡锦涛在峰会上发表了题为《再接再厉　共促发展》的重要讲话。为实现促进世界经济强劲、可持续、平衡增长这一目标，胡锦涛主席从完善强劲、可持续、平衡增长框架机制，倡导开放贸易，完善国际金融体系，缩小南北发展差距等四个方面阐明了中国的立场和主张。

关于美国在匹兹堡峰会提出的强劲、可持续、平衡增长框架，胡锦涛主席指出，强劲、可持续、平衡增长框架为包括发达国家和新兴市场国家在内的世界主要经济体加强宏观经济政策协调构建了重要平台。G20 应该继续坚持成员国主导原则，充分考虑各国不同国情和发展阶段，理解并尊重各国选择发展道路和发展政策的自主权；继续完善和改进评估标准，强劲、可持续、平衡增长三者同等重要，在标准制定和实施过程中要统筹兼顾、全面推进；应该完善框架，使框架从短期应急向长效治理转变，加强各国中长期政策协调，促进各国经济优势互补和互惠增长。

针对贸易保护主义有所抬头的趋势，胡锦涛主席强调，G20 应该坚定不移地推进自由贸易，坚定不移地反对各种形式的保护主义，取消已有的贸易保护措施；应该大幅减少各种贸易和投资壁垒，不断扩大共同利益，通过平等对话妥善处理摩擦和分歧，取消对高新技术产品出口的不合理限制，共同营造自由开放、公平公正的全球贸易环境；应该把贸易和发展有机结合起来，体现 G20 以共同发展为导向、以共同繁荣为己任的全球经济治理精神；应该恪守承诺，推动多哈回合谈判早日取得全面均衡的成果，实现发展回合目标，促进建立开放自由的全球贸易体制。

不完善的国际金融体系损害了新兴经济体和发展中国家的利益，胡锦涛主席建议，G20 应该继续推动以公平择优为原则选择国际金融机构管理层，提高发展中国家中高层管理人员比例，填补发展中国家在国际金融机构制度框架中的管理缺口；应该推动国际货币基金组织加强资本流动监测预警，致力于解决国际金融体系中存在的系统性、根源性问题；应该完善国际货币体系，建立币值稳定、供应有序、总量可调的国际储备货币体系，主要储备货币发行经济体应该实施负责任的政策，保持汇率相对稳定，增强新兴市场国家和发展中国家应对金融风险能力，缓和并逐步解决造成外汇流动性风险的根本矛盾。

南北发展差距是世界经济发展不平衡的最突出表现，胡锦涛主席认为，G20 应该建立更平等、更均衡的新型全球发展伙伴关系，促进发达国家和发展中国家相互理解、相互协调；应该重视 G20 宏观经济政策对发展中国家的外溢效应，着力推动南北合作，拓展利益交汇点，树立以发展促增长、以合作抗风险的新发展理念；提升发展问题在国际议程中的位置，从宏观和战略高度推动解决发展问题；应该倡导和推广新的发展方式，降低人为技术转让壁垒，为广大发展中国家早日实现绿色发展和可持续发展创造条件；应该共同推动坎昆气候变化大会继续坚持共同但有区别的责任原则，在哥本哈根气候变化大会所取得成果的基础上，在《哥本哈根协议》政治共识指导下，进一步取得积极成果。

2. 国际金融机构改革获得稳步推进

自第二次世界大战后布雷顿森林体系建立以来，国际金融体系也曾有过多次改革，但都是修修补补或是局部改良，并未触动体系的根基。与此同时，国际金融体系却因各种原因爆发多次金融危机，令世界各国都深受其害——西方发达国家并没有因为主导国际金融体系而避免金融动荡，相反金融领域却问题成堆，甚至到了难以维持的境地；而新兴经济体和发展中国家更是屡次受到冲击与伤害。实际上，国际金融体系中存在的问题，早就引起国际社会的关注，尤其是东南亚金融危机爆发后，更是引起有关国家和地区的高度重视，并多次呼吁对现行国际金融体系进行全面的改革，但西方发达国家却反应冷漠，直到此次全球金融危机爆发，西方发达国家遭受重创，才切身感受到现行国际金融体系弊端的严重性和改革的迫切性，改革也最终被提上 G20 峰会的议事日程。

国际金融体系改革的重要内容是对国际金融机构——国际货币基金组织和世界银行进行改革，而投票权和份额分配调整则首当其冲，成为国际金融体系改革的核心。国际金融危机爆发以来，新兴经济体和发展中国家在 G20 峰会上积极呼吁国际货币基金组织和世界银行进行必要的投票权和份额分配调整，以反映国际经济格局的最新变化。一些发达经济体出于分担责任的考虑也支持新兴经济体和发展中国家的改革诉求，投票权和份额分配的调整由此展开。在新兴经济体和发展中国家的积极呼吁下，2009 年 9 月在美国匹兹堡举行的第三次 G20 峰会决定将新兴经济体和发展中国家在国际货币基金组织的份额至少增加 5%，从 43% 提高到 48%；将发展中国家和转轨经济体在世界银行的投票权至少增加 3%。

2010 年，G20 继续敦促国际货币基金组织和世界银行加快落实改革进程。G20 多伦多峰会承诺加强国际金融机构的合法性、可信度和有效性，使其成为未来更强有力的伙伴；强调确保国际货币基金组织 2008 年份额和发言权改革，以及新借款安排扩大方案的批准；呼吁加快落实匹兹堡峰会承诺，在首尔峰会前完成国际货币基金组织份额改革；承诺致力于通过公开、透明、择优进程，遴选所有国际金融机构负责人和高层管理人员。10 月 22 日至 23 日举行的 G20 财长与央行行长会议决定，在 2012 年之前将国际货币基金组织超过 6% 的份额转移给新兴经济体和发展中国家，并维持目前该组织执行董事会的 24 个席位不变，拥有 8 个席位的欧盟国家将让出其中 2 个席位，以提高新兴经济体和发展中国家的代表性。在 G20 的敦促下，国际货币基金组织和世界银行的投票权和份额分配调整进入实质性启动阶段。

2010 年 4 月 25 日，世界银行春季会议通过了发达国家向发展中国家转移投票权的改革方案，发达国家向发展中国家共转移了 3.13 个百分点的投票权，使发展中国家整体投票权从 44.06% 提高到 47.19%；通过了国际金融公司提高基本投票权以及 2 亿美元规模的特别增资方案，使发展中国家在国际金融公司整体的投票权从 33.41% 上升到 39.48%；会议还决定世行进行总规模为 584 亿美元的普遍增资，提高世界银行支持发展中国家减贫发展的财务能力。此次改革方案使中国在世界银行的投票权从目前的2.77%提高到4.42%，成为世界银行第三大股东国，仅次于美国和日本。在此之前的2月24日，中国人民银行副行长朱民被任命为国际货币基金组织特别顾问，这是迄今为止中国人在国际货币基金组织中担任的最高职务，也是继2008年5月林毅夫出任世界银行副行长兼任首席经济学家之后，又一中国人士出任国际金融机构的高级管理层职务。

2010年11月5日，国际货币基金组织执行董事会批准了对组织份额和治理进行全面改革的建议。根据这项建议，超过6%的份额将转移到有活力的新兴市场和发展中国家，从代表性过高的国家转移到代表性不足的国家。同时，最贫穷成员国的份额比重和投票权将受到保护。份额改革完成后，中国的份额将从目前的3.72%升至6.39%，投票权也将从目前的3.65%升至6.07%，超越德国、法国和英国，位列美国和日本之后，得到在国际货币基金组织中的更大话语权。国际货币基金组织总裁多米尼克·施特劳斯·卡恩表示："这项具有历史意义的协议是基金组织65年历史上一次最根本性的治理改革，也是一次最大规模的有利于新兴市场和发展中国家的权力调整，调整是为了认可它们在全球经济中越来越大的作用。"

作为具有深远影响的改革的一部分，国际货币基金组织执董会建议结束第14次份额总检查，将总份额规模增加一倍，达到约4768亿特别提款权（按目前汇率约合7557亿美元），并对成员国的份额比重进行重大调整。执董会还同意了关于加强执董会代表性以及执董全部由选举产生的建议。负责监督基金组织日常运作的执董会将这项改革方案提交至理事会；理事会代表了所有187个成员国，份额增加的建议以及为了撤销"指定执董"这一概念而对《基金组织协定》进行修订的建议都必须得到理事会的批准。在理事会做出批准之后，份额增加和修订《基金组织协定》的建议还必须经由全体成员国同意，这将需要很多国家的立法机构批准，成员国将尽最大努力在2012年年会之前完成这个过程。

中国等新兴经济体与发展中国家在国际货币基金组织和世界银行投票权和份额分配的增加，是国际金融机构改革与调整的良好开端，提升了新兴经济体与发展中国家在国际金融体系中的地位，并且开始触及现行国际经济秩序的核心结构及游戏规则，有着深远的意义。当然，这些改革还不足以改变新兴经济体与发展中国家在国际货币基金组织和世界银行体制内的弱势地位，国际金融体系不均衡的格局在短期内仍难撼动。从未来发展看，国际货币基金组织和世界银行等国际金融机构改革的重心依然是投票权和份额分配的调整，一旦改革进入实质性的操作阶段，各方在权利和利益分配上的博弈将会更加激烈，最终如何在改革中寻找到各方利益的平衡点，实现国际经济秩序的渐进式变革，G20需要进一步加强协调与合作。

3. G20 未来发展面临的问题

G20峰会的召开，顺应了国际经济体系变化的现实，为新兴经济体和发展中国家提供了与发达国家平等协商全球经济问题的平台，开启了建立国际经济新秩序的序幕。但是 G20 要从短期的危机应对机制向长效的全球经济治理机制转型，还面临着一系列问题。

首先，美国对 G20 的机会主义态度和立场将影响到 G20 未来的发展前景。由于美国在国际体系中的特殊地位，美国的态度和立场对 G20 未来的发展前景至关重要。国际金融危机的爆发是促使美国将 G20 推向全球经济治理核心位置的直接动力，但是随着危机压力的逐渐消退，美国改革全球经济治理体系的动力和意愿都呈下降趋势。在面临金融危机严重冲击的情况下，美国将 G20 作为摆脱危机、提振其全球领导力，进行国际经济协调与合作的主要平台。而在危机得到缓解后，美国则从其狭隘的国家利益出发，回避自身的责任和义务，对别国指指点点，试图将 G20 变成向别国施压的工具。例如，美国坚持认为全球经济失衡是引发此次国际金融危机的根本原因，因此在匹兹堡峰会提出"强劲、可持续、平衡增长框架"，并试图将其作为 G20 峰会的首要议题，借此向中国等贸易盈余国施压。对此，G20 中的新兴经济体和发展中国家要加强彼此之间的协调，抵制美国的机会主义倾向，使 G20 峰会从应对危机的应急之举向机制化建设迈进，进而推动国际经济新秩序的形成。

其次，后金融危机时代，G20 持续发挥作用的动力面临削弱的趋势。面对金融危机的巨大冲击，G20 成员通过协调一致的经济刺激政策共同渡过了艰难的金融危机和经济衰退时期，这是世界经济史上不可多见的国际经济协调与合作。危机时期迫于客观形势的合作，在后危机时期将会逐渐被竞争的一面所取代。愈演愈烈的贸易保护主义，以及在是否征收银行税和金融交易税、进一步推进国际金融体系改革等方面的分歧正是竞争面凸显的表现。G20 中各主要力量围绕改革的斗争会更加激烈，国际经济体系改革的复杂性日益显现。这种复杂性主要表现为：发达国家之间有权力主导和分权之争，发达国家和发展中国家之间存在更大的话语权和参与权之争，发展中国家之间有获得的权力再分配之争。[①] 此外，较之于危机时期，在后危机时代各国宏观经济政策协调的难度也将加大。多伦多峰会在协调刺激和退出政策上的意见分歧，已经反映出不同国家因复苏进程不一而出现了不同的政策优先取向。危机压力逐渐消退后，后危机时代的 G20 如何处理好国际协调与国家利益的关系是个关系自身长远发展、值得深入思考的问题。

再次，G20 与 G8 的关系有待理顺。G20 峰会是在 G8 体制难以应对国际金融危机的情况下出现的，从长远而言，G20 势必要取代 G8 对国际经济事务的垄断，这就必然影响到发达国家既有的利益分配格局。G8 中的一些发达国家如加拿大和日本，担心 G20 地位的上升使其对国际事务的影响力降低，因而对 G20 的机制化持消极态度。因此，G8 仍是倾向于用自身的利益偏好来影响 G20 的议题和程序，每次 G8 峰会都会在 G20 峰会前举行，协调彼此立场并主导 G20 的议题设定。实际上，在西方发达国家眼

---

① 参见张海冰：《二十国集团机制化的趋势及影响》，《世界经济研究》2010 年第 9 期。

中，G20 的主要目的是"分担国际责任，重建并强化其实力地位，将新兴大国纳入其规则和框架之内，使之承担责任，并做负责任国家"。[①] G20 要成为全球经济治理的有效机制，厘清 G20 与 G8 的关系是不可回避的问题。从实际情形来看，G20 和 G8 并非取代与被取代的关系，而是各自承担的角色和作用有所差异。G8 将主要讨论政治和安全议题，而 G20 则主要关注全球经济问题。就此而言，未来两者将长期共存、并行不悖。尽管从短期来看，代表西方发达国家的 G8 仍然会影响甚至主导 G20 的议程，但随着新兴经济体和发展中国家经济实力的不断增强以及彼此协调机制的完善，更能客观反映国际经济格局变化的 G20 将更有可能成为未来全球经济治理的主要平台。

最后，G20 的监督和执行效力还有待加强。G20 峰会达成的共识缺乏监督和执行效力，承诺的落实完全凭自愿，如果成员国违背峰会上所做的承诺，可能会面临道德压力，但也仅此而已。从历次 G20 峰会的结果来看，如充实世界银行和国际货币基金组织的资本和救援能力、提升新兴经济体和发展中国家在这些机构的投票权和话语权，已经在逐步落实之中。但这种落实方式缺乏机制性保障，如果部分成员不去落实峰会达成的决定，并没有任何措施和手段迫使其遵守承诺。再如，从 2008 年 11 月首次峰会开始，G20 峰会每次都承诺反对贸易保护主义。但据欧洲经济政策研究中心统计，自首次峰会以来，世界各国共实施了 305 项"以邻为壑"的保护性措施，其中由 G20 成员发起的有 220 项，占总数的 72%。[②] 监督和执行效力的缺失在一定程度上削弱了 G20 的信誉和权威。当前强化 G20 的监督和执行效力存在两种选择：一种是建立全新的、隶属于 G20 的监督和执行机制；另一种是充分利用现有全球经济治理中的机制和框架。比较而言，在 G20 机制化建设还很薄弱的情况下，完全另起炉灶难度很大，相反，充分利用现有机制从成本效益原则考虑可行性很高。例如，世界贸易组织、国际货币基金组织和世界银行有成熟的组织机构和运行机制，分别在各自的领域发挥着重要作用。如果将这三个传统组织纳入 G20 框架，从各自内部逐步加以改造，使其能充分反映 G20 成员的诉求，G20 达成的共识就可以通过这些组织去贯彻和落实。[③] 从历次 G20 峰会发表的宣言来看，这种趋势将越来越明显。

三、广泛领域全球治理中的国际合作

金融危机后，全球治理进入新阶段。[④] 2010 年是全球治理在各个领域取得突破成果

---

① 刘宗义：《"G20 机制化与中国参与全球经济治理"学术研讨会综述》，《国际展望》2010 年第 2 期。

② Simon J. Evenett, eds. : "Will Stabilization Limit Protectionism?" The 4th GTA Report, Centre for Economic Policy Research, Jan, 2010.

③ 参见方晋：《G20 机制化建设与议题建设》，《国际展望》2010 年第 3 期。

④ 参见黄仁伟：《"金砖四国"与全球治理体系》，http://business.sohu.com/2009/11/04/n267950764.shtml。

的重要一年。在这一年里，国际社会召开了首届核安全峰会，就核材料和核设施安全达成了公报和工作计划；"金砖四国"整体崛起，四国领导人于巴西利亚再会晤，积极推进全球治理结构改革；联合国安理会改革在形式上取得重大进展，相关政府间谈判进入"以案文为基础"的新阶段，但"四方两派"围绕实质性问题展开了激烈博弈。

1.　全球首届核安全峰会召开

2010 年 4 月 12—13 日，首届核安全峰会在美国华盛顿举行。来自 40 多个国家的领导人或代表及联合国、国际原子能机构等国际组织的负责人出席了会议。会议就核恐怖主义威胁、各国和国际社会的应对措施及国际原子能机构在核安全领域的作用等问题进行了讨论，签署了《华盛顿核安全峰会公报》和《华盛顿核安全峰会工作计划》，确定了下届核安全峰会于 2012 年在韩国举行。

（1）核安全峰会召开的背景和取得的主要成果

随着核能、核技术的广泛应用，核材料扩散和流失的风险增大，恐怖主义分子和跨国犯罪组织获取、非法贩运核材料，甚至制造核恐怖事件的威胁不容忽视。据国际原子能机构统计，从 1993 年到 2008 年，全球共发生经确认的核材料或其他放射性材料被偷窃、丢失或非授权占有等事件多达 1500 余起。[①] 因此，确保核材料与核设施的安全，有效防范核恐怖主义成为各国共同面临的重要课题。此次核安全峰会正是在这一背景下召开。同时，此次峰会由美国推动和主导，是奥巴马于 2009 年在捷克首都布拉格提出的"无核世界"构想的一个重要战略步骤。

核安全峰会为与会各方搭建了一个阐述各国主张、协调立场、寻求共同行动目标和措施的平台，取得了积极成果。

首先，峰会达成了公报，就全球范围内加强核安全和应对核恐怖主义威胁达成了广泛共识。峰会上，与会国一致认同核恐怖主义已不只是对个别国家的威胁，而是一个全球性的威胁，是对国际安全最具挑战性的威胁之一。公报强调强有力的核安全措施是防止恐怖分子、犯罪分子及其他非授权行为者获取核材料的最有效途径；确立了确保核安全的阶段性目标，即在 4 年内确保所有易流失核材料的安全，使处于危险状态的所有核库存得到有效监督和控制。同时，公报还确认高浓缩铀和分离钚需要采取特别防范措施，同意在适当情况下采取措施加强此类材料的安全、衡算和集中存放，并在技术和经济可行的情况下，鼓励将使用高浓缩铀的反应堆转化为使用低浓缩铀，并最大限度地减少使用高浓缩铀。

其次，峰会发表了用以指导各国和国际行动的《核安全峰会工作计划》。《工作计划》明确规定了国家责任和国际行为，包括在相关国际论坛和国际组织框架的合作；呼吁和要求各国在自愿基础上根据本国法律和国际义务，在核材料的储存、使用、运输

---

① 参见蒋国鹏、冉维、严锋：《核安全峰会通过〈工作计划〉》，http://news.xinhuanet.com/world/2010/04/14/c_ 1231399.htm。

和处理等各个方面以及对防止非国家行为者获取、恶意使用此类材料所需的信息方面，实施相关政治承诺；确认《制止核恐怖主义行为国际公约》和《核材料实物保护公约》等国际核安全文书的目标作为全球核安全体系的实质要素；规定各国必须建立健全各自国家核安全立法和监督框架；强调国际原子能机构在国际核安全框架中具有至关重要的作用，鼓励各国在适当情况下扩大参与并加大有关旨在增进核安全和防止核恐怖主义的国际倡议和自愿合作机制。

最后，峰会上多国承诺放弃高浓缩铀。2010 年 4 月 12 日，乌克兰总统亚努科维奇率先宣布，乌克兰将在 2012 年之前处理掉所有高浓缩铀库存。13 日，墨西哥、美国、加拿大三国就推动削减墨西哥高浓缩铀问题达成合作协议，美加两国将帮助墨西哥将其高浓缩铀转换为研究反应堆用低浓缩铀，以支持墨西哥民用核能开发。随后，加拿大总理哈珀宣布，准备将取自美国的高浓缩铀运回美国，以免落入极端分子手中。此外，美国和俄罗斯这两个世界上最大的核国家签署一项新协议，决定落实双方于 2000 年达成的《钚管理和处置协定》，同意分别将至少 34 吨武器级钚转化为民用核反应堆所需燃料。据国际原子能机构估计，34 吨钚足以制造 4000 枚核武器。① 这是本次峰会取得的最重要成果。

（2）核安全峰会上中国的强音

在本次峰会上，中国国家主席胡锦涛发表了《携手应对核安全挑战　共同促进和平与发展》的重要讲话，这是中国领导人首次在国际上宣示我国在核安全领域的政策。胡锦涛主席的讲话针对当前国际核安全形势，阐述了加强核安全对于保障核能持续健康发展及维护国际安全与稳定的重要意义，介绍了中国在核安全问题上的政策和实践，并就国际社会合作应对当前核安全挑战提出了中国的主张。

胡锦涛主席指出，核安全问题事关核能和经济可持续发展，事关社会稳定和公众安全，事关国际和平与安宁，加强核安全符合各国共同利益，需要我们携手努力。中国一贯主张全面禁止和彻底销毁核武器，坚定奉行自卫防御的核战略，始终恪守在任何时候和任何情况下不首先使用核武器的政策，明确承诺无条件不对无核武器国家和无核武器地区使用或威胁使用核武器。中国坚决反对核武器扩散，积极支持加强国际核安全努力，坚定支持各国平等享有、和平利用核能权力。

就加强应对核安全挑战，胡锦涛主席提出了五点主张：第一，切实履行核安全的国家承诺和责任，各国应该履行相关国际义务，加强国内相关立法和监督管理机制，采取有效措施保护本国核材料和核设施安全。第二，切实巩固现有核安全国际法框架，推动《核材料实物保护公约》修订案尽早生效，促进《制止核恐怖主义行为国际公约》的普遍性，有效打击核材料非法贩运。第三，切实加强核安全国际合作，各国应分享核安全经验，加强信息交流和执法合作，应该支持国际原子能机构在核安全领域发挥主导作

---

① 参见吴庆才、李静、张朔：《华盛顿核峰会取得突破多国承诺消除高浓缩铀》，http://www.chinanews.com/gj/gj-gjzj/news/2010/04/14/2223959.shtm。

用。第四，切实帮助发展中国家提高核安全能力。第五，切实处理好核安全与和平利用核能的关系。

胡锦涛主席提出的五点主张具有很强的逻辑联系，是一个有机结合的整体，它首先强调核安全是"国家责任"，指出了国家在维护核安全方面的基础性作用；其次，它强调核安全需要"国际立法"和"国际合作"，看到了现有的国际原子能机构监控机制和其他有关核安全的国际法律尚不完善，指出形成一个具有全面制约能力的相关国际法框架的重要性，同时，它指出了各国在维护核不扩散方面利益的一致性，强调了各国间合作的必要性；最后，它强调要对发展中国家提供"安全援助"，强调处理核安全与和平利用核能不能"因噎废食"。可以说，这五点主张既从国际社会层面上强调了核安全的重要性，也反映了发展中国家的愿望，同时这五点主张也体现了中国作为联合国常任理事国和一个有核国家在核安全问题上着眼于世界整体利益的大国责任和义务，充分展现了一个大国的风范。俄罗斯科学院远东研究所副所长谢尔盖·卢贾宁认为，胡锦涛主席在核安全峰会上阐述中国的立场，具有重要意义，中国的倡议将对发展和平利用核能领域的国际合作、加强核不扩散机制做出新的贡献。[①]

（3）核安全峰会的意义与局限性

此次核安全峰会是首次专门就核安全问题举行的多边峰会。这是有史以来规模最大的一次针对防止核扩散的多边会谈。会议的召开反映了国际社会对核恐怖威胁的高度关注，以及加强国际合作、采取有效和切实措施防止核恐怖的愿望。经济合作与发展组织核能机构总干事路易斯·埃切瓦里认为，核安全峰会有助于加强国际社会在核安全方面的合作。40 多个国家的领导人出席此次会议，本身就表明了各国对核安全的重视程度。这次峰会将能够促使与会各方加强本国和国际核能监控体系。俄罗斯远东研究所副所长谢尔盖·卢贾宁提出，核安全峰会在加强核安全，特别是打击核恐怖主义方面做出了贡献。[②] 同时，此次核安全峰会的召开意味着一种新的多边核安全机制的形成，它将成为国际核安全制度框架中的一个新力量，对国际原子能机构等机制起到补充作用。[③]

峰会取得了多项突破，但是也存在一些局限性。第一，为确保峰会取得成功，奥巴马有意缩小了峰会讨论范围，避免涉及当前充满争议的问题，因此对印巴核军备竞赛、以色列拥核等问题都采取了回避态度，伊朗核问题也未列入峰会正式议程。第二，峰会达成的两个指导性文件《华盛顿峰会公报》和《华盛顿工作计划》缺乏必要的约束力，而核安全问题与核裁军、核不扩散及和平利用核能等问题密切关联，仅仅依靠各国的"自愿"行动来推动全球核安全，这是难以实现的。因此，此次核安全峰会只是为今后

---

① 参见杜逾峒：《核安全的疑问与回答透视华盛顿核安全峰会》，http://news.xinhuanet.com/world/2010/04/14/c_ 1233089.htm。

② 参见杜逾峒：《核安全的疑问与回答透视华盛顿核安全峰会》，http://news.xinhuanet.com/world/2010/04/14/c_ 1233089.htm。

③ 参见《核安全峰会将成为国际核安全体制新力量》，http://www.cnr.cn/allnews/2010/04/t20100414_506281097.html。

全球核安全保障搭建了一个行动平台，依托这个平台，如何继续强化国际合作，向前推进维护核安全事业，还需真正找到一个共同行动的稳固支点。①

2. "金砖四国" 第二次峰会举行

2010 年 4 月 15 日，继 2009 年 6 月 16 日在俄罗斯叶卡捷琳堡举行 "金砖四国" 首次峰会后，四国领导人于巴西首都巴西利亚再次聚首。这次峰会是后危机时代 "金砖国家" 加强合作与协调的重要峰会。

（1）四国领导人再聚首的背景和达成的广泛共识

2009 年的首次峰会正值国际金融危机扩散蔓延的危难时期，形势十分严峻。此次峰会举办的时候，虽然世界经济形势仍然严峻，但是已经出现了复苏的强烈信号，出现了回暖迹象，有望逐步走出危机的阴霾。作为新兴经济体的中国、俄罗斯、巴西、印度在国际金融危机中显示了非凡的抵抗力，中印巴三国经济率先复苏，为世界经济走出衰退做出了巨大贡献。到 2010 年，中国、印度经济发展势头良好，巴西、俄罗斯也迅速重回快速增长轨道。在此背景下召开 "金砖四国" 第二次首脑峰会，加强四国的合作与协调，具有重要意义。

会议通过了一项《联合声明》，就世界经济形势、国际金融体系的改革等问题，阐述了 "金砖四国" 的看法和立场，并商定了推动 "金砖四国" 合作与协调的具体措施。

世界经济复苏是当下国际社会最为关注的焦点。《声明》指出，自 "金砖四国" 领导人举行首次会晤以来，世界经济形势已回升向好。四国领导人一致认为，"世界经济恢复增长，新兴经济体为此发挥了十分重要的作用"，但是 "世界经济复苏的基础并不牢固，还存在诸多不确定因素"，因此四国呼吁各国在宏观经济领域加强合作，巩固世界经济企稳复苏势头，实现强劲、可持续和平衡增长，同时四国重申 "决心保持本国经济复苏并为促进全球发展做出积极努力"。

改革全球经济治理体系仍是四国讨论的重点。四国领导人一致认为，"世界需要一个经过改革、更稳健的金融体系，使全球经济能有效地预防和抵御未来危机的冲击，所以有必要建立一个更加稳定、更可预见、更多元化的国际货币体系。"同时，国际货币基金组织和世界银行应尽快解决其合法性不足的问题，首要目标是向新兴市场和发展中国家实质性转移投票权，使其在世界经济中的决策权与分量相匹配。四国领导人呼吁世行于 2010 年春季会议兑现投票权改革方面的承诺，期待国际货币基金组织份额改革于 2010 年 11 月 G20 峰会前完成。

四国领导人强调，G20 在应对国际金融危机中采取了前所未有的协调行动，发挥了核心作用，欢迎二十国集团被确定为国际经济协调与合作的主要平台。主张 G20 有必要在后危机时期发挥积极作用并制定协调战略，四国愿为此做出努力。

---

① 参见王仲春：《核安全峰会：寻求应对核恐怖主义威胁的共同行动》，《当代世界》2010 年第 5 期，第 33 页。

同时，促进四国之间的合作，促进各自经济更好发展也是本次会晤的重要议题。四国领导人指出，新兴市场和发展中国家作为世界经济繁荣的引擎，有潜力为促进世界经济增长和繁荣发挥更大、更积极的作用。深化和拓展金砖四国对话与合作不仅符合新兴市场和发展中国家的共同利益，而且有利于建设一个持久和平、共同繁荣的和谐世界。四国领导人就推动"金砖四国"合作与协调的具体措施进行商讨，决定采取循序渐进、积极务实、开放透明的方式深化和拓展四国之间的对话与合作。

总的来说，此次峰会在世界经济和金融形势相对 2009 年已较为稳定的情况下举行，更深入地规划了四国的合作日程，必将进一步促进四国之间的交流与合作，提高四国在国际重大事务中的话语权和影响力，为"金砖四国"进一步开展合作注入新动力。[1] 金砖先生吉姆·奥尼尔[2]指出金砖四国聚首和探讨就是最大的成功，通过峰会，四国达成共识，兑现承诺，就是四国峰会的意义所在。[3]

（2）峰会上胡锦涛主席提出的重要原则和主张

会上，中国国家主席胡锦涛发表了题为《合作　开放　互利　共赢》的重要讲话，就"金砖四国"合作的原则和重点等阐述了中方的立场。

胡锦涛主席指出，当前"金砖四国"合作既面临难得机遇，也面临严峻挑战。要从战略高度明确四国合作方向、推动四国合作进程。胡锦涛主席就四国未来合作提出了 5 项原则：要以政治互信为基石，坦诚相待，相互尊重，相互支持；以务实合作为抓手，重在行动，为合作注入新动力；以机制建设为保障，加大合作力度，拓宽合作领域；以互利共赢为目标，优势互补，最大限度分享合作成果；以开放透明为前提，增进同各方沟通和交流，体现合作的开放性。

同时，胡锦涛主席强调，当前国际形势纷繁复杂，国际格局正在经历深刻调整。无论国际形势如何变化、国际体系如何变革，互利共赢的目标不能变，民主公平的原则不能变，相互尊重的方向、同舟共济的精神不能变。胡主席指出了四国共同行动的 5 个重点：推动各方继续巩固世界经济复苏基础，加强宏观经济政策协调；推动各方努力解决全球经济治理结构不平衡问题，按时完成 G20 领导人匹兹堡峰会确定的国际金融机构量化改革目标，增加新兴市场国家和发展中国家的代表性和发言权；推动各方继续推进贸易自由化、便利化，妥善处理贸易纠纷，抵制保护主义；推动各方完善国际金融监管体系，扩大监管范围，明确监管职责，制定普遍接受的国际金融监管标准和规范，健全监管机制；推动各方增强责任感和道义感，努力实现全球平衡发展，既增加发展投入、保障发展资源，又尊重各国基于国情的发展模式和政策空间。

---

① 参见殷永健、陈威华：《"金砖四国"发出新声音》，http://news.xinhuanet.com/world/2010/04/16/c_1237948.htm。

② 吉姆·奥尼尔是高盛首席经济学家。2001 年 11 月他发表《全球需要更好的经济之砖》（The World Needs Better Economic BRICs），首次将巴西、俄罗斯、印度和中国的英语国名首字母连起来构造了 BRICs 一词，提出"金砖四国"概念，因此也被称为"金砖先生"。

③ 参见党建军：《金砖四国走到全球决策中心》，《广州日报》2010 年 4 月 12 日，A9。

（3）金砖国家合作机制的前景与挑战

目前，"金砖四国"不再是一个空泛的概念，已成为一种政治现实。两次金砖峰会以及 2011 年将于中国举办第三次峰会，都在某种程度上说明了金砖国家合作正在走向机制化。一方面，这种机制具有合作潜力；另一方面，这一机制合作的平台和领域都在拓展。首先，金砖四国的经济规模、新兴状态以及希望在国际事务中拥有更多话语权等共同点使得四国合作具有巨大的潜力。近些年，金砖四国的经济增长很快，国际地位不断提高。四国的国土面积占世界总面积的 26%，人口占全球总人口的 42%，国内生产总值占世界总量的 14.6%，贸易额占全球贸易额的 12.8%，按购买力平价计算对世界经济增长的贡献率已超过 50%。① 同时，四国属于新兴经济体，在优化本国产业结构，改善外部环境和提升自身国际地位等方面有着共同的目标与要求。并且，四国经济各具优势，发展模式呈现不同特点，使相互合作具有较大的互补性和发展空间。② 其次，四国对话与合作的平台、领域不断拓展。在第二次峰会上，一些相关配套的论坛也建立起来，除领导人会议外，一些企业界商讨商贸的会议、学者探讨问题的专家论坛和发展银行论坛也在同时进行。同时，在每次首脑峰会召开前后，都有四国外长的会晤、四国财政会晤，并且四国经济交流由财政、金融领域开始向农业、能源等具体领域拓展。这些都使金砖四国合作的深度和广度不断拓展，具有更多实质性内涵。

同时，2010 年 12 月，南非正式加入"金砖四国"，一个更具广泛代表性的"金砖五国"将登上国际舞台。南非是非洲最大的经济体和最具影响力的国家之一，其国内生产总值约占撒哈拉以南非洲国家总量的 1/3，对地区经济发展起重要的引领作用。同时，南非还是许多重要国际组织中的非洲代表，曾经是八国集团与发展中国家领导人对话机制（G8+5）唯一的非洲成员，目前则是 G20 唯一的非洲成员。南非的加入，将进一步扩大"金砖国家"合作机制的国际影响力，带动"金砖四国"与非洲国家间的政治合作，有利于新兴市场国家在全球气候变化问题、联合国改革、减贫等重要全球性和地区性问题上协调立场，有利于提升新兴市场国家在处理国际问题上的话语权。

但是，"金砖国家"合作也存在一些挑战，给金砖国家合作机制带来一些不确定性。首先，"金砖国家"本身的结构存在缺陷。俄罗斯的经济建立在能源经济的基础上，受国际石油价格波动的影响严重；印度基础设施相当落后，过去强有竞争力的软件外包行业在金融危机中受到了严重打击；巴西资源和能源丰富，但不能过度开采，并且投资能力较弱，自我生长能力不强；中国对外部市场依赖严重，研发能力与整体经济实力不成正比，并且受能源和环境的制约将越来越强。③ 金砖国家本身的结构缺陷会使各个国家专注于自身的发展，影响合作的意愿和能力。其次，"金砖国家"在经济基础、政治体制、外交理念等方面存在较大差异，并且存在包括边界纠纷、贸易摩擦在内的一

---

① 参见《"金砖国家"扩容促进新兴市场国家合作》，《广州日报》2010 年 12 月 26 日，A8。
② 参见张幼文：《"金砖四国"的由来及其国际经济合作》，《求是》2010 年第 8 期，第 56—57 页。
③ 参见黄仁伟：《"金砖四国"与全球治理体系》，http://business.sohu.com/2009/11/04/n267950764.shtml。

些问题，这些差异和问题将对金砖国家合作形成核心凝聚力造成困难。并且在金融危机过去的后危机时代，金砖国家面临的共同问题变得不那么迫切的时候，彼此之间是否还能像危机中表现得那样齐心协力，这也存在疑问。最后，金砖国家与西方国家都有着千丝万缕的联系，在许多方面，它们之间的密切程度还远低于它们分别与西方国家关系的密切程度。例如，美国一直是影响巴西发展的最大外部因素，俄罗斯与美国经济模式之间有着许多联系，中国的市场经济与贸易发展与美国因素也有密切关系，印度在最近10 年加速与美国发展关系。① 这些因素都将成为金砖国家合作进程中的阻碍。

因此，一方面"金砖国家"力量不断上升，在国际体系中的"分量"不断增加，在国际政治经济事务中将发挥更大的作用；但另一方面金砖国家内部的结构缺陷和外部脆弱的利益纽带及各自与西方国家的紧密联系也使金砖国家的合作面临极大的不确定性。中国强调金砖国家的合作，提出了合作的原则和共同行动的重点，它将在加强金砖国家合作纽带、推进合作机制发展等方面发挥重要作用。

3. 联合国改革新动向

联合国改革一直是国际社会中热议的一个问题，而安理会改革作为联合国改革的一个重要组成部分，更是备受关注。2010 年关于安理会改革的第五轮政府间谈判结束，进入到"以案文为基础"的新阶段，但是各成员国在改革的细节尤其是安理会扩大问题上存在严重分歧。

（1）安理会改革的政府间谈判进入"以案文为基础"阶段

2010 年安理会改革在形式上取得重大进展，政府间谈判进入了"基于案文"谈判的新阶段。

2009 年 2 月联合国成员国启动了关于安理会改革的联大非正式全会政府间谈判，代替联大设立的安理会改革工作组成为安理会改革的主要谈判场所。但是，由于各会员国在改革细节上分歧严重，直到第四轮非正式谈判结束安理会改革也没有取得实质性进展。于是，2009 年 12 月，为推动安理会改革，"四国集团"致信政府间谈判机制主席、阿富汗常驻联合国大使塔宁，提出应制定一份工作文件作为指导未来谈判的基础，从而立即开始以此文本为基础进行谈判，并且建议塔宁负责起草。对此，意大利和巴基斯坦等国家表示反对，提出目前开始以文本为基础的谈判时机不成熟，在达成广泛共识前起草这样一份文件没有意义，并且指出谈判的文本应由成员国而非政府间谈判机制主席提出。但是，联合国大会内成员国要求塔宁提出谈判文本的压力不断增加。到 2010 年 2 月 5 日，塔宁致信成员国，要求成员国提出"适合以谈判为目的"的方案。5 月 10 日，塔宁提出"谈判案文"，5 月 26 日案文根据成员国提出的修改意见进行修订形成了最终的"谈判案文"。9 月 12 日，联大非正式会议关于安理会改革的第五轮政府间谈判结

---

① 参见庞中英：《另一种全球化的理想与现实》，http://news.xinhuanet.com/globe/2009/06/17/content_11555277.htm。

束，相关政府间谈判进入了"以案文为基础"的新阶段。①

（2）"四方两派"就安理会改革尤其是安理会扩大问题展开激烈博弈

联合国安理会改革在谈判形式上取得进展，但是就安理会改革的五大问题，各成员国存在严重分歧，逐渐形成了立场迥异甚至对立的"四方两派"。其中四方是指："四国集团"（日本、德国、印度和巴西）、"团结谋共识集团"（包括韩国、意大利、巴基斯坦、墨西哥、西班牙和加拿大等 20 多个国家）、"非洲集团"（即非洲国家）和"五小国集团"（哥斯达黎加、约旦、列支敦士登、新加坡和瑞士）。其中"四方集团"的成员是一些地区性强国，它们由于自身实力上升和国内政治需要，不断提出"入常"诉求，是安理会改革的主要推动力，而"团结谋共识集团"是"四方集团"成员在各自地区的地缘战略对手，它们反对"四方集团"成员成为常任理事国。而两派是指安理会 5 个常任理事国内的英法和美俄，其中英法倾向于支持"四方集团"改革安理会的立场，而美俄态度消极，对安理会改革持谨慎看法。

目前，"四方两派"就安理会改革五大问题尤其是三个实质性问题即成员类别、否决权和区域席位分配展开了激烈的博弈。

在成员类别问题上："四国集团"主张，增加安理会常任理事国和非常任理事国两个类别会员国的数量。具体来说，增加 6 个新常任理事国席位（包括日本、德国、印度和巴西四国和两个非洲国家）和 4 个非常任理事国席位。对此，"团结谋共识集团"认为，定期进行选举是确保安理会负责和便于接近的关键，因此反对增加安理会常任理事国，建议增加 10 个可连选连任的非常任理事国。而"非洲集团"要求增加安理会两类成员，即常任理事国和非常任理事国的席位，得到 2 个拥有包括否决权在内的一切特权和待遇的常任理事国席位，以及 5 个授权由非盟决定的非常任理事席位。"五小国集团"由于国家力量薄弱，进入安理会的机会不大，因此，它们主要强调改革安理会的工作方法，使其工作更透明和问责。

英国和法国影响力日益衰落，一方面它们出于自身利益考虑希望安理会保持现状；但另一方面它们又担心如果改革迟迟没有进展，会引起国际社会更大反弹，因此它们试图通过适度让步来缓解压力。它们表示支持"四国集团"和非洲寻求常任理事国席位的要求，但同时提出支持安理会改革的过渡性解决方案。② 美国对适当扩大常任理事国和非常任理事国席位持开放态度，但坚持遴选新的常任理事国和非常任理事国的标准是联合国宪章第二十三条，即必须首先考虑有能力维护国际和平与安全及联合国其他宗旨的国家。俄罗斯对此没有明确表态，只是原则性表示，在各方立场严重两极化的前提下只有通过妥协才能使谈判取得进展，指出目前应认真考虑过渡性解决方案。③

在否决权问题上："四国集团"主张，新常任理事国享有与现有常任理事国相同的

---

① 参见吴云：《安理会改革：剪不断 理还乱》，《人民日报》2010 年 9 月 13 日，第 19 版。

② 参见王湘江、顾震球、白洁：《安理会改革谈判互不相让》，《瞭望》2010 年第 2 期，第 56 页。

③ 参见吴云：《安理会改革：剪不断 理还乱》，《人民日报》2010 年 9 月 13 日，第 19 版。

责任和义务，具有否决权，但是该否决权暂时冻结 15 年。"团结谋共识集团"主张，新的非常任理事国在实质问题上应按照联合国宪章第 27 条采取多数通过原则，对现有常任理事国的否决权建议或取消、或限制使用，使否决权只适应于联合国宪章第七章的问题，即威胁和平、破坏和平和侵略行为等问题。"非洲集团"认为，目前 5 个常任理事国所享有的"一票否决"特权应当被废除，如果一定要保留否决权，那么应该将这一权力扩展到安理会新常任理事国。其中，埃及尤其强调，对于现有和未来新增的常任理事国而言，在处理种族灭绝、族裔清洗、危害人类罪、严重违法国际人道主义法、停止交战方敌对行动，以及选举联合国秘书长等问题时应排除使用否决权，这样才能巩固常任理事国为履行自己所肩负的国际责任所做出的承诺。"五小国集团"也强调，严禁在种族灭绝、反人类罪和严重违反国际人道主义法问题上使用否决权，同时认为使用否决权的常任理事国不仅需要向安理会解释原因，也需要向联大各成员做出解释。

五个常任理事国在否决权问题上立场一致。美国反对改变现有否决权机制，不赞成将否决权扩大到新常任理事国，俄罗斯坚决反对一些国家提出的完全废除或限制安理会否决权，并表示只有在安理会扩大实现后，才能讨论是否将否决权扩大到新常任理事国。英法也反对改革否决权机制。

在区域席位分配问题上："四国集团"主张，亚洲和非洲各增加 2 个常任理事国席位，拉美和欧洲各增加 1 个常任理事国席位。对此，"团结谋共识集团"提出改革现有选举非常任理事国的国家组别，今后根据非常任理事国的类型确定新国家组别构成。"非洲集团"强调非洲是目前唯一一个在安理会没有常任理事国席位的大陆，因此它坚持确保非洲在安理会得到公平与合理的代表席位，要求得到 2 个拥有包括否决权在内的一切特权和待遇的常任理事国和 5 个授权由非盟决定的非常任理事国。

对这些问题，中国的立场是支持对安理会进行必要、合理的改革。改革既包括扩大安理会的代表性，也包括改进安理会的工作方法。改革应优先增加发展中国家、特别是非洲国家的代表性，应该让更多的中、小国家有机会进入安理会，参与安理会决策。同时，中国强调，安理会改革是一项复杂、艰巨的系统工程，中国反对为安理会改革设定时限。安理会改革涉及的五大类核心问题密切相关，不能割裂处理。安理会只能达成一揽子解决方案，分步走或零星处理的做法是没有出路的。

（3）美国高调支持印度入常

2010 年 11 月 8 日，美国总统奥巴马在印度国会发表演讲，明确表示美国将支持印度成为联合国常任理事国，他说"作为全球领导者，美国和印度将在国际安全上合作，尤其是未来两年内美国将支持印度加入联合国安理会"，"一个高效、可靠的联合国安理会符合美国的利益，因此期待改革后的联合国安理会让印度成为常任理事国"。美国高调支持印度入常使得印度入常的信心大增。随后，12 月 4 日，法国总统萨科奇访印，重申承诺法国支持印度争取联合国安理会常任理事国席位的努力；12 月 22 日，俄罗斯总统梅德韦杰夫总统访问印度，双方发表联合公报称，俄罗斯支持印度成为联合国安理会常任理事国。印度成为目前唯一一个获得安理会五个常任理事国中四个国家支持承诺的国家。

美国高调支持印度入常有其长远的战略图谋，也有眼前的务实考虑。它试图以政治交易换取经济实惠，随后巴基斯坦表示，美国单方面表示吸纳印度"入常"的提议有违《联合国宪章》，安理会扩大的问题不应当与全球体系改革的有关议题相脱离；联合国发言人表示，安理会改革的程度和形式将由联合国会员国共同决定。可以说，印度单独"入常"绝无可能。

对此，中国政府表示，中国一直重视印度作为新兴市场国家和发展中大国在国际事务中的地位，理解并支持印度在联合国包括安理会中发挥更大作用的愿望，愿与印度在内的其他联合国会员国就联合国及安理会改革问题保持接触与协商。

总的来说，关于联合国改革问题，各国在强调联合国这个全球最大国际组织在全球治理的重要及核心作用的同时，也指出联合国在应对全球性问题的作用正在受到分化和削弱，G20 机制、坎昆会议等成为全球治理的重要平台，联合国的功能性机构如国际货币基金组织和世界银行在某种程度上成为履行 G20 首脑峰会达成的承诺的附属机构。同时联合国会员国大量增加，但安理会组成没有反映出这一变化。因此，改革联合国，打破目前大国博弈的胶着状态，使联合国更有效地反映当前世界的现实状况，这是联合国改革必须面对的问题，也是各成员国的广泛共识。但是，安理会改革涉及联合国所有成员国的切身利益，各国诉求不一致，因此，推进安理会改革仍将是一个长期的、复杂的过程。

参 考 文 献

一、中文部分

1. 《APEC 会议美日携手牵制中国"显眼"》,韩国《朝鲜日报》2010 年 11 月 15 日。

2. 阿尔弗雷德·海勒著:《文明的进程:世博会的发展与思考》,上海科学技术文献出版社 2003 年版。

3. 安格斯·麦迪森:《世界经济千年统计》(中译本),北京大学出版社 2009 年版。

4. 安格斯·麦迪森:《中国经济的长期表现:公元 960—2030 年》(中译本),上海人民出版社 2008 年版。

5. 敖云波:《当前全球治理的态势及对策建议》,《中国党政干部论坛》2010 年第 8 期。

6. 巴曙松:《人民币汇率形成机制改革比汇率水平重要》,《中国经济时报》2010 年 4 月 27 日。

7. 保罗·克鲁格曼主编:《战略性贸易政策与新国际经济学》,海闻等译,中信出版社 2010 年版。

8. 《博鳌亚洲论坛 2010 年年会开幕》,人民网:http://finance.people.com.cn/GB/11335569.html。

9. 陈和午:《海内外热钱的社会涌动》,《南风窗》2010 年第 25 期。

10. 崔萌、陈烨、夏广军:《我国国际短期资本流动:流动途径和影响因素的实证分析》,《海南金融》2009 年第 10 期。

11. 戴秉国:《坚持走和平发展道路》,中华人民共和国外交部网站,2010 年 12 月 6 日,http://www.mfa.gov.cn/chn/gxh/xsb/xw/t774662.htm。

12. 《第 21 届中美商贸联委会取得实质性成果》,《中国日报》http://www.chinadaily.com.cn/hqgj/fzlm/2010/12/16/content_1404766.html。

13. 《第二届美国–东盟峰会纽约召开,象征意义大于实际意义》,中国广播网:http://www.cnr.cn/china/gdgg/2010/09/t20100925_507097618.html。

14. 丁志杰:《人民币汇率走势分析》,《国际贸易》2009 年第 1 期。

15. 段媛:《中国视角的跨国公司在华撤资研究》,南京理工大学硕士论文,2008 年 6 月。

16. 方晋：《G20 机制化建设与议题建设》，《国际展望》2010 年第 3 期。

17. 冯郁青：《布热津斯基：中国或将成为全球大国》，《第一财经日报》，2010 年 12 月 24 日。http://www.yicai.com/news/2010/12/636491.html。

18. 国家外汇管理局：《国际收支报告》，2009—2010 年。

19. 国家外汇管理局资本流动脆弱性分析和预警体系课题组编：《跨境资本流动与或有负债关系分析》，中国商务出版社 2007 年版。

20. 《国务院关于加快培养和发展战略性新兴产业的决定》，http://www.gov.cn/zwgk/2010/10/18/content_ 1724848.htm。

21. 《国务院关于加快培育发展新兴战略性产业的决定》，中国中央人民政府网站：http://www.gov.cn/zwgk。

22. 韩柏：《争论中的人民币汇率：现实与选择》，《南方金融》2010 年第 7 期。

23. 韩洁、罗沙：《中美经济对话中方成果情况说明发布》，http://www.china.com.cn/economic/txt/2010/05/29/content_ 20144895.htm。

24. 贺力平：《目前中国的热钱规模究竟有多大》，《中国外汇》2010 年第 4 期。

25. 洪银兴：《从比较优势到竞争优势》，《经济研究》1997 年第 6 期。

26. 《胡锦涛会见美国总统奥巴马》，《人民日报》2010 年 6 月 27 日。

27. 《胡锦涛就世界经济强劲可持续平衡增长提四点建议》，新浪财经网：http://finance.sina.com.cn/j/2010/11/12/12138944068.shtml。

28. 《胡锦涛在 G20 第四次峰会上的讲话（全文）》，中国网络电视台：http://jingji.cntv.cn/special/G20huiyi/20100628/101157.shtml，2010 年 12 月 15 日。

29. 黄仁伟：《新兴大国参与全球治理的利弊》，《现代国际关系》2009 年第 11 期。

30. 黄先开、王振全：《资本流动监测和预警》，经济科学出版社 2008 年版。

31. 霍侃：《外汇占款起伏 短期资本流动现迷局》，《新世纪》2010 年第 35 期。

32. 李稻葵、尹兴中：《国际货币体系新架构：后金融危机时代的研究》，《金融研究》2010 年第 2 期。

33. 《李克强：促进世界经济健康复苏和持续发展》，新浪财经网：http://finance.sina.com.cn/g/20100131/21577342693.shtml。

34. 李岩：《华盛顿核安全峰会》，《国际资料信息》2010 年第 5 期。

35. 林松立：《我国历年热钱规模的测算及 10 年预测》，《国信证券宏观经济深度报告》2010 年 4 月 2 日。

36. 刘长花、孙健：《人民币国际化前瞻》，《经济师》2010 年 6 月。

37. 刘丽娜、蒋旭峰：《美国众议院通过〈汇率改革促进公平贸易法案〉》，新华网：http://news.xinhuanet.com/world/2010/09/30/c_ 12621339.htm。

38. 刘宗义：《"G20 机制化与中国参与全球经济治理"学术研讨会综述》，《国际展望》2010 年第 2 期。

39. 毛蕴诗等：《跨国公司在华撤资——行为、过程、动因与案例》，中国财政经济出版社 2005 年版。

40.《美国多个商业团体申诉中国排斥外国高科技公司》，新加坡《联合早报》，http://www.zaobao.com/special/china/sino_ us/pages8/sino_ us100128. shtml。

41.《美韩联合军演，究竟为"威慑朝鲜"还是"挑衅中国"?》，南方报业网：http://nf.nfdaily.cn/huati/content/2010/07/26/content_ 14169096. htm。

42.《美再度对人民币汇率施压 观各方反应透析其真实意图》，中金在线：http://sc.stock.cnfol.com/100317/123,1764,7395279,00. shtml。

43. 穆争社：《量化宽松货币政策的特征及运行效果分析》，《中央财经大学学报》2010 年第 10 期。

44. 聂平香：《外国直接投资新动向及我国的对策》，《国际经济合作》2010 年第 6 期。

45.〔德〕潘德：《有效的多边主义与全球治理》，《世界经济与政治》2010 年第 6 期。

46. 潘光：《亚欧会议的新一轮扩大和发展新机遇》，《求是》2010 年第 21 期。

47.《七国元首部长肯定论坛作用》，中国香港《文汇报》2010 年 11 月 14 日。

48.《商务部：以汇率为由进行反补贴调查不符世贸规则》，商务部网站：http://www.gov.cn/jrzg/2010/09/30/content_ 1713785. htm。

49.《商务形势述评：2010 年我国自贸区建设取得新进展》，中国商务部网站：http://www.gov.cn/gzdt/2010/12/21/content_ 1770481. htm。

50. 上海交通大学人文艺术研究院：《上海世博：各国对华公共外交的大舞台》，《世博与国家形象研究项目》研究报告，2010 年 11 月。

51. 沈桂龙：《跨国公司撤资机理与金融危机的冲击效应》，《社会科学》2009 年第 9 期。

52.《"十一五"期间我国公平贸易工作回顾和展望》，商务部网站：http://gpj.mofcom.gov.cn/aarticle/subject/mymcyd/subjectrr/2010/12/20101207295576.html。

53. 世界银行：《中国经济季报》，2010 年 11 月。

54. 宋纪宁：《跨国公司在华子公司撤资动因分析》，《当代财经》2010 年第 5 期。

55. 孙华妤、潘红宇：《操纵人民币汇率的可能与现实》，《世界经济》2010 年第 10 期。

56. 孙立行：《基于人民币国际化视角的人民币汇率形成机制改革问题研究》，《世界经济研究》2010 年第 12 期。

57. 孙壮志：《上海合作组织塔什干峰会的特殊意义》，《当代世界》2010 年第 7 期。

58. 汤凌霄、樊小峰：《我国资本外逃的规模测算及动因分析》，《湘潭大学学报：哲社版》2007 年 11 月。

59. 田帆、曾虎：《温家宝与奥巴马举行会晤：妥善处理分歧携手前进》，人民网 2010 年 9 月 24 日，http://politics.people.com.cn/GB/12799447.html。

313

60. 王爱俭：《美国第二轮量化宽松货币政策之经济效果预测》，《现代财经》2011年第1期。

61. 王家强、廖淑萍：《美国第二轮量化宽松货币政策的影响及中国对策》，《中国货币市场》2011年第1期。

62. 王岐山：《希望了解美方消除对华高技术出口障碍等措施的时间表和路线图》，http://politics.people.com.cn/GB/1024/11678956.html。

63. 王湘江、顾震球、白洁：《安理会改革谈判互不相让》，《瞭望》2010年第2期。

64. 王仲春：《核安全峰会：寻求应对核恐怖主义威胁的共同行动》，《当代世界》2010年第5期。

65. 《未来中美贸易摩擦将渐成常态?》，人民网：http://finance.people.com.cn/GB/11242273.html。

66. 《温家宝出席第五届东亚峰会》，《人民日报》2010年10月31日。

67. 吴绮敏、莽九晨：《胡锦涛会见美国总统奥巴马》，《人民日报》2010年11月12日。

68. 吴绮敏、温宪等：《胡锦涛主席同美国总统奥巴马在华盛顿举行会晤》，《人民日报》2010年4月13日。

69. 吴水平、杨琦：《热钱的"土""洋"之别》，《中国外汇》2010年第16期。

70. 吴云：《安理会改革：剪不断 理还乱》，《人民日报》2010年9月13日，第19期。

71. 项后军、潘锡泉：《人民币汇率真的被低估了吗?》，《统计研究》2010年 第8期。

72. 熊爱宗、黄梅波：《国际货币多元化与国际货币体系稳定》，《国际金融研究》2010年第9期。

73. 熊爱宗、黄梅波：《国际货币多元化与国际货币体系稳定》，《国际金融研究》2010年第9期。

74. 徐玎：《资本流动性冲击、金融危机与中国宏观经济波动》，上海社会科学院出版社2010年版。

75. 许明朝、韩龙：《美国近期针对人民币汇率的立法动向述评》，《金融理论与实践》2010年第8期。

76. 颜颖瑞：《金砖四国再聚首 经济增长催生新力量》，《环球》2010年第5期。

77. 姚军、孙会国：《略论美元本位制下的国际货币体系内在脆弱性》，《现代财经》2010年第1期。

78. 叶江：《"全球治理"与"建设和谐世界"理念比较研究》，《上海行政学院学报》2010年第2期。

79. 尹伟华、张焕明：《我国资本外逃的规模测算：1985—2008》，《金融发展研究》2009年第8期。

80. 张海冰：《二十国集团机制化的趋势及影响》，《世界经济研究》2010 年第 9 期。

81. 张立莉：《跨国公司在华撤资动因、影响及对策研究》，《经济问题探索》2009 年第 1 期。

82. 张明：《5 月短期资本开始流出并非趋势逆转》，《环球财经》2010 第 7 期。

83. 张向军：《后危机时代国际货币体系改革的前景：欧元的经验和启示》，《国际金融研究》2010 年第 7 期。

84. 张向军：《后危机时代国际货币体系改革的前景：欧元的经验和启示》，《国际金融研究》2010 年第 7 期。

85. 张幼文：《"金砖四国"的由来及其国际经济合作》，《求是》2010 年第 8 期。

86. 张幼文、黄仁伟等：《2010 年国际地位报告》，人民出版社 2010 年版。

87. 赵隆：《试析议题设定对全球治理模式的影响》，《国际展望》2010 年第 3 期。

88. 《中共中央关于制定国民经济和社会发展第十二个五年规划的建议》，http://www.gov.cn/jrzg/2010/10/27/content_ 1731694_ 2.htm。

89. 中国 2010 年上海世博会官方网站。

90. 中华人民共和国科学技术部网站。

91. 中国统计局：《新发展 新跨越 新篇章——"十一五"经济社会发展成就系列报告之一》，2011 年 3 月 1 日。

92. 《中国应对气候变化的政策与行动——2009 年度报告》，http://qhs.ndrc.gov.cn/gzdt/P020091130418956523750.pdf。

93. 《中国应对气候变化的政策与行动——2010 年度报告》，http://qhs.ndrc.gov.cn/gzdt/t20101126_ 382695.htm。

94. 《中国应对气候变化国家方案》http://qhs.ndrc.gov.cn/gndt/P020090122356935372286.pdf。

95. 周世俭：《美国是中国经济的最大受益国》，《环球时报》2011 年 1 月 13 日。

二、英文部分

1. Brazil and Argentina: China's Growing Foothold in Latin America, *China Brief* (The Jamestown Foundation), Volume 10, Issue 11, May 27, 2010.

2. Chan, Anthony, China Free to Tighten Policy as Hot Money Inflows Stay Cool, *Economics*, January 22, 2010.

3. Chan, Anthony, China Tightens Bank Reserves, Fearing Flood of Hot Money if US Extends Quant Easing, *Economics*, October 15, 2010.

4. Chan, Sewell, U. S. Steps Up Criticism of China's Practices, *New York Times*, September 16, 2010.

5. China's new scramble for Africa, *The financial Times*, August 26, 2010.

6. Christie, Rebecca and Katz, Ian: U. S. Says China's Yuan 'Undervalued,' Not Manipulated,

Bloomberg Business Week, July 8, 2010.

7. Cooper, Helena, Obama Meets Dalai Lama, and China Is Quick to Protest, *New York Times*, February 18, 2010 .

8. Debt−ridden Greece gets vote of confidence from China, *The Guardian*, June 15, 2010.

9. Fardoust, Shahrokh and Pollock, Malvina, International capital flows: Final picture from 2009, *World Bank*, December 17, 2010.

10. Goldman Sachs, Global Economics Group, BRICs and Beyond, 2007.

11. Greece is tapping China´s deep pockets to help rebuild its economy, *The Washington Post*, June 9, 2010.

12. http: //www. businessweek. com/news/2010/07/08/u−s−says−china−s−yuan−under−valued−not−manipulated. html.

13. http: //www. iiss. org/conferences/global − strategic − review/global − strategic − review − 2010/plenary − sessions − and − speeches − 2010/keynote − address/henry − kissinger/watch−the−address/.

14. http: //www. iiss. org/conferences/global − strategic − review/global − strategic − review − 2010/plenary−sessions−and−speeches−2010/first−plenary−session/james−b−steinberg/.

15. Im O'Neill and Anna Stupnytska, The Long−Term Outlook for the BRICs and N−11 Post Crisis, *Global Economics Paper*, No. 192, December 4, 2009.

16. IMF, World Economic and Financial Surveys − Regional Economic Outlook Asia and Pacific−Consolidating the Recovery and Building Sustainable Growth, October, 2010.

17. IMF, World Economic Outlook, October, 2010.

18. IMF, World Economic Outlook Update, January, 2011.

19. IMF, People's Republic of China: 2010 Article IV Consultation—Staff Report; Staff Statement, Public Information Notice on the Executive Board Discussion, July, 2010.

20. IMF, Sovereigns, Funding, and Systemic Liquidity, *Global Financial Stability Report*, October, 2010.

21. Kapp, Robert A. , China Emerges as a Scapegoat in Campaign Ads, *New York Times*, October 9, 2010.

22. Kissinger, Henry A. , Power Shifts and Security, Keynote address delivered at the 8th Global Strategic Review sponsored by International Institute for Strategic Studies in Geneva on September 10, 2010.

23. Landler, Mark and Chan, Sewell, Taking Harder Stance Toward China, Obama Lines Up Allies, *New York Times*, October 25, 2010.

24. Mattoo, A. , Subramanian, Reconciling Climate Change and Trade Policy, *Center for Global Development Working Paper*, No. 189, November, 2009.

25. Pomfre, John and Cohen, Jon, Poll Shows Concern About American Influence Waning

As China´s Grows, *Washington Post*, February 25, 2010.

26. Pretoria Defends China's Africa Policy, *The Financial Times*, August 24, 2010.

27. Quinn, Rob, Obama Pressures China on Currency, *Newser*, September 24, 2010. http://www. newser. com/story/101351/obama-pressures-china-on-currency. html.

28. Reich, Robert, Xenophobia and the Economy, *Christian Science Monitor*, October 11, 2010.

29. Richardson, Tony, *Fighting Fire with Fire: 'Hot Money' U. S. dollars Reorient a Red Hot Chinese Economy*, Richardson Heritage Group, Inc, November 14, 2010.

30. Robert E. Scott, Unfair China Trade Costs Local Job, *Economic Policy Institute Briefing Paper*, No. 260, p. 1. March 23, 2010.

31. Sanchez, Humberto, Deficit Tops ＄1 Trillion for the Second Year in A Row, *Congress-Daily*, October 15, 2010.

32. Taking Harder Stance Toward China, Obama Lines Up Allies, *The New York Times*, October 26, 2010.

33. Tensions Contained. . . For Now: The 8th GTA Report, *Centre for Economic Policy Research*, November 2010.

34. World Bank, World Development Indicators, 2011.

35. World Bank, Global Development Finance 2011, External Debt of Developing Countries, 2010.

36. World Urbanization Prospects The 2009 Revision, *United Nations*, March, 2010.

三、日文部分

1. ［日］野中尚人:『『自民党政治の終わり』,筑摩書房,2008 年 9 月 15 日,第 229 頁。

2. YUKIO HATOYAMA（鳩山由纪夫）, "A New Path for Japan", "The New York Times", 2009 年 8 月 26 日。

3. ［日］今村卓,『米中関係 2 尖閣沖衝突事件から浮上した中国異質論』,『丸紅 ワシントン報告』,2010 年 9 月 29 日。

4. ［日］石川 幸一:『環太平洋戦略的経済連携協定（TPP）の概要と意義』、季 刊 国際貿易と投資 Autumn 2010/No. 81。

5. New Zealand Ministry of Foreign Affairsand Trade, The New Zealand-Singapore-Chile-Brunei Darussalam. Trans-Pacific Strategic Economic Partnership. pp. 12. (2005).

6. ［日］佐々木高成:『オバマ政権の通商政策：ドーハラウンド・FTA 政策の展 望』、国際貿易投資研究所『季刊国際貿易と投資』第 76 号、176-179 頁,2009。

7. ［日］経済産業省通商政策局経済連携課（2010）『日本の通商政策と今後の経 済連携のあり方』、参考：石川 幸一:『環太平洋戦略的経済連携協定（TPP）の概要と意義』、季刊 国際貿易と投資 Autumn 2010/No. 81。http://www. mofa. go. jp。

8. ［日］石川 幸一:『環太平洋戦略的経済連携協定（TPP）の概要と意義』、季刊 国際貿易と投資 Autumn 2010/No. 81。

9. ［日］青木健:『日本と東アジアの貿易構造変化』，青木健、馬場啓一編著:『グローバリゼーションと日本経済』文眞堂、2010。

10. ［日］高桥洋一:『TPPはなぜ日本にメリットがあるのか 誰も損をしない』，『貿易自由化の経済学』，講談社，現代ビジネス。

11. ［日］"包括的経済連携に関する基本方針"，2010 年 11 月 9 日閣議決定、"経済連携交渉と国内対策の一体的実施"，首相官邸，http://www. kantei. go. jp/jp/kakugikettei/2010/11/09kihonhousin. html。

12. ［日］末廣昭:東アジア経済をどう捉えるか? —開発途上国論から新興。

13. ［日］船橋洋一:『自由で開かれた国際秩序を築け』、『朝日新聞』朝刊、14 ページ、2010 年 11 月 3 日。

14. 刘江永:《中日关系如何重新起航》，人民日报海外版，2010 年 12 月 16 日，http://world. people. com. cn/GB/13494194. html。

15. ［日］藤村幸義 、『中国はいま，何を日本に期待しているか』、国際学術シンポジウム『中日戦略互信与戦略合作』。中国研究月報 64 （9），第 42—45 頁，2010 年 09 月 25 日。

16. ［日］濱本良一、『尖閣と反日デモで急冷却した日中関係--中国の動向』、2010 年 9—10 月、『 東亜 』 (521)，第 44—56 頁，2010 年 11 月。

17. ［日］高原 明生、『インタビュー 中国にどのような変化が起きているか—日中関係の脆弱性と強靱性』、『世界』 （特集 尖閣 "衝突" と日中関係），(811)，第 100—107 頁，2010 年 12 月。

后　记

　　一场严重的金融危机冲击了整个世界。在抵御这场危机中，不仅国际合作成为全球共识，而且体现为制度与机制建设的"全球治理"也日益成为各国的共识。现行的国际体制机制需要改善，针对新出现的问题，国际体制机制需要建设。作为一个崛起中的大国，中国在这场金融危机中发挥的积极作用得到了世界的认可。作为一个负责任大国，中国在全球治理中的作用也将日益得到体现。

　　参与全球治理将是中国国际地位提升的新阶段，无疑也应作为本系列报告的一个重大主题予以关注。作为《中国国际地位报告》的作者，每一年报告的撰写都使我们欣喜地看到国家国际地位又在一个新的意义上取得新的提升。

　　本报告依然是集体研究的成果。在多次集体讨论、相互启发的基础上，各章节作者分头执笔撰写，具体分工如下：

　　导　论：张幼文、黄仁伟；

　　第一章：吴雪明（第一节），高洪民（第二节），周宇（第三节），李刚（第四节）；

　　第二章：姚大庆、杨雪峰、孙立行、杨明秋；

　　第三章：赵蓓文、崔冶（第一、二、三节），贺晓琴（第四节），吴雪明（第五节），于蕾（第六节）；

　　第四章：唐杰英（第一、二、三节），毛燕琼（第四节）；

　　第五章：张天桂；

　　第六章：赵国军；

　　第七章：王成至（第一节），高兰（第二节），胡志勇（第三节）；

　　第八章：束必铨（第一、二节），蔡鹏鸿、吴其胜（第三节）；

　　第九章：苏宁；

　　第十章：何曜（第一节），黎兵（第二节），黄超（第三节）；

　　目录英译：梅俊杰；

　　格式规范处理及主要参考文献编辑：徐乾宇。

　　本系列报告迄今已出版九辑，不论报告本身编撰质量如何，我们相信这一工作对于综合国力不断增强和国际地位持续提升的中国是具有重要意义的。在过去八年中，我们也不断得到来自国内外同行的鼓励与肯定。为了成功延续这一工作，我们诚挚地欢迎读者对本报告提出批评建议。

张幼文　黄仁伟

2011 年 4 月

于上海社会科学院

策划编辑：郑海燕
封面设计：肖 辉
责任校对：张杰利

图书在版编目（CIP）数据

2011 中国国际地位报告/张幼文 黄仁伟 等著. -北京：人民出版社,2011.8
ISBN 978-7-01-010076-0

Ⅰ.①2… Ⅱ.①张… Ⅲ.①经济发展-研究-中国-2011②对外关系-研究-中国-2011
 Ⅳ.①F124②D822

中国版本图书馆 CIP 数据核字(2011)第 142074 号

2011 中国国际地位报告

2011 ZHONGGUO GUOJI DIWEI BAOGAO

张幼文 黄仁伟 等著

人民出版社 出版发行
(100706 北京朝阳门内大街 166 号)

环球印刷（北京）有限公司印刷 新华书店经销

2011 年 8 月第 1 版 2011 年 8 月北京第 1 次印刷
开本：787 毫米×1092 毫米 1/16 印张：20.75
字数：460 千字

ISBN 978-7-01-010076-0 定价：45.00 元

邮购地址 100706 北京朝阳门内大街 166 号
人民东方图书销售中心 电话 (010)65250042 65289539